प्रयोजनमूलक हिन्दी : प्रयोग और प्रकृति

प्रयोजनमूलक हिन्दी
प्रयोग और प्रकृति

डॉ. मनोज पाण्डेय
अध्यक्ष, हिन्दी विभाग
राष्ट्रसंत तुकडोजी महाराज नागपुर विश्वविद्यालय, नागपुर

लोकभारती प्रकाशन

लोकभारती प्रकाशन
पहली मंजिल, दरबारी बिल्डिंग, महात्मा गांधी मार्ग
प्रयागराज-211 001
वेबसाइट : www.lokbhartiprakashan.com
ईमेल : info@lokbhartiprakashan.com

शाखाएँ : 1-बी, नेताजी सुभाष मार्ग, दरियागंज
नई दिल्ली-110 002
अशोक राजपथ, साइंस कॉलेज के सामने
पटना-800 006
1, अनमोल सोराबजी सन्तुक लेन, धोबी तलाव
मरीन लाइंस, मुम्बई-400 002

पहला संस्करण : 2023

मूल्य : ₹795

बी.के. ऑफसेट
नवीन शाहदरा, दिल्ली-110 032
द्वारा मुद्रित

PRAYOJAN MULAK HINDI : PRAYOG
AUR PRAKRITI
by Dr. Manoj Pandey

ISBN : 978-81-19133-91-8

क्रम

1

हिन्दी के विविध रूप और प्रयोजनमूलक हिन्दी

भाषा भावाभिव्यक्ति का माध्यम होती है, विचारों के आदान-प्रदान का जरिया होती है। भाषा के द्वारा ही व्यक्ति जुड़ता है, समाज बनता है। सृष्टि में सभी जीवधारियों की अपनी कोई-न-कोई भाषा होती है। सामान्यतः भाषा एक प्रतीक व्यवस्था है। भाषाविद बेन्द्रिए के अनुसार, 'भाषा एक तरह का चिह्न है। चिह्न से आशय उन प्रतीकों से है जिनके द्वारा मानव अपने विचार दूसरों पर प्रकट करता है।' ये प्रतीक कई प्रकार के होते हैं, जैसे—नेत्र-ग्राह्य, श्रोत्र-ग्राह्य और स्पर्श-ग्राह्य। वस्तुतः भाषा की दृष्टि से श्रोत्र-ग्राह्य प्रतीक ही सर्वश्रेष्ठ माने जाते हैं।

डॉ. भोलानाथ तिवारी भाषा को वाक्-प्रतीकों की व्यवस्था बताते हुए इस प्रकार परिभाषित करते हैं—"भाषा मानव उच्चारणावयवों से उच्चरित यादृच्छिक ध्वनि-प्रतीकों की वह संरचनात्मक व्यवस्था है जिसके द्वारा समाज विशेष के लोग आपस में विचार-विनिमय करते हैं; लेखक, कवि या वक्ता रूप में अपने अनुभवों एवं भावों आदि को व्यक्त करते हैं तथा अपने वैयक्तिक और सामाजिक व्यक्तित्व, विशिष्टता तथा अस्मिता के सम्बन्ध में जाने-अनजाने जानकारी देते हैं।"

उपरोक्त मतों के आधार पर यह कहा जा सकता है कि भाषा एक व्यवस्था है—संरचना की दृष्टि से भी और प्रयोग की दृष्टि से भी। संरचना की दृष्टि से जहाँ वह विभिन्न ध्वनि प्रतीकों की समन्वित अर्थवान व्यवस्था है, वहीं प्रयोग की दृष्टि से वह मानव क्रिया-व्यापार को सम्पन्न करने-कराने का प्रधान माध्यम है। बिना भाषा के मानव के कार्य सम्पादन की कल्पना भी नहीं की जा सकती। इस तरह मनुष्य के जीवन में भाषा की अनिवार्य भूमिका है।

हिन्दी-भाषा

हिन्दी मूलतः भारत की भाषा है। इसके उद्‌भव और विकास को लेकर मतैक्य नहीं रहा है, परन्तु यह तो स्पष्ट है कि भाषा-विकास के इतिहास में हिन्दी अपभ्रंश के बाद की भाषा है। आचार्य रामचन्द्र शुक्ल ने अपने 'हिन्दी साहित्य का इतिहास' में लिखा

है, "प्राकृत की अन्तिम अपभ्रंश अवस्था से ही हिन्दी साहित्य का आविर्भाव मानना चाहिए।" कहना न होगा कि शुक्ल जी ने यहीं से हिन्दी साहित्य का आविर्भाव मानने की पैरवी इसलिए की है क्योंकि हिन्दी भाषा का अस्तित्व उन्हें यहीं से मिलता दिखता है।

प्रसिद्ध भाषाविद डॉ. भोलानाथ तिवारी का भी मानना है कि अपभ्रंशों से ही आधुनिक भारतीय भाषाएँ हिन्दी, मराठी, गुजराती, पंजाबी, बिहारी, बंगाली, उड़िया, असमी आदि की उत्पत्ति हुई है।

सभ्यता के विकास क्रम में सिन्धु नदी के किनारे बसे आर्यों को हिन्दी या हिन्दोस्तानी कहा गया। आगे चलकर इस शब्द का अर्थ विस्तार हो गया और हिन्दी समस्त उत्तर भारत की भाषा की बोधक हो गई। यही हिन्दी आज विविध रूपों में भारत ही नहीं, दुनिया के विभिन्न भागों में व्यवहृत होती है।

डॉ. हरदेव बाहरी प्रभृत भाषाविद हिन्दी को किसी क्षेत्र या जाति विशेष की बोली या भाषा—मात्र भाषा—नहीं मानते हैं। उनकी दृष्टि में हिन्दी एक सामान्य भाषा है। उनका मानना है कि यदि प्रत्येक क्षेत्र में अपनी ही भाषा प्रचलित रहे और सामान्य भाषा का आदर न हो तो न केवल सामाजिक व्यवहार और सांस्कृतिक स्तर हीन हो जाएँगे बल्कि वैसी भाषा वैज्ञानिक उलझनें पैदा हो जाएँगी, जैसी अफ्रीका और अमेरिका के आदिवासियों में विद्यमान हैं।

कोई भी भाषा जनता के जितने करीब होती है, उसमें जनभाषा बनने की जितनी सामर्थ्य होती है, उतनी ही वह सर्वमान्य और ग्राह्य होती है। हिन्दी एक ऐसी ही सामान्य भाषा है जो इस देश की विभिन्न प्रादेशिक, क्षेत्रीय बोलियों का प्रतिनिधित्व करती है। रेडियो, सिनेमा, सेना के साथ मजदूरों, व्यापारियों, कर्मचारियों, यात्रियों, साधु-संतों की भाषा, जो पूरे देश में ही नहीं, विदेशों तक फैले हुए हैं—सामान्य भाषा हिन्दी ही है। कहने की आवश्यकता नहीं कि ये वे माध्यम हैं जो एक सामान्य भाषा के सूत्र से समूचे देश को जोड़ने का काम करते हैं।

सामान्य भाषा सर्वसुलभ भाषा होती है। सामान्य भाषा का विकास जनता की राष्ट्रीय भावना के विकास का प्रतीक होता है। सामान्य भाषा के रूप में हिन्दी ने इस देश को जोड़ने में जो महत्त्वपूर्ण कार्य किया है, वह उल्लेखनीय है। आजादी के पूर्व हिन्दी ने इस देश का नेतृत्व किया है। स्वाधीनता संग्राम में हिन्दी ने राष्ट्रीय एकात्मता में महत्त्वपूर्ण भूमिका निभाई। आजादी के उपरान्त संघ की राजभाषा के रूप में हिन्दी का चयन इसके राष्ट्रव्यापी लोकव्यवहार को ही दृष्टिगत रखते हुए किया गया था।

प्रयोजनमूलक हिन्दी—परिचय और प्रयोग

मनुष्य और भाषा सहोदर हैं। भाषा के द्वारा ही मनुष्य के समस्त कार्य सम्पन्न होते हैं। यह मानी हुई बात है कि कोई भी भाषा अपने प्रयोजन के आधार पर ही जानी-पहचानी

जाती है, लोकमानस में प्रश्रय पाती है। यह बात हिन्दी के सन्दर्भ में भी उतनी ही सच है। हिन्दी भाषा की प्रतिष्ठा मात्र इसके साहित्यिक स्वरूप के कारण नहीं है, हिन्दी लोकमानस के व्यवहार की भाषा है।

लोकमानस भाषा का व्यवहार अपनी जरूरतों के मुताबिक करता है। संविधान में हिन्दी भाषा को राजभाषा का दर्जा दिलाने की वकालत करनेवाले हिन्दी प्रेमी विद्वान श्री मोटूरि सत्यनारायण जी ने सर्वप्रथम हिन्दी के प्रयोजन पक्ष पर बल देते हुए कहा था, "जीवन की जरूरतों की पूर्ति के लिए उपयोग में लाई जानेवाली हिन्दी ही प्रयोजनमूलक हिन्दी है।"

प्रयोजनमूलक हिन्दी का सामान्य तौर पर प्रयोग हिन्दी के व्यावहारिक पक्ष को अधिक उजागर करने अथवा स्पष्ट करने के लिए किया गया है। वस्तुत: यह विशेषण 'फंक्शनल हिन्दी' का पर्याय है। इसे व्यवहार पक्ष की भाषा मानने के कारण ही इसके लिए कई संज्ञाएँ प्रयुक्त की गई हैं, जैसे—कामकाजी हिन्दी, व्यावहारिक हिन्दी आदि। डॉ. ब्रजेश्वर वर्मा ने कहा भी है, "प्रयोजनमूलक विशेषण उसके व्यावहारिक पक्ष को अधिक उजागर करने के लिए प्रयुक्त किया गया है।" कहना न होगा कि भाषा की समाज सापेक्षता को ही दृष्टिगत रखते हुए प्रयोजनमूलक विशेषण का प्रयोग हुआ और इसी अर्थ में संविधान में राजभाषा की परिकल्पना भी की गई है। आज प्रयोजनमूलक हिन्दी राजभाषा हिन्दी की संकल्पना को साकार कर रही है।

प्रयोजनमूलक हिन्दी का कार्य क्षेत्र बहुत व्यापक है। संविधान में उल्लेखित राजभाषा के समस्त दायित्वों का कार्यवहन प्रयोजनमूलक हिन्दी कर रही है। आज लोक व्यवहार की नाना प्रकार की जरूरतों को पूरा करने के साथ-साथ शिक्षा तथा ज्ञान के विभिन्न क्षेत्रों और राजकाज के सभी अंगों में अभिव्यक्ति का समुचित माध्यम भाषा होने का दायित्व हिन्दी पर है। यह दीगर बात है कि हिन्दी को अभी तक इस योग्य वास्तव में नहीं समझा गया या नहीं बनाया गया और इन क्षेत्रों में वह मात्र अनुवाद की भाषा बनती गई। परन्तु संवैधानिक बाध्यता और लोकोपयोगिता के कारण शनै:-शनै: हिन्दी ने अपने स्वरूप में परिवर्तन किया, उसी का परिणाम है कि आज प्रयोजनमूलक हिन्दी के रूप में वह विविध क्षेत्रों में प्रधान माध्यम भाषा होने की तैयारी में है।

यह भी उल्लेखनीय है कि प्रयोजनमूलक भाषा प्रयोजनों की पूर्ति का माध्यम मात्र होती है। परन्तु हिन्दी के सन्दर्भ में यह बात शतांशत: सच नहीं है। प्रयोजनमूलक हिन्दी बहुभाषी भारतीय समाज में सामाजिक-सांस्कृतिक सम्पर्क का एक माध्यम भी है।

प्रयोजनमूलक हिन्दी विभिन्न सामाजिक वर्गों द्वारा विशेष सन्दर्भों में प्रयोग में लाई जाती है, इसलिए इसकी प्रयुक्ति के आयाम भी विभिन्न होते हैं। डॉ. ब्रजेश्वर वर्मा ने इसे आधारभूत हिन्दी और उन्नत हिन्दी के रूप में विभक्त किया है और इनके कई उपरूप माने हैं, जबकि डॉ. भोलानाथ तिवारी ने सात प्रयोजनमूलक रूप

माने हैं। इनकी चर्चा इसी अध्याय में आगे की गई है। यहाँ सिर्फ इतना ही कहना पर्याप्त जान पड़ता है कि प्रयुक्ति के आधार पर प्रयोजनमूलक हिन्दी का स्वरूप भिन्न-भिन्न होता है।

भाषा-व्यवहार के रूप

भाषा मनुष्य को प्रकृति प्रदत्त एक नैसर्गिक सम्पदा है। मानव जीवन के समस्त कार्यकलाप बिना भाषा शायद ही सम्पन्न हो पाते। विश्व की जितनी भी प्रगत भाषाएँ हैं, वे आज जैसी हैं वैसी ही नहीं रही हैं, भाषा का निरन्तर विकास होता रहा है, अर्थ-परिवर्तन और अर्थ संकुचन, युग और समाज के अनुसार होता रहता है।

यही नहीं, भाषा सदैव एकरूप भी नहीं होती। भाषा के मानकत्व के आधार पर उसके प्रयोग के विविध रूप सामने आते हैं। इन्हें निम्न रूपों में समझा जा सकता है :

— मातृभाषा (Mother Tongue)
— सम्पर्क भाषा (Contact Language)
— राजभाषा (Official Language)
— संचार भाषा (Communicative Language)
— सर्जनात्मक भाषा (Creative Language)

ये भाषा प्रयोग के विभिन्न रूप माने जाते हैं। भाषा का उसकी प्रयोजनीयता के अनुरूप स्वरूप बदलता रहता है। मातृभाषा के रूप में बोली जानेवाली हिन्दी सम्पर्क तथा राजभाषा के रूप में जब व्यवहृत होती है तो उसमें कुछ शब्दगत, कुछ अर्थगत परिवर्तन देखने में आता है। इसी प्रकार संचार भाषा या सर्जनात्मक भाषा भी अपनी प्रकृति के अनुरूप परस्पर भिन्न होती है। यहाँ प्रयोग के इन विविध रूपों पर संक्षेपतः विचार करना जरूरी है—

मातृभाषा

मातृभाषा से आशय उस भाषा से है जो प्रत्येक भाषा-भाषी समाज को जन्मतः प्राप्त होती है। प्रत्येक भाषा-भाषी समाज की अपनी एक मातृभाषा होती है यथा गुजरातियों की 'गुजराती', मराठियों की 'मराठी', कर्नाटक वासियों की 'कन्नड़', पंजाबियों की 'पंजाबी' आदि। यह मातृभाषा परम्परागत रूप से पीढ़ी-दर-पीढ़ी अनवरत चलती रहती है। सबसे पहले व्यक्ति का परिचय अपनी मातृभाषा से ही होता है। मातृभाषा में ही व्यक्ति पहले-पहल चीजों व वस्तुओं के अस्तित्व को पहचानने के लिए भाषिक प्रतीकों का महत्त्व सीखता-समझता है।

मातृभाषा का दायरा सीमित होता है परन्तु इसका महत्त्व अवर्णनीय होता है। मातृभाषा, भाषा बोध की प्रथम सीढ़ी होती है।

सम्पर्क भाषा

सम्पर्क भाषा को 'लिंक लैंग्वेज' कहते है। जैसा कि नाम से ही स्पष्ट है यह भाषा विभिन्न भाषा-भाषियों के बीच लिंक अर्थात सम्पर्क जोड़ने-बनाने का कार्य करती है। बहुभाषी देश जैसे भारत में सम्पर्क भाषा की देश की एकता, अखंडता में बहुत महत्त्वपूर्ण भूमिका होती है। इसे परिभाषित करते हुए कहा गया है, "अनेक भाषाओं की उपस्थिति के कारण जिस सुविधाजनक विशिष्ट भाषा के माध्यम से व्यक्ति-व्यक्ति, राज्य-राज्य, राज्य-केन्द्र तथा देश-विदेश के बीच सम्पर्क स्थापित किया जाता है, उसे सम्पर्क भाषा की संज्ञा दी जा सकती है।"

इस प्रकार, सम्पर्क भाषा एक ऐसी संकल्पना है जो विभिन्न राष्ट्रों, राज्यों, प्रदेशों, व्यक्तियों के मध्य सम्बन्ध स्थापित करती है। सम्पर्क भाषा इस तरह एक ऐसी प्रयोजनमूलक भाषा होती है, जो विभिन्न प्रयोजनों हेतु व्यक्ति-व्यक्ति के मध्य सम्बन्ध कायम करती है। सम्पर्क भाषा सामान्य व्यवहार की भाषा होती है इसीलिए उसकी शब्दावली, वाक्य संरचना आदि काफी सरल और सुबोध होती है।

सम्पर्क भाषा की सांस्कृतिक आदान-प्रदान में महत्त्वपूर्ण भूमिका होती है। यह विभिन्न भाषा-भाषी समाजों की आवश्यकताओं के अनुरूप रूप ग्रहण करती है और उनकी सामाजिक-सांस्कृतिक विशिष्टताओं की छाप इस पर होती है। इसलिए सम्पर्क भाषा का महत्त्व भाषा के किन्हीं अन्य रूपों से कदाचित अधिक होता है। सम्पर्क भाषा की विशेषता यह होती है कि उसमें अनुकूलन और ग्रहण की अद्भुत क्षमता होती है, समन्वय की विराट चेतना होती है। सम्पर्क भाषा विभिन्न भाषाओं की शब्दावली, पद-विन्यास, वाक्य-विन्यास आदि को समावेशित करके समृद्ध होती है।

आज हिन्दी और अंग्रेजी दो सम्पर्क भाषाएँ अधिक प्रचलित हैं। जैसे अपने देश में हिन्दी सम्पर्क भाषा के रूप में लगभग सर्वस्वीकृत हो चुकी है, वैसे ही विभिन्न देशों के मध्य अंग्रेजी सम्पर्क भाषा के रूप में प्रतिष्ठित हो चुकी है। हिन्दी स्वतंत्रता के पूर्व से ही इस देश की सम्पर्क भाषा के रूप में प्रचलित हुई, आजादी के बाद संवैधानिक प्रावधानों में हिन्दी को संघीय राजकाज की भाषा बनाकर यह स्वीकार किया गया कि हिन्दी ही इस देश की सम्पर्क भाषा हो सकती है।

राजभाषा

राजभाषा एक पारिभाषिक शब्द है, इसका अर्थ है—राजकाज की भाषा, जो आज सरकारी कामकाज की भाषा के रूप में जानी जाती है। राजा-महाराजा के समय उनके कार्यकलाप की भाषा या कामकाज की भाषा राजभाषा कहलाती थी। परन्तु वर्तमान लोकतांत्रिक व्यवस्था में सरकारी कामकाज के निष्पादन में प्रयुक्त भाषा राजभाषा कहलाती है। इसी अर्थ में आज इसे 'ऑफिसियल लैंग्वेज' का पर्याय माना जाता है।

राजभाषा को संवैधानिक रूप से स्वीकार किया जाता है, इसलिए राजभाषा समस्त सरकारी व्यवहार की भाषा मानी जाती है। भारत के संविधान में सत्रहवें अध्याय के अनुच्छेद-343(1) में संघ की राजभाषा देवनागरी लिपि में लिखी गई हिन्दी को माना गया है। संघीय राष्ट्र भारत में राजभाषा की अवधारणा लोकतांत्रिक है, उसका आशय राजकाज से नहीं बल्कि संघ-राज्य के बीच व्यवहार की भाषा से, सरकारी तंत्रों विधायिका, कार्यपालिका और न्यायपालिका के कामकाज की भाषा से है।

अपनी प्रयोजनमूलक प्रकृति के कारण राजभाषा सर्वसमावेशी और सर्वस्वीकार्य होती है। इसकी अपनी एक विशिष्ट पारिभाषिक शब्दावली होती है। सरकारी कार्यकलापों से जुड़े होने के कारण इसकी शब्दावली एकार्थक, औपचारिक और सरल परन्तु कहीं-कहीं दुरूह और नीरस भी होती है। सरकारी प्रयोजन की भाषा होने के कारण इसमें औपचारिक सम्प्रेषणीयता का गुण प्रधान होता है, आलंकारिक लालित्य की गुंजाइश न के बराबर होती है।

कहा जा चुका है कि अपने देश में हिन्दी को राजभाषा का दर्जा दिया गया है। हिन्दी के विकास के लिए संविधान के अनुच्छेद 351 में कई निर्देश दिए गए हैं। यहाँ आगे के अध्याय में इस पर विचार किया गया है।

संचार भाषा

संचार भाषा के रूप में हिन्दी भाषा का प्रयोग बहुतायत से होता है। संचार के माध्यमों यथा प्रिंट मीडिया, इलेक्ट्रॉनिक मीडिया दोनों में हिन्दी का प्रयोग प्रधान रूप से होता है। जनसंचार के माध्यम के रूप में हिन्दी का प्रयोग वर्षों से होता रहा है, परन्तु स्वतंत्रता के पश्चात हिन्दी को जब देश की राजभाषा बनाया गया और सम्पर्क भाषा के रूप में वह पूरी तरह समूचे देश में स्वीकृत हो गई तो संचार भाषा के रूप में भी इसका महत्त्व और प्रयोग-प्रसार बढ़ा।

प्रिंट मीडिया-अखबार, पत्र-पत्रिकाएँ आदि ने भाषा के प्रयोग को एक नया आयाम दिया। भाषा का प्रयोग प्रयोजनपक्ष से जुड़कर विस्तारित होता है, इसका प्रमाण प्रिंट मीडिया से हमें मिलता है। प्रिंट मीडिया ने हिन्दी के प्रसारण में अभूतपूर्व योगदान दिया। इलेक्ट्रॉनिक मीडिया : रेडियो, टेलीविजन, वीडियो, इंटरनेट आदि ने भाषा के प्रयोग को एक नया कलेवर प्रदान किया। हिन्दी की सर्जनात्मकता को आकाशवाणी, दूरदर्शन ने दृश्य-श्रव्य गुणों की अर्हताओं के अनुरूप कई नई विधाओं और संरचना दृष्टियों का उपहार दिया।

यही नहीं, आकाशवाणी या दूरदर्शन का हिन्दी से रिश्ता साहित्य के स्तर पर जितना है उससे कहीं अधिक भाषा के स्तर पर है। रेडियो, टेलीविजन की हिन्दी सुनने के बाद यह सहज अनुमान लगाया जा सकता है कि हिन्दी की भाषिक संरचना को इन माध्यमों ने कितना प्रभावित किया है।

सर्जनात्मक भाषा

भाषा भावों और विचारों के प्रकटीकरण का माध्यम है। भाषा के द्वारा मनुष्य अपने भावों को सम्प्रेषित करता है, विचारों का आदान-प्रदान करता है। इस प्रकार भाषा का मनुष्य के जीवन से नैसर्गिक जुड़ाव होता है। वैसे तो भाषा चाहे वह राजभाषा हो, संचार भाषा हो या सम्पर्क भाषा सबमें सर्जनात्मकता का गुण विद्यमान रहता है। प्रयोजन के अनुरूप इनमें सर्जनात्मकता का पुट विद्यमान रहता है, इनमें सर्जनात्मकता देखने को मिलती है। फिर भी यह कहना गलत न होगा कि साहित्य की भाषा में अतिरिक्त सर्जनशक्ति होती है। साहित्य की भाषा को ही इसीलिए वस्तुतः सर्जनात्मक भाषा कहा जाता है। कहा भी गया है 'साहित्यिक कृति एक ऐसी सर्जनात्मक प्रतीक सिद्ध इकाई है जहाँ संवेगात्मक उद्देश्य भाषा में रूपान्तरबद्ध होने की नियति से बँधा होता है।' साहित्य एक ललित वांङ्मय है जिसका अध्ययन ललित कलामूलक आस्वाद व्यापार के रूप में होता है। ध्यातव्य है कि साहित्य एक शाब्दिक कला है, एक भाषा व्यवहार है जिसका आस्वाद हम एक कलात्मक सौन्दर्य वस्तु के रूप में करते हैं। इसलिए कलात्मक और ललित प्रस्तुति के लिए भाषा में सर्जनात्मकता नितान्त अपेक्षित होती है।

सर्जनात्मक भाषा में साहित्य लेखन की सभी विधाएँ यथा—नाटक, कहानी, कविता, उपन्यास, रिपोर्ताज, निबन्ध आदि आ जाती हैं। भाषा की सर्जन क्षमता अभिव्यक्ति को उसके मूल उद्देश्य सम्प्रेषण के लिए उपयुक्त बनाती है। साहित्यकार सृजनकर्ता होता है, भाषा की सर्जनशक्ति का उपयोग कर वह साहित्य सृजन करता है। भाषा की सर्जनात्मकता अपरिमेय सम्भावना रखती है।

प्रयुक्ति के विविध आयाम

प्रयोजनमूलक हिन्दी को प्रयुक्ति के आधार पर निम्नलिखित रूप में विभाजित किया जा सकता है :

1. कार्यालयी हिन्दी
2. वाणिज्यिक हिन्दी
5. साहित्यिक हिन्दी
4. जनसंचार माध्यमों की हिन्दी
5. विज्ञापन की हिन्दी
6. विधि एवं कानून की हिन्दी
7. वैज्ञानिक एवं तकनीकी हिन्दी

1. कार्यालयी हिन्दी : कार्यालयी हिन्दी से तात्पर्य उस हिन्दी से है जो सरकारी कार्यालयों के कामकाज की भाषा है। हिन्दी को स्वतंत्रता प्राप्ति के बाद देश में संवैधानिक रूप से राजभाषा का दर्जा दिया गया। तभी से वह कार्यालयी भाषा के रूप में प्रयुक्त हो रही है।

कार्यालयी हिन्दी अन्य भाषिक प्रयुक्तियों की अपेक्षा विशिष्ट होती है। इसकी अपनी विशिष्ट पारिभाषिक शब्दावली, वाक्य-रचना, पद-रचना आदि होती है। विभिन्न प्रकार के कार्यालयों की प्रकृति के अनुरूप कार्यालयी हिन्दी की विशिष्ट शब्दावली और पद-रचना प्रयुक्त होती है। भारत एक बहुभाषा-भाषी देश है। यहाँ हिन्दी ने सम्पर्क भाषा के रूप में महत्त्वपूर्ण भूमिका निभाई, इसीलिए इसे राजभाषा और समूचे देश के सरकारी कामकाज की भाषा के रूप में मान्यता प्राप्त हुई।

कार्यालयी हिन्दी में भाषा की एक सुनिर्धारित पारिभाषिक शब्दावली का प्रयोग होता है, जिससे उसमें सरलता, सुबोधता और प्रामाणिकता होती है; इसलिए कार्यालयी हिन्दी में प्रयुक्त प्रत्येक शब्द का अपना विशिष्ट अर्थ और दायरा होता है। यह भाषा सैद्धान्तिकता से बोझिल नहीं होती, अपितु इसमें एक लचीलापन होता है। इसमें अन्य भाषा के शब्दों को भी आसानी से ग्रहण करने की क्षमता होती है।

2. वाणिज्यिक हिन्दी : वाणिज्यिक हिन्दी को व्यावसायिक हिन्दी भी कहा जाता है। यह भाषा प्रयुक्ति का एक महत्त्वपूर्ण आयाम होती है। व्यावसायिक हिन्दी का सम्बन्ध सभी प्रकार के व्यापारों-कारोबारों से जोड़ा जाता है जिसमें व्यापार, वाणिज्य, परिवहन, शेयर बाजार, बीमा, बैंकिंग, आयात-निर्यात आदि सम्मिलित किए जाते हैं।

व्यावसायिक भाषा की अपनी एक निर्धारित शब्दावली होती है और वह शब्द इन क्षेत्रों में एक निश्चित अर्थ में प्रयुक्त होता है। जैसे—'बिकवाली', 'तेजड़िया', 'नरम', 'लुढ़की' आदि शब्द व्यावसायिक भाषा के शब्द हैं। व्यावसायिक भाषा के अन्तर्गत मंडियों, बाजारों, रिक्शे-ठेले-ताँगे वालों, बढ़ई और सुनार का कार्य करनेवालों तक से लेकर स्टॉक मार्केट में शेयरों की बिकवाली करनेवालों तक की शब्दावली का समावेश होता है। उनकी यह शब्दावली सामान्य न होकर विषय क्षेत्र से सम्बद्ध होती है। इन क्षेत्रों में प्रयुक्त भाषा की वाक्य-रचना भी सामान्य वाक्य-रचना से भिन्न होती है। उदाहरण के लिए निम्न वाक्यों को देखा जा सकता है—'चीनी में सटोरियों की पकड़ ढीली', 'स्टैंडर्ड सोना खामोशी के साथ 50545 पर खुला', 'चाँदी में गिरावट', 'तेल की धार ऊँची', 'काबुली उछला', 'रिलायंस के शेयरों में जबरदस्त उछाल', 'शेयर मार्केट में मन्दी का रुख'। आवर्ती, खाता, राशि, समायोजन, दिवालिया, देयता, समायोजन आदि वाणिज्यिक हिन्दी के शब्द हैं।

3. साहित्यिक हिन्दी : साहित्यिक हिन्दी भाषा प्रयुक्ति का एक महत्त्वपूर्ण आयाम है। साहित्यिक हिन्दी में कविता, उपन्यास, कहानी, नाटक, रंगमंच आदि की भाषा को रखा जाता है। साहित्य के ये विविध रूप भाषा की प्रयुक्ति को एक विराट पटल प्रदान करते हैं। साहित्य की अपनी एक सुदृढ़ परम्परा रही है। सदियों से भाषा के विकास के साथ साहित्य का कलेवर भी बदलता रहा है और भाषा प्रयुक्ति भी। हम अधिक पीछे न जाकर हिन्दी साहित्य का ही इतिहास देखें तो हमें भाषा की कई प्रयुक्तियों के दर्शन होते हैं यथा—प्राचीनकाल की भाषा अथवा भक्तिकाल, रीतिकाल

की भाषा और आधुनिक काल की साहित्यिक भाषा में बहुत अन्तर है—सिर्फ छन्द और सवैयों के पैरामीटर में ही यह अन्तर नहीं है, बल्कि भाषा की शब्द सम्पदा में भी अन्तर है। आधुनिक काल की भाषा में जिस प्रकार सपाटबयानी लक्षित होती है, उसी प्रकार भक्तिकाल की भाषा में संस्कृतगर्भित शब्दावली।

इधर हिन्दी में भाषा प्रयोग के कई नये आयाम भी साहित्य पटल पर दिखाई दे रहे हैं, जैसे—दलित विमर्श, नारी विमर्श आदि-आदि। इनमें प्रयुक्त होनेवाली भाषा के तेवर और कलेवर में पूर्व की भाषा से काफी अन्तर है।

4. जनसंचार माध्यमों की हिन्दी : जनसंचार माध्यमों की आधुनिक युग में ज्ञान-विज्ञान के प्रचार-प्रसार में महती भूमिका रही है। संचार माध्यमों में हिन्दी का विशिष्ट प्रयोजनभूलक रूप प्रयुक्त होता है।

जनसंचार माध्यम के अन्तर्गत प्रधान रूप से समाचार-पत्र, रेडियो, दूरदर्शन, फिल्म, कम्प्यूटर, इंटरनेट आदि शामिल किए जाते हैं। जनसंचार शब्द स्वयं में वस्तुतः एक पारिभाषिक शब्द है, प्रयोजनमूलक शब्द है। इसे अंग्रेजी के 'मास कम्यूनिकेशन' के पर्याय के रूप में प्रयुक्त किया जाता है। इसका सर्वतोभावेन लक्ष्य है—सूचना का प्रसारण। विभिन्न मानव समुदायों के बीच सूचना का आदान-प्रदान ही जनसंचार के समस्त माध्यमों का प्रधान उद्देश्य है।

जनसंचार माध्यमों को उनकी प्रकृति के अनुसार तीन कोटियों में बाँटा जाता है :

1. प्रिंट मीडिया : समाचार-पत्र, पत्रिकाएँ, पुस्तकें आदि।
2. श्रव्य मीडिया : रेडियो, टेप रिकार्डर, आडियो कैसेट आदि।
3. दृश्य मीडिया : टेलिविजन, विडियो, फिल्म आदि।

जनसंचार के इन विविध माध्यमों में प्रयुक्त हिन्दी भी विशिष्ट होती है। जनसंचार की हिन्दी सामान्यतः जनसामान्य की हिन्दी होती है परन्तु उसकी अपनी कुछ प्रयुक्तिगत विशेषता भी होती है। जनसंचार के माध्यमों का लक्ष्य समाज का, देश का कोई एक वर्ग विशेष नहीं होता बल्कि शिक्षित-अशिक्षित, शहरी-ग्रामीण समूची जनता होती है। मीडिया की हिन्दी की अपनी विशिष्ट पहचान होती है, वह साहित्यिक ही नहीं, सामान्य हिन्दी से भी अलग होती है। उदाहरण के लिए अखबारों की हिन्दी, फिल्मों की हिन्दी को देखा जा सकता है जो कि अन्य कार्यकलापों की हिन्दी से भिन्न हैं। आजकल दूरदर्शन और आकाशवाणी की हिन्दी में भी भाषिक प्रयुक्तियों का नयापन दृष्टिगत हो रहा है।

5. विज्ञापनों की हिन्दी : विज्ञापनों में भी भाषा का एक विशिष्ट स्वरूप लक्षित होता है। विज्ञापनों की भाषा से विक्रय-कला का नया आयाम बन गया है। मीडिया के सभी माध्यमों में विज्ञापन की भाषा का विशिष्ट स्वरूप प्रदर्शित होता है। कुछ उदाहरण निम्न हैं—

1. जूही की खूबसूरती का राज—नया इंटरनेशनल लक्स और क्या।

2. चलो पढ़ाएँ, कुछ कर दिखाएँ।

3. ठंडा मतलब, कोकाकोला।

6. विधि एवं कानून की हिन्दी : प्रयोजनमूलक हिन्दी के व्यवहार का एक प्रमुख क्षेत्र विधि एवं कानून भी है। विधि एवं कानून विषयक मामलों की कार्यवाही जिस हिन्दी में होती है वह हिन्दी न तो पूर्णतया कार्यालयी हिन्दी होती है और न ही सामान्य बोलचाल अथवा साहित्य की। कहने का आशय यह है कि विधि एवं कानून की अपनी एक विशिष्ट हिन्दी है। यह ऐसी तकनीकी शब्दावली होती है जिसका सम्बन्ध न्यायालयों, विधायी समितियों आदि के कानूनी प्रावधानों से होता है।

राजभाषा हिन्दी के निर्देशों-नियमों का कार्यान्वयन कानून की भाषा में होता है। इस तरह इसे राजभाषा के व्यवहार का एक पहलू कहा जा सकता है।

7. वैज्ञानिक एवं तकनीकी हिन्दी : विज्ञान और टेक्नोलॉजी ने आधुनिक युग में अद्‌भुत प्रगति की है। विज्ञान के व्यापक प्रचार-प्रसार से इसे दुनिया के सभी देशों की भाषाओं में प्रस्तुत करने का प्रयास हो रहा है। हिन्दी में भी विज्ञान और टेक्नोलॉजी को लाने का प्रयास हो रहा है जिससे अंग्रेजी पढ़े-लिखे व्यक्ति ही नहीं बल्कि दूर-दराज के गाँवों के लोगों में भी एक जागरुकता लाई जा सके। वैज्ञानिक प्रगति और विज्ञान के प्रति लोगों का आकर्षण बढ़े, इस दृष्टि से इस कठिन समझे जानेवाले विषय को हिन्दी में प्रस्तुत करना अत्यावश्यक है।

विज्ञान के प्रभावों और परिणामों को ही देखते हुए भारत सरकार ने 1961 में शिक्षा मंत्रालय के अधीन 'वैज्ञानिक एवं तकनीकी शब्दावली आयोग' की स्थापना की। इस आयोग को विज्ञान के व्यापक प्रचार-प्रसार के लिए हिन्दी में पारिभाषिक शब्दावली बनाने का दायित्व सौंपा गया। इस आयोग ने अल्पावधि में ही कई कोशों का निर्माण किया और विज्ञान में हिन्दी के प्रयोग के कुछ सैद्धान्तिक पहलू सुझाए, जोकि हिन्दी के प्रचार-प्रसार में भी उपयोगी साबित हुए हैं।

सरकारी प्रयासों से विज्ञान के अधिकतर विषय आज हिन्दी में भी उपलब्ध हैं। विज्ञान के विषयों की एक विशिष्ट पारिभाषिक शब्दावली निर्मित हो चुकी है। आज गणित, खगोलशास्त्र, अन्तरिक्ष, दूरसंचार एवं टेक्नोलॉजी, ज्योतिषशास्त्र आदि की विशिष्ट पारिभाषिक शब्दावली इन विषयों को जनसामान्य तक सरलता से पहुँचा रही है। नवीन राष्ट्रीय शिक्षा नीति 2020 की संकल्पना के अनुसार न केवल मातृभाषाओं और प्रान्तीय भाषाओं को शिक्षा का माध्यम बनाने पर जोर है बल्कि राष्ट्रीय स्तर पर उच्च कक्षाओं में भी हिन्दी में विज्ञान एवं तकनीकी के विषयों की पढ़ाई सुनिश्चित करने का प्रावधान किया गया है। देश के कई हिन्दी भाषी राज्यों में 12वीं तक ही नहीं, स्नातकोत्तर स्तर तक की विज्ञान विषय की पढ़ाई भी हिन्दी में उपलब्ध रही है। आज राष्ट्रीय शिक्षा नीति 2020 की मान्यता के अनुरूप चिकित्साशास्त्र, विधि, अभियांत्रिकी आदि विषयों का माध्यम भी हिन्दी प्रमुखता से बन रही है।

2

राजभाषा हिन्दी : संवैधानिक स्थिति

राजभाषा हिन्दी

राजभाषा देश के सरकारी कामकाज की भाषा मानी जाती है। राजभाषा का शाब्दिक अर्थ है राजा की अथवा राज्य के कामकाज की भाषा। इसकी व्यापकता को स्पष्ट करते हुए आचार्य देवेन्द्रनाथ शर्मा ने कहा है, "राजभाषा का प्रयोग मुख्यत: चार क्षेत्रों में अभिप्रेत है शासन, विधान, न्यायपालिका और कार्यपालिका। इन चारों में जिस भाषा का प्रयोग हो, उसे राजभाषा कहेंगे।"

राजभाषा को अंग्रेजी में 'स्टेट लैंग्वेज' कहते हैं, जबकि भारतीय संविधान में इसके लिए 'ऑफिसियल लैंग्वेज' शब्द का प्रयोग किया गया है। इन दोनों का ही तात्पर्य यह है कि राजभाषा वह होती है जो राष्ट्र के कामकाज (शासकीय) की भाषा होती है। भाषाविद डॉ. कैलाशचन्द्र भाटिया के शब्दों में 'राजभाषा' वह है जो किसी देश में केन्द्रीय/संघीय अथवा प्रादेशिक सरकार द्वारा आपसी पत्र-व्यवहार व सरकारी कामकाज चलाने के लिए प्रयोग होती है। जबकि डॉ. किशोर वासवानी का मानना है, "राजभाषा सांविधानिक मान्यता प्राप्त वह कोई भी वैध भाषा है जो किसी भी प्रकार की सरकार की शासन या प्रशासन को चलाने के लिए उसके सरकारी तंत्र का वैधानिक माध्यम बनती है।"

राजभाषा के रूप में हिन्दी की स्वीकृति और प्रतिष्ठा के पीछे काफी लम्बा-चौड़ा इतिहास है। मध्यकालीन और उसके कुछ पहले का भी जो इतिहास मिलता है उसमें भाषा विकास की स्थिति पर दृष्टि डालें तो पता चलता है कि हिन्दी उस समय से ही सर्वसाधारण के व्यवहार की भाषा थी। मुगलों के द्वारा उसे राजभाषा का दर्जा भले न प्राप्त हुआ हो परन्तु जनता के कामकाज में उनकी भाषा से अधिक व्यवहार हिन्दी का था, इसके पर्याप्त सबूत मिलते हैं। बाद में भी हिन्दी को राजभाषा की कुर्सी तक पहुँचने में काफी बहस-मुबाहिसों का सामना करना पड़ा। हिन्दी ही इस देश की एकमात्र ऐसी भाषा थी जो कि सबसे बड़े भू-भाग में तो बोली ही जाती थी, समझने और व्यवहार में लाने में सर्वाधिक सरल भी थी, इसीलिए स्वतंत्रता

संग्राम में यह सम्पर्क की भाषा बनी। हिन्दीतर भाषी राष्ट्र प्रेमियों ने स्वयं इस बात की वकालत की। आजादी मिलने के बाद अवश्य हमारे नेताओं की अदूरदर्शिता के कारण और कुछ छोटे-मोटे क्षेत्रीय स्वार्थों के कारण राजभाषा के रूप में हिन्दी की प्रतिस्थापना काफी जद्दोजहद के बाद हुई। इतना ही नहीं, इसके साथ ही विडम्बना यह हुई कि हिन्दी के साथ अंग्रेजी को सह-भाषा का दर्जा दे दिया गया और इस तरह से हिन्दी के महत्त्व को स्वीकार करने के बाद भी उसे महत्त्वहीन बनाने का सुनियोजित षड्यंत्र शुरू से ही किया गया। परिणाम यह हुआ कि हिन्दी की झोली समृद्धि के बावजूद कंगाल मानी जाने लगी और अंग्रेजी की पर्स के आकर्षण का दबदबा बदस्तूर बढ़ता ही गया।

राजभाषा सम्बन्धी संवैधानिक प्रावधान

भारत की स्वतंत्रता के कुछ पूर्व 1946 में संविधान सभा का गठन किया गया। बाबू राजेन्द्र प्रसाद इसके अध्यक्ष चुने गए। इस संविधान सभा ने यह निर्णय लिया था कि सभा में कामकाज की भाषा हिन्दुस्तानी या अंग्रेजी होगी पर अध्यक्ष की अनुमति से कोई भी सदस्य अपनी मातृभाषा में भी भाषण दे सकता था। बाद में हिन्दुस्तानी की जगह हिन्दी को रखा गया। देश को आजादी मिलने के बाद राजभाषा के सवाल पर बहुत बहसें हुईं। अन्त में 14 सितम्बर 1949 को स्वाधीन भारत के संविधान में हिन्दी को संघ की राजभाषा और देवनागरी लिपि को राष्ट्रीय लिपि घोषित किया गया, साथ ही यह प्रावधान किया गया कि शुरू में पन्द्रह वर्ष तक अंग्रेजी सहभाषा के रूप में चलती रहेगी, तब तक हिन्दी को सम्पूर्ण राष्ट्र में कार्य करने के लिए तैयार कर लिया जाएगा।

राजभाषा के विकास के लिए संविधान के 5, 6 और 17 भागों में राजभाषा सम्बन्धी प्रावधान हैं। भाग 5 के अनुच्छेद 120 में 'संसद की भाषा' तथा भाग 6 के अनुच्छेद 210 में राज्य की विधान सभाओं में राजभाषा सम्बन्धी प्रावधान हैं। संविधान के 17वें भाग के राजभाषा सम्बन्धी प्रावधान मुख्य हैं। इसमें चार अध्यायों में राजभाषा की चर्चा है। पहले अध्याय में संघ की राजभाषा के सम्बन्ध में 343 और 344 दो अनुच्छेद हैं। दूसरे अध्याय में 345, 346 और 347 अनुच्छेदों में राजभाषा और प्रान्तीय भाषाओं की चर्चा की गई है तथा तृतीय अध्याय के अनुच्छेद 348 और 349 में उच्च न्यायालय और सर्वोच्च न्यायालय की भाषा के निर्देश हैं तथा चौथे अध्याय में क्रमश: दो अनुच्छेदों 350 व 351 में हिन्दी भाषा के विकास के लिए कुछ विशेष निर्देश दिए गए हैं। संविधान में यह स्पष्ट कहा गया है कि "हिन्दी भाषा की प्रसार-वृद्धि करना, उसका विकास करना ताकि वह भारत की सामासिक संस्कृति के सब तत्त्वों की अभिव्यक्ति का माध्यम बन

सके तथा उसकी प्रकृति में हस्तक्षेप किए बिना हिन्दुस्तानी एवं अष्टम सूची में उल्लिखित अन्य भारतीय भाषाओं (तमिल, तेलूगू, मलयालम, कन्नड़, असमिया, उड़िया, बंगाली, मराठी, गुजराती, पंजाबी, हिन्दी, कश्मीरी, उर्दू, संस्कृत और सिन्धी) के रूप, शैली और पदावली को ग्रहण करते हुए तथा जहाँ आवश्यक या वांछनीय हो, वहाँ उसके शब्द-भंडार के लिए मुख्यत: संस्कृत से तथा गौणत: उन उल्लिखित भाषाओं से शब्द लेकर उसकी समृद्धि सुनिश्चित करना संघ का कर्तव्य होगा।"

संघ की राजभाषा नीति

संघ की राजभाषा नीति सम्बन्धी प्रावधानों की चर्चा संविधान के निम्नलिखित भागों में की गई है—

भाग 5 : संसद में प्रयुक्त होनेवाली भाषा

120(1) भाग 17 में किसी बात के होते हुए भी किन्तु अनुच्छेद 348 के उपबन्धों के अधीन रहते हुए संसद में कार्य हिन्दी या अंग्रेजी में किया जाएगा। यथास्थिति राज्यसभा का सभापति या लोकसभा का अध्यक्ष अथवा ऐसे रूप में कार्य करनेवाला व्यक्ति किसी सदस्य को जो हिन्दी या अंग्रेजी में अपनी पर्याप्त अभिव्यक्ति नहीं कर सकता, अपनी मातृभाषा में सदन को सम्बोधित करने की अनुज्ञा दे सकेगा।

(2) जब तक संसद विधि द्वारा अन्यथा उपबन्ध न करे तब तक इस संविधान के प्रारम्भ से 15 वर्ष की कालावधि की समाप्ति के पश्चात यह अनुच्छेद ऐसे प्रभावी होगा मानो कि 'या अंग्रेजी में' ये शब्द उसमें से लुप्त कर दिए गए हों।

भाग 6 : विधान मंडल में प्रयुक्त होनेवाली भाषा

210(1) भाग 17 में किसी बात के होते हुए भी किन्तु अनुच्छेद 348 के उपबन्धों के अधीन रहते हुए राज्य के विधान मंडल में कार्य राज्य की राजभाषा या भाषाओं में या हिन्दी में या अंग्रेजी में किया जाएगा।
यथास्थिति, विधानसभा का अध्यक्ष या विधान परिषद का सभापति अथवा ऐसे रूप में कार्य करनेवाला व्यक्ति किसी सदस्य को जो उपर्युक्त भाषाओं में से किसी में अपनी अभिव्यक्ति नहीं कर सकता, अपनी मातृभाषा में सदन को सम्बोधित करने की अनुज्ञा दे सकेगा। (यह अनुच्छेद जम्मू-कश्मीर पर लागू नहीं है।)

(2) जब तक राज्य का विधान मंडल विधि द्वारा अन्यथा उपबन्ध न करे तब तक इस संविधान के प्रारम्भ से 15 वर्ष की कालावधि की समाप्ति के पश्चात यह अनुच्छेद ऐसे प्रभावी होगा मानो कि "या अंग्रेजी में" शब्द उसमें से लुप्त कर दिए गए हों।
हिमाचल प्रदेश, मणिपुर, मेघालय और त्रिपुरा के राज्य विधान मंडल के सम्बन्ध में यह खंड इस प्रकार प्रभावी होगा मानो कि उसमें आनेवाले 'पन्द्रह वर्ष' शब्दों के स्थान पर 'पच्चीस वर्ष' शब्द रख दिए गए हों।

भाग 17 : अनुच्छेद 343 संघ की राजभाषा

(1) संघ की राजभाषा हिन्दी और लिपि देवनागरी होगी। संघ के शासकीय प्रयोजनों के लिए प्रयोग होनेवाले अंकों का रूप भारतीय अंकों का अन्तरराष्ट्रीय रूप होगा।

(2) खंड (1) में किसी बात के होते हुए भी, इस संविधान के प्रारम्भ से पन्द्रह वर्ष की कालावधि के लिए संघ के उन सभी शासकीय प्रयोजनों के लिए अंग्रेजी भाषा प्रयोग की जाती रहेगी जिनके लिए उसका ऐसे प्रारम्भ से ठीक पहले प्रयोग किया जा रहा था।
राष्ट्रपति उक्त अवधि के दौरान, आदेश द्वारा संघ के शासकीय प्रयोजन के लिए अंग्रेजी भाषा के अतिरिक्त हिन्दी भाषा का और भारतीय अंकों के अन्तरराष्ट्रीय रूप के अतिरिक्त देवनागरी रूप का प्रयोग प्राधिकृत कर सकेगें।

(3) इस अनुच्छेद में किसी बात के होते हुए भी, संसद विधि द्वारा उक्त पन्द्रह वर्ष की कालावधि के पश्चात

(क) अंग्रेजी भाषा का या

(ख) अंकों के देवनागरी रूप का,
ऐसे प्रयोजनों के लिए प्रयोग उपबन्धित कर सकेगी जो कि विधि में उल्लेखित हों।

अनुच्छेद-344 राजभाषा के सम्बन्ध में आयोग और संसद की समिति का गठन—

(1) राष्ट्रपति इस संविधान के प्रारम्भ से पाँच वर्ष की समाप्ति पर और तत्पश्चात ऐसे प्रारम्भ से दस वर्ष की समाप्ति पर, आदेश द्वारा, एक आयोग गठित करेगा जो एक अध्यक्ष और आठवीं अनुसूची में विनिर्दिष्ट विभिन्न भाषाओं का प्रतिनिधित्व करनेवाले ऐसे अन्य सदस्यों से मिलकर बनेगा जिनको राष्ट्रपति नियुक्त करे और आयोग द्वारा अनुसरण की जानेवाली प्रक्रिया के भी आदेश पारिभाषित करेगा।

(2) आयोग का यह कर्तव्य होगा कि वह राष्ट्रपति को—

(क) संघ के शासकीय प्रयोजनों के लिए हिन्दी भाषा का अधिकाधिक प्रयोग

(ख) संघ के सभी या किन्हीं शासकीय प्रयोजनों के लिए अंग्रेजी भाषा के प्रयोग पर निर्बन्धनों के;

(ग) अनुच्छेद 348 में उल्लिखित सभी या किन्हीं प्रयोजनों के लिए प्रयोग की जानेवाली भाषा के;

(घ) संघ के किसी एक या अधिक विनिर्दिष्ट प्रयोजनों के लिए प्रयोग किए जानेवाले अंको के रूप के;

(ड) संघ की राजभाषा तथा संघ और किसी राज्य के बीच या एक राज्य और दूसरे राज्य के बीच पत्रादि की भाषा और उनके प्रयोग के सम्बन्ध में राष्ट्रपति द्वारा आयोग से पृच्छा किए गए किसी अन्य विषय के बारे में सिफारिश करे।

(3) खंड (2) के अधीन अपनी सिफारिशें करने में, आयोग भारत की औद्योगिक, सांस्कृतिक और वैज्ञानिक उन्नति का और लोक सेवाओं के सम्बन्ध में हिन्दीतर भाषी क्षेत्रों के लोगों के न्यायसंगत दावों और हितों का सम्यक ध्यान रखेगा।

(4) एक समिति गठित की जाएगी जो तीस सदस्यों से मिलकर बनेगी। जिनमें से बीस लोक सभा के और दस राज्य सभा के सदस्य होंगे, जो क्रमशः लोकसभा के सदस्यों और राज्य सभा के सदस्यों द्वारा आनुपातिक प्रतिनिधित्व पद्धति के अनुसार एकल संक्रमणीय मत द्वारा निर्वाचित होंगे।

(5) समिति का यह कर्तव्य होगा कि वह खंड (1) के अधीन गठित आयोग की सिफारिशों की परीक्षा करे और राष्ट्रपति को उन पर अपनी राय के बारे में प्रतिवेदन दे।

(6) अनुच्छेद 343 में किसी बात के होते हुए भी, राष्ट्रपति खंड (5) में निर्दिष्ट प्रतिवेदन पर विचार करने के पश्चात उस सम्पूर्ण प्रतिवेदन के या उसके किसी भाग के अनुसार निर्देश जारी कर सकेगा।

अनुच्छेद 343 और 344 के अन्तर्गत किए गए प्रावधानों से संघ की राजभाषा विषयक निम्नलिखित तथ्य बिलकुल स्पष्ट है—

(क) संघ की राजभाषा हिन्दी तथा लिपि देवनागरी है।

(ख) संघ की राजभाषा हिन्दी के साथ अंग्रेजी को राज कार्य की भाषा घोषित किया गया है। गौरतलब बात यह है कि संविधान लागू होने के इतने वर्ष बाद भी वह भाषा (अंग्रेजी) राज कार्य की

प्रधान भाषा बनी हुई है जिसे शुरू के पन्द्रह वर्ष में ही विदा हो जाना था।

(ग) संविधान निर्माताओं को हिन्दी की तात्कालिक स्थिति और भविष्य में उसकी गति-प्रगति की चिन्ता भी थी इसीलिए लोकतांत्रिक दायरे में ऐसे प्रावधान किए गए जिससे हिन्दी की प्रगति और राजभाषा के रूप में उसके प्रयोग को समय-समय पर मूल्यांकित किया जा सके।

अनुच्छेद 345, राज्य की राजभाषा या राजभाषाएँ—

अनुच्छेद 346 और अनुच्छेद 347 के उपबन्धों के अधीन रहते हुए, राज्य का विधान मंडल, विधि द्वारा उस राज्य में प्रयोग होनेवाली भाषाओं में से किसी एक या अनेक भाषाओं को या हिन्दी को उस राज्य के सभी या किन्हीं शासकीय प्रयोजनों के लिए प्रयोग की जानेवाली भाषा या भाषाओं के रूप में अंगीकार कर सकेगा :

परन्तु जब तक राज्य का विधान-मंडल, विधि द्वारा इससे अन्यथा उपबन्ध न करे तब तक राज्य के भीतर उन शासकीय प्रयोजनों के लिए अंग्रेजी भाषा का प्रयोग किया जाता रहेगा जिनके लिए उसका इस संविधान के प्रारम्भ से ठीक पहले प्रयोग किया जा रहा था।

अनुच्छेद 346, एक राज्य और दूसरे राज्य के बीच या किसी राज्य और संघ के बीच पत्रादि की राजभाषा

संघ में शासकीय प्रयोजनों के लिए प्रयोग किए जाने के लिए तत्समय अधिकृत भाषा एक राज्य और दूसरे राज्य के बीच तथा किसी राज्य और संघ के बीच पत्रादि की भाषा रहेगी।

यदि दो या अधिक राज्य यह करार करते हैं कि उन राज्यों के बीच पत्रादि की भाषा राजभाषा हिन्दी होगी तो ऐसे पत्रादि के लिए उस भाषा का प्रयोग किया जाएगा।

अनुच्छेद 347, किसी राज्य के जनसमुदाय के किसी भाग द्वारा बोली जानेवाली भाषा के सम्बन्ध में विशेष उपबन्ध—

यदि इस निमित्त माँग किए जाने पर राष्ट्रपति को यह समाधान हो जाता है कि किसी राज्य की जनसंख्या का पर्याप्त भाग यह चाहता है कि उसके द्वारा बोली जानेवाली किसी भाषा को राज्य द्वारा मान्यता दी जाए तो वह निर्देश दे सकेगा कि ऐसी भाषा को उस राज्य में सर्वत्र या उसके किसी भाग में ऐसे प्रयोजन के लिए, जो वह विनिर्दिष्ट करे शासकीय मान्यता दी जाए।

अनुच्छेद 348, उच्चतम न्यायालय और उच्च न्यायालयों में तथा अधिनियमों, विधेयकों आदि के लिए प्रयोग की जानेवाली भाषा—

(1) इस भाग के पूर्वगामी उपबन्धों में किसी बात के होते हुए भी, जब तक संसद विधि द्वारा अन्यथा उपबन्ध न करे तब तक—

(क) उच्चतम न्यायालय और प्रत्येक उच्च न्यायालय में सभी कार्यवाहियाँ

(ख) (i) संसद के प्रत्येक सदन या किसी राज्य के विधान-मंडल के सदन या प्रत्येक सदन में पुन:स्थापित किए जानेवाले सभी विधेयकों या प्रस्तावित किए जानेवाले संशोधनों के,

(ii) संसद या किसी राज्य के विधान-मंडल द्वारा पारित सभी अधिनियमों के तथा राष्ट्रपति या किसी राज्य के राज्यपाल द्वारा प्रख्यापित सभी अध्यादेशों के और

(iii) इस संविधान के अधीन अथवा संसद या किसी राज्य के विधान मंडल द्वारा निर्मित किसी विधि के अधीन निकाले गए या बनाए गए सभी आदेशों, नियमों, विनियमों, उपविधियों के प्राधिकृत पाठ अंग्रेजी भाषा में होंगे।

(2) खंड के उपखंड (क) में किसी बात के होते हुए भी, किसी राज्य का राज्यपाल, राष्ट्रपति की पूर्व सहमति से उस उच्च न्यायालय की कार्यवाहियों में जिसका मुख्य स्थान उस राज्य में है, हिन्दी भाषा का या उस राज्य के शासकीय प्रयोजनों के लिए प्रयुक्त होनेवाली अन्य भाषा का प्रयोग प्राधिकृत कर सकेगा :

इस खंड की कोई बात ऐसे उच्च न्यायालय द्वारा दिए गए किसी निर्णय, आज्ञाप्ति (डिक्री) अथवा आदेश पर लागू नहीं होगी।

(3) खंड (1) के उपखंड (ख) में किसी बात के होते हुए भी, जहाँ किसी राज्य के विधान मंडल ने उस विधान-मंडल में पुन:स्थापित विधेयकों या उसके द्वारा पारित अधिनियम में अथवा उस राज्य के राज्यपाल द्वारा प्रख्यापित अध्यादेशों में अथवा उस उपखंड के पैरा (iii) में निर्दिष्ट किसी आदेश, नियम, विनियम या उपविधि में प्रयोग के लिए अंग्रेजी भाषा से भिन्न कोई भाषा विहित की है वहाँ उस राज्य के राजपत्र में उस राज्य के राज्यपाल के प्राधिकार से प्रकाशित अंग्रेजी भाषा में अनुवाद इस अनुच्छेद के अधीन उसका अंग्रेजी भाषा में प्राधिकृत पाठ समझा जाएगा।

अनुच्छेद 349, भाषा से सम्बन्धित कुछ विधियाँ अधिनियमित करने की विशेष प्रक्रिया—

इस संविधान के प्रारम्भ से पन्द्रह वर्ष की अवधि के दौरान, अनुच्छेद 348 के खंड (1) में उल्लिखित किसी प्रयोजन के लिए प्रयोग की जानेवाली भाषा के लिए उपबन्ध करनेवाला कोई विधेयक या संशोधन संसद के किसी सदन में राष्ट्रपति की पूर्व मंजूरी के बिना पुन:स्थापित या प्रस्तावित नहीं किया जाएगा और राष्ट्रपति किसी ऐसे विधेयक को पुन:स्थापित या किसी ऐसे संशोधन को प्रस्तावित किए जाने की मंजूरी अनुच्छेद 344 के खंड (1) के अधीन गठित आयोग की सिफारिशों पर और उस अनुच्छेद के खंड (4) के अधीन गठित समिति के प्रतिवेदन पर विचार करने के पश्चात ही देगा।

अनुच्छेद 350, व्यथा के निवारण के लिए अभ्यावेदन में प्रयोग की भाषा—

प्रत्येक व्यक्ति किसी व्यथा के निवारण के लिए संघ या राज्य के किसी पदाधिकारी या प्राधिकारी को यथास्थिति, संघ में या राज्य में प्रयोग होनेवाली किसी भाषा में अभ्यावेदन देने का हकदार होगा।

1956 की धारा 21 द्वारा (संविधान के सप्तम संशोधन) इसमें निम्नलिखित अनुच्छेद जोड़ दिया गया है—

क. प्राथमिक स्तर पर मातृभाषा में शिक्षा की सुविधाएँ

   प्रत्येक राज्य और राज्य के भीतर प्रत्येक स्थानीय प्राधिकारी भाषायी अल्पसंख्यक वर्ग के बालकों को शिक्षा के प्राथमिक स्तर पर मातृभाषा में शिक्षा देने की पर्याप्त व्यवस्था करेगा और राष्ट्रपति किसी राज्य को ऐसे निर्देश दे सकेगा जिसे वह ऐसी सुविधाओं का उपबन्ध सुनिश्चित कराने के लिए आवश्यक या उचित समझता है।

ख. भाषायी अल्पसंख्यक-वर्गों के लिए विशेष अधिकारी

   (1) भाषायी अल्पसंख्यक वर्गों के लिए एक विशेष अधिकारी होगा जिसे राष्ट्रपति नियुक्त करेगा।

   (2) विशेष अधिकारी का यह कर्तव्य होगा कि वह इस संविधान के अल्पसंख्यक वर्गों के लिए उपबन्धित रक्षोपायों से सम्बन्धित सभी विषयों के और उन विषयों के सम्बन्ध में ऐसे अन्तरालों पर जो राष्ट्रपति निर्दिष्ट करें :

   राष्ट्रपति को प्रतिवेदन दे और राष्ट्रपति ऐसे सभी प्रतिवेदनों को संसद के प्रत्येक सदन के समक्ष रखवाएगा और सम्बन्धित राज्यों की सरकारों को भिजवाएगा।

अनुच्छेद 351- हिन्दी भाषा के विकास के लिए निर्देश—

संघ का यह कर्तव्य होगा कि वह हिन्दी भाषा का प्रसार बढ़ाए, उसका विकास करे ताकि वह भारत की सामासिक संस्कृति के सभी तत्त्वों की अभिव्यक्ति का माध्यम हो सके तथा उसकी प्रकृति में हस्तक्षेप किए बिना हिन्दुस्तानी में और आठवीं अनुसूची में उल्लिखित भारत की अन्य भाषाओं में प्रयुक्त रूप, शैली और पदों को आत्मसात करते हुए और जहाँ आवश्यक या वांछनीय हो वहाँ उसके शब्द-भंडार के लिए मुख्यत: संस्कृत तथा गौणत: अन्य भाषाओं से शब्द ग्रहण करते हुए उसकी समृद्धि सुनिश्चित करे।

इस अनुच्छेद का मुख्य उद्देश्य न सिर्फ हिन्दी की प्रगति से है अपितु एक ऐसी भाषा की संकल्पना से भी है जो देश की सामासिक संस्कृति की अभिव्यक्ति का माध्यम बन सके। उल्लेखनीय है कि यह अनुच्छेद हिन्दी भाषा को मात्र कार्यालयी प्रयुक्ति तक सीमित नहीं मानता और भाषा की प्रकृति और उसके स्वाभाविक विकास के लिए कारगर कदम उठाने की पहल करता है। वास्तव में इस अनुच्छेद के अन्तर्गत ही हिन्दी की राष्ट्रीय भाषा के रूप में संकल्पना की गई है। और उसे मात्र संस्कृत से नहीं, समस्त भारतीय भाषाओं की शब्द-सम्पदा से समृद्ध करने की अपेक्षा की गई है।

राजभाषा हिन्दी के कार्यान्वयन विषयक राष्ट्रपति के आदेश

संविधान के अनुच्छेद 343 खंड (2) के तहत राष्ट्रपति ने 27 मई, 1952 को हिन्दी के प्रयोग के बारे में एक आदेश पारित किया इस आदेश के अनुसार—

भारत के संविधान के अनुच्छेद 343 खंड (2) के परन्तुक द्वारा दी गई शक्तियों का प्रयोग करते हुए राष्ट्रपति ने अंग्रेजी भाषा के अतिरिक्त हिन्दी भाषा का और भारतीय अंकों के अन्तरराष्ट्रीय स्वरूप के अतिरिक्त अंकों के देवनागरी स्वरूप का प्रयोग संघ के निम्नलिखित शासकीय प्रयोजनों के लिए अर्थात—

(1) राज्यों के राज्यपालों,
(2) उच्चतम न्यायालय के न्यायाधीशों, और
(3) उच्च न्यायालय के न्यायाधीशों की नियुक्तियाँ के अधिपत्रों के लिए प्राधिकृत कर दिया है।

संवैधानिक प्रतिबद्धता के चलते हिन्दी के प्रसार को बढ़ावा देने के लिए 3 दिसम्बर, 1955 को राष्ट्रपति ने एक और आदेश निकाला जिसमें कुछ निश्चित प्रयोजनों के लिए अंग्रेजी के साथ-साथ हिन्दी अनुवाद भेजने के आदेश दिए। हिन्दी के प्रसार की दृष्टि से यह आदेश बहुत महत्त्वपूर्ण और कारगार कदम माना गया। इस आदेश के अनुसार—

भारत के संविधान के अनुच्छेद 343 खंड (2) के परन्तुक द्वारा दी गई शक्तियों का प्रयोग करते हुए राष्ट्रपति ने निम्नलिखित आदेश दिया है अर्थात

(1) यह आदेश संविधान (शासकीय प्रयोजनों के लिए हिन्दी भाषा) आदेश 1955 कहलाएगा।
(2) संघ के जिन राजकीय प्रयोजनों के लिए अंग्रेजी भाषा के अतिरिक्त हिन्दी भाषा का प्रयोग किया जाएगा, वे इससे संलग्न अनुसूची में दिए गए हैं।

अनुसूची

(1) जनता के साथ पत्र-व्यवहार।
(2) प्रशासनिक रिपोर्ट, शासकीय-पत्रिकाएँ और संसद को दी जानेवाली रिपोर्ट।
(3) सरकारी संकल्प और विधायी अधिनियम।
(4) जिन राज्य सरकारों ने अपनी राजभाषा के रूप में हिन्दी को अपना लिया है उनसे पत्र-व्यवहार।
(5) सन्धियाँ और करार।
(6) अन्य देशों की सरकारों और उनके दूतावासों तथा अन्तरराष्ट्रीय संगठनों से पत्र-व्यवहार।
(7) राजनयिक और कौंसलीय पदाधिकारियों और अन्तरराष्ट्रीय संगठनों में भारतीय प्रतिनिधियों के नाम जारी किए जानेवाले औपचारिक दस्तावेज।

राष्ट्रपति का आदेश 1960

संविधान के अनुच्छेद 344 खंड (1) के तहत राष्ट्रपति ने हिन्दी के प्रयोग और प्रसार की दशा-दिशा की समीक्षा के लिए श्री बालगंगाधर खेर की अध्यक्षता में एक आयोग का गठन किया। इस आयोग ने विभिन्न मुद्दों का विश्लेषण करते हुए 6 अगस्त 1956 को अपनी सिफारिशें राष्ट्रपति के समक्ष पेश की।

संविधान के अनुच्छेद 344 (4) के तहत राष्ट्रपति ने आयोग की सिफारिशों पर विचार करने के लिए एक 30 सदस्यीय संसदीय समिति का गठन पं. गोविन्द बल्लभ पन्त की अध्यक्षता में किया। इस समिति ने आयोग की सिफारिशों का राष्ट्रहित में अध्ययन करते हुए 8 फरवरी, 1959 को अपना प्रतिवेदन राष्ट्रपति को सौंपा। इस प्रतिवेदन को संसद के दोनों सदनों में रखा गया और इस पर गम्भीर चर्चा हुई। राष्ट्रपति ने संसदीय समिति तथा सदन की चर्चा से प्राप्त निष्कर्षों को ध्यान में रखते हुए हिन्दी की उत्तरोत्तर प्रगति के लिए 27 अप्रैल, 1960 को एक आदेश जारी किया, जिसे **राष्ट्रपति का आदेश 1960 के** नाम से जाना गया।

(गृह मंत्रालय की दि. 27 अप्रैल, 1960 की अधिसूचना संख्या 2/8/60- रा.भा. की प्रतिलिपि)

अधिसूचना—राष्ट्रपति का निम्नलिखित आदेश आम जानकारी के लिए प्रकाशित किया जाता है—

आदेश

लोकसभा के 20 सदस्यों और राज्य सभा के 10 सदस्यों की एक समिति प्रथम राजभाषा आयोग की सिफारिशों पर विचार करने के लिए और उनके विषय में अपनी राय राष्ट्रपति के समक्ष पेश करने के लिए संविधान के अनुच्छेद 344 के खंड (4) के उपबन्धों के अनुसार नियुक्त की गई थी। समिति ने अपनी रिपोर्ट राष्ट्रपति के समक्ष 8 फरवरी, 1959 को पेश कर दी। नीचे रिपोर्ट की कुछ मुख्य बातें दी जा रही हैं जिनसे समिति के सामान्य दृष्टिकोण का परिचय मिल सकता है—

1 (क) राजभाषा के बारे में संविधान में बड़ी समन्वित योजना दी हुई है। इसमें योजना के दायरे से बाहर जाए बिना स्थिति के अनुसार परिवर्तन करने की गुंजाइश है।

(ख) विभिन्न प्रादेशिक भाषाएँ राज्यों में शिक्षा और सरकारी कामकाज के माध्यम के रूप में तेजी से अंग्रेजी का स्थान ले रही हैं। यह स्वाभाविक ही है कि प्रादेशिक भाषाएँ अपना उचित स्थान प्राप्त करें। अत: व्यावहारिक दृष्टि से यह बात आवश्यक हो गई है कि संघ के प्रयोजनों के लिए एक भारतीय भाषा काम में लाई जाए, किन्तु यह आवश्यक नहीं है कि यह परिवर्तन किसी नियत तारीख को ही हो। यह परिवर्तन धीरे-धीरे इस प्रकार किया जाना चाहिए कि कोई गड़बड़ी न हो और कम-से-कम असुविधा हो।

(ग) 1965 तक अंग्रेजी मुख्य राजभाषा और हिन्दी सहायक राजभाषा रहनी चाहिए। 1965 के उपरान्त जब हिन्दी संघ की मुख्य राजभाषा हो जाएगी अंग्रेजी सहायक राजभाषा के रूप में ही चलती रहनी चाहिए।

(घ) संघ के प्रयोजनों में से किसी के लिए अंग्रेजी के प्रयोग पर कोई रोक इस समय नहीं लगाई जानी चाहिए और अनुच्छेद 343 के खंड (3) के अनुसार इस बात की व्यवस्था की जानी चाहिए कि 1965 के उपरान्त भी अंग्रेजी का प्रयोग उन प्रयोजनों के लिए, जिन्हें संसद विधि द्वारा उल्लिखित करे, तब तक होता रहे जब तक वैसा करना आवश्यक रहे।

(ङ) अनुच्छेद 351 का यह उपबन्ध कि हिन्दी का विकास ऐसे किया जाए कि वह भारत की सामासिक संस्कृति के सब तत्त्वों की अभिव्यक्ति का माध्यम बन सके, अत्यन्त महत्त्वपूर्ण है और इस बात के लिए पूरा प्रोत्साहन दिया जाना चाहिए कि सरल और सुबोध शब्द काम में लाए जाएँ।

रिपोर्ट की प्रतियाँ संसद के दोनों सदनों के पटल पर 1959 के अप्रैल माह में रख दी गई थीं और रिपोर्ट पर विचार-विमर्श लोकसभा में 2 से 4 सितम्बर, 1959 तक और राज्य सभा में 8 और 9 सितम्बर, 1959 को हुआ था। लोकसभा में इस पर विचार-विमर्श के समय प्रधानमंत्री ने 4 सितम्बर, 1959 को एक भाषण दिया था। राजभाषा के प्रश्न पर सरकार का जो दृष्टिकोण है उसे उन्होंने अपने इस भाषण में मोटे तौर पर व्यक्त कर दिया था।

2. अनुच्छेद 344 के खंड (6) द्वारा दी गई शक्तियों का प्रयोग करते हुए राष्ट्रपति ने समिति की रिपोर्ट पर विचार किया है और राजभाषा आयोग की सिफारिशों पर समिति द्वारा अभिव्यक्त राय को ध्यान में रखकर, इसके बाद निम्नलिखित निदेश जारी किया है।

3. **शब्दावली**—आयोग की जिन मुख्य सिफारिशों को समिति ने मान लिया वे ये हैं—

(क) शब्दावली तैयार करने में मुख्य लक्ष्य उसकी स्पष्टता, यथार्थता और सरलता होनी चाहिए,

(ख) अन्तरराष्ट्रीय शब्दावली अपनाई जाए या जहाँ भी आवश्यक हो, अनुकूलन कर लिया जाए;

(ग) सब भारतीय भाषाओं के लिए शब्दावली का विकास करते समय लक्ष्य यह होना चाहिए कि उसमें जहाँ तक हो सके अधिकतम एकरूपता हो और

(घ) हिन्दी और अन्य भारतीय भाषाओं की शब्दावली के विकास के लिए जो प्रयत्न केन्द्र और राज्यों में हो रहे हैं उनमें समन्वय स्थापित करने के लिए समुचित प्रबन्ध किए जाने चाहिए। इसके अतिरिक्त समिति का यह मत है कि विज्ञान और प्रौद्योगिकी के क्षेत्र में सभी भारतीय भाषाओं में जहाँ तक हो सके एकरूपता होनी चाहिए।

शब्दावली लगभग अंग्रेजी या अन्तरराष्ट्रीय शब्दावली जैसी होनी चाहिए। इस दृष्टि से समिति ने यह सुझाव दिया है कि इस क्षेत्र में विभिन्न संस्थाओं द्वारा किए गए काम में समन्वय स्थापित

करने और उसकी देखरेख के लिए और सब भारतीय भाषाओं को प्रयोग में लाने की दृष्टि से एक प्रामाणिक शब्दकोश निकालने के लिए ऐसा स्थायी आयोग कायम किया जाए जिसके सदस्य मुख्यतः वैज्ञानिक और प्रौद्योगिकीविद हों।

शिक्षा मंत्रालय निम्नलिखित विषय में कार्यवाही करे

(1) अब तक किए गए काम पर पुनर्विचार और समिति द्वारा स्वीकृत सामान्य सिद्धान्तों के अनुकूल शब्दावली का विकास विज्ञान और प्रौद्योगिकी के क्षेत्र में वे शब्द, जिनका प्रयोग अन्तरराष्ट्रीय क्षेत्र में होता है, कम-से-कम परिवर्तन के साथ अपना लिए जाएँ, अर्थात मूल शब्द वे होने चाहिए जो कि आजकल अन्तरराष्ट्रीय शब्दावली में काम आते हैं। उनसे व्युत्पन्न शब्दों का जहाँ आवश्यक हो भारतीयकरण किया जा सकता है,

(2) शब्दावली तैयार करने में समन्वय स्थापित करने के विषय में सुझाव देना और

(3) विज्ञान और तकनीकी शब्दावली के विकास के लिए समिति के सुझाव के अनुसार स्थायी आयोग का निर्माण।

(4) प्रशासनिक संहिताओं और अन्य कार्य-विधि साहित्य का अनुवाद—

इस आवश्यकता को दृष्टि में रखकर कि संहिताओं और अन्य कार्यविधि साहित्य के अनुवाद में प्रयुक्त भाषा में किसी हद तक एकरूपता होनी चाहिए, समिति ने आयोग की यह सिफारिश मान ली है कि सारा काम एक अभिकरण को सौंप दिया जाए।

शिक्षा मंत्रालय सांविधिक नियमों, विनियमों और आदेशों के अलावा सब संहिताओं और अन्य कार्यविधि साहित्य का अनुवाद करे। सांविधिक नियमों, विनियमों और आदेशों का अनुवाद संविधियों के अनुवाद के साथ घनिष्ट रूप से सम्बद्ध है, इसलिए यह काम विधि मंत्रालय करे। इस बात का पूरा प्रयत्न होना चाहिए कि सब भारतीय भाषाओं में इन अनुवादों की शब्दावली में जहाँ तक हो सके एकरूपता रखी जाए।

(5) प्रशासनिक कर्मचारी वर्ग को हिन्दी का प्रशिक्षण—

(क) समिति द्वारा अभिव्यक्त मत के अनुसार 45 वर्ष से कम उम्र वाले सब केन्द्रीय कर्मचारियों के लिए सेवाकालीन हिन्दी प्रशिक्षण प्राप्त करना अनिवार्य कर दिया जाना चाहिए। तृतीय श्रेणी के ग्रेड से नीचे के कर्मचारियों और औद्योगिक संस्था और कार्य प्रभारित कर्मचारियों के सम्बन्ध में यह बात लागू न होगी। इस योजना के अन्तर्गत नियत तारीख तक विहित योग्यता प्राप्त कर सकने के लिए कर्मचारी को

कोई दंड नहीं दिया जाना चाहिए। हिन्दी भाषा की पढ़ाई के लिए सुविधाएँ प्रशिक्षार्थियों को मुफ्त मिलती रहनी चाहिए।

(ख) गृह मंत्रालय उन टाइपकारों और आशुलिपिकों को हिन्दी टाइपराइटिंग और आशुलिपि का प्रशिक्षण देने के लिए आवश्यक प्रबन्ध करे जो केन्द्रीय सरकार की नौकरी में हैं।

(ग) शिक्षा मंत्रालय हिन्दी टाइपराइटरों के मानक की-बोर्ड (कुंजीपटल) के विकास के लिए शीघ्र कदम उठाए।

(6) हिन्दी प्रचार—

(क) आयोग की इस सिफारिश से कि यह काम करने की जिम्मेदारी अब सरकार उठाए समिति सहमत हो गई है। जिन क्षेत्रों में प्रथम रूप से काम करनेवाली गैर सरकारी संस्थाएँ पहले से ही विद्यमान हैं उनमें उन संस्थाओं को वित्तीय और अन्य प्रकार की सहायता दी जाए और जहाँ ऐसी संस्थाएँ नहीं हैं वहाँ सरकार आवश्यक संगठन कायम करे।

शिक्षा मंत्रालय इस बात की समीक्षा करे कि हिन्दी प्रचार के लिए जो वर्तमान व्यवस्था है वह कैसी चल रही है। साथ ही वह समिति द्वारा सुझाई गई दिशाओं में आगे कार्यवाही करे।

(ख) शिक्षा मंत्रालय और वैज्ञानिक अनुसन्धान और सांस्कृतिक कार्य मंत्रालय परस्पर मिलकर भारतीय भाषा विज्ञान, भाषा शास्त्र और साहित्य सम्बन्धी अध्ययन और अनुसन्धान को प्रोत्साहन देने के लिए समिति द्वारा सुझाए गए तरीके से आवश्यक कार्यवाही करे और विभिन्न भारतीय भाषाओं को परस्पर निकट लाने के लिए अनुच्छेद 351 में दिए गए निर्देश के अनुसार हिन्दी का विकास करने के लिए आवश्यक योजना तैयार करे।

(7) केन्द्रीय सरकारी विभाग के स्थानीय कार्यालयों के लिए भर्ती—

(क) समिति की राय है कि केन्द्रीय सरकारी विभागों के स्थानीय कार्यालय अपने आन्तरिक कामकाज के लिए हिन्दी का प्रयोग और जनता के साथ पत्र-व्यवहार में उन प्रदेशों की प्रादेशिक भाषाओं का प्रयोग करें। अपने स्थानीय कार्यालयों में अंग्रेजी के अतिरिक्त हिन्दी का उत्तरोत्तर अधिक प्रयोग करने के वास्ते योजना तैयार करने में केन्द्रीय सरकारी विभाग इस आवश्यकता को ध्यान में रखें कि यथासम्भव अधिक-से-अधिक मात्रा में प्रादेशिक भाषा में फार्म और विभागीय साहित्य उपलब्ध करा कर वहाँ की जनता को पूरी सुविधाएँ प्रदान की जानी चाहिए।

(ख) समिति की राय है कि केन्द्रीय सरकार के प्रशासनिक अभिकरणों और विभागों में कर्मचारियों की वर्तमान व्यवस्था पर पुनर्विचार किया जाए और कर्मचारियों का प्रादेशिक आधार पर विकेन्द्रीकरण कर दिया जाए, इसके लिए भर्ती के तरीकों और अर्हताओं में उपयुक्त संशोधन करना होगा।

स्थानीय कार्यालयों में जिन कोटियों के पदों पर कार्य करनेवालों की बदली मामूली तौर पर प्रदेश के बाहर नहीं होती उन कोटियों के सम्बन्ध में यह सुझाव, कोई अधिवास सम्बन्धी प्रतिबन्ध लगाए बिना, सिद्धान्ततः मान लिया जाना चाहिए।

(ग) समिति आयोग की इस सिफारिश से सहमत है कि केन्द्रीय सरकार के लिए यह विहित कर देना न्यायसम्मत होगा कि उसकी नौकरियों में लगने के लिए अर्हता यह भी होगी कि उम्मीदवार को हिन्दी भाषा का सम्यक ज्ञान हो। पर ऐसा तभी किया जाना है जबकि इसके लिए काफी पहले से ही सूचना दे दी गई हो और भाषा योग्यता का विहित स्तर मामूली हो और इस बारे में जो कमी हो उसे सेवाकालीन प्रशिक्षण द्वारा पूरा किया जा सकता है।

यह सिफारिश अभी हिन्दी भाषी क्षेत्रों के केन्द्रीय सरकारी विभाग में ही कार्यान्वित की जाए, हिन्दीतर भाषा-भाषी क्षेत्रों के स्थानीय कार्यालयों में नहीं।

(क), (ख) और (ग) में दिए गए निर्देश भारतीय लेखा परीक्षा और लेखा विभाग के अधीन कार्यालयों के सम्बन्ध में लागू नहीं होंगे।

(8) प्रशिक्षण संस्थान—

(क) समिति ने यह सुझाव दिया है कि नेशनल डिफेंस एकेडमी जैसी प्रशिक्षण संस्थाओं में शिक्षा का माध्यम अंग्रेजी ही बना रहे किन्तु शिक्षा सम्बन्धी कुछ या सभी प्रयोजनों के लिए माध्यम के रूप में हिन्दी का प्रयोग शुरु करने के लिए उचित कदम उठाए जाएँ। रक्षा मंत्रालय अनुदेश पुस्तिकाओं इत्यादि के हिन्दी प्रकाशन आदि के रूप में समुचित प्रारम्भिक कार्रवाई करे, ताकि जहाँ भी व्यवहार हो शिक्षा के माध्यम के रूप में हिन्दी का प्रयोग सुगम हो जाए।

(ख) समिति ने सुझाव दिया कि प्रशिक्षण संस्थानों में प्रवेश के लिए अंग्रेजी और हिन्दी दोनों ही परीक्षा के माध्यम हों, किन्तु परिक्षार्थियों को यह विकल्प रहे कि वे सब या कुछ परीक्षा पत्रों के लिए उनमें से किसी एक भाषा को चुन लें और एक विशेष समिति यह जाँच

करने के लिए नियुक्त की जाए कि नियत कोटा प्रणाली अपनाए बिना प्रादेशिक भाषाओं का प्रयोग परीक्षा के माध्यम के रूप में कहाँ तक शुरू किया जा सकता है।

रक्षा मंत्रालय को चाहिए कि वह प्रवेश परीक्षाओं में वैकल्पिक माध्यम के रूप में हिन्दी का प्रयोग शुरू करने के लिए आवश्यक कार्रवाई करे और कोई नियत कोटा प्रणाली अपनाए बिना परीक्षा के माध्यम के रूप में प्रादेशिक भाषाओं का प्रयोग आरम्भ करने के प्रश्न पर विचार करने के लिए एक विशेषज्ञ समिति नियुक्त करें।

(9) अखिल भारतीय सेवाओं और उच्चतर केन्द्रीय सेवाओं में भर्ती

(क) परीक्षा का माध्यम

समिति की राय है कि—

(क) परीक्षा का माध्यम अंग्रेजी बनी रहे और कुछ समय पश्चात हिन्दी वैकल्पिक माध्यम के रूप में अपना ली जाए। उसके बाद जब तक आवश्यक हो अंग्रेजी और हिन्दी दोनों ही परीक्षार्थी के विकल्पानुसार परीक्षा के माध्यम के रूप में अपनाने की छूट हो।

(ख) किसी प्रकार की नियत कोटा प्रणाली अपनाए बिना परीक्षा के माध्यम के रूप में विभिन्न प्रादेशिक भाषाओं का प्रयोग शुरू करने की व्यवहार्यता की जाँच करने के लिए एक विशेषज्ञ समिति नियुक्त की जाए।

कुछ समय के पश्चात वैकल्पिक माध्यम के रूप में हिन्दी का प्रयोग शुरु करने के लिए संघ लोक सेवा आयोग के साथ परामर्श कर गृह मंत्रालय आवश्यक कार्रवाई करे। वैकल्पिक माध्यम के रूप में विभिन्न प्रादेशिक भाषाओं का प्रयोग करने से गम्भीर कठिनाइयाँ पैदा होने की सम्भावना है, इसलिए वैकल्पिक माध्यम के रूप में विभिन्न प्रादेशिक भाषाओं का प्रयोग शुरू करने की व्यवहार्यता की जाँच करने के लिए विशेषज्ञ समिति नियुक्त करना आवश्यक नहीं है। समिति की राय है कि सम्यक सूचना के बाद समान स्तर के दो अनिवार्य प्रश्न पत्र होने चाहिए जिनमें से एक हिन्दी और दूसरा हिन्दी से भिन्न किसी भारतीय भाषा का होना चाहिए और परीक्षार्थी को यह स्वतंत्रता होनी चाहिए कि वह इनमें से किसे ले।

अभी केवल एक ऐच्छिक हिन्दी परीक्षा पत्र शुरू किया जाए। प्रतियोगिता के परिणाम पर चुने गए जो परीक्षार्थी इस परीक्षा पत्र

में उत्तीर्ण हो गए हों, उन्हें भर्ती के बाद जो विभागीय हिन्दी परीक्षा देनी होती है, उसमें बैठने और उसमें उत्तीर्ण होने की शर्त से छूट दी जाए।

(10) अंक

जैसा कि समिति का सुझाव है केन्द्रीय मंत्रालयों का हिन्दी प्रकाशनों में अन्तरराष्ट्रीय अंकों के अतिरिक्त देवनागरी अंकों के प्रयोग के सम्बन्ध में एक आधारभूत नीति अपनाई जाए। जिसका निर्धारण इस आधार पर किया जाए कि वे प्रकाशन किस प्रकार की जनता के लिए हैं और उसकी विषय-वस्तु क्या है। वैज्ञानिक, औद्योगिक और सांख्यिकी प्रकाशनों जिसमें केन्द्रीय सरकार का बजट सम्बन्धी साहित्य भी शामिल है, बराबर अन्तरराष्ट्रीय अंकों का प्रयोग किया जाए।

(11) अधिनियमों, विधेयकों इत्यादि की भाषा—

(क) समिति ने राय दी है कि संसदीय विधियाँ अंग्रेजी में बनती रहें किन्तु उनका प्रामाणिक हिन्दी अनुवाद उपलब्ध कराया जाए। उसके प्रामाणिक हिन्दी अनुवाद की व्यवस्था करने के वास्ते विधि मंत्रालय आवश्यक विधेयक उचित समय पर पेश करे। संसदीय विधियों का प्रादेशिक भाषाओं में अनुवाद कराने का प्रबन्ध भी विधि मंत्रालय करे।

(ख) समिति ने राय जाहिर की है जहाँ कहीं राज्य विधान मंडल में पेश किए गए विधेयकों या पास किए गए अधिनियमों का मूल पाठ हिन्दी से भिन्न है, वहाँ अनुच्छेद 348 के खंड (3) के अनुसार अंग्रेजी अनुवाद के अलावा उसका हिन्दी अनुवाद भी प्रकाशित किया जाए।

राज्य की राजभाषा में पाठ के साथ-साथ राज्य विधेयकों, अधिनियमों और अन्य सांविधिक लिखतों के हिन्दी अनुवाद के प्रकाशन के लिए आवश्यक विधेयक उचित समय पर पेश किया जाए।

(12) उच्चतम न्यायालय और उच्च न्यायालय की भाषा—

राजभाषा आयोग ने सिफारिश की थी कि जहाँ तक उच्चतम न्यायालय की भाषा का सवाल है उसकी भाषा परिवर्तन का समय आने पर अन्ततः हिन्दी ही होगी। समिति ने यह सिफारिश मान ली है।

आयोग ने उच्च न्यायालयों की भाषा के विषय में प्रादेशिक भाषाओं और हिन्दी के पक्ष-विपक्ष में विचार किया और सिफारिश की कि जब भी इस परिवर्तन का समय आए, उच्च न्यायालयों के निर्णयों, आज्ञप्तियों

(डिक्रियों) और आदेशों की भाषा सब प्रदेशों में हिन्दी होनी चाहिए किन्तु समिति की राय है कि राष्ट्रपति की पूर्व सम्मति से आवश्यक विधेयक पेश करके यह व्यवस्था करने की गुंजाइश रहे कि उच्च न्यायालयों के निर्णय आज्ञप्तियों (डिक्रियों) और आदेशों के लिए उच्च न्यायालय में हिन्दी और राज्यों की राजभाषाएँ विकल्पतः प्रयोग में लाई जा सकेंगी। समिति की राय है कि उच्चतम न्यायालय अन्ततः अपना सब काम हिन्दी में करे, सिद्धान्त रूप में स्वीकार्य है और इसके सम्बन्ध में समुचित कार्यवाही उसी समय अपेक्षित होगी जब कि इस परिवर्तन के लिए समय आ जाएगा।

जैसा कि आयोग की सिफारिश की तरमीम करते हुए समिति ने सुझाव दिया है उच्च न्यायालयों की भाषा के विषय में यह व्यवस्था करने के लिए आवश्यक विधेयक विधि मंत्रालय उचित समय पर राष्ट्रपति की पूर्व सम्मति से पेश करे कि निर्णयों, आज्ञप्तियों (डिक्रियों) और आदेशों के प्रयोजनों के लिए हिन्दी और राज्यों की राजभाषा का प्रयोग विकल्पतः किया जा सकेगा।

(13) विधि क्षेत्र में हिन्दी में काम करने के लिए आवश्यक आरम्भिक कदम

मानक विधि शब्दकोश तैयार करने, केन्द्र तथा राज्य के विधान निर्माण से सम्बन्धित संविधान ग्रन्थ का अधिनियम करने, विधि शब्दावली तैयार करने की योजना बनाने और जिस संक्रमण काल में सांविधिक ग्रन्थ और साथ ही निर्णयविधि अंशतः हिन्दी में और अंग्रेजी में होंगे, उस अवधि में प्रारम्भिक कदम उठाने के बारे में आयोग ने जो सिफारिश की थी उन्हें समिति ने मान लिया है। साथ ही समिति ने यह सुझाव भी दिया है कि संविधियों के अनुवाद और विधि शब्दावली तथा कोशों से सम्बन्धित सम्पूर्ण कार्यक्रम की समुचित योजना बनाने और उसे कार्यान्वित करने के लिए भारत की विभिन्न भाषाओं का प्रतिनिधित्व करनेवाले विशेषज्ञों का एक अस्थायी आयोग या इस प्रकार कोई उच्च स्तरीय निकाय बनाया जाए। समिति ने यह राय भी जाहिर की है कि राज्य सरकारों को परामर्श दिया जाए कि वे भी केन्द्रीय सरकार से राय लेकर इस सम्बन्ध में आवश्यक कार्रवाई करें। समिति के सुझाव को दृष्टि में रखकर विधि मंत्रालय यथासम्भव सब भारतीय भाषाओं में प्रयोग के लिए सर्वमान्य विधि शब्दावली की तैयारी और संविधियों के हिन्दी में अनुवाद सम्बन्धी पूरे काम के लिए समुचित योजना बनाने और पूरा करने के लिए विधि विशेषज्ञों के एक अस्थायी आयोग का निर्माण करे।

(14) हिन्दी के प्रगामी प्रयोग के लिए योजना का कार्यक्रम

समिति ने यह सुझाव दिया है कि संघ की राजभाषा के रूप में हिन्दी के प्रगामी प्रयोग की योजना संघ सरकार बनाए और उसे कार्यान्वित करे। संघ के राजकीय प्रयोजनों में से किसी के लिए अंग्रेजी के प्रयोग पर इस समय कोई रोक न लगाई जाए।

तदनुसार गृह मंत्रालय एक योजना कार्यक्रम तैयार करे और उसे अमल में लाने के लिए आवश्यक कार्यवाही करे। इस योजना का उद्देश्य होगा संघीय प्रशासन में बिना कठिनाई के हिन्दी के प्रगामी प्रयोग के लिए प्रारम्भिक कदम उठाना और संविधान के अनुच्छेद 343 खंड (2) में किए गए उपबन्ध के अनुसार संघ के विभिन्न कार्यों में अंग्रेजी के साथ-साथ हिन्दी के प्रयोग को बढ़ावा देना, अंग्रेजी के अतिरिक्त हिन्दी का प्रयोग कहाँ तक किया जा सकता है यह बात इन प्रारम्भिक कार्यवाहियों की सफलता पर बहुत कुछ निर्भर करेगी। इस बीच प्राप्त अनुभव के आधार पर अंग्रेजी के अतिरिक्त हिन्दी के वास्तविक प्रयोग की योजना पर समय-समय पर पुनर्विचार और उसमें हेर-फेर करना होगा।

राजभाषा अधिनियम 1963

संविधान में उल्लिखित प्रावधानों के अनुसार हिन्दी को संविधान लागू होने के 15 वर्ष बाद अर्थात 26 जनवरी 1965 से अंग्रेजी के स्थान पर पूर्ण राजभाषा का दर्जा मिलना था। परन्तु इसी बीच देश के कुछ हिस्सों में भाषायी आन्दोलन शुरु हो गया। राजभाषा के रूप में हिन्दी का विरोध होने लगा। परिणामस्वरूप संसद ने 1963 में संविधान में संशोधन के लिए राजभाषा अधिनियम 1963 पारित किया जिसमें हिन्दी के साथ-साथ अंग्रेजी के प्रयोग की अनुमति दी गई।

उन भाषाओं का, जो संघ के राजकीय प्रयोजनों, संसद में कार्य के संव्यवहार, केन्द्रीय और राज्य अधिनियमों और उच्च न्यायालयों में कतिपय प्रयोजनों के लिए प्रयोग में लाई जा सकेंगी, उपबन्ध करने के लिए अधिनियम। भारत गणराज्य के चौदहवें वर्ष में संसद द्वारा निम्नलिखित रूप में यह अधिनियमित हो—

1. संक्षिप्त नाम और प्रारम्भ

(1) यह अधिनियम राजभाषा अधिनियम, 1963 कहा जा सकेगा।

(2) धारा 3, जनवरी, 1965 के 26वें दिन को प्रवृत्त होगी और इस अधिनियम के शेष उपबन्ध उस तारीख को प्रवृत्त होंगे जिसे केन्द्रीय सरकार, शासकीय राजपत्र में अधिसूचना द्वारा नियत करे और इस अधिनियम के विभिन्न उपबन्धों के लिए विभिन्न तारीखें नियत की जा सकेंगी।

2. परिभाषाएँ—इस अधिनियम में जब तक कि सन्दर्भ से अन्यथा अपेक्षित न हो

(क) 'नियत दिन' से धारा 3 के सम्बन्ध में जनवरी 1965 का 26वाँ दिन अभिप्रेत है और इस अधिनियम के किसी अन्य उपबन्ध के सम्बन्ध में वह दिन अभिप्रेत है जिस दिन वह उपबन्ध प्रवृत्त होता है;

(ख) 'हिन्दी' से वह हिन्दी अभिप्रेत है जिसकी लिपि देवनागरी है।

3. संघ के राजकीय प्रयोजनों के लिए और संसद में प्रयोग के लिए अंग्रेजी भाषा का रहना

(1) संविधान के प्रारम्भ से पन्द्रह वर्ष की कालावधि की समाप्ति हो जाने पर भी हिन्दी के अतिरिक्त अंग्रेजी भाषा, नियत दिन से ही,

(क) संघ के उन सब राजकीय प्रयोजनों के लिए जिनके लिए वह उस दिन से ठीक पहले प्रयोग में लाई जाती थी तथा

(ख) संसद में कार्य के संव्यवहार के लिए प्रयोग में लाई जाती रह सकेगी :

संघ और किसी ऐसे राज्य के बीच, जिसने हिन्दी को अपनी राजभाषा के रूप में नहीं अपनाया है, पत्रादि के प्रयोजनों के लिए अंग्रेजी भाषा प्रयोग में लाई जाएगी।

यह और कि जहाँ किसी ऐसे राज्य के, जिसने हिन्दी को अपनी राजभाषा के रूप में अपनाया है और किसी अन्य राज्य के, जिसने हिन्दी को अपनी राजभाषा के रूप में नहीं अपनाया है, बीच पत्रादि के साथ-साथ उसका अनुवाद अंग्रेजी भाषा में भेजा जाएगा।

यह और भी कि इस उपधारा की किसी भी बात का यह अर्थ नहीं है कि वह किसी ऐसे राज्य को, जिसने हिन्दी को अपनी राजभाषा के रूप में नहीं अपनाया है, संघ के साथ या किसी ऐसे राज्य के साथ, जिसने हिन्दी को अपनी राजभाषा के रूप में अपनाया है, या किसी अन्य राज्य के साथ उसकी सहमति से, पत्रादि के प्रयोजनों के लिए हिन्दी को प्रयोग में लाने से निर्धारित करती है और ऐसे किसी मामले में उस राज्य के साथ पत्रादि के प्रयोजनों के लिए अंग्रेजी भाषा का प्रयोग बाध्यकर न होगा।

(2) उपधारा (1) में अन्तर्विष्ट किसी बात के होते हुए भी, जहाँ पत्रादि के प्रयोजनों के लिए हिन्दी या अंग्रेजी भाषा—

(1) केन्द्रीय सरकार के एक मंत्रालय या विभाग या कार्यालय के और दूसरे मंत्रालय विभाग या कार्यालय के बीच,

(2) केन्द्रीय सरकार के एक मंत्रालय या विभाग या कार्यालय के और केन्द्रीय सरकार के स्वामित्व में या नियंत्रण में किसी निगम या कम्पनी या उसके किसी कार्यालय के बीच,

(3) केन्द्रीय सरकार के स्वामित्व में या नियंत्रण में किसी निगम उसके किसी कार्यालय के और किसी अन्य ऐसे निगम या कम्पनी या कार्यालय के प्रयोग में लाई जाती है वहाँ उस तारीख तक, जब तक पूर्वोक्त सम्बन्धित मंत्रालय, कार्यालय या विभाग या कम्पनी का कर्मचारीवृन्द हिन्दी का कार्यसाधक ज्ञान प्राप्त नहीं कर लेता, ऐसे पत्रादि का अनुवाद, यथास्थिति, अंग्रेजी भाषा या हिन्दी में भी दिया जाए।

(3) उपधारा(1) में अन्तर्विष्ट किसी बात के होते हुए भी हिन्दी और अंग्रेजी दोनों ही—

(1) संकल्पों, साधारण आदेशों, नियमों, अधिसूचनाओं, प्रशासनिक अन्य प्रति-विज्ञप्तियों के लिए, जो केन्द्रीय सरकार द्वारा या उसके किसी या मंत्रालय, विभाग द्वारा या केन्द्रीय सरकार के स्वामित्व में के या नियंत्रण में के किसी निगम द्वारा या ऐसे निगम या कम्पनी के किसी कार्यालय द्वारा निकाले जाते हैं,

(2) संसद के किसी सदन या सदनों के समक्ष रखे गए प्रशासनिक तथा राजकीय कागज-पत्रों के लिए;

(3) केन्द्रीय सरकार या उसके किसी मंत्रालय विभाग या कार्यालय द्वारा या उसकी ओर से या केन्द्रीय सरकार के स्वामित्व में के या नियंत्रण में के किसी निगम या कम्पनी द्वारा या ऐसे निगम या कम्पनी के किसी कार्यालय द्वारा निष्पादित संविदाओं और करारों के लिए तथा निकाली गई अनुज्ञप्तियों, अनुज्ञापत्रों, सूचनाओं और निविदन-प्रारूपों के लिए प्रयोग में लाई जाएगी।

4. राजभाषा के सम्बन्ध में समिति

(1) जिस तारीख को धारा (3) प्रवृत्त होती है उससे दस वर्ष समाप्ति के पश्चात राजभाषा के सम्बन्ध में एक समिति, इस विषय का संकल्प संसद के किसी भी सदन में राष्ट्रपति की मंजूरी से प्रस्तावित और सदनों द्वारा पारित किए जाने पर गठित की जाएगी।

(2) समिति में तीस सदस्य होंगे जिनमें से दस राज्य सभा के सदस्य होंगे, जो क्रमश: लोक सभा के सदस्यों द्वारा आनुपातिक प्रतिनिधित्व पद्धति के अनुसार एकल संक्रमणीय मत द्वारा निर्वाचित होंगे।

(3) इस समिति का कर्तव्य होगा कि संघ के राजकीय प्रयोजनों के लिए हिन्दी के प्रयोग में की गई प्रगति का पुनर्विलोकन करें और उस पर सिफारिशें करते हुए राष्ट्रपति को प्रतिवेदन करें और राष्ट्रपति उस प्रतिवेदन को संसद के हर एक सदन के सामने रखवाएँगे और सभी राज्य सरकारों को भिजवाएँगे।

(4) राष्ट्रपति उपधारा (3) में निर्दिष्ट प्रतिवेदन पर और उस पर राज्य सरकार ने कोई मत अभिव्यक्त किए हों तो उन पर विचार करने के पश्चात उस समस्त प्रतिवेदन या उसके किसी भाग के अनुसार निर्देश निकाल सकेगा।

(परन्तु इस प्रकार निकाले गए निर्देश धारा (3) के उपबन्धों से असंगत नहीं होगें।)

5. केन्द्रीय अधिनियमों आदि का प्राधिकृत हिन्दी अनुवाद

(1) नियत दिन को और उसके पश्चात शासकीय राजपत्र में राष्ट्रपति के प्राधिकार से प्रकाशित।

(क) किसी केन्द्रीय अधिनियम का या राष्ट्रपति द्वारा प्रख्यापित किसी अध्यादेश का अथवा

(ख) संविधान के अधीन या किसी केन्द्रीय अधिनियम के अधीन निकाले गए किसी आदेश, नियम, विनियम या उपविधि का हिन्दी में अनुवाद उसका हिन्दी में प्राधिकृत पाठ समझा जाएगा।

(2) नियत दिन से ही उन सब विधेयकों के, जो संसद के किसी भी सदन में पुन:स्थापित किए जाने हों और उन सब संशोधनों के, जो उनके सम्बन्ध में संसद के किसी भी सदन में प्रस्तावित किए जाने हों, अंग्रेजी भाषा के प्राधिकृत पाठ के साथ-साथ उनका हिन्दी में अनुवाद भी होगा जो ऐसी रीति से प्राधिकृत किया जाएगा, जो इस अधिनियम के अधीन बनाए गए नियमों द्वारा विहित की जाए।

6. कतिपय दशाओं में राज्य अधिनियमों का प्राधिकृत हिन्दी अनुवाद

जहाँ किसी राज्य के विधानमंडल ने उस राज्य के विधानमंडल द्वारा पारित अधिनियमों में अथवा उस राज्य के राज्यपाल द्वारा प्रख्यापित अध्यादेशों में प्रयोग के लिए भिन्न कोई भाषा विहित की हैं, वहाँ, संविधान के अनुच्छेद 348 के खंड (3) द्वारा अपेक्षित अंग्रेजी भाषा में उसके अनुवाद के अतिरिक्त, उसका हिन्दी में अनुवाद उस राज्य के शासकीय राजपत्र में, उस राज्य के राज्यपाल के प्राधिकार से, नियत दिन को या उसके पश्चात प्रकाशित किया जा सकेगा और ऐसी दशा में ऐसे किसी

अधिनियम या अध्यादेश का हिन्दी में अनुवाद हिन्दी भाषा में उसका प्राधिकृत पाठ समझा जाएगा।

7. उच्च न्यायालय के निर्णयों आदि में राजभाषा का प्रयोग

उच्च न्यायालयों के निर्णयों आदि में हिन्दी या अन्य राजभाषा का वैकल्पिक प्रयोग नियत दिन से ही या तत्पश्चात किसी भी दिन से किसी राज्य का राज्यपाल राष्ट्रपति की पूर्व सम्मति से अंग्रेजी भाषा के अतिरिक्त हिन्दी या उस राज्य की राजभाषा का प्रयोग उस राज्य के उच्च न्यायालय द्वारा पारित या दिए गए किसी निर्णय, डिक्री या आदेश के प्रयोजनों के लिए प्राधिकृत कर सकेगा और जहाँ कोई निर्णय, डिक्री या आदेश (अंग्रेजी भाषा से भिन्न) ऐसी किसी भाषा में पारित किया या दिया जाता है वहाँ उसके साथ-साथ उच्च न्यायालय के प्राधिकार से निकाला गया अंग्रेजी भाषा में उसका अनुवाद भी होगा।

8. नियम बनाने की शक्ति

(1) केन्द्रीय सरकार इस अधिनियम के प्रयोजनों को कार्यान्वित करने के लिए नियम शासकीय राजपत्र में अधिसूचना द्वारा बना सकेगी।

(2) इस धारा के अधीन बनाया गया हर नियम बनाए जाने के पश्चात यथाशक्य शीघ्र संसद के हर एक सदन के समक्ष उस समय, जब वह सत्र में हो, कुल तीस दिन की अवधि के लिए रखा जाएगा। एक सत्र में अथवा दो या अधिक आनुक्रमिक सत्रों में यदि उस सत्र के या पूर्वोक्त आनुक्रमणिक सत्रों के ठीक बाद के सत्र के दोनों सदन उस नियम में कोई परिवर्तन करने के लिए सहमत हो जाएँ तो ऐसे परिवर्तित रूप में ही प्रभावी होगा। यदि उक्त सत्र अवसान के पूर्व दोनों सदन सहमत हो जाएँ कि वह नियम नहीं बनाया जाना चाहिए तो तत्पश्चात यह निष्प्रभावी किन्तु नियम के ऐसे परिवर्तित या निष्प्रभावी होने से उसके अधीन पहले की गई किसी बात की विधिमान्यता पर प्रतिकूल प्रभाव नहीं पड़ेगा।

9. कतिपय उपबन्धों का जम्मू-कश्मीर पर लागू न होना

धारा 6 और धारा 7 के उपबन्ध जम्मू-काश्मीर राज्य पर लागू न होंगे।

राजभाषा अधिनियम (संशोधन) 1967

राजभाषा अधिनियम 1963 के प्रावधानों के लिए 27 नवम्बर, 1967 को संशोधन विधेयक पारित किया गया। इस विधेयक में यह व्यवस्था की गई कि सरकारी

कामकाज में अंग्रेजी सहभाषा के रूप में तब तक बनी रहेगी जब तक सभी हिन्दीतर भाषी राज्य हिन्दी को एकमात्र राजभाषा बनाने पर सहमत नहीं हो जाते। जिस राज्य ने हिन्दी को राजभाषा का दर्जा दे दिया है उसके साथ पत्र-व्यवहार हिन्दी में किया जाएगा और जिस राज्य ने हिन्दी को राजभाषा का दर्जा नहीं दिया है उसके साथ पत्र-व्यवहार अंग्रेजी में किया जाएगा, किन्तु साथ ही हिन्दी अनुवाद भी भेजा जा सकता है। केन्द्रीय सरकार के विभिन्न मंत्रालयों, विभागों, कम्पनियों, निगमों आदि के पत्र-व्यवहार में हिन्दी के साथ अंग्रेजी अनुवाद और अंग्रेजी के साथ हिन्दी अनुवाद भेजा जाएगा। सरकारी संकल्पों, विधेयकों, आदेशों, प्रेस विज्ञप्तियों तथा संसद में प्रस्तुत किए जानेवाले कागजात अनिवार्य रूप से हिन्दी और अंग्रेजी दोनों भाषा में होंगे।

राजभाषा संकल्प, 1968

राजभाषा अधिनियम, 1963 के अनुसार 1965 के बाद हिन्दी के साथ-साथ अंग्रेजी को भी बनाए रखने से अंग्रेजी की भूमिका सह-राजभाषा की हो गई। इससे देश में असन्तोष फैल गया। अंग्रेजी के पक्षधर इसे मुख्य राजभाषा न बनाए जाने से असन्तुष्ट थे और हिन्दी के पक्षधर हिन्दी को उचित सम्मान से वंचित होने के कारण असन्तुष्ट थे। दोनों ओर से विरोध और आन्दोलन होने लगे। भाषायी विवाद बढ़ने लगा। संवैधानिक बाध्यता के कारण सरकार को संसद में 1968 में राजभाषा संकल्प रखना पड़ा, जो इस प्रकार है—

संकल्प

"जबकि संविधान के अनुच्छेद 343 के अनुसार संघ की राजभाषा हिन्दी रहेगी और उसके अनुच्छेद 351 के अनुसार हिन्दी भाषा की प्रसार वृद्धि करना और उसका विकास करना ताकि वह भारत की सामासिक संस्कृति के सब तत्त्वों की अभिव्यक्ति का माध्यम हो सके, संघ का कर्तव्य है—

1. यह सभा संकल्प करती है कि हिन्दी के प्रसार एवं विकास की गति बढ़ाने के लिए तथा संघ के विभिन्न राजकीय प्रयोजनों के लिए उत्तरोत्तर इसके प्रयोग हेतु भारत सरकार द्वारा अधिक गहन एवं व्यापक कार्यक्रम तैयार किया जाएगा और उसे कार्यान्वित किया जाएगा तथा किए जानेवाले उपायों एवं की जानेवाली प्रगति की विस्तृत वार्षिक मूल्यांकन रिपोर्ट संसद की दोनों सभाओं के पटल पर रखी जाएगी और सब राज्य सरकारों को भेजी जाएगी।

2. जबकि संविधान की आठवीं अनुसूची में हिन्दी के अतिरिक्त भारत की 21 मुख्य भाषाओं का उल्लेख किया गया है और देश की शैक्षणिक एवं सांस्कृतिक उन्नति के लिए यह आवश्यक है कि इन भाषाओं के पूर्ण विकास हेतु सामूहिक उपाय किए जाएँ;

यह सभा संकल्प करती है कि हिन्दी के साथ-साथ इन सब भाषाओं के समन्वित विकास हेतु भारत सरकार द्वारा राज्य सरकारों के सहयोग से एक कार्यक्रम तैयार किया जाएगा और उसे कार्यान्वित किया जाएगा ताकि वे शीघ्र समृद्ध हों और आधुनिक ज्ञान के संचार का प्रभावी माध्यम बनें।

3. जबकि एकता की भावना के संवर्धन तथा देश के विभिन्न भागों में जनता में संचार की सुविधा हेतु यह आवश्यक है कि भारत सरकार द्वारा राज्य सरकारों के परामर्श से तैयार किए गए त्रिभाषा सूत्र को सभी राज्यों में पूर्णतः कार्यान्वित करने लिए प्रभावी किया जाना चाहिए;

यह सभा संकल्प करती है कि हिन्दी भाषी क्षेत्रों में हिन्दी तथा अंग्रेजी के अतिरिक्त एक आधुनिक भारतीय भाषा के दक्षिण भारत की भाषाओं में से किसी एक को तरजीह देते हुए और हिन्दीतर भाषी क्षेत्रों में प्रादेशिक भाषाओं एवं अंग्रेजी के साथ-साथ हिन्दी के अध्ययन के लिए उस सूत्र के अनुसार प्रबन्ध किया जाना चाहिए।

4. जबकि यह सुनिश्चित करना आवश्यक है कि संघ की लोक सेवाओं के विषय में देश के विभिन्न भागों के लोगों के न्यायोचित दावों और हितों का पूर्ण परित्राण किया जाए;

यह सभा संकल्प करती है—

(क) उन विशेष सेवाओं अथवा पदों को छोड़कर जिनके लिए ऐसी किसी सेवा अथवा पद के कर्तव्यों के सन्तोषजनक निष्पादन हेतु केवल अंग्रेजी अथवा केवल हिन्दी अथवा दोनों, जैसी कि स्थिति हों, का उच्च स्तर का ज्ञान आवश्यक समझा जाए, संघ सेवाओं अथवा पदों के लिए भर्ती करने, उम्मीदवारों के चयन के समय हिन्दी अथवा अंग्रेजी में से किसी एक का ज्ञान अनिवार्यतः अपेक्षित होगा और

(ख) परीक्षाओं की भावी योजना, प्रक्रिया सम्बन्धी पहलुओं एवं समय के विषय में संघ लोक सेवा आयोग के विचार जानने के पश्चात अखिल भारतीय एवं उच्चतर केन्द्रीय सेवाओं सम्बन्धी परीक्षाओं के लिए संविधान की आठवीं अनुसूची में सम्मिलित सभी भाषाओं तथा अंग्रेजी को वैकल्पिक माध्यम के रूप में रखने की अनुमति होगी।

राजभाषा नियम, 1976

25 जून, 1975 को गृह मंत्रालय के अधीन राजभाषा विभाग की स्थापना की गई। इसके साथ-साथ राजभाषा अधिनियम 1963 और राजभाषा अधिनियम (संशोधित) 1967 के प्रावधानों और राजभाषा नीति के कार्यान्वयन के लिए राजभाषा नियम 1976 जारी किए गए। इन नियमों के अनुसार राजभाषा कार्यान्वयन के लिए सरकारी कार्यालयों के साथ-साथ केन्द्रीय सरकार द्वारा नियुक्त आयोग, समितियों, अभिकरणों तथा केन्द्रीय सरकार के स्वामित्व वाले या नियंत्रण वाले निगमों, कम्पनियों और अन्य निकायों को भी शामिल किया गया है। ये नियम इस प्रकार हैं—

राजभाषा नियम, 1976

राजभाषा (संघ के शासकीय प्रयोजनों के लिए प्रयोग) नियम 1976 सा.का.नि. 1052-राजभाषा अधिनियम, 1963 (1963 का 19) की धारा 3 की उपधारा (4) के साथ पठित धारा 8 द्वारा प्रदत्त शक्तियों का प्रयोग करते हुए, केन्द्रीय सरकार निम्नलिखित नियम बनाती हैं। अर्थात—

1. संक्षिप्त नाम, विस्तार और प्रारम्भ

(1) इन नियमों का संक्षिप्त नाम राजभाषा (संघ के शासकीय प्रयोजनों के लिए प्रयोग) नियम, 1976 है।

(2) इनका विस्तार तमिलनाडु राज्य के सिवाय सम्पूर्ण भारत पर है।

(3) ये राजपत्र में प्रकाशन की तारीख को लागू होंगे।

2. परिभाषाएँ

इन नियमों में जब तक कि सन्दर्भ से अन्यथा अपेक्षित न हो—

(क) 'अधिनियम' से राजभाषा अधिनियम, 1963 (1963 का 19) अभिप्रेत है,

(ख) 'केन्द्रीय सरकार के कार्यालय' के अन्तर्गत निम्नलिखित भी हैं अर्थात

(i) केन्द्रीय सरकार का कोई मंत्रालय, विभाग या कार्यालय.

(ii) केन्द्रीय सरकार द्वारा नियुक्त किसी आयोग, समिति या अधिकरण का कोई कार्यालय और

(iii) केन्द्रीय सरकार के स्वामित्व में या नियंत्रण के अधीन किसी निगम या कम्पनी का कोई कार्यालय,

(ग) 'कर्मचारी' से केन्द्रीय सरकार के कार्यालय में नियोजित कोई व्यक्ति अभिप्रेत है,

(घ) 'अधिसूचित कार्यालय' से नियम 10 के उपनियम (4) के अधीन अधिसूचित कार्यालय अभिप्रेत हैं,

(ङ) 'हिन्दी में प्रवीणता' से नियम 9 में वर्णित प्रवीणता अभिप्रेत है,

(च) 'क' क्षेत्र से बिहार, हरियाणा, हिमाचल प्रदेश, मध्य प्रदेश और उत्तर प्रदेश, राजस्थान राज्य तथा दिल्ली संघ राज्य क्षेत्र अभिप्रेत हैं। अब इसमें अंडमान-निकोबार संघ राज्य क्षेत्र के साथ-साथ नव स्थापित झारखंड, उत्तरांचल और छत्तीसगढ़ राज्य भी सम्मिलित हैं। इस प्रकार कुल ग्यारह राज्य 'क' क्षेत्र के अन्तर्गत आ जाते हैं।

(छ) 'ख' क्षेत्र से गुजरात, महाराष्ट्र और पंजाब राज्य तथा चंडीगढ़ संघ राज्य क्षेत्र अभिप्रेत हैं,

(ज) 'ग' क्षेत्र से खंड (च) और (छ) में निर्दिष्ट राज्यों और संघ राज्य क्षेत्रों से भिन्न राज्य तथा संघ राज्य क्षेत्र अभिप्रेत हैं,

(झ) 'हिन्दी का कार्यसाधक ज्ञान' से नियम 10 में वर्णित कार्यसाधक ज्ञान अभिप्रेत है।

3. राज्यों आदि और केन्द्रीय सरकार के कार्यालयों से भिन्न कार्यालयों के साथ पत्रादि

(i) केन्द्रीय सरकार के कार्यालय से 'क' क्षेत्र में किसी राज्य या संघ राज्य क्षेत्र को या ऐसे राज्य या संघ राज्य क्षेत्र में किसी कार्यालय (जो केन्द्रीय सरकार का कार्यालय न हो) या व्यक्ति के पत्रादि, असाधारण दशाओं को छोड़कर हिन्दी में होंगे और यदि उनमें से किसी को कोई पत्रादि अंग्रेजी में भेजे जाते हैं तो उनके साथ ही उनका हिन्दी अनुवाद भी भेजा जाएगा।

(ii) केन्द्रीय सरकार के कार्यालय से

(क) 'ख' क्षेत्र में किसी राज्य या संघ राज्य क्षेत्र को या ऐसे राज्य या संघ राज्य क्षेत्र में किसी कार्यालय (जो केन्द्रीय सरकार का कार्यालय न हो) या व्यक्ति को पत्रादि सामान्य तौर पर हिन्दी में होंगे और यदि इनमें से किसी को पत्रादि अंग्रेजी में भेजे जाते हैं तो उनके साथ उनका हिन्दी अनुवाद भी भेजा जाएगा।

परन्तु यदि कोई ऐसा राज्य या संघ राज्य क्षेत्र यह चाहता है कि किसी विशिष्ट वर्ग या प्रवर्ग के पत्रादि या उसके किसी कार्यालय के लिए आशयित पत्रादि सम्बद्ध राज्य या संघ राज्य क्षेत्र की सरकार द्वारा विनिर्दिष्ट अवधि तक अंग्रेजी या हिन्दी में भेजे जाएँ और उसके साथ दूसरी भाषा में उसका अनुवाद भी भेजा जाए तो ऐसे पत्रादि उसी रीति से भेजे जाएँगे।

(ख) 'ख' क्षेत्र के किसी राज्य या संघ राज्य क्षेत्र में किसी व्यक्ति को पत्रादि हिन्दी या अंग्रेजी में भेजे जा सकते हैं।

(iii) केन्द्रीय सरकार के कार्यालय से 'ग' क्षेत्र में किसी राज्य या संघ राज्य-क्षेत्र को या ऐसे राज्य में किसी कार्यालय (जो केन्द्रीय सरकार का कार्यालय न हो) या व्यक्ति को पत्रादि अंग्रेजी में होंगे।

(iv) उपनियम (i) और (ii) में किसी बात के हुए भी 'ग' क्षेत्र में केन्द्रीय सरकार के कार्यालय से क्षेत्र 'क' या 'ख' में किसी राज्य या संघ राज्य क्षेत्र को या ऐसे राज्य में किसी कार्यालय (जो केन्द्रीय सरकार के कार्यालय न हों) या व्यक्ति को पत्रादि हिन्दी या अंग्रेजी में हो सकते हैं।

परन्तु हिन्दी पत्रादि ऐसे अनुपात में होंगे जो केन्द्रीय सरकार ऐसे कार्यालयों में हिन्दी में पत्रादि भेजने की सुविधाओं और उससे आनुषंगिक बातों को ध्यान में रखते हुए समय-समय पर अवधारित करे।

4. केन्द्रीय सरकार के कार्यालयों के बीच पत्रादि—

(क) केन्द्रीय सरकार के किसी एक मंत्रालय या विभाग और किसी दूसरे मंत्रालय या विभाग के बीच पत्रादि हिन्दी या अंग्रेजी में हो सकते हैं,

(ख) केन्द्रीय सरकार के एक मंत्रालय या विभाग और 'क' क्षेत्र में स्थित संलग्न या अधीनस्थ कार्यालयों के बीच पत्रादि हिन्दी में होंगे और ऐसे अनुपात में होंगे जो केन्द्रीय सरकार ऐसे कार्यालयों में हिन्दी का कार्यसाधक ज्ञान रखनेवाले व्यक्तियों की संख्या, हिन्दी में पत्रादि भेजने की सुविधाओं और उससे सम्बन्धित आनुषंगिक बातों को ध्यान में रखते हुए समय-समय पर अवधारित करे।

(ग) 'क' क्षेत्र में स्थित केन्द्रीय सरकार के ऐसे कार्यालयों के बीच जो खंड (क) या खंड (ख) में विनिर्दिष्ट कार्यालय से भिन्न हैं, पत्रादि हिन्दी में होंगे,

(घ) 'क' क्षेत्र में स्थित केन्द्रीय सरकार के कार्यालयों और क्षेत्र 'ख' या क्षेत्र 'ग' में स्थित केन्द्रीय सरकार के कार्यालयों के बीच पत्रादि हिन्दी या अंग्रेजी में हो सकते हैं,

(ङ) 'ख' क्षेत्र या 'ग' क्षेत्र में स्थित केन्द्रीय सरकार के कार्यालयों के बीच पत्रादि हिन्दी या अंग्रेजी में हो सकते है,

परन्तु जहाँ ऐसे पत्रादि

(i) 'क' क्षेत्र या 'ख' क्षेत्र के किसी कार्यालय को सम्बोधित हैं वहाँ, यदि आवश्यक हो तो उनके स्थान पर उनका दूसरी भाषा में अनुवाद किया जाएगा,

(ii) 'ग' क्षेत्र में किसी कार्यालय को सम्बोधित हैं वहाँ, उसका दूसरी भाषा में अनुवाद उनके साथ भेजा जाएगा परन्तु यह और कि यदि कोई पत्रादि किसी अधिसूचित कार्यालय को सम्बोधित हो तो दूसरी भाषा में ऐसा अनुवाद उपलब्ध कराने की अपेक्षा नहीं की जाएगी।

5. हिन्दी में प्राप्त पत्रादि के उत्तर—

नियम 3 नियम 4 में किसी बात के होते हुए भी हिन्दी में पत्रादि के उत्तर केन्द्रीय सरकार के कार्यालय से हिन्दी में दिए जाएँगे।

6. हिन्दी और अंग्रेजी दोनों का प्रयोग—

अधिनियम की धारा 3 की उपधारा (3) में निर्दिष्ट सभी दस्तावेजों के लिए हिन्दी और अंग्रेजी दोनों का प्रयोग किया जाएगा और ऐसे दस्तावेजों पर हस्ताक्षर करनेवाले व्यक्तियों का यह उत्तरदायित्व होगा कि वे यह सुनिश्चित कर लें कि ऐसे दस्तावेज हिन्दी और अंग्रेजी दोनों में ही तैयार किए जाते हैं, निष्पादित किए जाते हैं और जारी किए जाते हैं।

7. आवेदन, अभ्यावेदन आदि

(i) कोई कर्मचारी, आवेदन, अपील या अभ्यावेदन हिन्दी या अंग्रेजी में कर सकता है।

(ii) जब उपनियम (1) में निर्दिष्ट कोई आवेदन, अपील या अभ्यावेदन हिन्दी में किया गया हो या उस पर हिन्दी में हस्ताक्षर किए गए हों तब उसका उत्तर हिन्दी में दिया जाएगा।

(iii) यदि कोई कर्मचारी यह चाहता है कि सेवा सम्बन्धी विषयों (जिनके अन्तर्गत अनुशासनिक कार्रवाई भी हैं) से सम्बन्धित कोई आदेश या सूचना, जिसका कर्मचारी पर तामील होना अपेक्षित है, यथास्थिति हिन्दी या अंग्रेजी में होनी चाहिए तो वह उसे विलम्ब के बिना उसी भाषा में दी जाएगी।

8. केन्द्रीय सरकार के कार्यालयों में टिप्पणों का लिखा जाना—

(i) कोई कर्मचारी किसी फाइल पर टिप्पण या मसौदा हिन्दी या अंग्रेजी में लिख सकता है और उससे यह अपेक्षा नहीं की जाएगी कि वह उसका अनुवाद दूसरी भाषा में प्रस्तुत करे।

(ii) केन्द्रीय सरकार का कोई भी कर्मचारी, जो हिन्दी का कार्यसाधक ज्ञान रखता है, हिन्दी में किसी दस्तावेज के अंग्रेजी अनुवाद की

माँग तभी कर सकता है, जब वह दस्तावेज विधिक या तकनीकी प्रकृति का है, अन्यथा नहीं।

(iii) यदि यह प्रश्न उठता है कि कोई विशिष्ट दस्तावेज विधिक या तकनीकी प्रकृति का है या नहीं तो विभाग या कार्यालय का प्रधान उसका विनिश्चय करेगा।

(iv) उपनियम (i) में किसी बात के होते भी, केन्द्रीय सरकार, आदेश द्वारा ऐसे अधिसूचित कार्यालयों को विनिर्दिष्ट कर सकती है जहाँ ऐसे कर्मचारियों द्वारा, जिन्हें हिन्दीं में प्रवीणता प्राप्त है, टिप्पण, प्रारूपण और ऐसे अन्य शासकीय प्रयोजनों के लिए जो आदेश में विनिर्दिष्ट किए जाएँ, केवल हिन्दी का प्रयोग किया जाएगा।

9. हिन्दी में प्रवीणता—

(क) यदि किसी कर्मचारी ने—

(i) मैट्रिक परीक्षा या उसके समतुल्य या उससे उच्चतर कोई परीक्षा हिन्दी के माध्यम से उत्तीर्ण कर ली है, या

(ii) स्नातक परीक्षा में अथवा स्नातक परीक्षा की समतुल्य या उससे उच्चतर किसी अन्य परीक्षा में हिन्दी को एक वैकल्पिक विषय के रूप में लिया था, या

(iii) यदि वह इन नियमों के उपबद्ध प्रारूप में यह घोषणा करता है कि उसे हिन्दी में प्रवीणता प्राप्त है, तो उसके बारे में यह समझा जाएगा कि उसने हिन्दी में प्रवीणता प्राप्त कर ली है।

10. हिन्दी का कार्यसाधक ज्ञान—

(1) (क) यदि किसी कर्मचारी ने—

(i) मैट्रिक परीक्षा या उसके समतुल्य या उससे उच्चतर कोई परीक्षा हिन्दी विषय के साथ उत्तीर्ण कर ली है, या

(ii) केन्द्रीय सरकार की हिन्दी प्रशिक्षण योजना के अन्तर्गत आयोजित प्राज्ञ परीक्षा या उस सरकार द्वारा किसी विशिष्ट प्रवर्ग के पदों के सम्बन्ध में उस योजना के अन्तर्गत कोई निम्नस्तर परीक्षा विनिर्दिष्ट है, वह परीक्षा उत्तीर्ण कर ली है, या

(iii) केन्द्रीय सरकार द्वारा उस निमित्त विनिर्दिष्ट कोई अन्य परीक्षा उत्तीर्ण कर ली है, या

(ख) यदि वह इन नियमों से उपबद्ध प्रारूप में वह घोषणा करता है कि उसने ऐसा ज्ञान प्राप्त कर लिया है, तो उसके बारे में यह समझा जाएगा कि उसने हिन्दी का कार्यसाधक ज्ञान प्राप्त कर लिया है।

(2) यदि केन्द्रीय सरकार के किसी कार्यालय में कार्य करनेवाले कर्मचारी में से अस्सी प्रतिशत ने हिन्दी का ऐसा ज्ञान प्राप्त कर लिया है तो उस कार्यालय के कर्मचारियों के बारे में सामान्यतया यह समझा जाएगा कि उन्होंने हिन्दी का कार्यसाधक ज्ञान प्राप्त कर लिया है।

(3) केन्द्रीय सरकार या केन्द्रीय सरकार द्वारा इस निमित्त विनिर्दिष्ट कोई अधिकारी यह अवधारित कर सकता है कि केन्द्रीय सरकार के किसी कार्यालय के कर्मचारियों ने हिन्दी का कार्यसाधक ज्ञान प्राप्त कर लिया है या नहीं।

(4) केन्द्रीय सरकार के जिन कार्यालयों के कर्मचारियों ने हिन्दी का कार्यसाधक ज्ञान प्राप्त कर लिया है, उन कार्यालयों के कर्मचारियों के नाम, राजपत्र में अधिसूचित किए जाएँगे, परन्तु यदि केन्द्रीय सरकार की राय है कि किसी अधिसूचित कार्यालय में काम करनेवाले और हिन्दी का कार्यसाधक ज्ञान रखनेवाले कर्मचारियों का प्रतिशत किसी तारीख से उपनियम (2) में विनिर्दिष्ट प्रतिशत से कम हो गया है, तो वह राजपत्र में अधिसूचना द्वारा घोषित कर सकती है कि उक्त कार्यालय उस तारीख से अधिसूचित कार्यालय नहीं रह जाएगा।

11. मैन्युअल, संहिताएँ और प्रक्रिया सम्बन्धी अन्य साहित्य सामग्री आदि

(क) केन्द्रीय सरकार के कार्यालयों से सम्बन्धित सभी मैन्युअल, संहिताएँ और प्रक्रिया सम्बन्धी अन्य साहित्य हिन्दी और अंग्रेजी में द्विभाषीय रूप में यथास्थिति, मुद्रित या साइक्लोस्टाइल किया जाएगा और प्रकाशित किया जाएगा।

(ख) केन्द्रीय सरकार के किसी कार्यालय में प्रयोग किए जानेवाले रजिस्टरों के प्रारूप और शीर्षक हिन्दी और अंग्रेजी में होंगे।

(ग) केन्द्रीय सरकार के किसी कार्यालय में प्रयोग के लिए सभी नामपट्ट, सूचना पट्ट, पत्रशीर्ष और लिफाफों पर उत्कीर्ण लेख तथा लेखन सामग्री की अन्य मदें हिन्दी और अंग्रेजी में लिखी जाएँगी, मुद्रित या उत्कीर्ण होंगी।

परन्तु यदि केन्द्रीय सरकार ऐसा करना आवश्यक समझती है तो वह, साधारण या विशेष आदेश द्वारा, केन्द्रीय सरकार के किसी कार्यालय को इस नियम के सभी या किन्ही उपबन्धों से छूट दे सकती है।

12. **अनुपालन का उत्तरदायित्व**

(i) केन्द्रीय सरकार के प्रत्येक कार्यालय के प्रशासनिक प्रधान का यह उत्तरदायित्व होगा कि वह—

(क) यह सुनिश्चित करे कि अधिनियम और इन नियमों के उपबन्धों और अपनियम (2) के अधीन जारी किए गए निर्देशों का समुचित रूप से अनुपालन हो रहा है, और

(ख) इस प्रयोजन के लिए उपयुक्त और प्रभावशाली जाँच के लिए उपाय करे।

(ii) केन्द्रीय सरकार अधिनियम और इन नियमों के उपबन्धों के सम्यक अनुपालन के लिए अपने कर्मचारियों और कार्यालयों को समय-समय पर आवश्यक निर्देश जारी कर सकती है।

राजभाषा नियम 1976 में निम्नलिखित प्रमुख प्रावधान किए गए हैं :

क्षेत्र विस्तार : केन्द्रीय सरकार के सभी कार्यालय, केन्द्रीय सरकार द्वारा नियुक्त आयोग, समितियाँ, अभिकरण, केन्द्रीय सरकार के स्वामित्व वाले या नियंत्रणाधीन निगमों, कम्पनियों के कार्यालय भी अब राजभाषा नियमों का पालन करेंगे। ये केन्द्रीय कार्यालय कहलाएँगे।

राजभाषा हिन्दी : कार्यान्वयन के उपाय

हिन्दी शिक्षण योजना

राष्ट्रपति जी के 27 अप्रैल, 1960 के आदेश के अनुसार, वर्ग 'घ' श्रेणी के कर्मचारियों को छोड़कर केन्द्र सरकार के सभी कर्मचारियों के लिए हिन्दी सीखना अनिवार्य है। इसके साथ-साथ ऐसे टंककों तथा आशुलिपिकों के लिए भी हिन्दी टंकण एवं हिन्दी आशुलिपि में प्रशिक्षण प्राप्त करना अनिवार्य है, जिन्हें हिन्दी टंकण और हिन्दी आशुलिपि नहीं आती है। इस उद्देश्य की पूर्ति के लिए राजभाषा विभाग द्वारा हिन्दी शिक्षण योजना चलाई जा रही है। इन कक्षाओं में नामांकित कर्मचारियों के लिए कक्षा में नियमित रूप से उपस्थित रहना और परीक्षा में बैठना अनिवार्य है। केन्द्र सरकार के स्वामित्व अथवा नियंत्रणाधीन कम्पनियों, निगमों, उपक्रमों, बैंकों आदि के कर्मचारियों के लिए भी हिन्दी का शिक्षण अनिवार्य है।

हिन्दी सीखने के लिए सुविधाएँ एवं प्रोत्साहन

हिन्दी प्रशिक्षण पानेवाले केन्द्र सरकार के कर्मचारियों को अनेक प्रोत्साहन तथा नकद पुरस्कार दिए जाते हैं। जिनका विवरण इस प्रकार है :

सुविधाएँ

1. पढ़ाई और परीक्षा की कोई फीस नहीं ली जाती।
2. पाठ्य पुस्तकें मुफ्त दी जाती हैं।
3. कक्षाएँ दफ्तर के समय में लगाई जाती हैं।
4. कक्षाओं में आने-जाने के लिए मार्ग व्यय की प्रतिपूर्ति की जाती है।
5. परीक्षाओं में बैठनेवाले कर्मचारियों को नियमानुसार यात्रा भत्ता/वास्तविक खर्च दिया जाता है।
6. परीक्षाओं में प्राइवेट रूप में बैठने की छूट दी जाती है।
7. परीक्षाओं के लिए विशेष छुट्टी दी जाती है।
8. राजपत्रित अधिकारियों को हिन्दी सिखाने के लिए अलग कक्षाएँ भी चलाई जाती हैं।
9. निर्धारित परीक्षा पास करने पर सेवापंजी में प्रविष्टियाँ की जाती हैं।
10. नकद और एकमुश्त पुरस्कारों की राशि पर आयकर नहीं लगता।

प्रोत्साहन

(क) वैयक्तिक वेतन (12 महीने के लिए एक वेतन वृद्धि के बराबर)

1. जिन अधिकारियों और कर्मचारियों के लिए प्राज्ञ परीक्षा अन्तिम परीक्षा है, उन्हें प्राज्ञ परीक्षा पास करने पर।
2. जिन कर्मचारियों के लिए प्रवीण या प्रबोध परीक्षा ही अन्तिम परीक्षा निर्धारित की गई है, उन्हें प्रवीण या प्रबोध परीक्षा 55 प्रतिशत या अधिक अंक लेकर पास करने पर।
3. जिन राजपत्रित अधिकारियों के लिए प्रवीण परीक्षा अन्तिम परीक्षा है, उन्हें प्रवीण परीक्षा 60 प्रतिशत या अधिक अंक लेकर पास करने पर।
4. जहाँ हिन्दी शिक्षण योजना के केन्द्र नहीं हैं वहाँ के कर्मचारियों को स्वैच्छिक हिन्दी संगठनों की मैट्रिक या उससे उच्च स्तर की कोई अन्य मान्यता प्राप्त हिन्दी परीक्षा पास करने पर।

(ख) नकद पुरस्कार (विशेष योग्यता के साथ परीक्षा पास करने पर) की व्यवस्था।

हिन्दी टाइप लेखन और हिन्दी आशुलिपि सीखने के लिए सुविधाएँ और प्रोत्साहन

सुविधाएँ

1. पढ़ाई और परीक्षा की कोई फीस नहीं ली जाती।
2. पाठ्य पुस्तकें मुफ्त दी जाती हैं।

3. कक्षाएँ दफ्तर के समय में लगाई जाती हैं।
4. कक्षाओं में आने-जाने के लिए मार्ग व्यय की प्रतिपूर्ति की जाती है
5. परीक्षाओं में बैठनेवाले कर्मचारियों को नियमानुसार यात्रा भत्ता/वास्तविक खर्च दिया जाता है।
6. परीक्षाओं में प्राइवेट रूप में बैठने की छूट दी जाती है।
7. परीक्षाओं के लिए विशेष छुट्टी दी जाती है।
8. मान्यता प्राप्त टाइपिंग एवं आशुलिपि प्रशिक्षण केन्द्रों पर दफ्तर के समय में प्रशिक्षण के लिए जाने की इजाजत दी जाती है।
9. निर्धारित परीक्षा पास करने पर सेवापंजी में प्रविष्टियाँ की जाती हैं।
10. नकद और एकमुश्त पुरस्कारों की राशि पर आयकर नहीं लगता।

प्रोत्साहन

(क) वैयक्तिक वेतन (बारह माह के लिए एक वेतन वृद्धि के बराबर)

1. अराजपत्रित कर्मचारियों को हिन्दी टाइपिंग/हिन्दी आशुलिपि की परीक्षा पास करने पर।
2. राजपत्रित आशुलिपिकों को हिन्दी आशुलिपि परीक्षा 90 प्रतिशत या उससे अधिक अंक लेकर पास करने पर।

टिप्पणी

जिन आशुलिपिकों की मातृभाषा हिन्दी नहीं है, उन्हें हिन्दी आशुलिपि की परीक्षा पास करने पर पहले 12 महीनों के लिए दो वेतन वृद्धि और अगले 12 महीनों के लिए एक वेतन वृद्धि के बराबर वैयक्तिक वेतन दिया जाता है।

हिन्दी शिक्षण योजना के पाठ्यक्रम

योजना के अधीन निम्नलिखित पाठ्यक्रम चल रहे हैं। प्रबोध, प्रवीण और प्राज्ञ। प्रत्येक पाठ्यक्रम की अवधि 5 माह की होती है।

प्रबोध—यह प्रारम्भिक पाठ्यक्रम है, जिसका स्तर प्राइमरी स्कूल की हिन्दी के स्तर के बराबर है।

प्रवीण—यह बीच का पाठ्यक्रम है, जिसका स्तर मिडिल स्कूल की हिन्दी के स्तर के बराबर है।

प्राज्ञ—यह आखिरी पाठ्यक्रम है, जिसका स्तर हाई स्कूल की हिन्दी के स्तर के बराबर है।

हिन्दी टंकण—25 शब्द प्रति मिनट की गति। इस पाठ्यक्रम की अवधि 6 माह की है।

हिन्दी आशुलिपि—80 व 100 शब्द प्रति मिनट की गति। इस पाठ्यक्रम की अवधि एक वर्ष की है।

हिन्दी प्रशिक्षण केन्द्रों की व्यवस्था

केन्द्र सरकार के हिन्दी न जाननेवाले कर्मचारियों की संख्या को ध्यान में रखते हुए हिन्दी शिक्षण योजना के अन्तर्गत देश भर में हिन्दी शिक्षण योजना के पूर्णकालिक और अंशकालिक केन्द्र चलाए जा रहे हैं। इन केन्द्रों के संचालन के लिए प्राध्यापक नियुक्त किए गए हैं जिनके दक्षतापूर्ण कार्य की देखरेख की जिम्मेदारी केन्द्र सरकार के स्थानीय कार्यालय के वरिष्ठ अधिकारियों को सौंपी जाती है। इन अधिकारियों से सम्पर्क बनाए रखने के लिए और योजना के सुचारु रूप से संचालन के लिए हिन्दी शिक्षण योजना को पाँच क्षेत्रों में रखा गया है, जिनके क्षेत्रीय कार्यालय दिल्ली, चेन्नई, कोलकाता, मुम्बई और गुवाहाटी में स्थित हैं। प्रत्येक क्षेत्र का प्रभारी एक उप-निदेशक होता है, जो इस योजना का शैक्षिक, प्रशासनिक तथा संगठनात्मक काम देखता है।

हिन्दी टंकण/आशुलिपि के प्रशिक्षण केन्द्र

केन्द्र सरकार के कामकाज में हिन्दी का प्रयोग बढ़ाने की दृष्टि से हिन्दी शिक्षण योजना के अन्तर्गत हिन्दी टाइप लेखन तथा हिन्दी आशुलिपि प्रशिक्षण की भी व्यवस्था है। इस समय देश में हिन्दी टाइप लेखन एवं हिन्दी आशुलिपि के 61 प्रशिक्षण केन्द्र हैं जिनमें से 23 पूर्णकालिक और 38 अंशकालिक हैं।

हिन्दी प्रशिक्षण पाठ्यक्रम

राजभाषा विभाग के अन्तर्गत केन्द्रीय हिन्दी प्रशिक्षण संस्थान की स्थापना दिनांक 21 अगस्त, 1985 को नीचे लिखे उद्देश्यों की पूर्ति के लिए की गई है—

(1) केन्द्र सरकार के कार्यालयों, उपक्रमों, निगमों तथा बैंकों आदि में नये भर्ती हिन्दी न जाननेवाले अधिकारियों/कर्मचारियों के लिए हिन्दी भाषा का तथा अंग्रेजी टाइप और अंग्रेजी आशुलिपि जाननेवाले कर्मचारियों के लिए हिन्दी टाइप और हिन्दी आशुलिपि के पूर्णकालिक गहन प्रशिक्षण की व्यवस्था करना।

(2) प्रशिक्षण संस्थानों के प्रशिक्षकों को हिन्दी पढ़ाने की नई तकनीक की जानकारी देने के लिए पुनश्चर्या पाठ्यक्रमों का आयोजन करना।

(3) संघ सरकार के उन अधिकारियों/कर्मचारियों के लिए जो हिन्दी का ज्ञान तो रखते हैं किन्तु हिन्दी में कार्य करने में कठिनाई महसूस करते हैं, पाँच दिवसीय कार्यशालाओं का आयोजन करना।

(1) केन्द्रीय हिन्दी प्रशिक्षण संस्थान

प्रशिक्षण पाठ्यक्रम नीचे लिखे अनुसार चलाए जा रहे हैं

(1) राजभाषा सेवा तथा केन्द्र सरकार के नियंत्रणाधीन निगमों, कम्पनियों, उद्यमों तथा राष्ट्रीयकृत बैंको आदि में नियुक्त सहायक निदेशकों, हिन्दी अधिकारियों के लिए पाँच कार्य दिवसीय पुनश्चर्या पाठ्यक्रम।

(2) राजभाषा सेवा तथा केन्द्र सरकार के नियंत्रणाधीन निगमों, कम्पनियों, उद्यमों तथा राष्ट्रीयकृत बैंको आदि में नियुक्त वरिष्ठ और कनिष्ठ हिन्दी अनुवादकों के 5 कार्य दिवसीय पुनश्चर्या पाठ्यक्रम।

(3) संघ सरकार तथा केन्द्र सरकार के नियंत्रणाधीन निगमों, कम्पनियों, उद्यमों तथा राष्ट्रीयकृत बैंकों आदि में नियुक्त पदाधिकारियों के लिए 5 कार्य दिवसीय कार्यशालाएँ।

अनुवाद के अनिवार्य प्रशिक्षण की व्यवस्था

राजभाषा विभाग के अधीन केन्द्रीय अनुवाद ब्यूरो में अनुवाद प्रशिक्षण की योजनाएँ चल रही हैं। यह अनुवाद प्रशिक्षण केन्द्रीय सरकार के मंत्रालयों/विभागों के अनुवाद कार्य से सम्बन्धित सभी कर्मचारियों के लिए अनिवार्य है।

केन्द्रीय अनुवाद ब्यूरो, दिल्ली, मुम्बई, कोलकाता और बंगलूरु में तीन-तीन महीने के अनुवाद प्रशिक्षण कार्यक्रम चलाता है। इसके अतिरिक्त 21 दिवसीय और 5 दिवसीय संक्षिप्त अनुवाद प्रशिक्षण कार्यक्रम और पुनश्चर्या कार्यक्रम भी चलाए जाते हैं।

राजभाषा नीति के कार्यान्वयन के लिए प्रोत्साहन

भारत सरकार ने राजभाषा नीति में हिन्दी के प्रयोग को बढ़ावा देने के लिए प्रोत्साहन देने की निम्नलिखित योजना प्रारम्भ की है—

राजभाषा शील्ड तथा ट्राफी प्रदान करने की योजना

इन्दिरा गांधी राजभाषा शील्ड और इन्दिरा गांधी राजभाषा पुरस्कार केन्द्रीय हिन्दी समिति की सिफारिशों के अनुसरण में विभिन्न मंत्रालयों/विभागों, बैंकों और वित्तीय संस्थाओं, सार्वजनिक क्षेत्र के उपक्रमों और व्यक्तियों को सरकार की राजभाषा नीति को बढ़ावा देने के कार्य में उत्कृष्ट उपलब्धि के लिए पुरस्कार प्रदान करने हेतु इन्दिरा गांधी राजभाषा पुरस्कार योजना शुरु की गई है। यह वर्ष 1986-87 से लागू है और इसके निम्नलिखित चार मुख्य भाग हैं—

(क) भारत सरकार के मंत्रालयों/विभागों के लिए इन्दिरा गांधी राजभाषा शील्ड।

(ख) बैंको तथा अन्य वित्तीय संस्थाओं के लिए इन्दिरा गांधी राजभाषा शील्ड।

(ग) भारत सरकार के सार्वजनिक क्षेत्र के उपक्रमों के लिए इन्दिरा गांधी राजभाषा शील्ड।

(घ) व्यक्तियों द्वारा हिन्दी में लिखी गई मौलिक पुस्तकों के लिए इन्दिरा पुरस्कार।

सरकारी कामकाज में मूल हिन्दी टिप्पण/आलेखन के लिए प्रोत्साहन

राजभाषा विभाग के कार्यालय ज्ञापन संख्या 11/120131/84-रा. (क-2) दिनांक 25 मई, 1984 के तहत जारी की गई प्रोत्साहन योजना के स्थान पर एक नई प्रोत्साहन योजना प्रारम्भ की गई है जो अप्रैल, 1988 से लागू है। इस योजना के अन्तर्गत केन्द्रीय सरकार के सभी मंत्रालय/विभाग/सम्बद्ध और अधीनस्थ कार्यालय अपने अधिकारियों और कर्मचारियों के लिए स्वतंत्र रूप से प्रोत्साहन योजना लागू कर सकते हैं।

इस प्रोत्साहन योजना में सभी श्रेणियों के अधिकारी/कर्मचारी भाग ले सकते है जो सरकारी काम पूर्णत: या कुछ हद तक मूल रूप से हिन्दी में करते हैं। इस योजना के अन्तर्गत वे अधिकारी/कर्मचारी पुरस्कार के पात्र है जो 'क' तथा 'ख' क्षेत्रों से वर्ष में कम-से-कम 20 हजार शब्द तथा 'ग' क्षेत्र में वर्ष में कम-से-कम 10 हजार शब्द हिन्दी में लिखें। इस नई प्रोत्साहन योजना की एक विशेषता यह है कि इसमें मूल टिप्पण व प्रारूपण के अलावा हिन्दी में किए गए अन्य कार्य जिनका सत्यापन किया जा सके, जैसे रजिस्टर में इन्दराज, सूची तैयार करना, लेखा का काम आदि शामिल किए जाएँगे।

विशिष्ट क्षेत्रों में मूल कार्य हिन्दी में करने के लिए पुरस्कार

कुछ प्रतिष्ठानों/कार्यालयों में वैज्ञानिकों, तकनीशियनों, प्रचालन कर्मचारियों द्वारा विशिष्ट प्रकार के कार्य किए जाते हैं। उनके लिए भी उचित प्रोत्साहन/योजनाएँ चालू किए जाने का प्रावधान है, जो सम्बन्धित मंत्रालय/विभाग/उपक्रम आदि द्वारा शुरु की जानी चाहिए।

द्विभाषी कम्प्यूटर प्रणालियों की व्यवस्था

(1) सभी प्रकार की कम्प्यूटर प्रणालियों (जिनमें कम्प्यूटर, वर्ड-प्रोसेसर, एडवांस लेजर प्रिंटिंग मशीन, डाटा एंट्री उपकरण आदि शामिल हैं) केवल द्विभाषी रूप में खरीदे जाएँ। किसी कम्प्यूटर आदि को द्विभाषी तभी माना जाएगा जबकि—

(क) इसमें अंग्रेजी के साथ हिन्दी में भी डाटा एंट्री की व्यवस्था हो।

(ख) कोई भी कर्मचारी इसको अंग्रेजी या हिन्दी जिस भाषा में प्रयोग करना चाहे कर सके। यंत्र में ऐसा प्रबन्ध हो जिससे स्क्रीन पर उस कर्मचारी की इच्छानुसार अंग्रेजी या हिन्दी में लिखा जा सके।

(ग) कम्प्यूटर आदि से तैयार होनेवाली सामग्री जैसे विवरण, पत्र, लेख आदि कम्प्यूटर पर काम करनेवाली कर्मचारी की इच्छानुसार हिन्दी या अंग्रेजी में प्रिंट हो सके।

इन उपकरणों का प्रयोग करते समय यह सुनिश्चित किया जाए कि राजभाषा अधिनियम, 1963 राजभाषा नियम, 1976 और वार्षिक कार्यक्रम के अनुसार जो काम हिन्दी में होना चाहिए, वह अनिवार्य तौर पर केवल हिन्दी में हो और जो काम द्विभाषी होना चाहिए वह द्विभाषी ही किया जाए।

ये निर्देश उन कम्प्यूटरों पर भी लागू होते हैं जो विभिन्न संस्थाओं एवं निर्माताओं से लम्बी अवधि के लिए किराए पर लिए जाते हैं। कम्प्यूटर आदि विदेशों से आयात करते समय भी ऐसा प्रबन्ध किया जाए कि उन पर हिन्दी में भी काम किया जा सके।

(2) सभी प्रकार के नये कम्प्यूटर सॉफ्टवेयर अनिवार्यत: द्विभाषी ही उपलब्ध कराए जाएँ।

कम्प्यूटर का अखिल भारतीय मानक की-बोर्ड तैयार किया जा चुका है जिसका ब्यौरा विभाग के तकनीकी कक्ष में उपलब्ध है। सभी सम्बद्ध एवं अधीनस्थ कार्यालय कम्प्यूटर पर हिन्दी प्रशिक्षण की व्यवस्था अपने स्तर पर ही करे।

इनके अतिरिक्त कुछ अन्य गैर-सरकारी कम्पनियों ने अपने यहाँ राजभाषा हिन्दी शिक्षण के लिए सॉफ्टवेयर पैकेज भी तैयार किए हैं। कार्यालय/उपक्रम आवश्यकतानुसार इनका उपयोग कर हिन्दी प्रशिक्षण और व्यवहार की व्यवस्था कर सकते हैं। निकट भविष्य में कार्यालयों में कम्प्यूटरों का प्रयोग निरन्तर बढ़ता ही जाएगा। अत: कम्प्यूटर प्रशिक्षण स्वत: अनिवार्य हो जाएंगा। आजकल कम्प्यूटर साधित ज्ञान किसी भी क्षेत्र में कार्य करने के लिए वांछनीय है।

3

राजभाषा के कार्यालयी प्रकार्य

भाषा सम्प्रेषण का जरिया है। भाषा के माध्यम से व्यक्ति अपने भावों-विचारों का आदान-प्रदान करता है। यद्यपि भाषा का कोई एक ही स्वरूप नहीं होता, किन्तु कार्यालयी भाषा का एक रूप हो, यह आवश्यक है। प्रयुक्ति क्षेत्रों के अनुसार भाषा का स्वरूप बदलता रहता है। साहित्यिक, सांस्कृतिक सन्दर्भों में हम जिस प्रकार की भाषा का प्रयोग करते हैं, कार्यालयों में उसी प्रकार की भाषा प्रयुक्त नहीं होती। सरल एवं सुबोध शब्दों में कार्यालयी भाषा का उद्देश्य किसी भी विषय पर कार्यालय अथवा विभाग के निर्णय या मत को दूसरे अधिकारी अथवा कर्मचारी या कार्यालय अथवा जनता तक पहुँचाना होता है। लिहाजा यह आवश्यक है कि कार्यालय की भाषा सरल और सुबोध हो, जिसे लोग आसानी से समझ सकें। कार्यालयी भाषा की यह विशेषता है कि वह वस्तुनिष्ठ होती है। उसमें साहित्यिक रचनाओं की तरह आलंकारिक भाषा का प्रयोग नहीं होता। इसके अलावा उसमें संक्षिप्तता और असन्दिग्धता होती है। भारत में संवैधानिक रूप से कार्यालयी व्यवहार द्विभाषिक है। यहाँ दो भाषाओं को राजभाषा का दर्जा दिया गया है। संविधान के अनुच्छेद 343(1) में यह कहा गया है कि देवनागरी लिपि में प्रयुक्त हिन्दी संघ की राजभाषा होगी। लेकिन अनुच्छेद 343(2) में इस बात की व्यवस्था की गई है कि संविधान के लागू होने के 15 वर्ष की अवधि तक अर्थात 25 जनवरी, 1965 तक संघ सरकार के कार्य में अंग्रेजी का प्रयोग जारी रहेगा। अनुच्छेद 343(3) में संसद को यह अधिकार दिया गया है कि वह अधिनियम पारित करके 26 जनवरी, 1965 के बाद भी सरकारी कामकाज में अंग्रेजी का प्रयोग जारी रखने के बारे में व्यवस्था कर सकती है। इस शक्ति का प्रयोग करते हुए राजभाषा अधिनियम 1963 (यथा संशोधित 1967) पारित किया गया, जिसके अनुसार कार्यालयों में कामकाज में द्विभाषिकता की स्थिति बढ़ा दी गई, जो आज भी जारी है।

इस तरह संघ सरकार के कार्यालयों में राजभाषा अधिनियमों एवं संशोधनों के माध्यम से सरकार के कार्यालयों के कामकाज में हिन्दी का प्रयोग बढ़ाने का

प्रावधान तो किया गया लेकिन अंग्रेजी के प्रयोग को भी जारी रखने की छूट दे दी गई, जिसके परिणामस्वरूप अंग्रेजी भारत की वास्तविक राजभाषा बन गई और भारत सरकार के कार्यालयों में बड़े पैमाने पर अंग्रेजी का ही प्रयोग हो रहा है। हिन्दी के प्रयोग को बढ़ावा देने के उद्देश्य से 1976 में राजभाषा नियम बनाए गए और यह सुनिश्चित करने का प्रावधान रखा गया कि पूरे संघ को तीन क्षेत्रों में बाँटकर क्रमिक रूप से हिन्दी के प्रयोग को बढ़ावा दिया जाए। इसके लिए पूरे देश को तीन क्षेत्रों में वर्गीकृत किया गया तथा संघ और राज्य सरकारों के बीच पत्राचार की भाषा के बारे में भी निर्देश दिया गया। इसके पूर्व 1967 में संसद ने भाषा नीति सम्बन्धी एक संकल्प पारित किया था, जिसके पैरा (1) के अनुसार हिन्दी के प्रसार तथा विकास और संघ के विभिन्न सरकारी प्रयोजनों के लिए इसके प्रयोग को तेज करने के उद्देश्य से प्रत्येक वर्ष एक गहन और विस्तृत कार्यक्रम तैयार करने और उनके कार्यान्वयत का दायित्व केन्द्र सरकार को सौंपा गया। इसी के तहत केन्द्र सरकार द्वारा सभी कार्यालयों में हिन्दी में काम करने के लिए प्रति वर्ष एक कार्यक्रम बनाया जाता है और उस कार्यक्रम में निर्धारित लक्ष्य को प्राप्त करने की स्थिति के बारे में एक रिपोर्ट संसद के दोनों सदनों में पेश की जाती है। यह भी केन्द्र सरकार के स्तर पर प्रावधान किया गया है कि कार्यालयों में हिन्दी कामकाज की प्रगति के मूल्यांकन और निर्देशन के लिए भारत सरकार द्वारा एक संसदीय राजभाषा समिति गठित की जाए। इस तरह सरकारी प्रावधान के तहत हिन्दी को राजभाषा के रूप में बढ़ाने के प्रयत्न सतत जारी हैं, किन्तु हिन्दी के साथ-साथ अंग्रेजी का प्रयोग भी जारी है और साथ ही बहुभाषिक स्थिति के चलते विभिन्न प्रादेशिक राजभाषाओं में सम्पर्क सुनिश्चित करने हेतु अनुवाद की आवश्यकता अपरिहार्य है।

कहना न होगा, भारत में कार्यालय की भाषा का विकास अंग्रेजी भाषा की वाक्य संरचना के आधार पर हुआ है, अत: कई बार हम अंग्रेजी की परम्परा अथवा औपनिवेशिक दासता की अभिव्यक्ति शैली को ही अपनाना अधिक सुगम मानते हैं। किन्तु इसमें सुधार की आवश्यकता है। हिन्दी की प्रकृति के अनुरूप भाषा संरचना को अपनाए जाने की जरूरत है, तभी अनुदित होकर भी हिन्दी जन-जन तक अधिक सरलता के साथ पहुँच पाएगी और कार्यालयी भाषा क्लिष्टता व शुष्कता, नीरसता से मुक्त हो सकेगी।

इस तरह कार्यालयी व्यवहार में राजभाषा हिन्दी की संकल्पना की गई है। राजभाषा से यह अपेक्षित है कि वह शासकीय संवाद और सम्प्रेषणा का माध्यम बने। कार्यालयी पद्धति में उसके कुछ प्रकार्य निर्धारित किए गए हैं जैसे—टिप्पण, प्रारूपण, संक्षेपण। लगभग समूचा कार्यालयी व्यवहार इन्हीं के आधार पर होता है। अत: यहाँ राजभाषा के इन प्रमुख प्रकार्यों पर विचार अपेक्षित है।

टिप्पण : अर्थ, स्वरूप, प्रक्रिया और प्रकार

हिन्दी में टिप्पण शब्द का प्रयोग अंग्रेजी शब्द Noting के हिन्दी पर्याय के रूप में किया जाता है। प्रत्येक कार्यालय में उसके कार्य से सम्बन्धित अनेक प्रकार के पत्र आते हैं। इन पत्रों पर जो कार्यवाही होती है वह टिप्पण के रूप में ही प्रारम्भ होती है। टिप्पण लेखन का सिलसिला तब तक चलता रहता है जब तक कि सम्बन्धित फाइल का निपटारा नहीं हो जाता। सामान्यतः कार्यालयी पत्र आदि के निपटान के लिए समय-समय पर जो अभ्युक्तियाँ लिखी जाती हैं, उन्हें टिप्पण कहते हैं। केन्द्रीय सचिवालय के 'मैनुअल ऑफ ऑफिस प्रोसिजर' में टिप्पण की व्याख्या करते हुए कहा गया है। "टिप्पणी वे अभ्युक्तियाँ हैं जो किसी विचाराधीन कागज के सम्बन्ध में लिखी जाती हैं, जिससे उसके निस्तारण में सहूलियत हो सके।" उत्तर प्रदेश सरकार की 'हिन्दी निर्देशिका' में टिप्पण को समझाते हुए कहा गया है "टिप्पण का उद्‌देश्य उन बातों को, जिन पर निर्णय करना होता है, स्पष्ट रूप से तथा तर्कानुसार प्रस्तुत करना है। साथ ही वह उन बातों की ओर भी संकेत करता है, जिनके आधार पर उक्त निर्णय सम्भवतः लिया जा सकता है।" संक्षेपतः यह कहा जा सकता है कि पत्र के सार को बतलाते हुए उसके निर्णय के लिए अपना सुझाव देना ही टिप्पण है।

सरकारी कार्यालयों में पत्र-विशेष के निपटान के लिए उस पर सहायकों से लेकर वरिष्ठ अधिकारियों, सचिव, मंत्री या प्रधानमंत्री तक जो संक्षिप्त राय या विचार लिखा जाता है उसे टिप्पण या टिप्पणी कहते हैं। इसमें पूर्ववर्ती पत्रों का सार, निर्णय आदि हेतु प्रश्न तथा विवरण अंकित किया जाता है। कार्यालयी प्रकृति के अनुरूप सामान्यतः लिपिक या अनुभाग अधिकारी के स्तर से टिप्पण प्रारम्भ होता है और उच्चाधिकारी तक यह क्रम चलता है।

इस तरह टिप्पण ऐसी अभ्युक्ति या कथन है जिसमें—

1. विचारार्थ प्रस्तुत कागजों पर पहले से हुई कार्यवाही, पत्र-व्यवहार आदि का संक्षेप में उल्लेख होता है।
2. विचारार्थ प्रस्तुत विषय में विद्यमान समस्याओं का विश्लेषण करते हुए उस पर आगे की जानेवाली कार्यवाही सम्बन्धी विचार या निर्देश होता है।
3. सम्बन्धित मामले का इतिहास तथा उससे जुड़े अन्य पक्षों का स्पष्ट संकेत होता है।
4. उचित निर्णय लेते हुए आवश्यक दिशा-निर्देश होता है, जो प्रायः उच्चाधिकारी द्वारा अपने विवेक या दृष्टांतों/प्रमाणों/साक्ष्यों के आधार पर तय किया जाता है।

इस आधार पर यह कहा जा सकता है कि टिप्पण एक ऐसी कार्यवाही होती है जिससे किसी अधिकारी/कर्मचारी को किसी भी मामले में निर्णय लेने में सुविधा होती है।

टिप्पण लेखन की विशेषताएँ

1. **स्वतःपूर्णता :** टिप्पण किसी भी मामले में कोई विचार या सुझाव है, जिससे मामले को निपटाने में सहायता मिलती है, अतः ये विचार या सुझाव अपने आप में पूर्ण होने चाहिएँ।
2. **संक्षिप्तता :** टिप्पणी में अनावश्यक विस्तार नहीं होना चाहिए। कम-से-कम शब्दों में प्रभावपूर्ण तरीके से विषय को प्रस्तुत करना चाहिए। इससे त्वरित निर्णय में सुविधा होती है और समय की बचत होती है।
3. **स्पष्टता :** टिप्पण की भाषा स्पष्ट और सरल होनी चाहिए। अस्पष्टता होने से मामले के उलझने का खतरा होता है, इसलिए विषयानुरूप स्पष्टता आवश्यक होती है।
4. **क्रमबद्धता :** टिप्पण में जो भी कहा जाए वह क्रमबद्ध होना चाहिए। क्रम का अर्थ है पूर्व पर हुई कार्यवाही का सन्दर्भ, समस्या की चर्चा और समाधान का स्पष्ट सुझाव होना चाहिए।
5. **तथ्यात्मकता :** टिप्पण का तथ्यात्मक होना अत्यावश्यक है।
6. **तटस्थता :** टिप्पणीकार को लिखते समय पूरी तरह से तटस्थ होना चाहिए। रंचमात्र भी पक्षपात लक्षित नहीं होना चाहिए।
7. **वस्तुनिष्ठता :** टिप्पणीकार को यह भी ध्यान रखना चाहिए कि कार्यालयी कामकाज में वैयक्तिकता अंशमात्र भी न हो, पूर्णतया वस्तुनिष्ठता होनी चाहिए।

इस प्रकार हम यह कह सकते हैं कि टिप्पण एक ऐसी लिखित अभ्युक्ति है जो कि किसी भी प्रशासनिक कार्यवाही के लिए विचारार्थ प्रस्तुत किसी भी प्रकार के कागजात के निपटान के लिए लिखी जाती है। कहा भी गया है—"Notes are facilitate the written remarks on a paper under consideration to facilitate its disposal."

कहने की आवश्यकता नहीं कि टिप्पण से प्रशासनिक कार्यवाही के निपटान में सहायता मिलती है। प्रशासनिक कार्यवाही सुचारु और प्रभावी रूप से चले और निर्णय की प्रक्रिया को अधिक प्रामाणिक और त्वरित बनाया जा सके, इसके लिए टिप्पण अत्यधिक आवश्यक होता है।

संक्षेप में टिप्पण लेखन के प्रमुख उद्द्देश्य निम्न तीन हैं—

1. सभी तथ्यों को स्पष्टतः और संक्षेपतः अग्रिम कार्यवाही हेतु सक्षम अधिकारी के सम्मुख प्रस्तुत करना।

2. अपने विचारों अथवा निर्णय को स्पष्ट करना।
3. साथ ही, यह स्पष्ट करना कि कार्य निष्पादन के लिए क्या कार्यवाही आवश्यक है।

टिप्पण लेखन के सामान्य नियम

टिप्पण कैसे लिखे जाते हैं? इसके कुछ सामान्य नियम होते हैं, जिन्हें दृष्टिगत रखना जरूरी होता है। मुख्य नियम निम्न हैं—

1. किसी भी कार्यवाही के निपटान के लिए सम्बन्धित सहायक अथवा लिपिक को सबसे पहले विषय से सम्बन्धित सारी सामग्री का संकलन यथा सभी तथ्यों, आँकड़ों का सन्दर्भ सहित संकलन करना चाहिए।
2. सम्बन्धित सामग्री के अध्ययन-मनन और तथ्यों के अन्वेषण के उपरान्त पत्र के प्रयोजन एवं कथ्य का उल्लेख करते हुए इस बात का संकेत देना चाहिए कि सम्बन्धित कागजात कहाँ से, किस हेतु आया है। कभी-कभी टिप्पण में शीर्षक भी दिया जाता है।
3. टिप्पण लेखन में पूर्व की कार्यवाही, पत्र-व्यवहार, उससे सम्बन्धित नियम आदि के संकेत देना आवश्यक होता है, क्योंकि इससे मूल विषय के निष्पादन और निर्णय लेने में सहायता मिलती है।
4. सन्दर्भ का उल्लेख टिप्पण के मूल अंश में न करके बगल में किया जाना चाहिए, साथ ही, अन्त में बाईं ओर अपना संक्षिप्त हस्ताक्षर तारीख के साथ अवश्य करना चाहिए।
5. टिप्पण में मूल टिप्पण की बगल में काफी हाशिया छोड़ा जाता है। यह हाशिया फाइल में क्रमांक, पताका, अंकित पत्रों, टिप्पण प्राप्त करनेवाले का नाम आदि लिखने के काम आता है।
6. टिप्पण लिखते समय इस बात का ध्यान रखना चाहिए कि पहले से दिये गए टिप्पणों की पुनरावृत्ति न की जाए, अपितु केवल उन्हीं मुद्दों को स्पष्ट किया जाए जिन पर पहले से विचार नहीं किया गया है। यदि टिप्पणकर्ता पहले से सुझाई गई कार्यवाही से सन्तुष्ट हो तो उसे केवल अपने हस्ताक्षर कर देना चाहिए।
7. जहाँ तक सम्भव हो टिप्पण लेखन में यथासम्भव संक्षिप्तता होनी चाहिए। परन्तु अस्पष्टता कदापि नहीं होनी चाहिए।
8. टिप्पणीकार को भाषा प्रयोग के सम्बन्ध में अत्यधिक सावधान रहना चाहिए। उससे यह अपेक्षा होती है कि वह सदैव सरल, स्पष्ट तथा संयत भाषा का प्रयोग करे। इतना ही नहीं, किसी अधीनस्थ अधिकारी द्वारा प्राप्त किसी प्रस्ताव की आलोचना करते समय भी संयत भाषा का प्रयोग

करना चाहिए। अलंकृत, सांकेतिक, जटिल और कहावतों-मुहावरों की लाक्षणिक भाषा का प्रयोग नहीं करना चाहिए।

टिप्पण के प्रकार

टिप्पण के आकार, आवश्यकता एवं संरचना की दृष्टि से कई भेद होते हैं, जैसे—सूक्ष्म टिप्पण, सामान्य टिप्पण अथवा संक्षिप्त टिप्पण, विभागीय अथवा अनुविभागीय टिप्पण, अनौपचारिक टिप्पण, औपचारिक टिप्पण, नित्य-क्रमिक टिप्पण आदि।

सूक्ष्म टिप्पण

बड़े अधिकारी और मंत्री सामान्यतः सूक्ष्म टिप्पण लिखते हैं। इसे टीप भी कहा जाता है, क्योंकि इसमें फाइल के अवलोकनार्थ/सम्मति जैसे सूक्ष्म टिप्पण लिखे जाते हैं।

सामान्य टिप्पण

बहुत सारे मामले कार्यालयों में ऐसे होते हैं जिनके निपटारे के लिए किसी सन्दर्भ की कोई आवश्यकता नहीं होती, अतः सामान्य टिप्पण लिखकर उन्हें आगे बढ़ा दिया जाता है। अथवा ऐसे मामले जो पहली बार प्राप्त होते हैं अर्थात जिन पर कार्यवाही प्रारम्भ करने की प्रक्रिया के तहत टिप्पण लिखे जाते हैं, उन्हें सामान्य टिप्पण कहते हैं। ऐसे टिप्पणों में पत्र का पूर्व सम्बन्ध अथवा प्रसंग का उल्लेख आवश्यक नहीं होता। जैसे—'उचित माध्यम से नहीं भेजा गया है। इस पर कोई कार्यवाही की आवश्यकता नहीं है।'

विभागीय टिप्पण

विभागीय तथा अनुविभागीय टिप्पण भी कुछ मामले में आवश्यक होते हैं। विभागीय स्तर पर प्राप्त टिप्पणों को मुख्य टिप्पण के बाद में रखकर इन्हें अगली कार्यवाही हेतु अग्रेषित किया जाता है।

अनौपचारिक टिप्पण

अनौपचारिक टिप्पण वे होते हैं जिनमें किन्हीं नियम विशेष का पालन करने की बाध्यता नहीं होती। ये सीधे एक मंत्रालय से दूसरे मंत्रालय अथवा सम्बद्ध कार्यालयों में किसी प्रस्ताव पर जानकारी लेने के लिए भेज दिये जाते हैं। अनौपचारिक टिप्पण में सभी कार्यालयी नियमों तथा शर्तों का सही-सही अनुपालन किया जाता है। इन टिप्पणों के उत्तर में जो टिप्पण प्राप्त होते हैं

उनका स्वरूप भी अनौपचारिक टिप्पण का ही होता है। जैसे—'मैं सहमत हूँ', 'उचित कार्यवाही की जाए।'

औपचारिक टिप्पण

औपचारिक टिप्पण में नियम-कायदों का अक्षरशः पालन करते हुए नोट लिखा जाता है। अधिकतर कार्यालयी टिप्पण ऐसे ही होते हैं।

नित्यक्रमिक टिप्पण या नेमी टिप्पण

इसे Routine Noting कहते हैं। ऐसा टिप्पण छोटी-छोटी कार्यवाहियों से सम्बद्ध होता है जिसका उपयोग अभिलेख के लिए नहीं किया जाता। इसका महत्त्व औपचारिकता के निर्वाह तक सीमित होता है। जैसे—'देख लिया', 'धन्यवाद', 'कृपया सभी को दिखाकर फाइल कर दीजिए।' आदि

टिप्पण की भाषा

टिप्पण लेखन में भाषा की महत्त्वपूर्ण भूमिका होती है। भाषा भावानुरूप हो, यह सर्वथा अपेक्षित होता है। भाषा में किसी भी प्रकार की क्लिष्टता या अलंकारिकता नहीं होनी चाहिए। भाषा के सम्बन्ध में कुछ बातों का विशेष ध्यान रखना चाहिए। जैसे—

— भाषा सरल, सहज और सुस्पष्ट होनी चाहिए।

— भाषा तर्कप्रधान होनी चाहिए।

— टिप्पण लेखन में अनावश्यक विस्तार से बचना चाहिए। नपी-तुली सधी हुई भाषा होनी चाहिए।

— टिप्पण की भाषा उलझी हुई, अटपटी और बोझिल कदापि नहीं होनी चाहिए। उदाहरण के लिए—

पूर्व पृष्ठ में अंकित टिप्पण से ज्ञात होता है कि नियुक्ति नायिका के प्रथम दो अभ्यर्थी सेवा-योजनालय से भेजे गए हैं और शेष दो दिल्ली में राष्ट्रीय कृषि संस्थान में सेवायोजित हैं।'

इस टिप्पण को सीधी और सरल भाषा में इस प्रकार लिखा जाना चाहिए—

'पिछले पत्र में दिए गए नोट से पता चलता है कि इन चार व्यक्तियों में से पहले दो के नाम तो रोजगार कार्यालय द्वारा भेजे गए हैं और बाकी दो दिल्ली में राष्ट्रीय कृषि संस्थान में काम करते हैं।'

— टिप्पण में संस्कृतनिष्ठ या क्लिष्ट अंग्रेजी अथवा देशज शब्दों का भी व्यवहार नहीं किया जाना चाहिए।

— शासकीय निर्देश में यह स्पष्ट कहा गया है कि 'हिन्दी टिप्पण व आलेखन में कोष्ठक में देवनागरी लिपि में अंग्रेजी तकनीकी पदनाम सम्बन्धी

शब्दों का स्वतंत्रतापूर्वक प्रयोग करना चाहिए।' अतः टिप्पण लेखन में यथावश्यक अंग्रेजी के शब्दों का लिप्यन्तरण करते हुए प्रयोग किया जाना चाहिए।

टिप्पण सम्बन्धी महत्त्वपूर्ण बातें

— विचाराधीन पत्र के विषय का उल्लेख करना चाहिए, साथ ही पत्राचार की पृष्ठ संख्या पेंसिल से लिखनी चाहिए।

— नई पावती का उल्लेख करते हुए यदि उस बारे में पहले से ही पत्राचार, निर्णय, आदेश आदि हों तो उसका उल्लेख होना चाहिए।

— हाशिया छोड़कर लिखना चाहिए। हाशिए में ही पूर्व संकेतों, पृष्ठ संख्या तथा पताका आदि का स्पष्ट उल्लेख किया जाना चाहिए।

— जिन मामलों में नये निर्णय लेने हैं, उनमें लिखते समय सहायक को सभी मामलों की खोजबीन करनी चाहिए और विस्तृत टिप्पणी तैयार करनी चाहिए।

— टिप्पणी जितनी स्पष्ट तथा क्रमबद्ध और उपयुक्त सन्दर्भों तथा उससे सम्बन्धित पूर्व निर्णयों पर आधारित होगी उतनी शीघ्रता से निर्णय लेने में सहायता होगी।

— टिप्पणी लिखनेवाले को बाईं ओर हस्ताक्षर भी करना चाहिए।

— सहायक द्वारा तैयार की गई टिप्पणी से अनुभाग अधिकारी/अधीक्षक अपनी टिप्पणी के साथ उच्चाधिकारी की तरफ निर्देश हेतु आगे बढ़ाता है।

— केन्द्र सरकार के कार्यालयों में डेस्क पद्धति लागू की गई है। डेस्क अधिकारी की भूमिका भी काफी महत्त्वपूर्ण होती है।

— यह ध्यान रखना चाहिए कि टिप्पणी पर दिये गए सुझावों तथा अनुमोदन के आधार पर मामले के निपटान हेतु कार्यवाही होती है और उसी के अनुरूप प्रारूप/मसौदा तैयार किया जाता है।

— यह ध्यान रखना चाहिए कि एक विषय पर एक ही टिप्पण हो और जिस क्रम से पत्र प्राप्त हुए हों, उसी क्रम से उन्हें फाइल में लगाकर टिप्पण लिखना चाहिए।

— यदि टिप्पण कुछ लम्बा हो जाए तो उसे अनुच्छेदों में बाँट देना चाहिए।

— टिप्पण में कभी पुनरावृत्ति नहीं होना चाहिए, बल्कि उसी मसले को स्पष्ट करना चाहिए, जिस पर पहले से विचार नहीं किया गया है। यदि ठीक हो तो अनुमोदन करके या सही करके अपने हस्ताक्षर कर देने चाहिए।

— टिप्पण लेखक को तत्सम्बन्धी समस्त नियमों, उपनियमों और अधिनियमों को भलीभाँति देख लेना चाहिए और यदि आवश्यक हो तो उनका उल्लेख भी करना चाहिए, उससे विषय को समझने में सुविधा होती है।

— टिप्पण निर्णयात्मक और सुझावपरक होने चाहिए, जिससे मामले में त्वरित कार्यवाही को अंजाम दिया जा सके।

— टिप्पण में बाईं ओर लिपिक, सहायक, अधीक्षक या अनुभाग अधिकारी को अपने हस्ताक्षर करने चाहिए और दाईं ओर उच्चाधिकारी को अपने हस्ताक्षर करके अपने पद आदि का उल्लेख करना चाहिए।

— टिप्पणी लिखते समय सम्बन्धित फाइल के क्रमांक अथवा अन्य पत्रादि के संकेत बगल में हाशिये के पास अवश्य देने चाहिए।

टिप्पण हेतु प्रयुक्त होनेवाले कुछ अति प्रचलित वाक्य

टिप्पण लेखन में कुछ शब्द निर्धारित होते हैं, बहुधा उन्हीं का प्रयोग देखने को मिलता है। ऐसे कतिपय अतिप्रचलित वाक्य निम्न हैं :

उदाहरण :

1. देख लिया, धन्यवाद।
2. आदेश के लिए प्रस्तुत/पेश है।
3. सूचना/जानकारी के लिए प्रस्तुत है।
4. उत्तर का मसौदा अनुमोदन के लिए प्रस्तुत है।
5. आगे कोई कार्यवाही अपेक्षित नहीं है।
6. हम ऊपर 'क' से सहमत हैं।
7. प्रस्ताव अपने-आप में स्पष्ट है। इसे मान लिया जाए।
8. प्रारूप पर सहमति दी जा रही है।
9. इस व्यय के लिए चालू वित्तीय वर्ष में बजट की व्यवस्था है।
10. अपेक्षित जानकारी..............से मँगाई जा रही है और प्राप्त होने/ आ जाने के पर भेज दी जाएगी।
11. मुख्य फाइल के वापस आने की प्रतीक्षा की जाए/राह देखी जाए।
12. केन्द्रीय कार्यालय द्वारा माँगे गए कागजात इस फाइल के साथ रख दिए गए हैं। कार्य हो जाने पर इसे वापिस लौटा दिया जाए।
13. मामला अभी भी सचिवालय के विचाराधीन है।
14. इस बात में सन्देह है।..............मंत्रालय/सचिवालय से इसे स्पष्ट करने के लिए कहें।
15. यह विषय इस अनुभाग का नहीं है। इसका सम्बन्ध..............अनुभाग से है। ये कागजात उसी अनुभाग में भेज दिए जाएँ।

16. प्रशासनिक अनुमोदन प्राप्त किया जाए।
17. यथा प्रस्तावित कार्यवाई की जाए।
18. उत्तर की प्रतीक्षा करें।
19. प्रारूप तदनुसार संशोधित कर दिया गया है।
20. स्पष्टीकरण माँगा जाए।

आलेखन/प्रारूपण : अर्थ, स्वरूप, प्रक्रिया और विशेषताएँ

प्रारूपण और टिप्पण कार्यालयी पद्धति के दो पहिये हैं। वे परस्पर एक-दूसरे से सम्बद्ध होते हैं। वास्तव में टिप्पण और प्रारूपण के माध्यम से समस्त शासकीय कामकाज सम्पन्न होते हैं। प्रारूपण का अर्थ है कामकाज में प्रयुक्त पत्र-परिपत्र एवं सूचना आदि का पहला कच्चा रूप तैयार करना। इसे 'आलेख' या 'मसौदा' भी कहते हैं। अंग्रेजी में इसे 'Drafting' कहा जाता है। प्रारूपण चूँकि किसी भी विषय से सम्बन्धित कार्यवाही हेतु तैयार किया जानेवाला पहला कच्चा रूप होता है, अतः इस पर पहले उच्चाधिकारी की स्वीकृति ले ली जाती है उसके बाद ही टंकण या मुद्रण के लिए आगे बढ़ाया जाता है। इसे इन शब्दों में परिभाषित किया जा सकता है—"सरकारी या गैर-सरकारी कामकाज में प्रयुक्त पत्र, सूचना, आदेश आदि को अन्तिम रूप देने से पहले उनका जो कच्चा रूप तैयार किया जाता है, उसे 'प्रारूपण' कहते हैं।"

प्रारूपण का सरकारी-गैरसरकारी लगभग सभी संस्थाओं में महत्त्व होता है। जहाँ सरकारी कार्यालयों में विभिन्न कामकाजों के निपटान के लिए विभागीय-अनुविभागीय कार्यवाही के निष्पादन के लिए प्रारूपण अपेक्षित होता है। सरकारी कामकाज तो मूलतः प्रारूपण पर ही चलते हैं। जितने भी सरकारी कार्य होते हैं, वे सब कागजों, फाइलों के आधार पर होते हैं, प्रारूपण का उन्हें तैयार करने में महत्त्वपूर्ण स्थान होता है। शासकीय-पत्राचार में प्रारूपण का विशेष महत्त्व होता है। व्यक्तिगत स्तर पर पत्र का उत्तर आप किसी भी रूप में लिखें, यह आपकी शैली पर निर्भर करता है किन्तु सरकारी पत्राचार की एक निश्चित प्रणाली है, उसकी अपनी निर्धारित प्रक्रिया होती है जिसका अनुपालन जरूरी होता है।

कहना न होगा कि प्रारूपण कार्यालयी पत्र-व्यवहार का प्रमुख अंग होता है। किसी भी विषय, आवेदन या प्रतिवेदन पर विभिन्न पक्षों से सम्बन्धित कर्मचारियों के टिप्पण के बाद पुनः कागजात नीचे के कर्मचारी/अधिकारी को वापिस कर दिया जाता है। वह सम्बन्धित कर्मचारी अधिकारी उन टिप्पणों का अध्ययन करते हुए मसौदा (प्रारूपण) तैयार करता है। इस प्रकार वस्तुतः प्रारूपण टिप्पणी कार्य का लक्ष्य और परिणाम होता है। यह मसौदा कार्यालयी मसौदों यथा पत्रों, सूचनाओं,

परिपत्रों, अधिसूचनाओं का प्रारूप होता है। इसे आवश्यकतानुसार लिपिक से अनुभाग अधिकारी तक तैयार करता है। प्रारूपण तैयार करते समय यह अपेक्षित होता है कि सम्बन्धित अधिकारियों द्वारा दिये गए आदेशों या अनुदेशों में निहित तथ्यों, बातों को सही और स्पष्ट रूप से प्रस्तुत किया जाए। तैयार किए गए प्रारूपण के ऊपर दाहिनी ओर 'अनुमोदनार्थ' अवश्य लिखा जाता है। आवश्यक टिप्पण के साथ उच्चाधिकारी के पास जब प्रारूपण जाता है तब वह आवश्यक सुधार, सुझाव, संशोधन के साथ अनुमोदित कर देता है।

अच्छे प्रारूप की सामान्य विशेषताएँ : अच्छे प्रारूप की कुछ महत्त्वपूर्ण विशेषताएँ होती हैं। प्रारूपकारों को इन विशेषताओं अथवा गुणों को दृष्टिगत रखते हुए प्रारूप तैयार करना चाहिए।

1. **शुद्धता (Accuracy) :** शुद्धता किसी भी प्रकार से सरकारी कामकाज के लिए अत्यावश्यक होती है। शुद्धता से तात्पर्य है स्पष्टता यथा निर्देश, संख्या, तारीख और कथन शुद्धि। वैसे तो व्यावसायिक पत्रों में भी शुद्धता का बहुत महत्त्व है परन्तु शासकीय-पत्रों में तो तथ्यों में तनिक सी भूल से भी परिणाम घातक हो सकते हैं।
2. **पूर्णता (Completness) :** शासकीय कागजात पत्र/फाइल आदि में परिपूर्णता अपेक्षित होती है। सिर्फ तथ्यों की शुद्धता से काम नहीं चलता, उसे अपने-आप में परिपूर्ण और सहज बोधगम्य होना चाहिए। ऐसी सावधानी की आवश्यकता प्रारूपण में इसलिए पड़ती है क्योंकि शासकीय कर्मचारियों के तबादले होते रहते हैं, उन्हें एक विभाग से दूसरे विभाग में भी भेजा जाता है, अत: उन्हें सम्बन्धित विभाग के कार्य निष्पादन में सहूलियत हो, इसके लिए यह आवश्यक है कि कागजात पूर्ण और शुद्ध व स्पष्ट हों। यदि किसी प्रभाग विशेष से सम्बन्धित प्रारूप में सभी सूचनाएँ स्पष्ट होंगी तो निश्चित रूप से नवागंतुक कर्मचारी को कार्य करने में सुविधा होगी।
3. **संक्षिप्तता (Brevity) :** संक्षिप्तता शासकीय कार्यवाही में बहुत जरूरी होती है क्योंकि प्रशासकीय अधिकारियों के पास समय की कमी होती है, अतएव प्रारूपकार को चाहिए कि कम शब्दों में बात को स्पष्ट रूप से प्रस्तुत करें। संक्षिप्तता लेखन शैली का एक महत्त्वपूर्ण गुण होता है। इसके लिए विषय और भाषा की सम्यक जानकारी अपेक्षित होती है। संक्षिप्तता प्रारूपकार की प्रतिभा, अनुभव एवं लेखन कला में पारंगतता का प्रतीक होती है। परन्तु संक्षिप्तता के साथ ही यह सावधानी बरतनी चाहिए कि पत्रोत्तर के सभी मुद्दों का यथातथ्य उसमें समावेश हो।

4. **विभाजन (Accuracy) :** प्रारूपण संक्षिप्त होते हुए भी उसको निर्देश, प्रकरण, वक्तव्य एवं निष्कर्ष में क्रमशः विभक्त होना चाहिए। पिछली कार्यवाही या जानकारी को निर्देशित करते हुए सन्दर्भित प्रकरण पर अपना वक्तव्य देना चाहिए। अपना वक्तव्य देते समय तथ्यों को सामने रखकर तर्कसंगत तरीके से बात स्पष्ट की जानी चाहिए। इतना ही नहीं, अन्त में प्रारूपणकार को अपने निष्कर्ष के रूप में सिफारिशें भी स्पष्टतः अंकित कर देनी चाहिए।

प्रारूपण की भाषा-शैली

शासकीय कामकाज में व्यवहृत भाषा पर भी विशेष ध्यान देना होता है। पत्रों, परिपत्रों, सूचनाओं आदि में जो भी बात कही जाए, वह पूर्णतः तथ्याधारित हो, विशेषण सुसंगत हों और प्रस्तुतिकरण तर्कसंगत हो, उसमें सुसम्बद्धता होनी चाहिए। प्रारूपण में साहित्यिक, लाक्षणिक भाषा के लिए गुंजाइश नहीं होती है, उसमें एक मानक भाषा ही व्यवहार में लानी होती है। संक्षिप्तता, शिष्टता, स्पष्टता एवं विनम्रता प्रशासनिक भाषा की अनिवार्य विशेषताएँ हैं। वक्रोक्ति, पुनरुक्ति आदि के लिए प्रशासकीय भाषा में गुंजाइश नहीं होती है। कहने का आशय यह है कि प्रारूपण की भाषा व्याकरण सम्मत मानक भाषा होनी चाहिए, सरल, स्पष्ट और परिमार्जित होनी चाहिए। उसमें संयम, गरिमा और गाम्भीर्य होना चाहिए। वह भाषा तथ्यों को स्पष्ट करने में सहज होनी चाहिए, सहज सम्प्रेष्य होनी चाहिए।

प्रारूप लेखन की एक निश्चित प्रणाली, निर्धारित संरचना और निश्चित नियम होते हैं। शासकीय कामकाज में औपचारिकता का बहुत ध्यान रखना होता है। प्रारूप लेखन की शैली में संक्षिप्तता और सरलता तथा बोधगम्यता जरूरी होती है।

आलेख में जिस भाषा-शैली का प्रयोग किया जाए, वह पूर्व पत्र की भाषा से मेल खानी चाहिए। प्रारूप लेखन में अप्रचलित शब्दों, अस्पष्ट या द्विअर्थी शब्दों/वाक्यों या जटिल पारिभाषिक शब्दों के प्रयोग से बचना चाहिए। वाक्य छोटे और एक-दूसरे से सम्बद्ध होने चाहिए। विराम चिह्नों का समुचित प्रयोग करना चाहिए।

प्रारूपण लेखन की सामान्य बातें

1. प्रारूप नोटशीट (अनुक्रम पत्र) पर तैयार किए जाते हैं। उन्हें कागज के दोनों ओर आधा हाशिया छोड़कर लिखा या टाइप किया जाता है। कागज

के बायें भाग में भी कुछ जगह छोड़ दी जाती है जिससे उस पर टीप लिखी जा सके या संशोधन किया जा सके।

2. अनुमोदन के लिए भेजते समय प्रारूपण पर पर्ची तथा संख्या का स्पष्ट उल्लेख करना चाहिए, जिससे एक ही मिसिल में कई प्रारूप हो तो उन्हें समझने में असानी हो।
3. अत्यावश्यक मामलों में यह स्पष्ट लिख देना चाहिए कि सम्बन्धित अधिकारी/कर्मचारी से जवाब की अपेक्षा कब तक है। उस तिथि तक उत्तर न आने पर अनुस्मारक भेजना आवश्यक हो जाएगा।
4. प्रारूपण में जहाँ तक हो सके, तैयार हो जाने के बाद काट-पीट नहीं करना चाहिए। जहाँ कुछ संशोधन आवश्यक हो, वहाँ उसके ऊपर सम्बन्धित व्यक्ति के नाम के आद्यक्षर अवश्य होने चाहिए।
5. यदि साथ में सहपत्र भेजने हों तो प्रारूपण में यह स्पष्ट अंकित होना चाहिए कि कितने सहपत्र भेजे जा रहे हैं। पृष्ठ के नीचे बाईं ओर सहपत्रों की संख्या इस प्रकार लिखनी चाहिए—
   'सहपत्र संख्या'
6. जो पत्र बहुत जरूरी हों, सन्देशवाहक डाक द्वारा उसी दिन भेजने हों, उन पर यह अंकित कर देना चाहिए कि 'आज ही प्रेषित करें', 'अविलम्ब कार्यवाही करें', 'तत्काल', 'अत्यावश्यक' आदि।
7. पत्रादि पर हस्ताक्षर करनेवाले अधिकारी का नाम, पद और टेलीफोन नम्बर भी अवश्य लिखा जाना चाहिए।

प्रारूप लेखन की रूपरेखा

प्रारूपकार को प्रारूप तैयार करने के पहले विषय के हर पहलू का आशय और प्रारूप का नियम तथा परम्परा का बोध होना आवश्यक होता है। प्रारूप के मुख्यत: निम्न भाग होते हैं—विषय निर्देश या शीर्षक, विषय-वस्तु, अनुच्छेद, स्वनिर्देश, संलग्न-पत्र, पृष्ठांकन।

विषय-निर्देश या शीर्षक

कार्यालय की प्रकृति और पत्र के अनुरूप प्रारूपण का स्वरूप तय किया जाता है। यह मामले की स्थिति, लिए गए निर्णय तथा अगली अपेक्षित कार्यवाही के अनुसार तय होता है। प्रारूपण में सबसे पहले एकदम बीच में पत्र-क्रमांक का उल्लेख होना चाहिए। उसके बाद मंत्रालय अथवा विभाग का नाम, उसके बाद बाईं ओर भेजनेवाले का नाम, पद, पता आदि लिखा जाता है। प्रेषक के नाम के

ठीक नीचे थोड़ी जगह छोड़कर 'सेवा में' आदि सम्बोधन करते हुए जिसे पत्र लिखा जा रहा है उसका नाम, पद, पता आदि लिखना चाहिए। इसके बाद विषय का स्पष्ट उल्लेख होना चाहिए। जैसे—

भारत सरकार
वित्त मंत्रालय

पत्र-संख्या-3/5 दिनांक : ....

प्रेषक,
श्री ...., आई.ए.एस.
सचिव, भारत सरकार

सेवा में,
अवर सचिव
मध्य प्रदेश सरकार
भोपाल

विषय : कार्यालय के स्थान परिवर्तन की सूचना।

विषय-वस्तु

यह पत्र का मूलांश होता है। विषय के अन्तर्गत लिखे गए संक्षिप्त निर्देश का पूरा विवरण इसके अन्तर्गत दिया जाता है। यदि प्रारूप किसी पत्र के उत्तर में लिखा जा रहा हो तो उसमें उक्त पत्र का हवाला देते हुए कथ्य एवं टिप्पणी की पुष्टि हेतु न्यायसंगत तर्क देते हुए अन्त में उनका निष्कर्ष प्रस्तुत करके अपना अभिमत भी प्रस्तुत करना चाहिए।

अनुच्छेद

सामान्यत: छोटे प्रारूपों में एक या दो अनुच्छेद ही होते हैं, किन्तु यदि प्रारूप लम्बा हो तो उसमें कई अनुच्छेद रखने चाहिए और अनुच्छेदों पर संख्या डाल देनी चाहिए, इससे विषय की प्रस्तुति में स्पष्टता रहती है। प्रेस विज्ञप्ति, निविदा, सूचना, कई सरकारी अभिकारियों के पत्र-परिपत्र आदि कभी-कभी दो-तीन अथवा चार पृष्ठों में होते हैं। ऐसे प्रारूपों में अनेक अनुच्छेद होते हैं। इनको समझने में सुविधा हो, इसलिए प्रारूपकार को इन पर क्रमांक लिख देना चाहिए।

स्वनिर्देश

स्वनिर्देश का संकेत 'भवदीय', 'आपका' आदि रूपों में किया जाता है। इनके नीचे पत्र लेखक अपना हस्ताक्षर करता है।

संलग्न पत्र

प्रारूप के साथ कभी-कभी कुछ अन्य पत्र सूचनार्थ या उस विषय का हवाला देने के लिए साथ में संलग्न किए जाते हैं। इन संलग्नकों की संख्या अवश्य दे देना चाहिए।

पृष्ठांकन

शासकीय-पत्राचार में एक ही प्रारूप को कभी-कभी कई कार्यालयों/विभागों/अधिकारियों/कर्मचारियों को भेजना होता है, अतः उसकी कई प्रतिलिपियाँ प्रेषित की जाती हैं। जितने भी लोगों को प्रतिलिपि भेजी जाए, उसका उल्लेख पत्रान्त में अवश्य होना चाहिए।

प्रारूपण का नमूना

प्रारूपण में आमतौर पर निम्न प्रकार के वाक्यांशों का प्रयोग किया जाता है—

— आपके उपरोक्त विषयक पत्र सं. .... दिनांक .... के सन्दर्भ में/प्रत्युत्तर में यह कहने का निर्देश हुआ है कि ....

— इस कार्यालय के पत्र-संख्या .... दिनांक .... के सन्दर्भ में/ की ओर आपका ध्यान आकृष्ट करते हुए निवेदन है कि ....

— शासनादेश संख्या .... दिनांक .... की ओर आपका ध्यान आकृष्ट करते हुए मुझे यह कहने का निर्देश हुआ है कि या मुझे यह निवेदन करना है कि ....

— मुझे यह कहने का निर्देश हुआ है कि अधिनियम 19 की धारा .... द्वारा प्रदत्त अधिकारों का उपयोग करते हुए महामहिम राज्यपाल यह घोषित करते हैं कि या महामहिम राज्यपाल ने यह आदेश दिया है कि ....

— भारत सरकार के विधि न्याय मंत्रालय के पत्र-सं. .... दिनांक .... के सन्दर्भ में मुझे यह कहने का निर्देश हुआ है कि ....

नमूना 1—सरकारी पत्र

भारत सरकार
शिक्षा मंत्रालय

पत्र संख्या 15/77/1(अ)/22 नई दिल्ली, दिनांक : 8 मई, 2021

प्रेषक,
संजीव कुमार
अपर सचिव
केन्द्रीय शिक्षा मंत्रालय,
भारत सरकार

सेवा में,
श्री रंजीत प्रसाद
शिक्षा संचालक
म.प्र. शिक्षण संचालनालय
भोपाल

विषय : हिन्दी सेवी संस्थाओं का अनुदान।

महोदय,

उक्त विषय में आपके पत्र-संख्या ब/62/6/21(हिन्दी) दिनांक 12 अप्रैल, 2021 में प्रेषित सुझावों के लिए आपको धन्यवाद देते हुए आपके समक्ष यह निवेदन करने का आदेश हुआ है कि आप अपने राज्य की उक्त पंजीकृत (रजिस्टर्ड) संस्थाओं के क्रियाकलापों की सक्षम अधिकारियों द्वारा निष्पक्ष जाँच कराएँ।

उक्त निरीक्षण एवं जाँच की रिपोर्ट अपने मन्तव्य सहित इस कार्यालय में कृपया प्रेषित कर दें ताकि अनुदान देते समय ध्यान रखा जा सके।

कुछ संस्थाओं में पाई गई अनियमितताओं को देखते हुए सरकार ने यह निर्णय लिया है कि भविष्य में इन संस्थाओं को हिन्दी प्रचारार्थ दिया जानेवाला अनुदान राज्य सरकार के माध्यम से दिया जाए।

आपसे निवेदन है कि कृपया अपने राज्य की उक्त संस्थाओं की सूची और उनका संक्षिप्त ब्यौरा इस कार्यालय को यथाशीघ्र भिजवाने का कष्ट करें।

भवदीय
अ.ब.स.
(संजीव कुमार)
अपर सचिव

नमूना 2—कार्यालय ज्ञापन

भारत सरकार

शिक्षा मंत्रालय, नई दिल्ली

पत्र-संख्या 15/128/7/3(क)/21 दिनांक : 4 जून, 2021

कार्यालय ज्ञापन

विषय : कार्यालय के स्थान परिवर्तन की सूचना।

अधोहस्ताक्षरी को यह कहने का निर्देश हुआ है कि सभी मंत्रालयों को यह सूचित कर दिया जाए कि इस मंत्रालय का अनुदान विभाग वर्तमान कक्ष से हटकर कक्ष संख्या 74 में पहुँच गया है।

सुरेन्द्र नायर

अपर सचिव, भारत सरकार

संक्षेपण : अर्थ, स्वरूप, प्रक्रिया और विशेषताएँ

संक्षेपण में असम्बद्ध तथा अनावश्यक बातों/तथ्यों को निकाल दिया जाता है। व्यासशैली के स्थान पर समासशैली इसमें अधिक उपयुक्त समझी जाती है। किसी भी प्रकार की आलंकारिक भाषा के प्रयोग से परहेज किया जाता है। संक्षेपण पढ़ते समय यह नहीं लगना चाहिए कि किसी अन्य रचना का संक्षिप्त रूप है। संक्षेपण स्पष्ट, तारतम्य युक्त, स्वत:पूर्ण तथा प्रभावी होना चाहिए।

संक्षेपण अथवा संक्षिप्तिकरण अथवा सार लेखन को अंग्रेजी में 'Precis' कहा जाता है। इसका उपयोग विस्तृत कथन एवं वक्तव्य, अनुच्छेद, परिच्छेद, प्रतिवेदन आदि को संक्षेप में प्रस्तुत करने में किया जाता है। सामान्य रूप से संक्षेपण को Summary भी कहा जाता है। पारिभाषिक दृष्टि से किसी विस्तार से लिखे गए विषय, मामले अथवा प्रतिवेदन आदि को संक्षेप में लिखकर प्रस्तुत कर देना सार लेखन या संक्षेपण कहलाता है। वास्तव में किसी विस्तृत विवरण, व्याख्या, वक्तव्य या पत्र के मूल तथ्यों और निर्देशों के अनावश्यक/अप्रासंगिक अंशों को छोड़कर संक्षिप्त और सार रूप में प्रस्तुत करना ही संक्षेपण है।

संक्षेपण-प्रक्रिया के महत्त्वपूर्ण पक्ष

1. संक्षेपण जिस भी पत्र, परिपत्र, लेख, निबन्ध आदि का करना हो, सर्वप्रथम उसका दो-तीन बार ध्यानपूर्वक अध्ययन करना चाहिए, जिससे उसका भावार्थ समझ में आ जाए।

2. मूल को पढ़ते समय ही तथ्यों, विचारों आदि को रेखांकित कर लेना चाहिए। इससे महत्त्वपूर्ण बातें आसानी से चिह्नित हो जाती हैं।
3. संक्षेपण यथासम्भव मूल के एक-तिहाई में करना चाहिए।
4. संक्षेपण में मूलांश को घटाने की छूट होती है, परन्तु तथ्यों को छोड़ने की नहीं और न ही अपनी ओर से कुछ जोड़ने-छोड़ने की गुंजाइश होती है। अत: इससे बचना चाहिए।
5. अच्छा संक्षेपण तैयार करने के लिए यह आवश्यक है कि पहले कच्चा रूप तैयार कर लिया जाए और उसे सावधानीपूर्वक देखकर ही अन्तिम रूप दिया जाए।
6. संक्षेपण तैयार करने के बाद विषयानुकूल शीर्षक देना चाहिए। ध्यान रखना चाहिए कि शीर्षक छोटा, आकर्षक, सार्थक और मूलभाव को अभिव्यक्त करनेवाला हो।

संक्षेपण की विशेषताएँ

संक्षिप्तता—संक्षेपण का मूल उद्देश्य मूल विषय/अनुच्छेद/अवतरण में व्यक्त भाव-विचार को कम-से-कम शब्दों में रखना होता है।

समाहार शक्ति—संक्षेपण में 'गागर में सागर' भरने की क्षमता होनी चाहिए। मूल भाव की रक्षा करते हुए विषय को कम-से-कम शब्दों में रखना ही सार लेखक की निपुणता है।

स्पष्टता—संक्षेपण में स्पष्टता अनिवार्य है। संक्षेपण पढ़ने के बाद मूल अनुच्छेद को पढ़ने की आवश्यकता नहीं पड़नी चाहिए। सार-लेख स्वत: स्पष्ट होना चाहिए। उसमें स्वतंत्र रचना का भाव होना चाहिए।

विवेचनात्मकता—सार लेखन के लिए पैनी दृष्टि और तीक्ष्ण बुद्धि होनी चहिए। तथ्यों को रखते हुए उनका संक्षेप में विवेचन करने की क्षमता होनी चाहिए। विवेचन में अनावश्यक विस्तार क्षम्य नहीं माना जाता।

तारतम्यता—विचारों की क्रमबद्धता संक्षेपण की अनन्य विशेषता है। असंगतता कदापि नहीं आनी चाहिए। अच्छे संक्षेपण में अनुच्छेद के सभी वाक्य एक-दूसरे से शृंखलाबद्ध जुड़े हुए होते हैं। साथ ही भाषा में प्रवाहमयता होनी चाहिए।

पूर्णता—संक्षेपण में परिपूर्णता होनी चाहिए। उसमें मूल रचना का एहसास होना चाहिए।

भाषासौष्ठव—संक्षेपण की भाषा सहज, सरल और प्रवाहमय होनी चाहिए। शब्दों में 'गागर में सागर' भरने की सामर्थ्य होनी चाहिए। संक्षेपक को भाषा की समझ और व्याकरण का जानकार होना चाहिए। विभक्ति, समास, प्रत्यय, उपसर्ग, विराम चिह्न आदि का समुचित प्रयोग संक्षेपण को आकर्षक और प्रभावी बनाता है।

संक्षेप लेखन एक कला है। इस कला में वही सिद्धहस्त होता है जिसकी भाषा पर गहरी पकड़ होती है। हिन्दी में बहुत बड़ी संख्या में ऐसी शब्दावली है जिसमें पर्याप्त भाव बहुत ही कम शब्दों में अभिव्यक्त होते हैं। तमाम वाक्यों, वाक्यांशों तक के संक्षिप्त रूप बनाए गए हैं। संक्षेपक को ऐसे सारग्रही शब्दों का बोध होना चाहिए। उदाहरणार्थ कुछ शब्द देखे जा सकते हैं—

जिसका कोई शत्रु नहीं हो	—	अजातशत्रु
जिसकी ईश्वर में आस्था न हो	—	नास्तिक
जानने की इच्छा	—	जिज्ञासा
बिना मिलावट का	—	विशुद्ध
जो अपने पद से हटा दिया गया हो	—	पदच्युत
किसी वस्तु का रूप बदल जाना	—	रूपान्तरण
जो आग्रह सत्य पर आधारित हो	—	सत्याग्रह
जो दूसरे के अधीन हो	—	पराधीन
प्रतिकूल पक्ष का	—	विपक्षी
जो बहुत व्यर्थ बोलता है	—	वाचाल
जिसके समान कोई दूसरा नहीं	—	अद्वितीय
जिसके हृदय में दया नहीं है	—	निर्दयी
जिसका अनुभव किया गया हो	—	अनुभूत
पथ प्रदर्शन करनेवाला	—	पथ-प्रदर्शक
समझ में आने योग्य	—	बोधगम्य
मत देने का अधिकार	—	मताधिकार
सब कुछ जाननेवाला	—	सर्वज्ञ
जिसके बिना काम न चल सके	—	अनिवार्य
युग का निर्माण करनेवाला	—	युग-निर्माता
किसी विषय को विशेष रूप से जाननेवाला	—	विशेषज्ञ
जो बहुत कठिनाई से मिलता है	—	दुर्लभ
जो लोक में सम्भव न हो	—	अलौकिक

कार्यालयी पत्राचार : स्वरूप व सिद्धान्त

पत्राचार मानव जीवन की एक मूलभूत आवश्यकता है। मनुष्य स्वभाव से ही एक-दूसरे से संवाद-वार्तालाप करने का अभिलाषी रहा है। विचारों के आदान-प्रदान का एक जरिया है पत्राचार। पत्राचार द्वारा मनुष्य भावों, विचारों को सम्प्रेषित करता रहा है। कहा जाता है कि महाभारत काल से ही पत्र-लेखन की परम्परा विद्यमान रही

है। आधुनिक युग में पत्राचार मानवीय सम्पर्क का ही माध्यम नहीं रह गया बल्कि कार्य-निष्पादन का जरूरी अंग बन गया है। अपने देश में आजादी के बाद हिन्दी में व्यावहारिक पत्र-लेखन का एक नया दौर शुरू हुआ जिसकी सशक्त उपस्थिति कार्यालयी व्यवस्था में दिखती है। आज शसकीय कामकाज के संचालन-प्रबन्धन का आधार है पत्राचार। पत्र-व्यवहार कार्यालयों में उनकी कार्य पद्धति एवं सम्प्रेषण प्रणाली की रीढ़ की हड्डी जैसे कार्य करते हैं। एकतरह से समूची कार्यालयी व्यवस्था पत्राचार पर टिकी हुई है। विभिन्न प्रकार के नियमों, निर्देशों, आदेशों, कार्यवाहियों को सुचारू रूप से सम्पन्न करने-कराने में पत्राचार का सहारा लिया जाता है। इसीलिए कार्यालयी पद्धति में पत्र-लेखन एक महत्त्वपूर्ण और उपयोगी कला है। इसके लिए बाकायदा शिक्षण-प्रशिक्षण दिया जाता है।

कार्यालयी पद्धति में पत्राचार की एक निश्चित प्रक्रिया होती है। कार्यालय की प्रकृति और कार्य की प्रकृति और दायरे के अनुरूप पत्र-लेखन किया जाता है। यह एक ऐसी कला है जिसमें सहजता, स्वाभाविकता के साथ सम्प्रेषणीयता आवश्यक गुण है।

शासन व्यवस्था की एक तंत्रीय प्रणाली होती है। इस तंत्रीय प्रणाली के माध्यम से शासन व्यवस्था को सुचारु रूप से चलाया जाता है। शासकीय प्रणाली के व्यवस्थापन और संचालन में देश के कोने-कोने में स्थापित विभिन्न विभागों के सरकारी कार्यालयों की महती भूमिका होती है। ये सरकारी कार्यालय एक-दूसरे से पत्राचार के माध्यम से जुड़े होते हैं। इनके क्रियाकलाप पत्राचार के द्वारा गतिमान होते हैं। एक विभाग से दूसरे विभाग, एक कार्यालय से दूसरे कार्यालय के बीच शासन की नीतियों का आदान-प्रदान और कार्यान्वयन सुचारु रूप से बनाए रखने में पत्र-व्यवहार सेतु का कार्य करता है। अत: शासकीय कर्मचारियों अथवा अधिकारियों द्वारा एक कार्यालय अथवा एक विभाग से दूसरे विभाग को या अपने ही विभाग के कार्य निष्पादन के लिए लिखे गए पत्र 'शासकीय-पत्र' कहलाते हैं।

शासकीय-पत्र भले ही शासकीय कर्मचारियों के बीच सूचना के आदान-प्रदान से सम्बद्ध हों, परन्तु इसकी जानकारी गैर-सरकारी संस्थाओं के कर्मचारियों के लिए भी जरूरी होती है क्योंकि बिना इसके शासकीय कार्यालयों से सम्बद्ध कार्यवाही नहीं की जा सकती। यथा व्यावसायिक वर्ग, यदि इस वर्ग से जुड़े लोग शासकीय-पत्राचार के स्वरूप और सिद्धान्त से परिचित नहीं होंगे तो उन्हें सरकारी कार्यालयों से पत्र-व्यवहार करने में असुविधा होगी।

शासकीय-पत्रों की अपनी विशिष्ट भाषा-शैली होती है। ये पत्र पूर्णत: औपचारिक होते हैं। सूचनाओं का आदान-प्रदान इनका मुख्य उद्देश्य होता है। अत: ये पत्र यथासम्भव संक्षिप्त, स्पष्ट और निष्पक्ष होते हैं। सन्देह, अनिश्चय और अतिशयोक्ति इन पत्रों के दोष माने जाते हैं।

विशेषताएँ : शासकीय-पत्रों की प्रमुख विशेषताएँ निम्न हैं :

1. **शुद्धता (Accuracy) :** शासकीय-पत्रों की मूलभूत विशेषता है उनकी शुद्धता। यों तो शुद्धता सभी प्रकार के औपचारिक पत्रों में अपेक्षित होती है परन्तु सरकारी पत्रों में इसका विशेष महत्त्व होता है, इसलिए विशेष ध्यान रखा जाता है। इसमें तनिक-सी भी लापरवाही समूचे राष्ट्र के लिए खतरनाक हो सकती है।
2. **सुस्पष्टता :** कार्यालयी पत्र-लेखन की एक महत्त्वपूर्ण विशेषता है उसकी सुस्पष्टता। पत्र में स्पष्टता लाने के लिए विशेष लेखन शैली अपनाई जाती है। लम्बे वाक्यों और क्लिष्ट शब्दों का प्रयोग कदापि नहीं करना चाहिए। पत्र पढ़ते समय पाठक को शब्दकोष न देखना पड़े। पत्र में तथ्यों को क्रमबद्ध और तर्कयुक्त प्रस्तुत करना चाहिए। वाक्य जितने छोटे और सरल होते हैं उतनी ही स्पष्टता अधिक होती है।
3. **पूर्णता (Completness) :** शासकीय कर्मचारी प्राय: स्थायी रूप से एक जगह नहीं रहते, उनका एक निश्चित समयावधि पर स्थानान्तरण होता रहता है। इसलिए आगे का कार्य सुचारू रूप से चले, इसके लिए इस बात पर जोर दिया जाता है कि जो भी पत्राचार कोई कर्मचारी अधिकारी करे उसे अपने-आप में पूर्ण होना चाहिए, जिससे उससे सम्बन्धित कोई भी अन्य कर्मचारी/अधिकारी आसानी से उसे समझ सके। इसके लिए पत्र में सन्दर्भ, सूचनाएँ, तथ्य, दिनांक, पत्र-संख्या आदि सभी का स्पष्ट उल्लेख अपेक्षित होता है।
4. **संक्षिप्तता (Brevity) :** शासकीय-पत्र 'कम शब्दों में अधिक बात' के सिद्धान्त पर लिखे जाते हैं। उनमें अनावश्यक विस्तार से बचने का प्रयास किया जाता है, क्योंकि इससे अस्पष्टता आने का खतरा तो रहता ही है, समय भी व्यय होता है। इसलिए पत्र संक्षिप्त और पूर्ण हों, इस पर ध्यान दिया जाता है।
5. **पारम्परिक शैली का अनुसरण :** शासकीय-पत्राचार की अपनी विशिष्ट शैली होती है। सामान्यत: उसके अनुपालन की अपेक्षा होती है।
6. **शिष्टता (Courtesy) :** शासकीय-पत्रों में भाषा पर भी विशेष ध्यान दिया जाता है। पत्र लेखक से यह अपेक्षा होती है कि वह नम्र और शिष्ट भाषा का प्रयोग करे। किसी तथ्य से अपनी असहमति व्यक्त करते हुए भी उसे शिष्ट भाषा का ही प्रयोग करना चाहिए।
7. **प्रभावोत्पादकता :** पत्र स्पष्ट, पूर्ण और प्रभावी होना चाहिए। पत्र की भाषा, पद-विन्यास, वाक्य संरचना आदि विचार एवं भाव के अनुकूल होनी चाहिए। पत्र पढ़ते ही पाठक के मन-मस्तिष्क पर स्पष्ट प्रभाव

पड़ना चाहिए। इसके लिए पत्र लेखक को शासकीय कार्य पद्धति, नीति, पारिभाषिक शब्दावली आदि की गहरी समझ होनी चाहिए। प्रभावपूर्ण पत्र लिखने के लिए लेखक का भाषा पर अधिकार अपेक्षित होता है।

8. **क्रमबद्धता :** कार्यालयी-पत्रों में विषय प्रस्तुति में क्रमबद्धता एक अपरिहार्य गुण है। इसके अभाव में पत्र में वैचारिक बिखराव आ जाता है। पत्र-लेखक को किसी भी विषय को सुसम्बद्ध और तर्कसंगत रूप से क्रमवार प्रस्तुत करना चाहिए। विषय को अनुच्छेदों में बाँटकर रखा जा सकता है, इससे विषय समझने में सुविधा होती है और त्वरित निर्णय सम्भव होता है।

कार्यालयी-पत्र का स्वरूप (Formate of Official Letter)

कार्यालयी-पत्र लेखन की एक विशिष्ट पद्धति होती है। उसका अपना एक निर्धारित स्वरूप होता है। पत्र के विभिन्न भागों का स्थान निश्चित होता है। पत्र-लेखक को पत्र के विभिन्न भागों का क्रमिक अंकन करना चाहिए। पत्र के विभिन्न भागों का क्रम निम्नानुसार होता है—

— शीर्षक (Heading)
— पत्र क्रमांक सन्दर्भ (Reference)
— स्थान तथा दिनांक (Place and Date)

प्रेषक (From)

....
....

सेवा में (To)

....
....

— विषय (Subject of the Letter)
— सम्बोधन (Salutation)
— पत्र का मूल विषय (Body of the Letter)
— अधोलेख (Subscript)
— हस्ताक्षर (Signature)
— संलग्न पत्र-सूची (Enclosures)
— पृष्ठांकन (Endorsement)

शासकीय-पत्र के ये प्रमुख घटक होते हैं। इन्हें संक्षेप में इस प्रकार बतलाया जा सकता है—

शीर्षक (Heading)

पत्र में सबसे ऊपर मध्य में पत्र-व्यवहार करनेवाले विभाग या मंत्रालय के कार्यालय का नाम दिया जाता है यथा

भारत सरकार
मानव संसाधन विकास मंत्रालय

पत्र क्रमांक/सन्दर्भ (Reference)

सरकारी पत्रों का कामकाज एक दिन में नहीं निपटता, कई बार महीनों लग जाते हैं। इतना ही नहीं, सरकारी पत्र कार्य सम्पन्न होने के बाद तुरन्त नष्ट भी नहीं किए जाते, उन्हें एक निश्चित अवधि तक रखना होता है। इसलिए उन्हें फाइलों में सुरक्षित रखा जाता है। किसी भी शासकीय-पत्र के प्रारम्भ में इसीलिए पत्र-संख्या अर्थात तत्सम्बन्धी फाइल के पत्र की संख्या लिखना अनिवार्य होता है। इससे पत्र-क्रमांक को देखकर उससे सम्बन्धित फाइल देखने में सुविधा होती है जिससे कार्यवाही भी त्वरित होती है। इसे लिखने का तरीका इस प्रकार होता है—

म. प्र. सरकार
वित्त मंत्रालय

पत्र-संख्या 210/25/योजना/2008

अथवा

म. प्र. सरकार
वित्त मंत्रालय
पत्र-संख्या 210/25/योजना/2008

स्थान और दिनांक (Place and Date)

नाम, पते के उपरान्त स्थान और दिनांक का उल्लेख होना जरूरी होता है। अंग्रेजी पद्धति में इसे बाईं ओर भी लिखा जाता है, परन्तु हिन्दी में दाईं ओर ही सामान्यत: लिखा जाता है, यथा—

भोपाल
दिनांक : 5 जून, 2022

प्रेषक (From)

प्रेषक से तात्पर्य है पत्र लिखनेवाला। पत्र लिखनेवाले अधिकारी/कर्मचारी को अपने पदनाम के साथ अपना नाम लिखना जरूरी होता है। प्रायः नाम नहीं दिया जाता, पदनाम और विभाग ही लिखा जाता है, यथा—

प्रेषक,
श्री रविभूषण, आई.ए.एस.,
संयुक्त सचिव
शिक्षा मंत्रालय, नई दिल्ली
यदि नाम नहीं दिया जाए तो इस प्रकार लिखा जाएगा

अथवा

प्रेषक,
संयुक्त सचिव
शिक्षा मंत्रालय, नई दिल्ली

सेवा में, (To)

प्रेषक के बाद प्रापक का नाम, पदनाम, विभाग आदि का उल्लेख किया जाता है। प्रापक वह होता है जिसे पत्र भेजा जाता है। प्रापक का नाम अथवा पदनाम लिखने के पहले 'सेवा में', 'प्रतिष्ठा में' लिखा जाता है जैसे—

सेवा में,
वित्त अधिकारी
वित्त विभाग, म.प्र. सरकार

अथवा

प्रतिष्ठा में,
उच्च शिक्षा अधिकारी
(दक्षिणी परिक्षेत्र)
भोपाल

विषय (Subject of the Letter)

स्थान और तिथि के बाद सामान्यतः पत्र के बीच में विषय दिया जाता है। जैसे—

विषय : हिन्दी प्रशिक्षणार्थियों को मुफ्त पाठ्य पुस्तक देना।

सम्बोधन (Salutation)

पत्रों में सम्बोधन सूचक शब्दों का प्रयोग अनिवार्य होता है। पद और गरिमा के अनुकूल सम्बोधन के लिए महोदय, महानुभाव आदि लिखे जाते हैं परन्तु पत्राचार यदि अन्तर्विभागीय है अथवा अर्द्धसरकारी है तो सम्बोधन सूचक शब्द प्रयुक्त नहीं होते हैं।

पत्र का मूल विषय (Body of the Letter)

पत्र के मूल विषय को सामान्यत: तीन भागों में बाँटा जाता है। पत्रों के प्रथम भाग में पत्र के विषय की जानकारी दी जाती है। उदाहरण के लिए इसे निम्न प्रकार से लिखा जाता है—

1. आपके पत्र-संख्या .... दिनांक .... के उत्तर में आपको सूचित किया जाता है कि ....।
2. मैं अपने दिनांक .... के पत्र के उत्तर में सूचित करता हूँ कि ....

पत्र के दूसरे भाग में विषय का मूलांश प्रस्तुत किया जाता है और तीसरे भाग में पत्र का सारांश या उपसंहार अथवा अभिप्राय लिखा जाता है।

अधोलेख— इसमें प्राय: 'भवदीय' या 'आपका' जैसे शब्दों का उल्लेख किया जाता है।

हस्ताक्षर (Signature)

पत्र की समाप्ति पर प्रेषक अपना हस्ताक्षर पद-संज्ञा के साथ करता है। यदि पत्र उच्चाधिकारी की ओर से भेजा जाता है और वह हस्ताक्षर के लिए उपलब्ध नहीं है तो पत्र लेखक सहायक कृते लिखकर अधिकारी का नाम और पद संख्या लिख देता है। जैसे—

रामचन्द्र शर्मा
कृते-उच्च शिक्षा अधिकारी

अथवा

रमेशचन्द्र
कृते-शिक्षा अधिकारी

संलग्नक (Enclosure)

प्रेषक के हस्ताक्षर के बाईं ओर संलग्नक सूची दी जाती है। इसमें अन्य पत्रों के प्रतिलिपियों की संख्या का उल्लेख होता है जिससे प्राप्तकर्ता को पत्र के साथ प्राप्त प्रतिलिपियों की वास्तविक संख्या की जानकारी हो।

पृष्ठांकन (Endorsement)

विभिन्न शासकीय-पत्रों में पृष्ठांकन भी लिखा जाना जरूरी होता है। एक ही पत्र की प्रतिलिपि अन्य अधिकारियों/विभागों को सूचनार्थ अथवा उचित कार्यवाही हेतु भिजवाई जाती है। पृष्ठांकन में पत्र-संख्या, दिनांक आदि का उल्लेख करते हुए अधिकारी के हस्ताक्षर और पद नाम आदि दिए होते हैं।

कार्यालयी-पत्र के प्रकार

1. कार्यालयी-पत्र अथवा सरकारी-पत्र (Official Letter)
2. अर्द्धशासकीय-पत्र (Demi - Official Letter)
3. कार्यालय ज्ञापन (Official Memorandum)
4. ज्ञापन (Memorandum)
5. कार्यालय आदेश (Office Order)
6. परिपत्र (Circular)
7. अनौपचारिक नोट (Unofficial Note)
8. अनुस्मारक (Reminder)
9. अधिसूचना (Notification)
10. पृष्ठांकन (Endorsement)
11. संकल्प (Resolution)
12. प्रेस विज्ञप्ति/प्रेस नोट (Press Communication or Press Note)
13. द्रुत-पत्र/तुरन्त-पत्र (Express Letter)
14. सूचना (Notice)
15. विज्ञापन (Advertisement)

कार्यालयी-पत्र अथवा सरकारी-पत्र (Official Letter)

सरकारी पत्राचार में सर्वाधिक कार्यालयी-पत्र का ही प्रयोग होता है। इसका प्रयोग विभिन्न शासकीय कार्यालयों, मंत्रालयों के विभागों, राज्य सरकारों, संघ और राज्यों के लोक सेवा आयोग आदि के अलावा समस्त संवैधानिक निकायों और

सार्वजनिक निकायों में सरकारी कामकाज हेतु किया जाता है। ये पत्र प्रायः उत्तम पुरुष एकवचन में ही लिखे जाते हैं।

सरकारी-पत्रों में मुख्यतः आदेश-निर्देश आदि दिए जाते हैं। इन पत्रों की भाषा सरल, सुस्पष्ट और शैली शासकीय कार्यकलापों के पत्राचार के अनुरूप होनी चाहिए। चूँकि ये पत्र सीधे शासन के उच्च पदस्थ अधिकारियों को सम्बोधित होते हैं या उनके द्वारा प्रेषित होते हैं, इसलिए इनमें किसी प्रकार की अस्पष्टता, दुरूहता, क्लिष्टता कदापि नहीं होनी चाहिए। इसमें आदर्श पत्र-लेखन के प्रायः सभी अवयवों का समावेश होता है।

उदाहरण-1

भारत सरकार
शिक्षा मंत्रालय

प्रेषक,　　　　नई दिल्ली, दिनांक 2 जून, 2022

डॉ. रवि प्रसाद
उप-सचिव, शिक्षा मंत्रालय

सेवा में,
अध्यक्ष
केन्द्रीय हिन्दी निदेशालय
नई दिल्ली
पत्र संख्या 90/100/1/02 (शिक्षा)

विषय : पत्राचार पाठ्यक्रम का नवीनीकरण।

महोदय,

मुझे यह कहने का निर्देश हुआ है कि केन्द्रीय हिन्दी निदेशालय द्वारा संचालित पत्राचार पाठ्यक्रम के नवीनीकरण की स्वीकृति हेतु आपके पत्र-संख्या 10/100/5/22 दिनांक 2 मई, 2022 के अनुसार प्रस्तावित नवीकरण को स्वीकृति दी गई है। पत्राचार पाठ्यक्रम के नवीन प्रारूप में कुछ सुधार के निर्देश भी दिये गए हैं। अतः तदनुसार कार्यवाई करें। नया संशोधित पत्राचार पाठ्यक्रम 15 जून, 2022 से लागू माना जाएगा।

भवदीय
(रवि प्रसाद)
उप सचिव, शिक्षा मंत्रालय

उदाहरण-2

भारत सरकार
शिक्षा मंत्रालय

पत्र सं. 44/22/01 (व) नई दिल्ली 20 अप्रैल, 2021

प्रेषक,

श्री आर. के. शर्मा, आई. ए. एस.
मुख्य सचिव
केन्द्रीय शिक्षा मंत्रालय
नई दिल्ली

सेवा में,

शिक्षा संचालक
मध्य प्रदेश शासन
भोपाल

विषय : हिन्दी सेवी संस्थाओं का अनुदान

महोदय,

उक्त विषय में आपके प्राप्त पत्र-सं. ल/65/8/21 (हिन्दी) दिनांक 4 अप्रैल, 2021 में प्रेषित सुझावों के लिए आपको धन्यवाद देते हुए आपके समक्ष यह निवेदन प्रस्तुत करने का आदेश हुआ है कि आप अपने राज्य की उक्त पंजीकृत (रजिस्टर्ड) संस्थाओं के क्रिया-कलापों की अपने सक्षम अधिकारियों द्वारा निष्पक्ष जाँच करावें।

उक्त निरीक्षण और जाँच की रिपोर्ट अपने मन्तव्य सहित इस कार्यालय को कृपया प्रेषित कर दें ताकि अनुदान देते समय ध्यान रखा जा सके।

उक्त संस्थाओं की अनियमितताओं को देखते हुए सरकार ने यह निर्णय किया है कि भविष्य में इन संस्थाओं को हिन्दी प्रचारार्थ दिया जानेवाला अनुदान राज्य सरकार के माध्यम से दिया जाए।

आपसे निवेदन है कि कृपया अपने राज्य की उक्त संस्थाओं की सूची और उनका संक्षिप्त विवरण इस कार्यालय को यथाशीघ्र भिजवाने की कृपा करें।

भवदीय,
अ. ब. स.
(आर.के. शर्मा)
मुख्य सचिव, भारत सरकार

अर्द्धशासकीय-पत्र (Demi - Official Letter)

अर्द्धशासकीय-पत्र भी सरकारी अधिकारियों के बीच पत्र-व्यवहार से सम्बद्ध है परन्तु सरकारी-पत्र से यह इस दृष्टि में भिन्न होता है कि इसमें कुछ व्यक्तिगत संस्पर्श का पुट भी रहता है। ऐसे पत्र तभी लिखे जाते हैं जब प्राप्तकर्त्ता का ध्यानाकर्षण किसी विषय पर कराना हो अथवा किसी विषय पर शीघ्र निर्णय या कार्यवाही की अपेक्षा हो। इस प्रकार के पत्र व्यक्तिगत नाम से लिखे जाते हैं। इनकी भाषा मैत्रीपूर्ण होती है। इसगें सम्बोधन व्यक्तिगत नाम से प्रिय, प्रियवर आदि लगाकर किया जाता है। ये पत्र उत्तम पुरुष एकवचन में लिखे जाते हैं। शासकीय महकमे में इसे 'व्यक्तिगत-पत्र' के नाम से जाना जाता है।

उदाहरण-1

भारत सरकार
डाक व तार निदेशालय,
....

अ.ब.स. .... दिनांक : ....

प्रिय महेन्द्र,

दिल्ली आदि महानगरों में 'केन्द्रीय सरकारी स्वास्थ्य योजना' सफलता से कार्य कर रही है। इस व्यवस्था से केन्द्र सरकार के कर्मचारियों को सन्तोषजनक चिकित्सा लाभ मिल रहा है। भारत के अन्य जिला मुख्यालयों में भी यह व्यवस्था की जा सकती है। इस सुविधा के उपलब्ध न होने के कारण वहाँ के कर्मचारियों को लाचारीवश अनुभवहीन स्थानीय डॉक्टरों तथा सरकारी अस्पतालों में सामान्य मरीजों की तरह इलाज करवाना पड़ता है। ऐसा देखा गया है कि कई बार गैरजिम्मेदार कर्मचारी स्थानीय चिकित्सकों के साथ मिलकर इस सुविधा का दुरुपयोग करते हैं। पिछले दिनों मैंने आप से इस बारे में चर्चा की थी। आपसे निवेदन है कि ऐसे जिला मुख्यालयों में जहाँ पर्याप्त संख्या में केन्द्रीय कर्मचारी हों, केन्द्रीय स्वास्थ्य योजना लागू करने पर विचार करें और अपने विचारों से अवगत कराएँ।

....

संयुक्त सचिव
स्वास्थ्य मंत्रालय
निर्माण भवन, नई दिल्ली

आपका
....

उदाहरण-2

भारत सरकार
गृह मंत्रालय

पत्र-संख्या..................128/6/22 दिनांक..................

प्रिय शर्माजी,

आपके पत्र सं. .... के उत्तर में मैं आपके सम्मुख दो सुझाव प्रस्तुत करना चाहता हूँ :

1. हिन्दी सीखनेवाले हिन्दीतर प्रदेश के कर्मचारियों के वर्तमान पाठ्यक्रम को उनकी सुविधा का ध्यान रखते हुए अविलम्ब संशोधित और पुनर्गठित किया जाए।
2. अच्छे अंक प्राप्त कर उत्तीर्ण होनेवाले कर्मचारियों को पद वृद्धि, मासिक वेतन वृद्धि तथा पुरस्कार आदि से सम्मानित एवं प्रोत्साहित किया जाए।

इस विषय पर विचार करने के लिए मेरे कमरे (78 साउथ ब्लॉक) में कुछ विद्वानों की एक बैठक आमंत्रित की गई है। आप उसमें पधारने का कष्ट करें और अपने उपयोगी सुझावों से हमें लाभान्वित करने की कृपा करें।

आपका
....
(क. ख. ग.)

सेवा में,
श्री रवीन्द्र शर्मा,
....
....
....

कार्यालय ज्ञापन (Office Memorandum)

सामान्यत: इस प्रकार के पत्र का प्रयोग मंत्रालयों के बीच आपसी पत्र-व्यवहार के लिए होता है। यह प्राय: अन्य पुरुष एकवचन में लिखा जाता है। कार्यालय ज्ञापन के वाक्य प्राय: कर्मवाचक होते हैं यथा 'किया जाता है', 'किया जा रहा है', 'किया जाएगा' आदि। प्राय: इसका प्रयोग किसी मंत्रालय विशेष से सम्बद्ध अथवा अधीन कार्यालयों से पत्र-व्यवहार में नहीं किया जाता।

उदाहरण-1

भारत सरकार
श्रम एवं उद्योग मंत्रालय
नई दिल्ली-1,

संख्या 78/5/02 दिनांक : 8 जनवरी, 2022.

विषय : कार्यालय के पता परिवर्तन की सूचना।

अधोहस्ताक्षरकर्ता को निर्देश हुआ है कि सभी मंत्रालयों को यह सूचित किया जाए कि इस मंत्रालय की योजना शाखा का कार्यालय वर्तमान भवन को छोड़कर 15, बहादुरशाह जफर मार्ग पर पहुँच गया है। इसके टेलीफोन नम्बरों में कोई परिवर्तन नहीं हुआ है।

अ.ब.स.
अवर सचिव, भारत सरकार

प्रति,
सभी विभागीय कार्यालय

ज्ञापन (Memorandum)

ज्ञापन सदैव अन्य पुरुष में लिखा जाता है। कार्यालय ज्ञापन और ज्ञापन में अन्तर यह है कि कार्यालय ज्ञापन का प्रयोग एक मंत्रालय से दूसरे मंत्रालय अथवा एक विभाग के दूसरे विभाग से पत्र-व्यवहार के लिए होता है। वहीं ज्ञापन का प्रयोग मंत्रालय अथवा विभाग के आपसी पत्र-व्यवहार के लिए होता है। इसके द्वारा मुख्यत: अधीनस्थ कार्यालयों को आदेश दिया जाता है अथवा किसी कार्यवाही से अवगत कराया जाता है।

सामान्यत: सरकारी कार्यालयों में अधिकारियों/कर्मचारियों की नियुक्तियाँ, स्थानान्तरण, वेतन वृद्धि आदि के लिए ज्ञापन का प्रयोग किया जाता है।

— ज्ञापन संक्षिप्त और विषयानुसार लिखे जाते हैं।
— ज्ञापन में न सम्बोधन होता है न आत्मनिर्देश, किन्तु पत्र के अन्त में प्रेषक के हस्ताक्षर और पदनाम लिखा जाता है।
— ज्ञापन और कार्यालय ज्ञापन में प्रारूप की दृष्टि से कोई विशेष अन्तर नहीं होता। सरकारी कर्मचारियों के प्रार्थना-पत्रों, आवेदन-पत्रों, याचिकाओं का समुचित उत्तर ज्ञापन के माध्यम से दिया जाता है।

— अनुशासन सम्बन्धी कार्यवाही का आरम्भ भी ज्ञापन से होता है। यह अंग्रेजी शब्द 'मीमो' का प्रतिरूप है। सामान्यत: यह 'मीमो'—'मेमो' के रूप में प्रचलित है।

— किसी गैर-सरकारी व्यक्ति के साथ पत्राचार में इसका प्रयोग नहीं किया जाता।

उदाहरण-1

भारत सरकार
सूचना एवं प्रसारण मंत्रालय
आकाशवाणी केन्द्र

संख्या 604/3/22 नई दिल्ली, दि. 20 मई, 2022

मुझे आपके आवेदन-पत्र दिनांक 15 जनवरी, 2022 की प्राप्ति स्वीकार करने का निर्देश हुआ है और साथ ही यह अवगत कराने का निर्देश हुआ है कि आपके आवेदन-पत्र पर यह विभाग विचार कर रहा है, इसका निर्णय शीघ्र ही आपको सूचित किया जाएगा।

सहनिदेशक (नियुक्ति)
आकाशवाणी, नई दिल्ली

सेवा में,
श्री महेश नवल
40, मोतीलाल नेहरू मार्ग,
इलाहाबाद-1

कार्यालयी आदेश (Office Order)

सामान्यत: कार्यालयी आदेश का प्रयोग किसी कार्यालय अथवा मंत्रालय के आन्तरिक प्रशासन सम्बन्धी अनुदेश जारी करने के लिए किया जाता है। सामान्यत: इस पत्र का प्रयोग छुट्टी स्वीकार/अस्वीकार, नियुक्ति/पदोन्नति, स्थायीकरण और स्थानान्तरण आदि के लिए सूचना देने हेतु किया जाता है। इसका स्वरूप चूँकि आदेशात्मक होता है, अत: इसका अनुपालन करना कर्मचारियों का लक्ष्य माना जाता है। इसकी भाषा सीधी, स्पष्ट और आदेशात्मक होती है। ये सदैव उत्तम पुरुष एकवचन में लिखे जाते हैं। इसके दाईं ओर प्रेषक का हस्ताक्षर और पद नाम तथा बाईं ओर प्राप्तकर्ता का नाम, कार्यालय, पदनाम लिखा जाता है।

उदाहरण-1

उत्तर प्रदेश राज्य
उद्योग विभाग
लखनऊ,

संख्या-54/8/21 दिनांक : 20 अगस्त, 2021

कार्यालय आदेश

सुश्री रमा भारती लिपिक की दिनांक 5 सितम्बर, 2021 से 10 अक्टूबर, 2021 तक 36 दिन का अर्जित अवकाश स्वीकृत किया जाता है।

सुशील वाजपेयी
उपनिदेशक

सुश्री रमा भारती
नकदी तथा लेखा विभाग

उदाहरण-2

भारत सरकार
रेल मंत्रालय
रेल भवन, नई दिल्ली

क्रम-संख्या 10/109/02 (स्थापना)/22 दिनांक : 15 फरवरी, 2000

कार्यालय आदेश

भारतीय रेल सेवा में अधीक्षक के पद पर नियुक्त डॉ. महेशचन्द्र सिन्हा को पदवृद्धि पर दिनांक : 1 फरवरी, 2022 से रेल मंत्रालय के सचिवालय में स्थानापन्न रूप में प्रशासनिक अधिकारी के पद पर नियुक्त किया गया है। अगले कार्यालयी आदेश तक उनकी नियुक्ति सामान्य अनुभाग 'अ' कर दी गई है।

(ज्योति पांडे)
अवर सचिव, भारत सरकार

1. डॉ. महेशचन्द्र सिन्हा
प्रशासन अधिकारी, अनुभाग
2. मंत्रालय के सभी विभाग तथा अनुभाग

परिपत्र (Circular) :

परिपत्रों द्वारा विभिन्न विभागों और मंत्रालयों को आदेश, अनुदेश आदि भेजे जाते हैं। परिपत्र में किसी एक ही विषय का उल्लेख होता है, यह विभिन्न कार्यालयों और मंत्रालयों को भेजा जा सकता है। परिपत्र सामान्यत: हिन्दी और अंग्रेजी दोनों भाषाओं में जारी किए जाते हैं।

परिपत्र केवल अन्य पुरुष में ही लिखा जाता है। इसलिए इसमें अन्य सरकारी पत्रों जैसे स्वनिर्देश सूचक शब्दों का प्रयोग नहीं किया जाता। वैसे, यह पत्राचार का स्वतंत्र रूप नहीं है क्योंकि इसका उद्‌देश्य पत्रोत्तर नहीं बल्कि सूचना मात्र देना होता है।

परिपत्र में प्रेषक, सन्दर्भ, सम्बोधन तथा अधोलेख नहीं होता। हस्ताक्षर के नीचे बाईं ओर 'सेवा में' लिखते हैं तथा जिन-जिन अधिकारियों को यह भेजना होता है, उनका उल्लेख क्रमशः कर दिया जाता है। यदि परिपत्र की सूचना पूर्णतया सामान्य हो तो नीचे 'सभी सम्बन्धित कर्मचारियों के लिए' लिख दिया जाता है।

उदाहरण-1

स्वास्थ्य मंत्रालय
भारत सरकार
नई दिल्ली-2,
परिपत्र

पत्र सं. 25/8/17/22 दिनांक : 8 फरवरी, 2022

विषय : शासकीय चिकित्सालयों की जानकारी।

इस मंत्रालय के द्वारा शासकीय कर्मचारियों के लिए खोले गए चिकित्सालयों की सूची तथा उनसे गत वर्ष लाभान्वित हुए रोगियों का विवरण जानकारी के लिए भेजा जा रहा है। इस ब्यौरे से यह स्पष्ट हो जाता है कि वर्तमान में छह सौ शासकीय चिकित्सालय कार्य कर रहे हैं तथा इनमें पिछले वर्ष तीस लाख रोगियों का इलाज किया गया।

वितरण : क. ख. ग.
सभी मंत्रालय तथा संलग्न कार्यालय अवर सचिव, भारत सरकार

अनौपचारिक नोट (Un-Official Note) :

अनौपचारिक नोट का प्रयोग भी सरकारी कामकाज में किया जाता है। सामान्यत: इसका प्रयोग एक मंत्रालय अथवा विभाग का दूसरे मंत्रालय अथवा विभाग से किसी आदेश अथवा निर्देश पर स्पष्टीकरण अथवा विशेष जानकारी माँगने के लिए किया जाता है। इसमें न तो सम्बोधन होता है और न ही स्वनिर्देश। कभी-कभी आदेशों या अनुदेशों के सम्बन्ध में स्पष्टीकरण अथवा कुछ का जवाब आदि माँगने के लिए भी इसका उपयोग किया जाता है।

उदाहरण :

वित्त मंत्रालय
बैंकिंग प्रभाग

विषय : कर्मचारियों को प्रोत्साहन पुरस्कार।

गृह मंत्रालय की सूचना के अनुसार, आए दिन बैंक डकैतियों के समय धैर्य से उनका मुकाबला करके डकैतों के इरादे नाकाम करनेवाले बैंक कर्मचारियों को बहादुरी के लिए दो हजार रुपये की राशि प्रोत्साहन पुरस्कार के रूप में प्रदान करने की योजना इस विभाग के विचाराधीन है। इस योजना को अन्तिम रूप दिया जाना शेष है और गृह मंत्रालय का परामर्श प्राप्त होने के पश्चात ही इस सम्बन्ध में अगली कार्यवाही करना सम्भव है। आशा है, गृह मंत्रालय इस सम्बन्ध में शीघ्र ही अपना निर्णय दे देगा।

अवर सचिव,
वित्त मंत्रालय
भारत सरकार

गृह मंत्रालय (वापसी)
वित्त मंत्रालय अ.टि. क्र.-संख्या 100/7/22
दिनांक : 2 जून, 2022

अनुस्मारक (Reminder) : अनुस्मारक को अंग्रेजी में 'रिमाइंडर' कहते हैं। हिन्दी में इसे 'स्मरण-पत्र' भी कहा जाता है। इसका प्रयोग स्मरण दिलाने के लिए किया जाता है। कभी-कभी जब काफी दिनों तक पत्रोत्तर प्राप्त नहीं होता तो पूर्व पत्र का सन्दर्भ देते हुए अनुस्मारक सम्बन्धित कार्यालय को भेजे जाते हैं और त्वरित कार्यवाही की अपेक्षा की जाती है। इसका स्वरूप शासकीय, अर्द्धशासकीय-पत्र जैसा ही होता है।

अनुस्मारक (कार्यालय-ज्ञापन के रूप में)
भारत सरकार
गृह मंत्रालय

दिनांक : ....

पत्र-संख्या : 3/15/89/22 नई दिल्ली-110001

प्रेषक,
क ख ग
अवर सचिव

सेवा में,
अवर सचिव
विधि मंत्रालय
भारत सरकार

विषय : ....

इस मंत्रालय के कार्यालय ज्ञापन सं.................... के सन्दर्भ में अधोहस्ताक्षरी को यह पूछने का निर्देश हुआ है कि उपर्युक्त कार्यालय-ज्ञापन का उत्तर पाने की कब तक आशा की जाए?

....
(क. ख. ग.)
अवर सचिव
गृह मंत्रालय
भारत सरकार

अधिसूचना (Notification)

जनसाधारण अथवा सरकारी कार्यालयों व अधिकारियों को कोई सूचना देने के लिए इसका प्रयोग किया जाता है। सामान्यत: इसका प्रयोग सार्वजनिक उपयोग के लिए भूमि आदि के अधिग्रहण, कर्मचारियों के स्थानान्तरण, पदोन्नति, सेवा-निवृत्ति आदि की सूचना देने के लिए किया जाता है। यह सूचनाएँ सरकारी राजपत्र में छपती हैं। अधिसूचना को हमेशा अन्य पुरुष में लिखा जाता है।

अधिसूचना में यह स्पष्ट उल्लेख होता है कि उसे सरकारी गजट के किस भाग में प्रकाशित किया जाएगा। अधिसूचना का मुख्य उद्देश्य विभिन्न प्रकार के सरकारी

प्रयोजन की सूचना देना होता है। परन्तु भेजनेवाले का नाम, पदनाम, कार्यालय, संख्या आदि का उल्लेख अवश्य किया जाता है।

उदाहरण-1

भारतीय गजट के भाग 1, अनुभाग-2 में प्रकाशनार्थ

विधि मंत्रालय
भारत सरकार
नई दिल्ली

संख्या : 2/8231/8/21 दिनांक : 23 जून, 2022

विधि मंत्रालय के उपसचिव श्री पंकज धीर, आई.ए.एस. को 12 जुलाई, 2021 से केन्द्रीय हिन्दी निदेशालय में निदेशक नियुक्त किया गया है।

एन.के. रेड्डी
सचिव, भारत सरकार

सेवा में,
व्यवस्थापक
मुद्रणालय, नई दिल्ली

प्रतिलिपि : सूचनार्थ एवं आवश्यक कार्यवाही हेतु।

श्री पंकज धीर
उपनिदेशक
केन्द्रीय हिन्दी निदेशालय

(क. ख. ग.)
अपर सचिव, भारत सरकार

पृष्ठांकन (Endorsment)

पृष्ठांकन का अर्थ है पृष्ठ लेख करना, पुष्टि करना। कभी-कभी किसी पत्र को एक से अधिक व्यक्तियों को भेजना पड़ता है। टिप्पणी के साथ वह पुनः मूल लेखक के पास आ जाता है तब इसे अगली कार्यवाही हेतु पुष्ट माना जाता है। सामान्यतः सरकारी कार्यालयों में एक से अधिक अधिकारियों की टिप्पणी/स्वीकृति कुछ-कुछ मामलों में लेनी पड़ती है। पृष्ठांकन का प्रयोग ऐसी ही जगह पर होता है।

संक्षेप में निम्नलिखित स्थितियों में पृष्ठांकन किया जाता है—

1. जब मूल-पत्र प्रेषक को वापस माँगना हो।
2. जब किसी पत्र की प्रतिलिपियाँ प्राप्तकर्ता के अतिरिक्त अन्य विभागों में, अनुभागों में अथवा कार्यालयों को भेजी जानी हों।

उदाहरण :

भारत सरकार
शिक्षा मंत्रालय

क्रम-संख्या 100/6/22 नई दिल्ली : 28 जून, 2022

अधोलिखित अधिकारियों को निम्नलिखित पत्रों की प्रतियाँ आवश्यक कार्यवाही हेतु भेजी जाती हैं। वांछित सूचना 30 जुलाई, 2022 तक अवश्य भेज दी जाए ताकि समेकित विवरण सम्बन्धित मंत्रालय को यथासमय भेजा जा सके।

1. संयुक्त सचिव—शिक्षा विभाग।
2. महानिदेशक—डाक तार विभाग
3. अवर सचिव—गृह मंत्रालय
4. उप महानिदेशक—स्वास्थ्य विभाग
5. सहायक निदेशक—केन्द्रीय हिन्दी निदेशालय

(राजेश पुरी)
अवर सचिव
शिक्षा मंत्रालय
भारत सरकार

संकल्प (Resolution)

संकल्प भी सरकारी पत्राचार का एक रूप है। सामान्यतः इसका प्रयोग सरकारी निर्णयों की सार्वजनिक घोषणाओं के लिए, जाँच आयोगों और समितियों की नियुक्ति के लिए किया जाता है।

यह अन्य पुरुष एकवचन में लिखा जाता है। इसमें प्रेषक, सम्बोधन, स्वनिर्देश आदि नहीं लिखा जाता है। संकल्प सरकारी विभागों द्वारा ही लिखे जाते हैं। इसका प्रकाशन प्रायः राजपत्र में होता है। संकल्प सम्बन्धित विभाग के उच्च अधिकारी के हस्ताक्षर से प्रकाशित किए जाते हैं। संकल्प की भाषा विषय-वस्तु के अनुरूप ही होती है। शेष बातें सामान्यतया सरकारी अधिसूचना के समान होती है।

उदाहरण :

(भारत सरकार के राजपत्र भाग/खंड 2 में प्रकाशनार्थ)

भारत सरकार
रेल मंत्रालय

पत्र-सं. .... नई दिल्ली, दिनांक : ....

पिछले कुछ समय से अधिक संख्या में होनेवाली भयानक और दर्दनाक रेल दुर्घटनाओं से सरकार निरन्तर चिन्तित है और इसकी रोकथाम के लिए सुझावों को अमल में लाने के लिए गम्भीरता से सोच रही है। अब भारत सरकार ने सरकारी प्रतिनिधियों तथा गैर सरकारी जनसेवकों की एक समिति गठित करने का विचार किया है।

इस समिति के अध्यक्ष श्री .... होंगे। इसके निम्नलिखित सदस्य होंगे।

1. ....
2. ....
3. ....

यह समिति निम्नलिखित विषयों पर अथवा अन्य आवश्यक वांछित विषयों पर अपनी सिफारिशें पेश करेगी।

क)
ख)
ग)

समिति आगामी ता. .... से कार्य का प्रारम्भ कर देगी और इसका कार्यकाल चार माह का होगा।

क. ख. ग.
सचिव, रेलवे बोर्ड

आदेश 1. आदेश दिया जाता है कि इस प्रस्ताव की प्रतिलिपि प्रस्तावित समिति के अध्यक्ष तथा सदस्यों को दी जाए।

2. यह भी आदेश दिया जाता है कि इसे भारत सरकार के राजपत्र में तथा जनसाधारण सूचना के लिए देश के प्रमुख समाचार-पत्रों में प्रकाशित कराने का प्रबन्ध किया जाए।

सचिव, रेलवे बोर्ड

प्रेस विज्ञप्ति/प्रेस नोट (Press Communique/Press Note)

नीति सम्बन्धी सरकारी सूचनाओं को जनसामान्य तक पहुँचाने के लिए प्रेस विज्ञप्ति का प्रयोग किया जाता है। प्रेस विज्ञप्ति की प्रतियाँ समाचार-पत्रों में प्रकाशनार्थ भेजी जाती हैं। पत्रों में यह अधिकतर इसके मूल रूप में ही प्रकाशित किया जाता है। इसका स्वरूप अत्यधिक औपचारिक होता है। यह चूँकि सूचनात्मक होता है, अत: सम्बोधन अथवा अधोलेख आदि बातें इसमें नहीं होती हैं। इसकी भाषा सरल, सुबोध और सुस्पष्ट होनी चाहिए। अन्य प्रेस नोट में पत्रकार, सम्पादक काट-छाँट कर सकते हैं किन्तु सरकारी प्रेस-नोट को जस-का-तस छापना होता है। इसके प्रकाशन की स्थिति और अवधि निर्धारित होती है।

उदाहरण :

प्रेस नोट

विषय : हिन्दी के प्रचार-प्रसार के लिए भारत सरकार के प्रयत्न।

गृह मंत्रालय ने शासकीय कर्मचारियों तथा अधिकारियों में हिन्दी के प्रयोग को बढ़ावा देने के लिए अनेक महत्त्वपूर्ण कदम उठाए हैं तथा हिन्दी शिक्षण योजना के अन्तर्गत हिन्दी प्रशिक्षण के 900 नये केन्द्र खोले हैं; 'प्रबोध', 'प्रवीण', एवं 'प्राज्ञ' की हिन्दी परीक्षाओं में विशेष योग्यता प्राप्त करनेवाले कर्मचारियों को 1000 से 3500 रुपए तक के पुरस्कारों की व्यवस्था की है; 'प्राज्ञ' परीक्षा उत्तीर्ण करनेवाले कर्मचारियों को दो अतिरिक्त वृद्धि देने का फैसला किया है। इन सब के अलावा हिन्दी का ज्ञान रखनेवाले कर्मचारियों को अपने आवेदन-पत्र हिन्दी में लिखने तथा हिन्दी में प्राप्त होनेवाले पत्रों का उत्तर हिन्दी में ही देने के लिए प्रेरित किया जा रहा है।

प्रति,

सूचना अधिकारी, जनसम्पर्क ब्यूरो दिल्ली के पास प्रकाशन एवं प्रचार हेतु प्रेषित है।

(क. ख. ग.)
अवर सचिव

द्रुत-पत्र/तुरन्त-पत्र (Express Letter)

द्रुत-पत्र का प्रयोग वहाँ किया जाता है जब किसी सूचना को जल्दी से प्रेषित करना होता है परन्तु या तो तार की सुविधा वहाँ नहीं होती या मनाही होती है। इसे तुरन्त-पत्र या त्वरित-पत्र भी कहते हैं। इसमें सम्बोधन आदि का इस्तेमाल नहीं किया जाता। प्रेषक का पता और प्राप्तकर्ता का पता ही लिखा जाता है। इसका प्रयोग सरकारी कार्यों से सम्बन्धित सन्देश, सूचनाएँ, रिपोर्ट, समाचार आदि शीघ्र

भेजने के लिए किया जाता है। ऐसे पत्रों पर 'तुरन्त वितरण' लिखा जाना आवश्यक होता है। आजकल आधुनिक तकनीकी के कारण इस प्रकार का पत्र प्रायः प्रचलन में नहीं रह गया है।

उदाहरण :

भारत सरकार
गृह मंत्रालय

प्रेषक,
प्रेमशंकर
अवर सचिव
गृह मंत्रालय,

सेवा में,
मुख्य सचिव
उत्तर प्रदेश सरकार
नई दिल्ली,

क्रम-संख्या : 5/4/21 दिनांक : 5 अप्रैल, 2022

विषय : संघीय लोक सेवा आयोग की परीक्षाओं में हिन्दी का प्रयोग

संघीय लोक सेवा आयोग द्वारा आयोजित विभिन्न परीक्षाओं में हिन्दी के प्रयोग के सम्बन्ध में आपकी ओर से अपेक्षित विवरण अभी तक प्राप्त नहीं हुआ है। विवरण अत्यन्त आवश्यक है; अतः जल्द से जल्द उक्त विवरण भेज दिया जाए।

ह. ....
अवर सचिव, भारत सरकार

सूचना (Notice)

कार्यालयी सूचनाएँ समाचार-पत्रों में जनसामान्य को जानकारी देने के लिए प्रकाशित की जाती हैं। सूचनाएँ निम्न से सम्बन्धित हो सकती हैं—निविदा, नीलामी, न्यायालय में उपस्थित होने सम्बन्धी, सभा, गोष्ठी आदि। सूचना में प्रकाशित करनेवाले कार्यालय, संस्था और अधिकारियों का पद भी दिया जाता है और अन्त में सम्बन्धित अधिकारी का पदनाम सहित हस्ताक्षर होता है। इसका स्वरूप प्रेस-विज्ञप्ति से भिन्न होता है।

सूचना

मुम्बई आवास एवं क्षेत्र विकास बोर्ड,
मुम्बई

महाराष्ट्र आवास एवं क्षेत्र विकास (व्यवस्थापन, बिक्री, आवास के परिवर्तन तथा विनिमय नियम 1980 के नियमन संख्या 12 के प्रावधानों के अन्तर्गत) समाचार-पत्रों में 8-10-22 को हमारे विज्ञापन नं. 4/22 पढ़ने पर जिन प्रार्थियों ने कोड नं. 0037 की योजना 216 में खुले विकसित भूखंडों क्रं. मजासवाडी और जोगेश्वरी के खुले विकसित भू-खंडों के लिए आवेदन किया है, उन्हें सूचित किया जाता है कि योग्य पाये गए प्रार्थियों के लाट का ड्रा 17 दिसम्बर, 2022 को सवेरे 10 बजे गृह निर्माण भवन, कलानगर, बान्द्रा पूर्व, मुम्बई 400001 की पहली मंजिल के रूम नं. 231 में होगा।

इच्छुक योग्य प्रार्थी ड्रा निकाले जाने के समय हाजिर रह सकते हैं। योग्य प्रार्थियों से अनुरोध किया जाता है कि वे साथ में अपने प्रार्थना-पत्र का अधपन्ना और पात्रता के बारे में सूचित किए गए परिचय-पत्र को साथ लाएँ।

बी.आर.ओ. 118/10/22

विज्ञापन (Advertisement)

विज्ञापन भी एक प्रकार का सूचना-पत्र है जिसका उद्देश्य जनसामान्य को जानकारी देना होता है। इसका प्रारूप प्रेस विज्ञप्ति/प्रेस नोट से भिन्न होता है। इसमें विज्ञापन देनेवाले अधिकारी का पदनाम और कार्यालय का नाम दिया जाता है और अन्त में देनेवाले का हस्ताक्षर पदनाम आदि लिखा जाता है।

उदाहरण

भारत सरकार
(रिक्त स्थापन का विज्ञापन)
केन्द्रीय शिक्षा सेवा आयोग

आवश्यकता है दो जूनियर प्रूफरीडर्स की (एक प्रत्याशी अनुसूचित या जनजाति का होना आवश्यक है) मुख्यालय, नई दिल्ली तथा पद अस्थायी है किन्तु लम्बे समय तक चलने की सम्भावना है। वेतन रु. 7525-19500 तथा नियमित भत्ते। योग्यता किसी मानक विश्वविद्यालय से स्नातक डिग्री, साथ में कॉपी होल्डर के रूप में 3 वर्ष का तथा प्रूफरीडर के रूप में 1 वर्ष का अनुभव वांछनीय है। वैज्ञानिक और प्राविधिक प्रकाशनों के प्रूफ रीडिंग में अनुभवी व्यक्ति को प्राथमिकता। आयु 20 से 30 वर्ष। अंक-पत्रों की प्रमाणित प्रतिलिपियों के साथ आवेदन-पत्र सचिव, केन्द्रीय शिक्षा सेवा आयोग, धौलपुर हाउस, शाहजहाँ रोड, नई दिल्ली-6 के पास दिनांक : 5-8-22 तक पहुँच जाने चाहिए।

डी.ए.वी.पी.-580/16/22

4

पारिभाषिक शब्दावली : स्वरूप एवं निर्माण

प्रयोजनमूलक हिन्दी में पारिभाषिक शब्दावली का महत्त्वपूर्ण स्थान है। बगैर पारिभाषिक शब्दावली के कार्यालयी हिन्दी की प्रयोजनीयता को ठीक-ठीक व्यक्त नहीं किया जा सकता क्योंकि सामान्य कामकाज की भाषा, साहित्य की भाषा और सरकारी कामकाज की भाषा में बहुत अन्तर होता है। सरकारी कामकाज के निष्पादन में पारिभाषिक शब्दों का विशेष महत्त्व होता है।

साधारणतः शब्द तीन प्रकार के होते हैं :

1. सामान्य शब्द,
2. अर्द्धपारिभाषिक शब्द,
3. पारिभाषिक शब्द।

सामान्य शब्द से आशय है साधारण बोलचाल में दिन-प्रतिदिन इस्तेमाल होनेवाले शब्द जैसे खाना, जाना, गरम, विद्यालय आदि। अर्द्ध पारिभाषिक शब्द—जो सामान्य और विशेष दोनों रूपों में प्रयुक्त होते हैं यथा आदेश, रस, वेदना, आपत्ति आदि। ये शब्द अपनी विशिष्टता के कारण महत्त्वपूर्ण अर्थ के बोधक होते हैं इसलिए सामान्य रूप में प्रयुक्त होने पर भी इनका विशेष महत्त्व होता है और इसीलिए ये पारिभाषिक शब्द के रूप में भी प्रयुक्त होते हैं।

इनके अतिरिक्त तीसरा है पारिभाषिक शब्द। पारिभाषिक शब्द सप्रयोजन होता है, इसके पीछे कोई-न-कोई विचार या संकल्पना जुड़ी होती है। ये वे शब्द होते हैं जिनकी एक निश्चित परिभाषा होती है।

पारिभाषिक शब्दावली : अर्थ और परिभाषा

पारिभाषिक शब्दावली को अंग्रेजी में 'टेक्नीकल टर्मिनोलॉजी' कहते हैं। प्रख्यात भारतीय कोशकार डॉ. रघुवीर के अनुसार, "पारिभाषिक शब्द का अर्थ है जिसकी सीमाएँ बाँध दी गई हों। जिन शब्दों की सीमा बाँध दी जाती है वे पारिभाषिक शब्द हो जाते हैं और जिनकी सीमा नहीं बाँधी जाती वे साधारण शब्द होते हैं।" जबकि

डॉ. भोलानाथ तिवारी का मत है कि "पारिभाषिक शब्द ऐसे शब्दों को कहते हैं जो सामान्य व्यवहार की भाषा के शब्द न होकर ज्ञान के विभिन्न क्षेत्रों जैसे रसायनशास्त्र, भौतिकी, वनस्पति-विज्ञान, प्राणि-विज्ञान, समाजशास्त्र, दर्शन, अलंकारशास्त्र, गणित, मनोविज्ञान, तर्कशास्त्र, अर्थशास्त्र, राजनीतिशास्त्र आदि के होते हैं तथा विशिष्ट ज्ञान-विज्ञान या शास्त्र में जिनकी अर्थ सीमा पारिभाषित या निश्चित होता है। शास्त्र विशेष में इनका एक विशिष्ट और निश्चित अर्थ होता है।"

वैसे पारिभाषिक शब्द ग्रीक भाषा के 'टेक्नीकल' शब्द से बना है। जिसका शाब्दिक अर्थ है—Of a Particular art, Science, Craft of about Art—'चेम्बर्स टेक्नीकल डिक्शनरी' में इसे इस प्रकार परिभाषित किया गया है : "Technical terms in symbalo adopted or inverted special and technical to facilitate the precise recording ideas." अर्थात पारिभाषिक शब्द विशेषज्ञों और तकनीशियनों के उनके अपने विशिष्ट विचारों को लिपिबद्ध करने हेतु ग्रहण, अनुकूलन और निर्माण द्वारा तैयार किए जानेवाले प्रतीक होते हैं। श्री दंगल झाल्टे ने इसे इस प्रकार समझाया है, "जो शब्द सामान्य व्यवहार की भाषा में प्रयुक्त न होकर ज्ञान-विज्ञान के विभिन्न क्षेत्रों में विषय एवं सन्दर्भ के अनुसार विशिष्ट किन्तु निश्चित अर्थ में प्रयुक्त होते हैं, उन्हें पारिभाषिक शब्द कहते हैं।"

उपर्युक्त परिभाषाओं से पारिभाषिक शब्दावली के सम्बन्ध में निम्न तथ्य उद्घाटित होते हैं :

— पारिभाषिक शब्द का एक विशिष्ट स्वरूप और क्षेत्र होता है। अर्थ सुनिश्चित होता है, अर्थात वे किसी विशिष्ट वस्तु या परिप्रेक्ष्य के बोधक होते हैं।

— प्रत्येक क्षेत्र के अपने अलग-अलग पारिभाषिक शब्द होते हैं जो विषय विशेष की सीमा में बँधे होते हैं।

पारिभाषिक शब्दावली के लक्षण

पारिभाषिक शब्दावली के प्रमुख लक्षण निम्न हैं—

1. **स्पष्टता एवं सुबोधता :** पारिभाषिक शब्दावली का सर्वप्रमुख लक्षण है उसकी स्पष्टता और सुबोधता। पारिभाषिक शब्द सुस्पष्ट और सुबोध होने चाहिए, उनमें दुर्बोधता एवं अस्पष्टता कदापि नहीं होनी चाहिए।
2. **असन्दिग्धता का अभाव :** पारिभाषिक शब्दावली में किसी भी प्रकार की सन्दिग्धता नहीं होनी चाहिए। शब्द सार्थक और सही अर्थयुक्त होने चाहिए। उसे अर्थ विस्तार एवं अर्थ संकोच के दोष से मुक्त होना चाहिए।
3. **एकरूपता :** समान पारिभाषिक शब्दों में एकरूपता होनी चाहिए। उन्हें विषय-वस्तु से सम्बद्ध संकल्पनाओं के अनुरूप होना चाहिए।

4. **संक्षिप्तता एवं सरलता :** पारिभाषिक शब्द यथासम्भव संक्षिप्त और सरल होने चाहिए। उन्हें लक्ष्य भाषा के उच्चारण की प्रकृति के अनुकूल होना चाहिए।
5. **निर्माण की क्षमता :** पारिभाषिक शब्दावली ऐसी होनी चाहिए जिसमें प्रत्यय, उपसर्ग आदि लगाकर नये शब्द निर्माण की क्षमता हो। जैसे— 'राष्ट्रपति' में 'उप' उपसर्ग लगाने से उपराष्ट्रपति।
6. **अनुकूलता :** पारिभाषिक शब्दों में अनुकूलता भी होनी चाहिए। अन्य भाषा के शब्दों को अपनी भाषा की प्रकृति और प्रवृत्ति के अनुकूल ढालने की क्षमता भी होनी चाहिए।

पारिभाषिक शब्दावली का इतिहास

प्राचीनकाल

यद्यपि पारिभाषिक शब्दावली की संकल्पना आधुनिक काल की देन मानी जाती है परन्तु इसकी परम्परा प्राचीनकाल से ही देखने में आती है। भारत ही नहीं, दुनिया के कई प्राचीन देशों में गणित, दर्शन, अर्थशास्त्र, न्याय, मीमांसा, व्याकरण, संगीत, काव्य, शिल्प, ज्योतिष आदि पर चिन्तन सदियों से होता रहा है। संसार की जितनी प्राचीन सभ्यताएँ मिलती हैं, वहाँ की बोलियों और भाषाओं के जो नमूने मिलते हैं, ज्ञान के जो साक्ष्य मिलते हैं, उससे यह स्पष्ट विदित होता है कि प्राचीनकाल से ही मानव मस्तिष्क चिन्तनशील और विकासशील रहा है।

भारत में प्राचीनकाल की जो ज्ञान राशि मिलती है वह वैदिक भाषा में है। ऐसा माना जाता है कि उसके बाद संस्कृत, पालि, प्राकृत में यह परम्परा बनी रही। प्राचीन भारतीय वाङ्मय में ईसा से पूर्व अनेक वैज्ञानिक विषय प्रचलित थे यथा खगोलशास्त्र, तर्कशास्त्र, गणित, व्याकरण, वास्तु, ज्योतिष आदि का जो भंडार मिलता है उसमें पारिभाषिक शब्दावली की संकल्पना का पुट मिलता है। प्राचीन भारत का अधिकतर साहित्य संस्कृत भाषा में उपलब्ध है, उसके बाद पालि और प्राकृत का स्थान है। इन सभी भाषाओं के विविध ग्रन्थों में पारिभाषिक शब्दों का प्रचुर प्रयोग किया गया है। हिन्दू धर्म ग्रन्थों के अतिरिक्त बौद्ध और जैन धर्मग्रन्थों में भी बहुत से पारिभाषिक शब्द प्रयुक्त हुए हैं।

मध्यकाल

विश्व इतिहास में मध्यकाल बहुत उथल-पुथल का काल रहा है। सभ्यता और संस्कृति के रक्षण-संवर्धन की इस काल में विशेष आवश्यकता महसूस हुई थी।

भारत भी इससे अछूता नहीं था। मुगलों का शासन होने के बाद भी अपनी सभ्यता, संस्कृति और साहित्य को सँजोने का प्रयास इस काल में हुआ। कुछ उदार मुगल शासकों ने भी इस दिशा में सराहनीय योगदान दिया।

मुगल शासन के कारण देश की भाषा भी प्रशासनिक स्तर पर बदलकर अरबी-फारसी हो गई थी। विदेशी भाषा के लागू होने से पारिभाषिक शब्दावली की आवश्यकता इस काल में अधिक महसूस हुई। छत्रपति शिवाजी महाराज की प्रेरणा इस सन्दर्भ में उल्लेखनीय है। उनकी प्रेरणा से रघुनाथ पंडित ने प्रशासन, रक्षा तथा खाद्य सामग्री से सम्बन्धित पन्द्रह सौ शब्दों का एक कोश तैयार किया था।

मुगलों के बाद अंग्रेजों का शासन हुआ। अंग्रेजों ने एक बार फिर प्रशासन की भाषा बदली। इस बार अंग्रेजी भाषा के प्रयोग पर जोर दिया जाने लगा। भारतीय भाषाओं और अंग्रेजी भाषा को सीखने और शासन की कार्यवाही को सुचारु रूप से चलाने के लिए हिन्दी-अंग्रेजी, अंग्रेजी-हिन्दी कोश बनाए गए। एक-दूसरे के ज्ञान क्षेत्र से परिचित होने के लिए पारिभाषिक शब्दावली के निर्माण पर जोर दिया गया।

आधुनिक काल

आधुनिक युग ज्ञान-विज्ञान की प्रगति और प्रचार-प्रसार का युग है। इसमें भाषायी रुकावट को दूर करने का प्रयास सर्वप्रथम किया गया। एक भाषा की ज्ञान राशि को दूसरी भाषा में उपलब्ध कराने के लिए अनेकों कोशों की रचना हुई। विशिष्ट ज्ञान क्षेत्रों में सम्बन्धित पारिभाषिक कोश गढ़े गए। इस दिशा में प्रथम प्रयास एक अंग्रेज द्वारा किया गया, उसने सन् 1809 में इंग्लैंड में एक अनुवाद समिति की स्थापना की। सर सैयद अहमद खाँ द्वारा स्थापित 'साइंटिफिक सोसायटी ऑफ अलीगढ़' के द्वारा भी कई विषयों से सम्बन्धित तकनीकी शब्दावली कोश तैयार किया गया।

"यूरोपीय वैज्ञानिक शब्दों के भारतीय भाषाओं में रूपान्तरण की योजना" बंगाल के राजा राजेन्द्र लाल मित्र की प्रेरणा से बनी। इस दिशा में आगे चलकर कई साहित्यिक संस्थाओं ने उल्लेखनीय योगदान दिया; जिनमें नागरी प्रचारिणी सभा वाराणसी, उस्मानिया विश्वविद्यालय, हैदराबाद, बंगीय साहित्य परिषद, कोलकाता आदि के प्रयास अग्रगण्य हैं। व्यक्तिगत रूप से जिन विद्वानों ने इसमें योग दिया उनमें डॉ. रघुवीर का नामोल्लेख महत्त्वपूर्ण है।

स्वतंत्रता प्राप्ति के पश्चात इस दिशा में काफी प्रयास किए गए। देश की आजादी के बाद दूसरा सबसे महत्त्वपूर्ण कार्य था लोगों को शिक्षित और साधन-सम्पन्न बनाना। शिक्षा के प्रचार-प्रसार के लिए तथा उद्योग-धन्धों के निर्माण के लिए नवीन ज्ञान-विज्ञान से परिचित होना जरूरी था। पारिभाषिक शब्दावली के विकास से यह

कार्य सम्पन्न हो सका। यही नहीं, अंग्रेजों के द्वारा शासन की भाषा अंग्रेजी रखी गई थी, विधि की भाषा उर्दू, फिर कालान्तर में हिन्दी-उर्दू रखी गई थी, आजादी के बाद एकाएक इसे बदलना सम्भव नहीं था, इसलिए प्रशासन चलाने के लिए भी पारिभाषिक शब्दावली के निर्माण पर जोर दिया गया। सरकार की तरफ से कई योजनाएँ बनाई गईं, कई विद्वानों और संस्थाओं ने भी अपने स्तर पर इस दिशा में सक्रिय प्रयास किया। डॉ. रघुवीर को पारिभाषिक शब्दावली के निर्माण का पुरोधा माना जाता है। उन्होंने आंग्ल-भारतीय महाकोश की रचना की। डॉ. रघुवीर परम्परावादी थे, वे अपनी मूल भाषा संस्कृत के आधार पर पारिभाषिक शब्दावली के निर्माण के पक्षधर थे। आजादी के बाद सरकारी स्तर पर इस दिशा में जो प्रयास हुए वे काफी महत्त्वपूर्ण साबित हुए। संविधान निर्माण के बाद सरकार ने एक वैज्ञानिक शब्दावली मंडल का गठन किया। और उसे पूरे देश के लिए समान शब्दावली बनाने का काम सौंपा। इस मंडल ने कई समितियाँ बनाई और विषय विशेषज्ञों की मदद से दस साल में लगभग तीन लाख वैज्ञानिक और तकनीकी शब्दों का निर्माण किया।

सन् 1961 में डॉ. दौलत सिंह कोठारी की अध्यक्षता में सरकार ने 'वैज्ञानिक एवं तकनीकी शब्दावली आयोग' का गठन किया। इस आयोग की स्थापना भारत के विकास में बहुत महत्त्वपूर्ण साबित हुई। विधि शब्दावली को छोड़कर शेष सभी विषयों की प्रामाणिक शब्दावली निर्मित करने का बीड़ा वैज्ञानिक एवं तकनीकी शब्दावली आयोग ने उठाया। यह आयोग अभी तक विभिन्न विषयों के लगभग 5 लाख से अधिक पारिभाषिक शब्दों का निर्माण कर चुका है जिनमें विज्ञान, मानविकी, अभियांत्रिकी, प्रशासन, कम्प्यूटर, अन्तरिक्ष, सामाजिक विज्ञान, कृषि आदि विषयों की शब्दावली शामिल है।

पारिभाषिक शब्दावली निर्माण सम्बन्धी विविध मत

भारत एक विविधतावादी देश है। भाषा, संस्कृति सभी स्तरों पर यहाँ विविधता पायी जाती है। हिन्दी इस देश की सम्पर्क भाषा, राजभाषा के रूप में आधुनिक काल में एक तरह से सर्वस्वीकृत रही है, परन्तु पारिभाषिक शब्दावली के निर्माण को लेकर एकमत नहीं बन पाया है। इसका मूल कारण एक तो हमारी भाषायी विविधता रही और दूसरे अशिक्षा। आजादी के पहले का शिक्षित समुदाय अंग्रेजी की समझ रखता था, इसीलिए उसने पारिभाषिक शब्दावली के निर्माण में अपना पक्ष अन्तरराष्ट्रीयता का हवाला देकर रखा। दूसरी ओर सामान्य शिक्षित वर्ग या अशिक्षित वर्ग का प्रतिनिधित्व करनेवालों का मत इसके ठीक विपरीत था, वे राष्ट्रीयता का हवाला देकर पारिभाषिक शब्दों को अपनी मूल भाषा (संस्कृत) से जोड़ने के पक्षधर रहे।

कुछ ऐसे भी लोग रहे जिन्होंने इन दोनों मतों को अतिवादी करार देकर समन्वय का रास्ता अपनाने पर बल दिया।

इस प्रकार पारिभाषिक शब्दावली निर्माण सम्बन्धी कई दृष्टिकोण सामने आते हैं जिन्हें चार प्रमुख धाराओं में विभक्त किया जाता है।

1. राष्ट्रीयतावादी
2. अन्तरराष्ट्रीयतावादी
3. हिन्दुस्तानीवादी
4. समन्वयवादी।

राष्ट्रीयतावादी मत

राष्ट्रीयतावादी मत के समर्थक अपनी मूल भाषा (संस्कृत) के आधार पर पारिभाषिक शब्दावली निर्माण के पक्षधर रहे हैं। इनका मानना रहा है कि समस्त पारिभाषिक शब्द संस्कृत के मूल धातु रूपों से बनाए जा सकते हैं। डॉ. रघुवीर इस मतवाद के प्रवर्तक माने जाते हैं। डॉ. रघुवीर का मानना है कि पारिभाषिक शब्द निर्माण में हमें शुद्ध राष्ट्रीय दृष्टिकोण अपनाना चाहिए। उनके अनुसार संस्कृत भाषा के धातु, प्रत्यय, उपसर्ग तथा समास-शक्ति के आधार पर बड़ी आसानी से नये शब्द बनाए जा सकते हैं। उनके द्वारा बनाए गए कुछ शब्द इस प्रकार हैं : Fountain Pen—मसीपथ, Bicycle—द्विचक्रिको, Train—संयान, Registration—पंजीकरण, Reader—प्रवाचक, Ticket—संयान पत्र, Television—दूरदर्शन, Engine—यंत्र, Engineer—अभियंता परन्तु इस प्रकार के सभी शब्द चल नहीं पाये। इन्हें पूर्णतया स्वीकार नहीं किया गया क्योंकि ये बहुत क्लिष्ट थे। इनमें कुछ को ही स्वीकार किया गया यथा प्रवाचक, अभियंता, दूरदर्शन आदि।

2. अन्तरराष्ट्रीयतावादी मत

राष्ट्रीयतावादियों के ठीक विपरीत एक वर्ग ऐसे लोगों का रहा जो अंग्रेजी पढ़े-लिखे थे, अतः उन्होंने अंग्रेजी भाषा के अनुरूप अन्तरराष्ट्रीय शब्दों को ग्रहण करने की सिफारिश की। ऐसे लोगों का मत था कि अंग्रेजी में शब्दों का जैसे उच्चारण होता है उन्हें वैसे-के-वैसे ही हिन्दी में ले लेना चाहिए। अंग्रेजी के कई शब्द जैसे पुलिस, स्टेशन, अकादमी, शटल, रेडियो आदि हिन्दी में इस प्रकार रच-बस गए हैं कि उन्हें अस्वीकारना उचित नहीं माना जाएगा परन्तु पैरलेल, ब्लड जैसे शब्दों को इस रूप में स्वीकारना तर्कसंगत नहीं लगता। जो शब्द हिन्दी की प्रकृति के अनुकूल हों और हिन्दी भाषी जनता में प्रचलित हो चुके हों, उन्हें तो ग्रहण करने में कोई कठिनाई नहीं, परन्तु जो शब्द अप्रचलित और क्लिष्ट हैं उन्हें ग्रहण करने पर तीव्र आपत्ति दर्शायी गई।

3. हिन्दुस्तानी दृष्टिकोण

हिन्दुस्तानी कल्चर सोसायटी के अध्यक्ष पंडित सुन्दरलाल इस मत के अगुवा थे। वे हिन्दी के नये शब्दों के निर्माण में हिन्दी-उर्दू मिश्रित शब्दावली के प्रयोग के पक्षधर थे। डॉ. रघुवीर के संस्कृतवादी दृष्टिकोण के वे खिलाफ थे। उनका मानना था कि शब्द निर्माण की पद्धति में हमें बोलचाल की हिन्दुस्तानी से भी शब्द ग्रहण करना चाहिए। उस्मानिया विश्वविद्यालय में उनके दृष्टिकोण के आधार पर एक पारिभाषिक शब्दकोश का निर्माण किया गया। इनके कुछ उदाहरण निम्न हैं—Incorporate—एकतान करना, Emergency—अचानकी, President—राजपति, Psychology—मनविद्या, Reminder—याद दिलाई, Integration—जोडमेलन आदि। ये शब्द अपने आपमें बहुत अटपटे हैं। इन्हें स्मरण रखना ही नहीं, पढ़ना और समझना भी एक कठिन कार्य है।

4. समन्वयवादी मत

विद्वानों का एक अन्य वर्ग समन्वयवादी दृष्टिकोण रखनेवाला था। इस मार्ग का मत था कि हिन्दी भाषा की प्रकृति तथा प्रवृत्ति को ध्यान में रखते हुए देशी या विदेशी शब्दों को यथावश्यक ग्रहण करना चाहिए। इस विचारधारा का अनुसरण मुख्य रूप से सरकारी शब्द-निर्माण संस्थानों यथा तकनीकी एवं वैज्ञानिक शब्दावली आयोग आदि ने किया। इन लोगों का बड़ा स्पष्ट तर्क यह रहा है कि पहले हिन्दी के उपलब्ध शब्दों को ग्रहण किया जाए, उसके बाद सभी भारतीय भाषाओं और विदेशी भाषा के ऐसे शब्दों को लिया जाए जो हिन्दी में रच-पच गए हों और फिर आवश्यकतानुसार अंग्रेजी के भी शब्द लिए जाएँ। उदाहरण के लिए मोटर, बस, टेलीफोन, स्टेशन, डॉक्टर, ऑपरेशन आदि के साथ कॉमेडी—Comedy, त्रासदी—Tragedy, अकादमी—Academy, अन्तरिम—Interim जैसे शब्दों को भी देखा जा सकता है।

पारिभाषिक शब्दावली निर्माण के सिद्धान्त

पारिभाषिक शब्दावली तैयार करने के सम्बन्ध में वैज्ञानिक तथा तकनीकी शब्दावली आयोग ने शब्दावली निर्माण के सिद्धान्त तय किए हैं, जो इस प्रकार हैं—

1. अन्तरराष्ट्रीय शब्दों को यथासम्भव उनके प्रचलित अंग्रेजी रूपों में ही अपनाना चाहिए और हिन्दी व अन्य भारतीय भाषाओं की प्रकृति के अनुसार ही उनका लिप्यन्तरण करना चाहिए। अन्तरराष्ट्रीय शब्दावली के अन्तर्गत निम्नलिखित उदाहरण दिए जा सकते हैं—
   (क) तत्वों और यौगिकों के नाम जैसे हाइड्रोजन, कार्बन डाइऑक्साइड आदि;

(ख) तौल और माप की इकाइयाँ और भौतिक परिमाण की इकाइयाँ जैसे डाइन, कैलोरी, एम्पीयर आदि;

(ग) ऐसे शब्द जो व्यक्तियों के नाम पर बनाए गए हैं, जैसे—फारेनहाइट के नाम पर फारेनहाइट तापक्रम, वोल्ट के नाम पर वोल्टमीटर और एम्पीयर के नाम पर एम्पीयर आदि; उनका वैसा ही प्रयोग करना चाहिए।

(घ) वनस्पति-विज्ञान, प्राणि-विज्ञान, भू-विज्ञान आदि की द्विपदी नामावली;

(ङ) स्थिरांक जैसे—π, g आदि;

(च) ऐसे अन्य शब्द जिनका आमतौर पर सारे संसार में व्यवहार हो रहा है, जैसे—रेडियो, पेट्रोल, रेडार, इलेक्ट्रॉन, प्रोटॉन, न्यूट्रॉन आदि;

(छ) गणित और विज्ञान की अन्य शाखाओं के संख्यांक, प्रतीक चिह्न और सूत्र जैसे साइन, कोसाइन, टेन्जेंट, लॉग आदि (गणितीय संक्रियाओं में प्रयुक्त अक्षर रोमन या ग्रीक वर्णमाला में होने चाहिए)।

2. प्रतीक, रोमन लिपि में अन्तरराष्ट्रीय रूप में ही रखे जाएँगे, परन्तु संक्षिप्त रूप नागरी और मानक रूपों में भी विशेषत: साधारण तौल और माप में लिखे जा सकते हैं, जैसे—सेंटीमीटर का प्रतीक Cm हिन्दी में भी ऐसे ही प्रयुक्त होगा, परन्तु इसका नागरी संक्षिप्त रूप से.मी. हो सकता है। यह सिद्धान्त बाल साहित्य और लोकप्रिय पुस्तकों में अपनाया जाएगा, परन्तु विज्ञान और शिल्प विज्ञान की मानक पुस्तकों में केवल अन्तरर्राष्ट्रीय प्रतीक Cm ही प्रयुक्त करना चाहिए।

3. ज्यामितीय आकृतियों में भारतीय लिपियों के अक्षर प्रयुक्त किए जा सकते हैं जैसे—

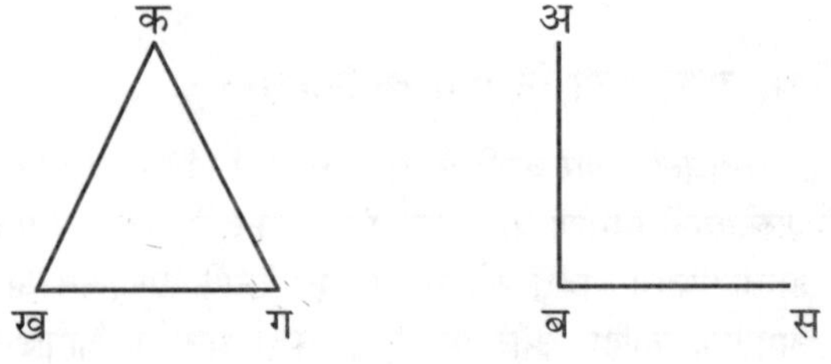

परन्तु त्रिकोणमितीय सम्बन्धों में केवल रोमन अथवा ग्रीक अक्षर ही प्रयुक्त करने चाहिए जैसे साइन ए, कॉस बी आदि।

4. संकल्पनाओं को व्यक्त करनेवाले शब्दों का सामान्यत: अनुवाद किया जाना चाहिए।

5. हिन्दी पर्यायों का चुनाव करते समय सरलता, अर्थ की परिशुद्धता और सुबोधता का विशेष ध्यान रखना चाहिए। सुधार विरोधी और विशुद्धवादी प्रवृत्तियों से बचना चाहिए।
6. सभी भारतीय भाषाओं के शब्दों में यथासम्भव अधिकाधिक एकरूपता लाना ही इसका उद्देश्य होना चाहिए और इसके लिए ऐसे शब्द अपनाने चाहिए जो—
   (क) अधिक-से-अधिक प्रादेशिक भाषाओं में प्रयुक्त होते हों और
   (ख) संस्कृत धातुओं पर आधारित हों।
7. ऐसे देशी शब्द सामान्य प्रयोग के वैज्ञानिक शब्दों के स्थान पर हमारी भाषाओं में प्रचलित हो गए हैं, जैसे—Telegraph, Telegram के लिए तार, Continent के लिए महाद्वीप, Atom के लिए परमाणु आदि, ये सब इसी रूप में व्यवहार किए जाने चाहिए।
8. अंग्रेजी, पुर्तगाली, फ्रांसीसी आदि भाषाओं के ऐसे विदेशी शब्द जो भारतीय भाषाओं में प्रचलित हो गए हैं, जैसे—इंजन, मशीन, लावा, मीटर, लीटर, प्रिज्म, टॉर्च आदि इसी रूप में अपनाए जाने चाहिए।
9. **अन्तरराष्ट्रीय शब्दों का देवनागरी लिपि में लिप्यन्तरण—** अंग्रेजी शब्दों का लिप्यन्तरण इतना जटिल नहीं होना चाहिए कि उसके कारण वर्तमान देवनागरी वर्णों के लिए चिह्न व प्रतीक शामिल करने की आवश्यकता पड़े। अंग्रेजी शब्दों का देवनागरीकरण करते समय लक्ष्य यह होना चाहिए कि वह मानक अंग्रेजी उच्चारण के अधिकाधिक अनुरूप हो और उनमें ऐसे परिवर्तन किए जाएँ जो भारत के शिक्षित वर्ग में प्रचलित हों।
10. **लिंग—** हिन्दी में अपनाए गए अन्तरराष्ट्रीय शब्दों को अन्यथा कारण न होने पर पुल्लिंग रूप में ही प्रयुक्त करना चाहिए।
11. **संकर शब्द—** वैज्ञानिक शब्दावली में संकर शब्द जैसे ionization के लिए आयनीकरण, voltage के लिए वोल्टता, ringstand के लिए वलय स्टैंड, soaponifier के लिए साबुनीकरण आदि के रूप सामान्य और प्राकृतिक भाषा शास्त्रीय क्रिय। के अनुसार बनाए गए हैं और ऐसे शब्द रूपों को वैज्ञानिक शब्दावली की आवश्यकताओं तथा सुबोधता, उपयोगिता और संक्षिप्तता का ध्यान रखते हुए व्यवहार करना चाहिए।
12. **वैज्ञानिक शब्दों में सन्धि और समास—** कठिन सन्धियों का यथासम्भव कम-से-कम प्रयोग करना चाहिए और संयुक्त शब्दों के लिए दो शब्दों के बीच हाइफन लगा देना चाहिए। इससे नई शब्द रचनाओं को सरल और शीघ्रता से समझने में सहायता मिलेगी। जहाँ तक संस्कृत पर आधारित 'आदिवृद्धि' का सम्बन्ध है, 'व्यावहारिक', 'लाक्षणिक' आदि प्रचलित

संस्कृत तत्सम शब्दों में आदिवृद्धि का प्रयोग ही अपेक्षित है परन्तु नव-निर्मित शब्दों में इससे बचा जा सकता है।

13. **हलन्त**—नये अपनाए हुए शब्दों में आवश्यकतानुसार हलन्त का प्रयोग करके उन्हें सही रूप में लिखना चाहिए।

14. **पंचम वर्ग का प्रयोग**—पंचम वर्ग के स्थान पर अनुस्वार का प्रयोग करना चाहिए, परन्तु Lense, Patent आदि शब्दों का लिप्यन्तरण लैंस, पेटेंट या पेटेण्ट न करके लेन्स, पेटेंट ही करना चाहिए।

पारिभाषिक शब्दावली निर्माण की प्रक्रिया

पारिभाषिक शब्दावली निर्माण की प्रक्रिया को मुख्यतः चार बिन्दुओं में विभक्त किया जा सकता है, ये हैं ग्रहण अर्थात अंगीकरण, अनुकूलन, निर्माण और अनुवाद।

1. ग्रहण अर्थात अंगीकरण—ग्रहण से तात्पर्य है सर्वस्वीकृत शब्दों का अपनी भाषा में अंगीकरण कर लेना। पारिभाषिक शब्दावली निर्माण के सिद्धान्तों को स्पष्ट करते हुए वैज्ञानिक एवं तकनीकी शब्दावली निर्माण आयोग ने बड़े पैमाने पर अन्तरराष्ट्रीय शब्दों को स्वीकार करने की पेशकश की। इस पक्ष में कई तर्क दिए गए जैसे—इससे नई पारिभाषिक शब्दावली के निर्माण के पीछे होनेवाले श्रम व्यय, समय और धन से बचा जाएगा। तथा अंग्रेजी की पारिभाषिक शब्दावली अपनाने से वैज्ञानिक, औद्योगिक और प्राविधिक क्षेत्रों में समस्त विश्व से हमारा सहज ही संवाद हो सकेगा जिससे विकास को आसानी से गति मिलेगी।

इससे कई तरह की असुविधाएँ भी जन्म लेती हैं, शब्द निर्माणकर्ताओं को इस पर भी पर्याप्त ध्यान देना चाहिए। सबसे मूल कारण तो यही है कि हर शब्द हर भाषा की प्रकृति के अनुकूल बनता है और उस भाषा विशेष में ही वह अधिक उपयुक्त होता है। यह जरूरी नहीं है कि अन्य भाषा में भी वह उतना ही अधिक सहज सम्प्रेष्य और बोधगम्य हो।

लेकिन विज्ञान के कई विषयों यथा रसायन, भौतिकी आदि अन्यान्य वैज्ञानिक विषयों के साथ यह बात स्वीकार की जा सकती है क्योंकि ये ज्ञान-विज्ञान के विषय अन्तरराष्ट्रीय मानकों के अनुरूप हों यह जरूरी है, अतः इनके लिए अन्तरराष्ट्रीय संकेतों और शब्दों को ग्रहण किया जा सकता है। आज ऐसे शब्दों को स्वीकार भी किया जा चुका है जैसे—पेट्रोल, डीजल, इंजन, बिस्कुट, एम्पीयर, कार्बनडाईऑक्साइड, ऑक्सीजन आदि।

2. अनुकूलन—अनुकूलन से तात्पर्य है एक भाषा के शब्द को दूसरी भाषा के अनुकूल ढालना। जब विदेशी भाषा का कोई भी शब्द किसी भाषा में ग्रहण कर लिया जाता है तो उसे उस भाषा का, जिसमें वह ग्रहण किया जाता है शब्द मानकर

प्रयोग किया जाता है। ऐसा शब्द की ध्वन्यात्मक और व्याकरणात्मक विशेषताओं की वजह से ही होता है। जैसे एंजिन का इंजन। इसी प्रकार प्रत्यय लगाकर जैसे आयनीकरण के साथ 'करण', वोल्टता वोल्ट के साथ 'ता' प्रत्यय लगाकर आदि। अनुकूलता की यह प्रवृत्ति सभी भाषाओं की सहज प्रवृत्ति होती है।

3. नवनिर्माण—अनुकूलन और ग्रहण मात्र से किसी भाषा का शब्द भंडार समृद्ध नहीं हो सकता। भाषा की प्रकृति के अनुसार बहुत से नये शब्दों के निर्माण की आवश्यकता पड़ती है। नये शब्द उपसर्ग, प्रत्यय आदि लगाकर बनाए जाते हैं, पर इसमें मूल धातु अपनी भाषा की शब्द सम्पदा से ली जाती है। जैसे संस्कृत की धातु में उपसर्ग और प्रत्यय लगाकर कई शब्द बनाए गए है—क्रिया-प्रक्रिया, संक्रिया, अनुक्रिया।

इस पद्धति से अर्थ की दृष्टि से अंग्रेजी शब्दों के लिए अलग-अलग हिन्दी पर्याय उसकी अर्थ संरचना को दृष्टिगत रखते हुए निर्धारित किए जा सकते हैं, उदाहरण के लिए 'रक्षण' शब्द को लिया जा सकता है।

अनुरक्षण — Maintenance
आरक्षण — Reservation
संरक्षण — Conservation

इसी प्रकार—

Right — अधिकार
Privilege — विशेषाधिकार
Monopoly — एकाधिकार

विदेशी शब्दों के लिप्यन्तरण से भी नये शब्दों का सृजन किया जा सकता है यहाँ लिप्यन्तरण करते समय शब्द की ध्वन्यात्मक प्रकृति को दृष्टिगत रखा जाता है, जैसे--

Fantasy — फंतासी
Academy — अकादमी
Comedy — कामदी
Tragedy — त्रासदी

यही नहीं, पारिभाषिक शब्द निर्माण में अन्य भाषाओं की प्रकृति को भी समझना जरूरी होता है। अपनी भाषा के साथ अन्य भाषा की संरचनात्मक विशेषता की सामान्य समझ आवश्यक है, जैसे—हिन्दी की ही भाँति अंग्रेजी में जो प्रत्यय, उपसर्ग आदि लगाए जाते हैं उनका बोध होना जरूरी होता है। अंग्रेजी के ऐसे हिन्दी पर्यायों (प्रत्ययों, उपसर्गों का) कुछ उदाहरण दृष्टव्य है—

Deputy Director — उपनिदेशक
Sub-Inspector — उपनिरीक्षक
Joint Secretary — संयुक्त सचिव
Assistant Secretary — सहायक सचिव

इसी प्रकार—

Director-General	—	महानिदेशक
Attorney-General	—	महान्यायवादी
Inspector-General	—	महानिरीक्षक

4. अनुवाद— पारिभाषिक शब्दावली के निर्माण में अनुवाद भी बहुत उपयोगी होता है। क्योंकि सभी शब्दों को निर्मित करना न तो जरूरी होता है न सम्भव। बहुत से शब्द ऐसे होते हैं जिनका अनुवाद कर लेना ही उपयुक्त होता है। अनुवाद भाषा की अर्थसंरचना को दृष्टिगत रखते हुए किया जाता है जैसे—

Cold War	—	शीत युद्ध
Workshop	—	कार्यशाला
Managing Director	—	प्रबन्ध निदेशक
Iron Curtain	—	लौहपट
Share Market	—	शेयर बाजार
Stock Holder	—	स्टॉक धारक
Cencer Officer	—	सेंसर अधिकारी

कभी-कभी पूरे के पूरे शब्द समूह को ही अनुदित कर लिया जाता है जैसे—

West Asia Peace Conference	—	पश्चिम एशिया शान्ति वार्ता
International Monetary Fund	—	अन्तरराष्ट्रीय मुद्रा कोष
Social Welfare Officer	—	समाज कल्याण अधिकारी

पारिभाषिक शब्दावली की विशेषताएँ

पारिभाषिक शब्दावली के अर्थ और प्रकृति को दृष्टिगत रखते हुए निम्नलिखित सामान्य विशेषताएँ मानी जा सकती हैं :

(क) पारिभाषिक शब्दावली की सर्वाधिक महत्त्वपूर्ण विशेषता यह कि एक संकल्पना के लिए एक ही शब्द का प्रयोग किया जाए, क्योंकि पारिभाषिक शब्द किसी-न-किसी संकल्पना से जुड़े होते हैं।

(ख) पारिभाषिक शब्दावली का अर्थ सुनिश्चित, सुबोध और स्पष्ट होता है। वह अर्थ संकोच अथवा अर्थ-विस्तार के दोष से मुक्त होता है।

(ग) पारिभाषिक शब्द की एक विशेषता यह भी है कि ये शब्द विशिष्ट क्षेत्र में विशिष्ट, किन्तु मूल से अलग अर्थ में प्रयुक्त होते हैं यथा Genral (जनरल) शब्द सामान्य रूप से 'साधारण' के अर्थ में प्रयुक्त होता है परन्तु प्रशासन में यह अलग अर्थबोधक होता है यथा Director General of Police (पुलिस महानिदेशक), Post Master General (महाप्रबन्धक पोस्ट), Advocate General (महान्यायवादी) आदि।

(घ) उर्वरता— पारिभाषिक शब्दावली की एक अनन्य विशेषता है उर्वरता। प्रत्यय या उपसर्ग लगाकर मूल शब्द से कई शब्द बनाए जा सकते हैं यथा 'गति' इस शब्द से प्रतिगति, अनुगति, अंगति, प्रगति आदि शब्द उपसर्ग लगाकर बनाए जा सकते हैं।

प्रशासनिक पारिभाषिक शब्दावली

भाषा के प्रत्येक व्यवहार क्षेत्र के प्रयोग की अपनी विशेषताएँ होती हैं। उनकी ये विशेषताएँ शब्दावली के स्तर पर भी होती हैं और वाक्य विन्यास के स्तर पर भी। प्रशासनिक कार्यों में प्रयुक्त होनेवाली शब्दावली सन्दर्भ के अनुसार एक निश्चित, परिभाषित अर्थ में प्रयुक्त होती है। उसका अपना विशेष अर्थ होता है। उदाहरणस्वरूप Enquiry (जाँच), Put up (प्रस्तुत करना), Under Secretary (अवर सचिव), Power of Attorney (मुख्तारनामा), Dismisal (पदच्युति, बर्खास्तगी) आदि शब्द प्रशासनिक व्यवहार में अपना विशेष अर्थ रखते हैं।

राजभाषा के रूप में हिन्दी के प्रयोग के विषय में 1955 के राष्ट्रपति के आदेश में प्रशासनिक कार्यों में हिन्दी का प्रयोग प्राधिकृत किया गया। उल्लेखनीय है कि इसके पूर्व 14 सितम्बर, 1949 को संविधान में हिन्दी को भारत की राजभाषा घोषित किया जा चुका था परन्तु अब तक प्रशासनिक कार्यों में अंग्रेजी भाषा का ही व्यवहार होता था। 1955 के आदेश के साथ ही हिन्दी के शब्दों के प्रयोग की दिशा में सरकारी स्तर पर प्रयास में तेजी आई। यद्यपि 1952 में तत्कालीन शिक्षा मंत्रालय की देखरेख में वैज्ञानिक, तकनीकी और प्रशासनिक क्षेत्र में प्रयुक्त शब्दावली के निर्माण का कार्य शुरु हो चुका था, लेकिन न तो गतिशीलता आ रही थी और न ही प्रतिबद्धता लक्षित हो रही थी। परिणामस्वरूप विसंगतियाँ अधिक सामने आने लगी थी। हिन्दी के पारिभाषिक शब्दों को लेकर अनेकरूपता और द्विअर्थता की स्थिति अधिक थी, एकरूपता और एकार्थता की कम।

संवैधानिक अनिवार्यता के कारण 1961 में शिक्षा मंत्रालय के अधीन वैज्ञानिक एवं तकनीकी शब्दावली आयोग की स्थापना की गई। आयोग ने केन्द्र और राज्य सरकारों के प्रतिनिधियों, विषय विशेषज्ञों से सतत परामर्श करते हुए प्रारम्भ में प्रशासन के क्षेत्र में दो शब्दावलियाँ प्रकाशित की 'प्रशासन शब्दावली' और 'पदनाम शब्दावली'। बाद में इन दोनों में संशोधन परिवर्द्धन करते हुए 'समेकित प्रशासन शब्दावली' के रूप में प्रकाशित किया गया तथा इस दिशा में और प्रयास हुए। वर्तमान में 'वृहद प्रशासन शब्दावली' के नाम से इसे प्रकाशित किया गया है।

प्रशासन में भाषा की महत्त्वपूर्ण भूमिका होती है। प्रशासन में सम्पूर्ण कार्य लिखा-पढ़ी से ही होता है। इस कार्य के लिए प्रयुक्त होनेवाली भाषा की शब्दावली का निर्माण और निर्धारण बहुत जरूरी होता है। प्रशासन में प्रयुक्त की जानेवाली

ऐसी विशेष शब्दावली को प्रशासनिक शब्दावली कहते हैं। आयोग, अधिकारी, ग्रेच्युटी, अग्रिम भुगतान आदि प्रशासनिक शब्द हैं।

प्रशासनिक शब्दावली की विशेषताएँ

प्रशासन में हिन्दी का प्रयोग कामकाज को सर्वजन सुलभ और बोधगम्य बनाने के लिए किया जाता है। अतः ऐसी शब्दावली का प्रयोग अपेक्षित होता है जो कि सरल, सुबोध और सन्दर्भ के अनुकूल हो, उसमें अलंकारिता अथवा पांडित्य प्रदर्शन न हो। भाषा का मूल उद्देश्य सम्प्रेषण है, प्रशासनिक शब्दावली और भाषा का ध्यान मूल रूप से इसी पर होता है। प्रशासनिक शब्दावली की निम्नलिखित विशेषताएँ होती हैं—

1. प्रशासनिक शब्द, सरल, सुबोध और स्पष्ट होते हैं।
2. शब्दों में एकरूपता और एकार्थता होती है।
3. शब्दावली निर्माण में ग्रहण और अनुकूलन दोनों प्रक्रियाओं को अपनाया जाता है।
4. प्रशासनिक शब्दावली के निर्माण में समस्त भारतीय भाषाओं के ऐसे शब्दों का चयन किया जाता है जो आम जनता में चलन में होते हैं।
5. तकनीकी शब्दों के पर्यायों के साथ कोष्ठक में इसका अंग्रेजी रूप दिया जाता है।
6. अंग्रेजी के जो शब्द आम प्रचलन में आ गए हैं उनका हिन्दी अनुवाद करने की बजाय उन्हें मूलरूप में देवनागरी में लिखा जाता है, जैसे—स्टेशन, डॉक्टर, कार, ड्राईवर, पेंशन आदि।

प्रशासनिक शब्दावली के स्त्रोत व प्रकार

हिन्दी की प्रशासनिक शब्दावली का मूल स्त्रोत अर्थ की दृष्टि से अंग्रेजी भाषा की प्रशासनिक शब्दावली ही है। इसका कारण यह है कि प्रशासन का स्वरूप आज भी वही है जो अंग्रेजी शासन के समय था। आजादी के बाद भी प्रायः प्रशासनिक पद्धति को अंग्रेजी की तर्ज पर ही अपनाया गया और अंग्रेजी कामकाज की भाषा यथावत बनी रही। इसलिए हिन्दी की प्रशासनिक शब्दावली का मूलस्त्रोत अंग्रेजी शब्द ही है। जाहिर है उन शब्दों के प्रशासनिक अर्थ नहीं बदले हैं केवल भाषा अंग्रेजी के स्थान पर हिन्दी हुई है। रूपरचना की दृष्टि से प्रशासनिक शब्दावली के निर्माण में अनेक बातों को ध्यान में रखा गया है—

1. अंग्रेजी के शब्दों का हिन्दी में पूर्ण रूपान्तर

Income Tax — आयकर
Assistant — सहायक
Deputy Secretary — उपसचिव
Union Public Service Commission — संघ लोक सेवा आयोग

Accountant General — महालेखाकार
All India Radio — आकाशवाणी
Board of Directors — निदेशक मंडल

2. प्रशासनिक शब्दावली निर्माण में हिन्दी के तत्सम शब्दों को वरीयता दी गई है। जो तद्भव या देशज शब्द प्रचलित हैं उन्हें भी शामिल किया गया है। अरबी-फारसी-उर्दू के भी प्रचलित शब्दों का प्रयोग किया गया है।

Admission — प्रवेश, दाखिला
Cadre — संवर्ग
Release — मुक्ति, रिहाई
Entry — प्रविष्टि, इन्दराज, प्रवेश
Dismiss — पदच्युत, बर्खास्त
Resignation — त्यागपत्र, इस्तीफा
Draft — प्रारूप, मसौदा
Payment — भुगतान, अदायगी
Cash Advance — नकद पेशगी
Cash Recovery — नकद वसूली

3. जहाँ हिन्दी में उपर्युक्त पर्याय नहीं मिले हैं वहाँ नये शब्द भी बनाए गए हैं, जिसमें तत्सम शब्दों को आधार बनाया गया है जैसे—

Post Graduate स्नातकोत्तर
Whole Time पूर्णकाणिक
Part Time अंशकालिक
Adulteration अपमिश्रण

4. प्रशासनिक हिन्दी में बहुत से शब्द हिन्दी और अंग्रेजी के विषम मिश्रण से भी बने हैं। ऐसे शब्दों में कुछ शब्द हिन्दी के हैं और कुछ अंग्रेजी के। जैसे—

Budget Provision — बजट प्रावधान
Banking Service — बैंकिंग सेवा
Audit Report — लेखा परीक्षा रिपोर्ट
Company Secretary — कम्पनी सचिव
Private Secretary Grade-1 — निजी सचिव ग्रेड 1
National Cader Corps — राष्ट्रीय कैडेट कोर

5. प्रशासनिक शब्दावली में ऐसे भी बहुत से शब्द हैं; जिनका हिन्दी पर्याय रखने की बजाय अंग्रेजी मूल के शब्द को देवनागरी में लिप्यन्तरित कर दिया गया है, जैसे—

Station Master — स्टेशन मास्टर

Doctor — डॉक्टर
Railway Board — रेलवे बोर्ड
Canteen Manager — कैंटीन मैनेजर
Gazetteer — गजेटियर

6. हिन्दी-उर्दू के मिश्रण से भी कई शब्द बनाए गए हैं जैसे—

Balance of Payment — अदायगी शेष
Arrear Statement — बकाया विवरण

7. यद्यपि पारिभाषिक शब्द निर्माण में शब्दार्थ ही महत्त्वपूर्ण होता है परन्तु कुछ शब्द ऐसे भी होते हैं और बनाए गए हैं जिनमें शब्दार्थ नही, भावार्थ प्रमुख है, जैसे—

Parent Office — मूल कार्यालय
Foreign Service — विदेश सेवा
Minister of External Affairs — विदेश मंत्रालय
Consolidation Officer — चकबन्दी अधिकारी
Returning Officer — निर्वाचन अधिकारी
Chief Advisor — मुख्य सलाहकार
Chief of Air Staff — वायु सेनाध्यक्ष
Head of Department — विभागाध्यक्ष
Headquarter — मुख्यालय

8. हिन्दी के कुछ मूल शब्दों में उपसर्ग, प्रत्यय आदि के प्रयोग से भी शब्द बनाए गए हैं, जैसे—

Officer — अधिकारी
Authority — प्राधिकारी
Order — आदेश
Money Order — धनादेश
Guest — अतिथि
Guest House — अतिथिगृह
Under — अधीन
Under Considerations — विचाराधीन

5

जनसंचार माध्यम : हिन्दी पत्रकारिता

'जनसंचार' दो शब्दों के योग से बना है—'जन' और 'संचार'। 'जन' का अर्थ है 'जनता' और 'संचार' का अर्थ है 'सम्प्रेषण की क्रिया'। अंग्रेजी में इसे 'मॉस कम्युनिकेशन' के नाम से जाना जाता है। संचार अर्थात सम्प्रेषण की प्रक्रिया धरती के समस्त जीवों में होती है। पेड़-पौधे, जीव-जन्तु, मनुष्य सभी में सम्प्रेषण की प्रक्रिया सृष्टि के प्रारम्भिक काल से ही देखने को मिलती है।

संचार शब्द की व्युत्पत्ति 'चर' धातु से हुई है, जिसका अर्थ है—चलना या एक स्थान से दूसरे स्थान तक पहुँचना। मौखिक या लिखित सन्देश, सूचना को एक जगह से दूसरी जगह भेजने को संचार कहा जाता है। प्रसिद्ध संचारशास्त्री विल्बर श्रैम के अनुसार संचार अनुभवों की साझेदारी है। वास्तव में हम संचार करते हुए अपने अनुभवों का आदान-प्रदान करते हैं। लेकिन यह सिर्फ दो व्यक्तियों के बीच की साझेदारी तक सीमित नहीं है। इसका दायरा बड़ा व्यापक होता है। एक तरह से समूचा संसार इसके दायरे में आता है। दुनिया के एक कोने से दूसरे कोने तक सन्देश या सूचना का प्रसारण जनसंचार का विषय है।

मनुष्य एक सामाजिक प्राणी है, इसलिए उसमें यह प्रक्रिया अधिक प्रगत रूप में विद्यमान है। वास्तव में इस सम्प्रेषण का उद्देश्य होता है—भावों और विचारों का अभिव्यक्तिकरण। कोशों में संचार का अर्थ इस प्रकार दिया गया है—सम्प्रेषण का कार्य, सूचना देना अथवा सूचना, संकेत या सन्देश का आदान-प्रदान, जो वार्तालाप, हावभाव या लेखन द्वारा किया जाता है। इस प्रकार जनसंचार, जन-सम्प्रेषण अर्थात जनमत, भावनाओं, जन-विचारों के प्रकटीकरण-प्रसारण का एक माध्यम है। आज जनसंचार अपने व्यापक अर्थ में सफल हो रहा है। विज्ञान की प्रगति ने जनसंचार के जो नये-नये माध्यम दिए हैं उनसे सूचना संचार को गति मिली है। आज जनसंचार के माध्यमों से व्यक्ति को अपने देश में घट रही घटनाओं की त्वरित जानकारी मात्र नहीं मिल रही है बल्कि विश्व मंच पर क्या घट रहा है, इसकी भी जानकारी मिल रही है।

संचार का सबसे महत्त्वपूर्ण और प्रगत पक्ष है जनसंचार। जब हम व्यक्तियों के समूह के साथ प्रत्यक्ष संवाद की बजाय किसी तकनीकी या यांत्रिक माध्यम से

देश-दुनिया के विशाल मानव समुदाय से संवाद कायम करने की कोशिश करते हैं, तो इसे जनसंचार कहते हैं। इसमें सन्देश को यांत्रिक माध्यम के जरिये बहुगुणित कर दिया जाता है जिससे यह अधिक-से-अधिक लोगों तक पहुँच सके। समाचार-पत्र, टी.वी., सिनेमा, इंटरनेट आदि यांत्रिक माध्यमों की सहायता से संचारित सन्देश, सूचना को इसके अन्तर्गत रखा जाता है।

हर युग में जनसंचार के अपने कुछ-न-कुछ माध्यम रहे हैं। हमारे पूर्वज आदिमानव के पास जब शब्द जैसा कोई संवाद का माध्यम नहीं था, तब संकेतों, प्रतीकों के द्वारा संवाद होता था। कालान्तर में जैसे-जैसे सामाजिक चेतना आती गई, भावों और विचारों को प्रकट करने को शब्द जैसा एक माध्यम मिला, वैसे-वैसे संवाद की प्रक्रिया बदलती गई। सूचना उपग्रहों का जाल फैलने के पहले परम्परागत रूप में भी देश में संचार के कई माध्यम प्रचलित थे यथा लोकगीत, लोक नाट्य, नाटक, रामलीला, कठपुतली का नाच आदि श्रव्य एवं दृश्य संचार के ही माध्यम थे। मेले, उत्सव, तमाशे आदि भी संचार माध्यम के ही विविध रूप रहे हैं।

आधुनिक युग में विज्ञान की प्रगति ने संचार के माध्यमों को बहुत उन्नत किया है। आज सूचना संचार और प्रौद्योगिकी दोनों के क्षेत्र में उल्लेखनीय प्रगति हुई है, दोनों एक-दूसरे के लिए उपयोगी सिद्ध हुए हैं। 'सूचना प्रौद्योगिकी', सूचना और विज्ञान की प्रगति का ही परिणाम है। श्री राधेश्याम शर्मा के मतानुसार, "शिक्षा ने विज्ञान को जन्म दिया और विज्ञान ने जनसंचार के नवीन साधनों को। अब जनसंचार के ये साधन शिक्षा और विज्ञान दोनों के प्रचार-प्रसार के लिए उल्लेखनीय भूमिका निभा रहे हैं। किसी देश की सर्वांगीण प्रगति की कहानी वास्तव में वहाँ की शिक्षा और विज्ञान की प्रगति की कहानी है।"

जनसंचार और सूचना प्रौद्योगिकी के विकास में कम्प्यूटर ने विशेष योगदान दिया है। आज सूचना संचार का दायरा काफी बढ़ गया है, उपग्रहों का जाल चारों ओर फैल जाने से सूचना संचार के माध्यम से देश के विकास की कहानी नये सिरे से लिख रहे हैं। समाचार-पत्र, पत्रिकाएँ, रेडियो, टेलीविजन, वीडियो, टेलीफोन, फैक्स, कम्प्यूटर, इंटरनेट, ई-मेल आदि की अत्याधुनिक प्रगति से सूचना का विस्फोट हुआ है। यहाँ संचार के इन माध्यमों पर सविस्तार विचार किया गया है।

मुद्रित शब्द संचार जनसंचार का एक प्रमुख माध्यम है। मुद्रण कला अर्थात प्रेस के माध्यम से सूचना के आदान-प्रदान, प्रसार को लम्बे समय तक सर्वाधिक विश्वसनीय माध्यम माना जाता रहा है। आज भी तमाम अधुनातन प्रौद्योगिकी विकास के बावजूद जन-माध्यम के रूप में पत्रकारिता की लोकप्रियता बरकरार है। प्रेस अर्थात मुद्रित माध्यम समाचार-पत्र, पत्रिकाओं ने समाज को जागरुक बनाने में अहम भूमिका निभाई है। अपने उदयकाल से लेकर आज तक पत्रकारिता एक सशक्त जन माध्यम बना हुआ है।

हिन्दी पत्रकारिता : उद्भव और विकास

पत्रकारिता समाज-जीवन के विकास की ऐसी अनूठी उपलब्धि है जिसके माध्यम से हम समाज का प्रतिबिम्ब देख सकते हैं। किसी भी राष्ट्र, समाज को जानने के लिए वहाँ की पत्रकारिता को जानना एक सशक्त आधार है। पत्रकारिता को लोकतंत्र का एक प्रधान स्तम्भ माना गया है। पत्रकारिता शब्द अंग्रेजी 'जर्नलिज्म' का पर्याय है। 'जर्नलिज्म' शब्द की व्युत्पत्ति 'जर्नल' शब्द से हुई है, जिसका अर्थ है—दैनिक विवरण। इसके लिए वस्तुत: 'मैगजीन' शब्द का प्रयोग होता है, हिन्दी में जिसे 'पत्रिका' के लिए प्रयुक्त करते हैं परन्तु कालान्तर में इसका अर्थ-विस्तार हो गया और इसका प्रयोग समाचार-पत्र, साप्ताहिक, दैनिक और फिल्म आदि जनसंचार के विविध माध्यमों के लिए होने लगा। इसे परिभाषित करते हुए 'पत्रकारिता परिभाषा कोश' में कहा गया है—"पत्र-पत्रिकाओं, रेडियो, दूरदर्शन आदि के लिए समाचार लेख, फीचर आदि लिखने तथा सम्पादित करने की कला पत्रकारिता है।"

भारतवर्ष में पत्रकारिता का आरम्भ अंग्रेजों द्वारा हुआ। उन्होंने अपने हित के लिए अपनी भाषा अंग्रेजी में समाचार-पत्रों का प्रकाशन शुरू किया। भारतीय पत्रकारिता के इतिहास में पहला पत्र निकालनेवाला जेम्स आगस्टन हिक्की था, जिसने 1780 में कलकत्ता से 'हिकीज बंगाल गजट' नामक अंग्रेजी साप्ताहिक-पत्र निकाला। यही पत्र 'कलकत्ता जनरल एडवाइजर' के नाम से भी जाना जाता है।

समाचार-पत्र, पत्रकारिता का सबसे प्रमुख अंग माना जाता है। भारतवर्ष में पत्रकारिता का उदय समाचार-पत्र के रूप में ही हुआ। वे समाचार-पत्र सोद्‌देश्य होते थे। उनका उद्‌देश्य होता था सरकार के भ्रष्टाचार का भंडाफोड़ और उसकी दमन नीति का विरोध करना। हिन्दी पत्रकारिता का उदय इसी महत उद्‌देश्य को लेकर हुआ। आधुनिक अर्थ में भारत में पत्रकारिता की शुरुआत अंग्रेजी पत्रकार हिक्की की प्रेरणा से कलकत्ता से ही हुई। हिन्दी का पहला समाचार-पत्र 'उदन्त मार्तंड' 1826 में प्रकाशित हुआ। इसके सम्पादक पं. जुगलकिशोर शुक्ल थे परन्तु आर्थिक कारणों से यह पत्र अधिक दिनों तक नहीं निकल सका। "उदन्त मार्तंड" से लेकर 1947 के पूर्व तक इस देश में कई पत्र-पत्रिकाएँ हिन्दी और अन्य भारतीय भाषाओं में निकली।

भारतीय भाषाओं के विकास में पत्रकारिता की महती भूमिका है। हिन्दी में भारतेन्दु बाबू हरिश्चन्द्र ने प्रारम्भिक दौर में महत्त्वपूर्ण भूमिका निभाई, उनके द्वारा प्रकाशित पत्र-पत्रिकाओं ने हिन्दी को नई चाल में ढालने का प्रयत्न किया। महात्मा गांधी, लोकमान्य तिलक, पं. मदनमोहन मालवीय जैसे नेताओं ने जनजागरुकता के लिए पत्रकारिता को एक प्रमुख अस्त्र बनाया। देश की स्वतंत्रता में पत्रकारिता की

उल्लेखनीय भूमिका मानी जाती है। देशभर में जनमानस को जागृत और एकजूट करने में भारतीय भाषाओं की पत्रकारिता ने सूत्रधार का कार्य किया। हिन्दी में गणेश शंकर विद्यार्थी, पं. महावीर प्रसाद द्विवेदी, माखनलाल चतुर्वेदी, बाबूराव विष्णु राव पराड़कर, प्रताप नारायण मिश्र, शिवपूजन सहाय, रामवृक्ष बेनीपुरी जैसे पत्रकारों ने महत्त्वपूर्ण कार्य किया। पत्र-पत्रिकाओं में 'केसरी', 'सरस्वती', 'हंस', 'कर्मवीर', 'आज', 'विशाल भारत', 'प्रदीप', 'चाँद' प्रमुख रही हैं।

शुरू से आज तक की हिन्दी पत्रकारिता के वृहत् इतिहास को डॉ. रामचन्द्र तिवारी ने निम्न चरणों में बाँटा है—

1. उदयकाल (1826-1867)
2. भारतेन्दु युग (1867-1900)
3. तिलक अथवा द्विवेदीयुग (1900-1920)
4. गांधी युग (1920-1947)
5. स्वातंत्र्योत्तर काल (1947 के बाद)

हिन्दी पत्रकारिता ने इस अवधि में जो प्रगति की है, उस पर क्रमवार विचार करना आवश्यक है। हिन्दी पत्रकारिता की प्रगति यात्रा का संक्षिप्त परिचय निम्नानुसार है—

उदयकाल अथवा प्रारम्भिक-युग (1826-1867)

पं. जुगलकिशोर शुक्ल के द्वारा प्रकाशित प्रथम हिन्दी पत्र 'उदन्त मार्तंड' से हिन्दी पत्रकारिता का प्रारम्भ माना जाता है। उनके बाद राजा राम मोहन राय ने भी एक पत्र निकाला। 1845 में राजा शिव प्रसाद सितारेहिन्द का 'बनारस अखबार' निकला तथा 1850 में काशी से ही 'सुधाकर-पत्र' हिन्दी-बंगला में निकला। 1852 में आगरा से 'बुद्धिप्रकाश' का प्रकाशन हुआ। 1865 में ईसाई मिशनरी के द्वारा भी शुद्ध हिन्दी पत्र 'लोकहित' का प्रकाशन हुआ।

भारतीय इतिहास में यह समय आजादी की लड़ाई का प्रथम चरण था। 1857 में स्वतंत्रता संग्राम का बिगुल बजा था। अतः स्वतंत्रता की भावना, राष्ट्रहित, विदेशी शासन की दमन नीति के साथ सामाजिक, धार्मिक, सांस्कृतिक समस्याओं पर इन पत्रों में खूब लिखा गया। इन पत्रों ने जनमानस में जागृति लाने में महत्त्वपूर्ण भूमिका निभाई।

भारतेन्दु-युग (1867-1900)

भारतेन्दु-युग हिन्दी साहित्य के उन्नयन का एक महत्त्वपूर्ण सोपान है। समाज का आधुनिकता से साक्षात्कार इस अवधि में हुआ। अंग्रेजों के साथ जो नई चीजें आई थी और उनकी औपनिवेशिक मानसिकता से जो दमन-चक्र शुरू हुआ था, उसकी

क्रिया-प्रतिक्रिया में इस युग में अनेक पत्र निकले। भारतेन्दु ने स्वयं कई पत्र निकाले। जिसमें 'कविवचन सुधा', 'हरिश्चन्द्र मैगजीन', 'हरिश्चन्द्र चन्द्रिका' आदि उल्लेख्य हैं। उनकी प्रेरणा से ही कई और लोगों ने पत्र-पत्रिकाएँ प्रकाशित की। इस युग की अन्य प्रमुख पत्र-पत्रिकाएँ थीं—'हिन्दू प्रकाश', 'अल्मोड़ा अखबार', 'सदादर्श', 'नागरी', 'ब्राह्मण', 'दैनिक हिन्दोस्तान', 'हिन्दी प्रदीप', 'भारत मित्र' आदि।

भारतेन्दु युग की पत्र-पत्रिकाओं में सामाजिक समस्याओं पर विचार किया जाता था। इन पत्रिकाओं में देश-प्रेम, भाषा-प्रेम, समाज-सुधार आदि पर लेख, कविताएँ, व्यंग्य आदि छपते थे। इनमें राज भक्ति और देशभक्ति दोनों का स्वर सुनाई देता था।

द्विवेदी-युग (1900-1920)

द्विवेदी-युग हिन्दी पत्रकारिता के इतिहास का एक अति महत्त्वपूर्ण युग है। 'सरस्वती' पत्रिका के सम्पादक के रूप में आचार्य महावीर प्रसाद द्विवेदी ने भाषा और साहित्य के लिए जो किया, वह हिन्दी समाज की अक्षुण्य निधि है। इस युग में कई प्रसिद्ध पत्रकार-सम्पादक हुए, जिनमें बाबू राधाकृष्णदास, जगन्नाथदास रत्नाकर, पं. माधवप्रसाद मिश्र, पदुमलाल पुन्नालाल बख्शी आदि प्रमुख हैं। इसी युग में 'सुदर्शन', 'नृसिंह', 'अभ्युदय', 'स्वराज्य', 'कर्मयोगी', 'प्रताप', 'मर्यादा', 'इन्दु' जैसी पत्रिकाएँ प्रकाशित हुईं। गणेश शंकर विद्यार्थी इस युग की एक महत्त्वपूर्ण उपलब्धि माने जाते हैं, जिन्होंने हिन्दी पत्रकारिता को एक नई पहचान दी।

इस युग की पत्रकारिता में स्वदेश प्रेम, शासन के दमन का विरोध, समाज-सुधार आदि की भावना प्रधान थी। राष्ट्रीय चेतना के अभ्युदय के साथ और तिलक के "स्वराज्य हमारा जन्म सिद्ध अधिकार है" के नारे के प्रभाव से इस युग की पत्र-पत्रिकाओं में राष्ट्रभक्ति का स्वर प्रधान था।

गांधी-युग (1920-1947)

भारतीय राजनीति में गांधी जी का आगमन एक ऐतिहासिक घटना साबित हुआ। गांधी जी की अहिंसा नीति और सत्यवादिता से उनके दौर का साहित्य, समाज, पत्र-पत्रिकाएँ सभी प्रभावित थीं। गांधीजी समाचार-पत्र, पत्रिकाओं को आजादी की लड़ाई का एक हथियार मानते थे। वे पत्र-पत्रिकाओं का प्रमुख उद्देश्य जनमानस को अपने अधिकारों के लिए तैयार करना मानते थे। उन्होंने अपने ये विचार स्वयं द्वारा सम्पादित पत्र-पत्रिकाओं में व्यक्त किए।

गांधी युग भारतीय स्वतंत्रता संग्राम का निर्णायक दौर था। इस युग में कई पत्र-पत्रिकाएँ प्रकाशित हुई, जिनमें 'यंग इंडिया', 'नवजीवन', 'हरिजन', 'आज', 'संघर्ष' आदि राजनीतिक पत्र थे; तो 'माधुरी', 'हंस', 'सुधा', 'मतवाला', 'वीणा'

आदि साहित्यिक-सांस्कृतिक पत्रिकाएँ थीं। 'आज', 'नवभारत', 'विश्वबन्धु' और 'आर्यावर्त' ने स्वतंत्रता संग्राम में महत्त्वपूर्ण भूमिका निभाई।

स्वातंत्र्योत्तर-युग (1947 से)

स्वतंत्रता के पूर्व जहाँ पत्र-पत्रिकाओं का उद्देश्य राष्ट्र प्रेम और आजादी की भावना को लेकर था, वहीं आजादी के बाद राष्ट्र के विकास और समाज-सुधार पर केन्द्रित हो गया। स्वातंत्र्योत्तर युग में हिन्दी पत्रकारिता ने बहुमुखी प्रगति की। कई पत्र-पत्रिकाएँ प्रकाशित हुई। विज्ञान के प्रचार से पत्रकारिता को भी नई दिशाएँ मिलीं। प्रिंट की सुविधा और आसान तो हुई ही, समाचार प्रचारण-प्रसारण के साधन भी उन्नत हुए। आकाशवाणी और दूरदर्शन ने भी इसमें महत्त्वपूर्ण भूमिका निभाई। हिन्दी पत्रकारिता-प्रिंट मीडिया ने भी कई नये कीर्तिमान स्थापित किए। स्वतंत्र भारत में विधिवत पत्रकारिता के शिक्षण-प्रशिक्षण पर भी बल दिया गया।

साथ ही, आजादी के बाद समाचार-पत्र सत्ता और सुविधा हथियाने के साधन बनते गए, पूँजीपतियों का उन पर कब्जा होता गया। इसीलिए इसमें व्यावसायिकता की प्रवृत्ति बढ़ती गई। पत्र-पत्रिकाएँ स्वार्थ साधन का अंग बनती गई, ये अर्थ प्राप्ति के साधन बनते गए। परिणाम यह हुआ कि ये अपने उद्देश्यों से भटक गए। आज की पत्रकारिता पीत पत्रकारिता से बहुत-कुछ आतंकित, प्रभावित है। आज बाजार भाव के अनुसार सिद्धान्त गढ़े जा रहे हैं। बाजार में जो बिक जाए वही प्रकाशन के योग्य है। समाचार-पत्र, पत्रिकाएँ किसी समय समाज में पथ-प्रदर्शक का कार्य करती थी परन्तु आज वे जनता को बरगलाने, उनमें सुविधाभोगी प्रवृत्ति को उकसाने का माध्यम बन गई हैं।

आज की पत्रकारिता में मूल्य, अर्थ के पर्याय हो गए हैं। मानवीय, नैतिक मूल्यों के लिए पत्र-पत्रिकाओं में कोई 'स्पेस' नहीं बचा है, क्योंकि बाजार नैतिक-मानवीय मूल्यों पर नहीं, आर्थिक मूल्यों पर नापा-जोखा जा रहा है। हिन्दी पत्रकारिता इसीलिए इन दिनों बाजार के सुर-से-सुर मिलाने के लिए बेताब है, इंसानियत के सुर की आवाज उसके पन्नों से गायब होती जा रही है।

कहते हैं, हिन्दी पत्रकारिता का उदय एक महत उद्देश्य को लेकर हुआ था। वह उद्देश्य था—समाज सुधार, शासन के दमन का विरोध, भ्रष्टाचार-कदाचार का भंडाफोड़। आजादी के पूर्व तक हिन्दी पत्रकारिता में राष्ट्रीय भावना का स्वर प्रधान था। उस समय तक की पत्रकारिता एक स्वस्थ इरादे को लेकर चल रही थी। उसका स्वरूप भी स्वस्थ और संयत था। परन्तु आजादी के बाद से हिन्दी पत्रकारिता अपने उद्देश्यों से भटक गई। उसका स्वरूप भी विकृत हो गया।

आजादी के बाद की हिन्दी पत्रकारिता छल-छद्म का साधन हो गई। अश्लीलता और विद्रूपता का इतना बोलबाला हुआ कि सत समाचार के लिए स्थान ही नहीं

बचा। आज की पत्रकारिता का पन्ना-पन्ना सनसनीखेज खबरों से भरा पड़ा है, उसमें समाज को दिशा देने के बिम्ब अब नहीं दिखते। लोकतंत्र में चौथे स्तम्भ की भूमिका निभानेवाली पत्रकारिता ने बहुमुखी प्रगति किया है परन्तु उसका स्वरूप निरन्तर बदलता जा रहा है। जिस त्याग और समर्पण के साथ जन आवाज को बुलन्द करने के इरादे से इसकी शुरुआत हुई थी आज वह इरादा बदल चुका है। आज पत्रकारिता धनाढ्य रइसों की पटरानी बन गई है। उस पर व्यावसायिकता इतनी हावी है कि सारे मूल्य धूल-धूसरित हो गए हैं।

इस दौर में जिन समाचार-पत्रों ने एक पहचान बनाई उनमें 'जनसत्ता', 'नई दुनिया', 'आज', 'दैनिक भास्कर', 'नवभारत टाइम्स' आदि उल्लेख्य हैं। पत्रिकाओं में 'सरिता', 'कल्याण', 'धर्मयुग', 'सारिका', 'कादम्बिनी', 'कल्पना', 'ज्ञानोदय' आदि ने पाठकों के मन-मस्तिष्क पर अपनी अमिट छाप छोड़ी है।

पत्रकारिता के प्रकार

हिन्दी पत्रकारिता ने अपने उद्भवकाल से लेकर आज तक कई कीर्तिमान स्थापित किए हैं। उसके कई नये आयाम उभरे हैं। हिन्दी पत्रकारिता के प्रमुख प्रकारों में निम्न हैं—

1. साहित्यिक पत्रकारिता
2. आर्थिक पत्रकारिता
3. बाल पत्रकारिता
4. संसदीय पत्रकारिता
5. फोटो पत्रकारिता
6. खेल पत्रकारिता
7. फिल्म पत्रकारिता
8. शैक्षिक पत्रकारिता
9. विज्ञान पत्रकारिता
10. खोजी पत्रकारिता
11. पीत पत्रकारिता
12. रेडियो पत्रकारिता
13. दूरदर्शन पत्रकारिता
14. आध्यात्मिक पत्रकारिता
15. कृषि पत्रकारिता

पत्रकारिता का मूलाधार : समाचार संकलन और लेखन

सूचना क्रान्ति के युग में मीडिया की महत्ता सर्वविदित है। आज जगत के बारे में नित नूतन जानकारी मनुष्य की जीवनचर्या का अभिन्न हिस्सा बन गया है। प्रात:काल उठने से लेकर रात्रि विश्राम के पूर्व तक मनुष्य अनेकानेक प्रकार की सूचनाओं-समाचारों से घिरा रहता है। उसकी अभिलाषा सुबह उठने से ही सब-कुछ जो भी घटित हो रहा है या हो चुका है, उसको जानने की रहती है। जैसे-जैसे मनुष्य आधुनिक-पराधुनिक होता गया है वैसे-वैसे उसकी जिज्ञासु वृत्ति

बढ़ती गई है। वह जीवन और जगत से जुड़ी अनेकानेक प्रकार की सूचनाओं, जानकारियों को हासिल कर लेना चाहता है। ऐसी सूचनाएँ जिसमें अधिकतम लोगों की रुचि हो या जो अधिकांश लोगों के लिए समान रूप से महत्त्व की हों, उन्हें ही 'समाचार' कहते हैं। ये सूचनाएँ विभिन्न संचार माध्यमों के जरिये जन-जन तक पहुँचती हैं।

वैसे तो हमारे आसपास सूचनाओं का अम्बार लगा रहता है, किन्तु सभी को समाचार की श्रेणी में नहीं रखा जा सकता। किसी भी सूचना के समाचार बनने की प्राथमिक शर्त है उसका अधिक-से-अधिक लोगों से जुड़ाव। जो सूचनाएँ व्यापक जनसमूह को प्रभावित करती हैं, जिनसे जन-समुदाय की समझ, दिनचर्या, जीवनचर्या पर किसी भी प्रकार का असर पड़ता है, वे समाचार कहलाती हैं। जे.जे. सिलडर के अनुसार—"पर्याप्त संख्या में मनुष्य जिसे जानना चाहे, वह समाचार है, शर्त यह है कि वह सुरुचि और प्रतिष्ठा के नियमों का उल्लंघन न करे।" जबकि प्रो. विलियम ब्लेयर के अनुसार—"अनेक व्यक्तियों की अभिरुचि जिस सामाजिक बात में हो, वह समाचार है।" हिन्दी के प्रख्यात सम्पादक अम्बिका प्रसाद बाजपेयी के मतानुसार—"हर घटना समाचार नहीं है। सिर्फ वही घटना समाचार बन सकती है जिसका कमोवेश सार्वजनिक महत्त्व हो।" इन परिभाषाओं से स्पष्ट है कि सभी सूचनाएँ समाचार नहीं होती, केवल वही सूचनाएँ समाचार बनती हैं जिनका सम्बन्ध समाज के अधिकांश लोगों से होता है। अरुण भगत के अनुसार—"जिसे अच्छा सम्पादक प्रकाशित करना चाहे और पाठक जानना चाहे, वही समाचार है।" जाहिर है किसी भी सूचना के समाचार होने की पहली शर्त है उसमें पाठकीय औत्सुक्य की क्षमता।

समाचार के गुणों में नवीनता, सामयिकता, विशिष्टता, असाधारणता, परिवर्तनीयता के साथ लोकहित व लोकरुचि का परिष्कार करने की क्षमता को प्रमुख माना जाता है। समाचार क्या है, क्या नहीं, यह समझ पत्रकार में होनी चाहिए। पत्रकार को खबर सूँघने की कला में माहिर होना चाहिए। यह कला अध्ययन, चिन्तन, अनुभव और प्रशिक्षण से आती है। पत्रकार से यह अपेक्षित होता है वह सदैव जागरुक, सतर्क और सचेत रहे। अच्छे संवाददाता को अपने समय और समाज की धड़कन पर कान लगाए रहना चाहिए।

यह ध्यान रखना चाहिए कि समाचार का महत्त्व उसकी गुणवत्ता और बहुलता के कारण होता है। अत: पत्रकार को सूचना को संकलित करते समय उसकी गुणवत्ता और सरोकार की समझ होनी चाहिए, जो समाचार जितने व्यापक जनसमुदाय को प्रभावित करने की क्षमता रखता है, उतना ही विशिष्ट और महत्त्वपूर्ण माना जाता है। यह सर्वथा अपेक्षित होता है कि समाचार में सच्चाई के साथ रोचकता और जन-जीवन से सम्बद्धता निहित होनी चाहिए। पत्रकारिता का सीधा-सरोकार जनमानस से होता

है, अतः समाचार जनमानस की रुचि, चेतना और संस्कार से सम्बद्ध होना चाहिए। ये तत्त्व ही उसे आकर्षक और पठनीय बनाते हैं। विद्वानों ने समाचार के कई तत्त्व बताए हैं जो विषय और उपयोगिता की दृष्टि से महत्त्वपूर्ण हैं। किन्तु मोटे तौर पर रोचकता, यथार्थता, पठनीयता, सामाजिक सरोकार आदि उसके प्राणतत्त्व कहे जा सकते हैं। इनके अभाव में कोई भी समाचार जन-अभिरुचि को प्रभावित नहीं कर पाता। डॉ. अरुण कुमार भगत ने समाचार संकलन की प्रक्रिया को समझाते हुए निम्न प्रारूप की चर्चा की है—

1. घटना प्रसंग का अवलोकन।
2. बहुकोणीय दृष्टि से घटना-प्रसंग का निरीक्षण। घटना की गहराई में जाना और उसके निहितार्थ को समझना।
3. घटना-प्रसंग से सम्बन्धित विभिन्न सूत्रों की सूचनाओं को एकत्रित करना और उसे एक धागे में पिरोना तथा उसका विश्लेषण करना।
4. प्राप्त तथ्यों की वस्तुनिष्ठता की जाँच-पड़ताल करना और किसी निष्कर्ष तक पहुँचना।

समाचार लेखन भी एक कला है। संकलित समाचार को कैसे रोचक और प्रभावी तरीके से लिखा जाए—यह चुनौतीपूर्ण कार्य है। कुशल पत्रकर इस कला में दक्ष होते हैं। समाचार को पत्रकारिता में 'कथा' या 'न्यूज स्टोरी' कहा जाता है। समाचार तैयार करते समय यह जरूरी होता है कि उसे रोचक तरीके से प्रस्तुत किया जाए, जिससे पाठक में ऊब या अरुचि न पैदा हो, बल्कि वह उसे आद्यन्त पढ़ने के लिए प्रेरित हो। इसके लिए लेखक को बकौल, कमलापति त्रिपाठी इन बातों का ध्यान रखना चाहिए—"कोई भी कथा कम-से-कम सत्य प्रतीत होनी चाहिए, सुसंगत होनी चाहिए, अच्छे ढंग से कही जानी चाहिए, संक्षिप्त और नई होनी चाहिए। जब कभी इन नियमों का उल्लंघन होगा तो बुद्धिमान मनुष्य उसे छोड़कर सो जाएगा, मूर्ख भले ही उसकी प्रशंसा करें।" इस प्रकार समाचार लिखते समय इन बातों को ध्यान रखना चाहिए। पत्रकारिता के छह प्रकारों का भाव उस घटना-प्रसंग में विद्यमान होना चाहिए। अच्छा पत्रकार समचार संकलन के समय ही अपने मानस में कथा-क्रम बनाता जाता है। रिपोर्ट लिखते समय इसका ध्यान रखना चाहिए कि उसमें रचाव व कसाव दोनों गुण विद्यमान हों। पत्रकार की लेखन शैली जितनी विशिष्ट और रोचक होगी, उतनी ही कुशलता से वह समाचार को परोस पाएगा। यह तो आवश्यक है ही कि समाचार तथ्याधारित हो पर साथ ही वह निर्वैयक्तिक और वस्तुनिष्ठ भी होना चाहिए। समाचार का सीधा सरोकार जनमानस से होना चाहिए। दैनिक समाचार-पत्रों के लिए प्रायः विलोम पिरामिड शैली का प्रयोग किया जाता है। अर्थात सबसे महत्त्वपूर्ण पक्ष को सबसे पहले, उसके बाद घटते हुए महत्त्व के आधार पर शेष बातें लिखनी चाहिए। 'पत्रकारिता के सिद्धान्त'

नामक अपनी पुस्तक में कमलापति त्रिपाठी ने समाचार लेखन के लिए छह बिन्दुओं का निर्देश किया है—

1. समस्त तथ्यों को संकलित करना।
2. कथा की काया की योजना बनाना और लिखना।
3. आमुख लिखना।
4. परिच्छेदों का निर्धारण करना।
5. वक्ता के कथन को अविकल रूप से प्रस्तुत करना।
6. सूत्रों के संकेत को उद्धृत करना।

उपरोक्त बिन्दुओं को ध्यान में रखते हुए खबरों की प्रकृति यथा राष्ट्रीय-अन्तरराष्ट्रीय घटनाक्रम, देश-दुनिया से सम्बन्धित विभिन्न प्रकार की खबरें, धरना-प्रदर्शन, घोषणा, सूखा-बाढ़, भ्रष्टाचार, दुर्घटना, आपदा, शोषण, महँगाई आदि के महत्त्व के अनुसार समाचार लेखन किया जाता है। घटना-प्रसंग की विवेचना ऐसी रोचक भाषा और शैली में करनी चाहिए कि उसमें पाठकीय औत्सुक्य का निर्माण हो। भाषा सहज, सरल, प्रवाहपूर्ण, सुस्पष्ट और जायकेदार होनी चाहिए।

विविध विषयों के समाचारों के लेखन के आयाम भी भिन्न-भिन्न होते हैं। वास्तव में कोई भी समाचार एक घटना या कथा के रूप में संवाददाता के समक्ष आता है, वह उसे अपने तर्क, बुद्धि, विवेक से समाचार के रूप में गढ़ता है। इसके लिए संवाददाता कई शैलियाँ अपनाते हैं, यथा--

समाचार की कथात्मक शैली : इसमें संवाददाता समूची घटना को कथाक्रम के अनुसार प्रस्तुत कर देता है।

खोजपरक समाचार शैली : इसमें घटनाओं का विवरण देने की बजाय ज्वलन्त समस्याओं, गोपनीय और संवेदनशील मुद्दों की व्यापक खोजबीन के आधार पर समाचार लिखा जाता है।

व्याख्यात्मक समाचार शैली : इस तरह की शैली वहाँ अपनाई जाती है जहाँ संवाददाता को घटना या कथा में अपनी तरफ से कुछ कहने की गुंजाइश होती है जैसे—सामाजिक मुद्दे, पर्यावरण, जनजागृति आदि।

समाचार लेखन के मूल तत्त्व : छह ककार

पत्रकारिता के मूल तत्त्व वे छह ककार हैं जिनके आधार पर किसी घटना, प्रसंग का वर्णन किया जाता है। वास्तव में छह ककार ही किसी विवरण या घटना को समाचार बनाते हैं। ये हैं—क्या, कौन, कब, कहाँ, कैसे और क्यों? समाचार में ये छहों तत्त्व जितनी कुशलता और प्रामाणिकता के साथ शामिल होते हैं, समाचार उतना ही प्रभावी बन पाता है। छह ककारों में से पहले तीन-चार ककार समाचार की प्रथम तीन-चार पंक्तियों में ही आने चाहिए। समाचार की शुरुआत

यानी आमुख अर्थात इंट्रो में ही इन ककारों का प्रयोग होता है। कहने का तात्पर्य यह है कि किसी समाचार का इंट्रो लिखते समय 'क्या', 'कब', 'कौन' और 'कहाँ'? इन ककारों का ध्यान रखना चाहिए। इसके बाद समाचार की 'बॉडी' के अन्य हिस्से में दो ककारों 'कैसे' और 'क्यों' का जवाब दिया जाता है। इन छह ककारों में प्रथम चार ककार तथ्यात्मक और सूचनापद होते हैं। जबकि दो ककार विवरणात्मक, विश्लेषणात्मक और व्याख्यात्मक। उदाहरण के लिए एक समाचार देखें—

समाचार का शीर्षक— *मुम्बई में पुल ढहने से 10 लोग मरे, 25 घायल।*

समाचार का इंट्रो— मुम्बई, 22 अप्रैल (स्थानीय संवाददाता)। औद्योगिक राजधानी मुम्बई के दादर इलाके में सोमवार की सुबह प्रातः 10 बजे निर्माणाधीन पुल ढहने से 10 लोगों की मौत हो गई और 25 लोग घायल हो गए। सैकड़ों लोगों के मलबे में फँसे होने की आशंका है। घायलों को नजदीक के के.के. अस्पताल में भर्ती करा दिया गया है।

समाचार के तथ्य और तत्त्व

क्या—निर्माणाधीन पुल ढहा, 10 लोग मरे और 25 घायल
कौन—आम नागरिक
कब—सोमवार की सुबह 10 बजे
कहाँ—मुम्बई के दादर इलाके में

समाचार की बॉडी— प्रत्यक्षदर्शियों के अनुसार निर्माणाधीन पुल का एक हिस्सा अचानक भरभराकर सड़क पर गिर पड़ा। निर्माता कम्पनी की तकनीकी लापरवाही या औसत दर्जे का सीमेंट उपयोग में लाने के कारण पुल ढहने की आशंका व्यक्त की जा रही है। प्रारम्भिक जाँच से पता चला है कि सड़क पर निर्माण के समय सुरक्षा के पर्याप्त उपाय नहीं किए गए थे।

कैसे—अचानक भरभराकर
क्यों—तकनीकी लापरवाही या औसत दर्जे की निर्माण सामग्री।

नगर के मेयर ने इस दुर्घटना की जाँच की माँग की है। उन्होंने किसी प्रकार की साजिश की आशंका से इनकार किया है। नगर विकास मंत्री ने दुर्घटना के कारणों की जाँच के आदेश देते हुए मृतकों के परिजनों को 5-5 लाख और घायलों को 1-1 लाख रुपये देने की घोषणा की है।

समाचार संकलन के मुख्य स्त्रोत

समाचार संकलन के मुख्य स्त्रोत निम्न हैं—1. पुलिस प्रशासन, 2. न्यायालय, 3. अस्पताल, 4. सरकारी जनसम्पर्क विभाग, 5. समाचार एजेंसियाँ।

1. पुलिस-प्रशासन

समाचार प्राप्त करने का एक अति महत्त्वपूर्ण स्थान है—पुलिस-प्रशासन। चूँकि सारे नगर और जिले अथवा क्षेत्र की कानून-व्यवस्था की जिम्मेदारी पुलिस विभाग की होती है, इसलिए शहर या क्षेत्र में हुई सारी वारदातों, घटनाओं की ख़बरें पुलिस विभाग से आसानी से मिल जाती हैं। पुलिस विभाग से अधिकतर आपराधिक घटनाओं, चोरी, डकैती, हत्या आदि से सम्बन्धित खबरें मिलती हैं, जोकि कुछ-कुछ मामलों में बहुत ही संवेदनशील होती हैं। संवाददाता का कार्य सिर्फ पुलिस विभाग से ऐसी घटनाओं की रिपोर्ट एकत्र करना नहीं होता, अपितु इन घटनाओं पर प्रशासनिक कार्यवाहियों की सूचना भी एकत्र करना होता है, जोकि कभी-कभी बहुत जोखिम का काम होता है क्योंकि पुलिस विभाग द्वारा भी आधी-अधूरी जानकारी दी जाती है। कई मामलों को जानबूझकर दबाया जाता है, कुछ मामलों में जनता को अधिक जानकारी न देने का दबाव भी पुलिस पर रहता है परन्तु एक कुशल संवाददाता का दायित्व होता है कि ऐसी परिस्थितियों में भी अधिक-से-अधिक जानकारी प्राप्त करे और प्रकाशित करे।

2. न्यायालय

न्यायालय को भी समाचार का एक प्रमुख स्रोत स्थल माना जाता है। न्यायालय में कई तरह के मुकदमें चलते रहते हैं। कई मामले ऐसे होते हैं जिनमें जनता की प्रत्यक्ष रुचि होती है, जैसे—बोफोर्स मामला, शेयर घोटाला, चारा घोटाला, ई.डी., सी.बी.आई. से जुड़े मामले आदि। ऐसे मामलों में क्या कार्रवाई हुई या हो रही है। इसका पता न्यायालयों से चलता है।

3. अस्पताल

अस्पताल, विशेषकर जिले का मुख्य चिकित्सालय भी समाचार संकलन का एक प्रमुख स्थल माना जाता है क्योंकि अधिकतर दुर्घटनाओं की जानकारियाँ, जिला चिकित्सालय से ही प्राप्त होती हैं।

4. सरकारी जनसम्पर्क विभाग

केन्द्र और राज्य दोनों के जनसम्पर्क कार्यालय होते हैं। ये कार्यालय जिला स्तर पर भी होते हैं। कई राज्यों की राजधानियों में अलग से सूचना विभाग भी होता है जो केन्द्र सरकार से सम्बन्धित सूचनाएँ प्रसारित करता है। इसके अलावा प्रत्येक मंत्रालय के विभागों में तमाम ऐसे सूचना केन्द्र होते हैं जो अद्यतन जानकारियाँ उपलब्ध कराते हैं। सरकारी सूचनाएँ सीधे जनता से जुड़ी होती हैं इसलिए इन्हें प्राथमिकता के तौर पर लिया जाता है। संवाददाता कभी-कभी ऐसी खबरें भी

निकाल लाते हैं जो कि अतिगोपनीय होती हैं परन्तु जन-जागरुकता के लिए आवश्यक होती हैं।

5. समाचार एजेंसियाँ

समाचार संकलन का यह एक प्रमुख स्रोत माना जाता हैं। समाचार एजेंसियाँ समाचार संकलित करवाकर समाचार-पत्रों तथा प्रसारण के अन्य माध्यमों तक भेजती हैं जिसके लिए वे कुछ शुल्क भी लेती हैं। सबसे पहले बर्नाड वूल्फ नामक व्यक्ति द्वारा 'वूल्फ एजेंसी' की स्थापना की गई। उसके बाद 1848 में 'हार्वर्ड न्यूज एसोसिएशन' और 1850 में जूलियस रायटर द्वारा 'रायटर' की स्थापना की गई।

भारत में समाचार समितियों की स्थापना का प्रारम्भ 20वीं शताब्दी में माना जाता है। वर्तमान में अन्तरराष्ट्रीय स्तर पर कार्य करनेवाली प्रमुख समाचार एजेंसियाँ निम्न हैं—

1. ए.पी. (अमेरिका)
2. आई.एन.एस. (अमेरिका)
9. रायटर (ब्रिटेन)
4. ए.एफ.जी. (फ्रांस)

तथा भारत की प्रमुख समाचार एजेंसियाँ हैं—

1. पी.टी.आई.
2. यू.एन.आई.
3. हिन्दुस्तान समाचार
4. समाचार भारती
5. यूनीवार्ता
6. एन.एन.एस.

संवाददाता और उसका कार्य

समाचार संकलन करनेवाला व्यक्ति संवाददाता कहा जाता है। संवाददाता ही देश के विभिन्न भागों से समाचार संकलित कर विविध संचार माध्यमों के लिए विविध प्रकार के समाचार उपलब्ध कराते हैं। समाचार संकलन पत्रकारिता का मूल आधार इसलिए माना जाता है क्योंकि संचार माध्यम के लिए वही खबरें कच्चे माल के तौर पर उपलब्ध कराता है। संवाददाताओं की अहमियत भी इसीलिए पत्रकारिता में महत्त्वपूर्ण होती है।

समाचार संकलन करनेवाले संवाददाता से अपने दायित्व का पूरी निष्ठा के साथ निर्वाह करने की अपेक्षा की जाती है। संवाददाता की छोटी-सी गलती या लापरवाही न सिर्फ उसके भविष्य पर, बल्कि उसके प्रसारण माध्यम की विश्वसनीयता पर प्रश्न-चिह्न लगा देती है। समाचार संकलन में संवाददाता को यथार्थता, वस्तुनिष्ठता, संक्षेपता, कुशलता और फुर्ती तथा साहस का परिचय देना होता है।

समाचार संकलन को अंग्रेजी में 'रिपोर्टिंग' कहा जाता है। रिपोर्टिंग क्या है? न्यूयॉर्क टाइम्स के फ्रैंक एस. एडम्स कहते हैं, "रिपोर्टिंग विश्व के वर्तमान घटनाक्रम के प्रति बुद्धिमत्ता द्वारा प्रशस्त और यथार्थ तथा निष्पक्षता के मानदंडों द्वारा नियंत्रित जिज्ञासा है।" समाचार संकलन करनेवाले व्यक्ति से इसीलिए उसके कर्तव्य के निर्वाह के साथ-साथ विषय का ज्ञाता होना भी जरूरी माना जाता है। संवाददाताओं को मोटे तौर पर चार वर्गों में रखा जाता है—

1. **नगर संवाददाता**—ये स्थानीय समाचार जुटाते हैं। जैसे नगर पालिका, स्थानीय, अपराध, पुलिस अथवा सामाजिक-सांस्कृतिक, साहित्यिक गतिविधियों से सम्बन्धित।
2. **विशेष संवाददाता**—ये राष्ट्रीय और प्रादेशिक राजधानियों अथवा विशिष्ट शहरों में नियुक्त होते हैं। इनका कार्य राष्ट्रीय तथा प्रादेशिक मंत्रालयों, विभागों आदि से सम्बन्धित समाचार संकलित करना होता है।
3. **विदेशी संवाददाता**—ये प्रमुख देशों में नियुक्त किए जाते हैं और वहाँ की गतिविधियों की जानकारी एकत्रित करते हैं।
4. **अंशकालिक संवाददाता**—समाचार संकलन के लिए नगर और शहर ही पर्याप्त नहीं होते। जनसंचार माध्यम, समाचार-पत्र और आकाशवाणी, दूरदर्शन आदि की सफलता का बहुत बड़ा हिस्सा दूर-दराज के गाँवों, कस्बों पर निर्भर करता है, इसलिए वहाँ के समाचारों को संकलित करने के लिए अंशकालिक रूप से संवाददाता नियुक्त किए जाते हैं।

संवाददाता का दायित्व है कि वह समाचार के स्रोतों तक पहुँचे और पूरी विश्वसनीयता और चतुराई से खबर को निकाले। इसके लिए संवाददाता को वाक्पटुता के साथ-साथ स्वस्थ सम्बन्ध का निर्वाह करने में माहिर होना चाहिए क्योंकि कई महत्त्वपूर्ण और गुप्त खबरें संवाददाता के अपने व्यवहार के चलते ही मिल पाती हैं। संवाददाता को अपने स्रोत के प्रति ईमानदार, प्रतिबद्ध और विश्वसनीय होना चाहिए। विश्वसनीयता के अभाव में कुशल संवाददाता नहीं बना जा सकता। संवाददाता अपनी सूझ-बूझ, चालाकी और विश्वसनीयता के चलते ही समाचार प्रदाता तक अपनी पहुँच बना पाता है। विशेषकर खोजी संवाददाता के लिए यह अत्यावश्यक है कि वह अपनी विश्वसनीय छवि के बल पर रेत में से भी तेल निकालने में कुशल हो।

संवाददाता के कार्यों का बँटवारा प्रायः उनकी रुचि और पैठ के आधार पर होता है जिसे पत्रकारिता की भाषा में 'बीट' कहा जाता है, जैसे—एजूकेशन बीट, हेल्थ बीट, क्राइम बीट, सोशल बीट आदि। संवाददाता को जिस 'बीट' का दायित्व दिया जाता है उस बीट से सम्बन्धित पूर्ण जानकारी उसे होनी चाहिए। जैसे एजूकेशन बीट देखनेवाले संवाददाता को उसके क्षेत्र में काम कर रहे शैक्षणिक संस्थानों, उनके जिम्मेदार अधिकारियों, कर्मचारियों के नाम-पते और मोबाइल नम्बर आदि के साथ शैक्षिक क्षेत्र में सक्रिय संगठनों और उनकी भूमिकाओं की जानकारी होनी चाहिए।

कोई भी सूचना प्राप्त करना आसान काम नहीं है, विशेषकर गोपनीय सूचनाएँ। ऐसी सूचनाएँ जो जनरुचि से जुड़ी होती हैं, उन तक पहुँचना चुनौती भरा कार्य होता है। कई बार जोखिम भरा कार्य होता है। यह संवाददाता की कुशलता पर निर्भर करता है कि वह कैसे विषम और विकट स्रोतों से भी पक्की खबर निकालकर लाए। डॉ. अरुण कुमार भगत ने अपनी पुस्तक 'हिन्दी पत्रकारिता : सिद्धान्त से प्रयोग तक' में संवाददाता के कार्यों को इस प्रकार से रेखांकित किया है—

1. संवाददाता समाचार संकलन के क्रम में अपने सूत्रों से नियमित रूप से मिलता है।
2. घटना प्रसंग का निरीक्षण और परीक्षण करता है।
3. निर्भयतापूर्वक सत्य को उजागर करता है।
4. समाचार, फीचर अथवा साक्षात्कार की निर्धारित शैली में लेखन करता है।
5. तथ्यों की बेबाक व्याख्या करता है।
6. घटना की रोचक और सजीव प्रस्तुति करता है।
7. घटना प्रसंग के पक्ष और विपक्ष को समान महत्त्व देता है।
8. संवाददाता अपने सम्बन्धों, पूर्वाग्रहों और राग-द्वेष से अलिप्त रहता है। वह समाज-जीवन के हित और कल्याण के लिए कार्य करता है।

इनके अलावा विषय विशेष से सम्बन्धित संवाददाता भी नियुक्त होते हैं, जो अपने क्षेत्र की गतिविधियों को समाचार का अंश बनाते हैं, जैसे—खेलकूद, अदालत, वाणिज्य, फिल्म आदि। इन सभी क्षेत्रों में भी समाचार संकलनकर्ताओं की विशेष भूमिका होती है।

सम्पादन कला : शीर्षकीकरण, आमुख, पृष्ठ-विन्यास

समाचार सम्पादन किसी भी संचार माध्यम का प्राण माना जाता है। इसकी प्रक्रिया बहुत ही जटिल होती है। सम्पादन का कार्य बहुत ही महत्त्वपूर्ण और दायित्वपूर्ण

होता है। सम्पादन की छोटी-सी कमी समूचे समूह की प्रतिष्ठा पर प्रश्नचिह्न लगा देती है। इसलिए समाचार सम्पादन के लिए बहुत ही योग्य और सुलझे हुए व्यक्ति की आवश्यकता होती है। समाचार-पत्रों का तो पूरा आकर्षण ही सम्पादन कला पर निर्भर होता है, वही उसको प्रतिष्ठा दिलाता है।

समाचार सम्पादन करनेवाले व्यक्ति को मुख्यत: तीन बिन्दुओं को ध्यान में रखना होता है—

1. समाचार का महत्त्व
2. समाचार का स्थान
3. समाचार का समय

महत्त्व, स्थान और समय इन तीनों का आनुपातिक संयोजन समाचार सम्पादक के कौशल पर निर्भर करता है। कौन-सा समाचार कितना महत्त्वपूर्ण है, उसे कहाँ स्थान दिया जाना चाहिए, किस रूप में स्थान दिया जाना चाहिए, कब, कौन-सा समाचार प्रकाशित करना चाहिए, उसका आकार-प्रकार अथवा प्रस्तुति कैसी होनी चाहिए। इन सबका सम्यक बोध सम्पादन कला का अनिवार्य अंग है।

समाचार सम्पादन कला के छह मुख्य सूत्र माने जाते हैं क्या, कब, क्यों, कहाँ, कैसे और कौन? इन प्रश्नों या सूत्रों को दृष्टिगत रखकर ही सम्पादन कार्य करना चाहिए। सम्पादक समाचारों के ढेर पर विचार करते समय इन्हीं बिन्दुओं के आधार पर उनका चयन करता है और तद्नुकूल सम्पादन हेतु अपने सहयोगियों को सौंप देता है। चयन करते समय ही सम्पादक महत्त्वपूर्ण बिन्दुओं पर मार्क लगा देते हैं जिससे सम्पादन करनेवालों को कार्य करने में सुविधा होती है।

सम्पादकीय विभाग मूलत: दो अनुभागों में बँटा होता है—एक रिपोर्टिंग और दूसरा डेस्क। समाचार संकलन का काम रिपोर्टर करते हैं लेकिन उस समाचार को सही स्वरूप, तथ्य को सुरक्षित रखते हुए देने का कार्य मूलत: डेस्क पर बैठा समाचार लेखक या सम्पादक करता है। पाठकों की रुचि और समाचार-पत्र के कलेवर के अनुरूप सामग्री का लेखन, चयन, सम्पादन तथा उसकी प्रस्तुति का सारा कौशल डेस्क का ही होता है। डेस्क पर बैठा हुआ सम्पादक, उप-सम्पादक या सह-सम्पादक अपनी सूझ-बूझ और सम्पादन कला से बेजान खबर में भी जान डाल देता है, इसीलिए डेस्क को समाचारों की 'प्लास्टिक सर्जरी' करनेवाला विभाग कहा जाता है।

समाचार सम्पादन विभाग अर्थात डेस्क से जुड़े हुए प्रमुख अंग हैं—सम्पादक, मुख्य उप-सम्पादक, उप-सम्पादक। इन तीनों की टीम ही वास्तव में समाचार-पत्र की रीढ़ होती है। इनकी कार्य कुशलता और सम्पादन कला से ही कोई पत्र उन्नति और अवनति को प्राप्त होता है। समाचार सम्पादक खबरों का चयन करने के लिए

और उसे स्वरूप देने के लिए समाचार मुख्य उप-सम्पादक के माध्यम से उसके सहयोगी सम्पादकों में वितरित कर देता है। समाचार वितरित करते समय उप-सम्पादकों की रुचि और कुशलता का ध्यान रखा जाता है। आजकल समाचार-पत्रों में प्रत्येक विषय से सम्बन्धित अलग सेल बने होते हैं, यथा—खेल प्रभाग, नगर प्रभाग, शिक्षा प्रभाग, धार्मिक-सांस्कृतिक प्रभाग आदि, जो अपने विषय से सम्बन्धित समाचार सम्पादित करते हैं।

समाचार सम्पादित करते समय टीम के प्रत्येक अंग को निम्नलिखित बातें ध्यान में रखनी चाहिए—

1. समाचार सारगर्भित और उद्देश्यपूर्ण हो।
2. वर्तनी की अशुद्धियाँ न हों।
3. व्याकरणिक त्रुटियाँ वाक्यों में न हों। वाक्य विन्यास सरल और सुरुचिपूर्ण हों।
4. समाचार की शैली दुरूह या काव्यात्मक नहीं हो।
5. समाचार लेखन में गत्यात्मकता हो। यह विशेष ध्यान देना चाहिए कि समाचार में एक अन्त:प्रवाह आद्यन्त विद्यमान रहे।
6. समाचार नीरस नहीं होने पाए।

इन बिन्दुओं के आधार पर सम्पादन और निरीक्षण करते हुए सम्पादन करनेवाले को यह भी ध्यान में रखना चाहिए कि एक ही विषय से सम्बद्ध समाचार यथावश्यक एक ही स्थल पर दिए जाएँ।

इसके अलावा समाचार सम्पादन करते समय इस मुख्य और मूल सिद्धान्त की ओर भी ध्यान देना आवश्यक होता है कि प्रथम वाक्य में ही सम्पूर्ण समाचार की झलक दिखाई दे और साथ ही वाक्य सरल और आकर्षक भी लगे।

समाचार सम्पादन के प्रमुख पक्ष निम्न हैं :

1. शीर्षकीकरण
2. आमुख
3. पृष्ठ-विन्यास

1. शीर्षकीकरण

शीर्षकीकरण समाचार की जान होता है। उपर्युक्त शीर्षक के अभाव में कई बार महत्त्वपूर्ण समाचार निष्प्राण हो जाता है। इसके विपरीत आकर्षक शीर्षक बेजान खबर में भी जान डाल देता है। अत: समाचार सम्पादन में इसका बहुत ही महत्त्व होता है। शीर्षक बनाना सबके बस की बात नहीं होती, इसके लिए बहुत अनुभव, गहरी पकड़ और दक्षता आवश्यक होती है।

शीर्षक पाठकों को आकर्षित ही नहीं करते, बल्कि उन्हें समाचार पढ़ने के लिए उत्प्रेरित भी करते हैं, इसलिए शीर्षक के निर्माण में बहुत सावधानी

बरतनी होती है। शीर्षक निर्माण के समय निम्नलिखित बिन्दुओं को दृष्टिगत रखा जाना चाहिए—

— शीर्षक ऐसा हो जो समाचार में व्यक्त सन्देश, विचार को सही और उचित ढंग से अभिव्यक्त करता हो।

— शीर्षक एकदम स्पष्ट और दो-टूक हो।

— शीर्षक सदैव सकारात्मक और तथ्यात्मक हो।

— शीर्षक में समाचार का सार निहित हो।

— शीर्षक का शब्द-विन्यास इतना प्रभावी हो कि पाठकों को एक बार में ही आकर्षित कर ले।

शीर्षक रचना की कई विधियाँ होती हैं जिनमें से कुछ प्रमुख निम्न हैं—

1. क्रास लाइन : समाचार-पत्र के एक कॉलम या मध्य भाग में लिखे गए किसी पंक्ति के लघु शीर्षक को क्रास लाइन कहते हैं।
2. विलोम स्तूपी : इसमें दो या तीन सोपान में शीर्षक बनाया जाता है जो ऊपर चौड़ा होता है और नीचे की ओर क्रमशः उल्टे स्तूप के आकार की तरह पतला होता जाता है।
3. पूर्ण पाती : समाचार-पत्रों की यह सर्वाधिक प्रचलित विधि है। इसमें शीर्षक के अक्षरों की संख्या एक कॉलम की चौड़ाई से ज्यादा नहीं होती।
4. सोपानी : इसमें दो-तीन पंक्तियों तक में शीर्षक लिखे जाते हैं, इस तरह की रचना सीढ़ीनुमा होती है। जिसमें ऊपर से नीचे क्रमशः बढ़ते हुए क्रम में शब्द संयोजन होता है। ऐसे शीर्षक ज्यादातर समाचार-पत्रिकाओं में पाए जाते हैं। इसे लेफ्ट एलाइनमेंट भी कहा जाता है।
5. कपाली शीर्षक : मुख्य शीर्षक के ऊपर छोटे टाइप में भी शीर्षक दिए जाते हैं, इसे कपाली शीर्षक कहते हैं। दोनों के बीच एक लाइन भी डाल दी जाती है, जिससे पाठक का ध्यान अधिक आकर्षित हो।

आमुख (Intro)

इसे पत्रकारिता की भाषा में 'इंट्रो' के नाम से जाना जाता है। उर्दू में इसे 'मुखड़ा' कहा जाता है। इंट्रो सम्पूर्ण समाचार का निचोड़ तथा प्राण होता है। इंट्रो पढ़ते ही पाठक को समाचार के तथ्य का भान हो जाता है और वह समाचार पढ़ने के लिए उत्सुक हो उठता है। इंट्रो के माध्यम से अक्सर पाठक को समाचार के परिणाम की जानकारी पूर्व में ही दी जाती है और बाद में रहस्य खोले जाते हैं, इससे पाठक पूरा समाचार पढ़ने के लिए उत्प्रेरित होता है।

इंट्रो का निर्माण सम्पादन कला का एक महत्त्वपूर्ण अंग है। कुशल सम्पादक ही आकर्षक इंट्रो का निर्माण करता है। आजकल समाचार-पत्रों का प्रायः

प्रत्येक समाचार इंट्रो के रूप में ही शुरू होता है। चूँकि पाठक शीर्षक के बाद समाचार पढ़ने की शुरुआत उसके इंट्रो से ही करता है इसलिए इंट्रो को अधिक प्रभावी बनाना आवश्यक होता है। इंट्रो प्रभावी न होने पर पाठक की समाचार पढ़ने में रुचि क्षीण हो जाती है। इसीलिए इंट्रो पर विशेष ध्यान दिया जाता है। इसके निर्माण में समाचार के तथ्यों के साथ पाठकों की रुचि का भी विशेष ध्यान रखा जाता है।

प्रत्येक समाचार का इंट्रो उसकी लम्बाई पर आधारित होता है। इंट्रो बनाते समय यह ध्यान रखना होता है कि समाचार कैसा और कितना महत्त्वपूर्ण है। इंट्रो को समाचार की लम्बाई के अनुपात में होना चाहिए, बहुत बड़ा इंट्रो समाचार का मजा किरकिरा कर देता है। इसलिए यथासम्भव इंट्रो को लघु, प्रभावी और सारगर्भित होना चाहिए। आमुख कितने शब्दों या अनुच्छेदों का हो, इस पर विशेषज्ञ एकमत नहीं रखते परन्तु अधिकतर एक अनुच्छेद का आमुख लिखा जाता है जिसमें 35 से 45 शब्द होते हैं। आमुख के प्रारम्भ में डेटलाइन देने की परम्परा है। इसमें स्थान और दिनांक लिखा जाता है, साथ ही समाचार संवाददाता व समाचार एजेंसी का नाम भी कोष्ठक में दिया जाता है। संवाददाता का नाम सामान्यतया विशेष खबरों में ही दिया जाता है। इसे 'बार लाइन' या 'क्रेडिट लाइन' कहते हैं।

आमुख को 'समाचार का मस्तिष्क' भी कहा जाता है। कुछ लोग इसे 'समाचार की खिड़की' भी कहते हैं। अंग्रेजी में प्रायः इसे 'लीड' भी कहा जाता है। 'दैनिक ट्रिब्यून' के पूर्व सम्पादक श्री राधेश्याम शर्मा के अनुसार "समाचार कथा का मन्थन कर मक्खन प्रस्तुत करना ही आमुख लेखन है। इससे समाचार का सार तुरन्त ध्यान में आ जाता है और समाचार की प्रभावोत्पादकता बढ़ जाती है।" वस्तुतः आमुख का काम होता है समाचार से पाठक को जोड़ना। आमुख पाठक में पूरा समाचार-पत्र पढ़ लेने की इच्छा जागृत करता है।

कहा गया है कि आमुख का काम है समाचार और पाठक को जोड़ना। वस्तुतः यही पाठक को समाचार से जोड़ने का कार्य करता है। कई बार यह इतना रहस्यात्मक और नाटकीय होता है कि पाठक के अन्दर कौतूहल पैदा कर देता है और वह पूरे समाचार को पढ़ने के लिए बाध्य हो जाता है। वास्तव में यही आमुख की सार्थकता है।

पृष्ठ-विन्यास (Page Layout)

पृष्ठ-विन्यास भी सम्पादन-कला का एक महत्त्वपूर्ण अंग है। पृष्ठ-विन्यास सम्पादक की दक्षता, अनुभव और दृष्टि का सूचक होता है। सम्पादक सारी प्रकाशनीय सामग्री का बहुत सूझ-बूझ के साथ समाचार की महत्ता को दृष्टिगत

रखते हुए, प्राथमिकता के आधार पर स्थान निर्धारित करता है। रूप-विन्यास के द्वारा प्रकाशनीय सामग्री को आकर्षक ढंग से प्रस्तुत किया जाता है। आज पाठक रुचिकर सामग्री चाहता है, कुछ नया चाहता है, नये ढंग से चाहता है—सम्पादक को इसे ध्यान में रखकर पृष्ठ का निर्माण करना चाहिए। समाचार-पत्रों में पृष्ठ प्रायः आठ या छह कॉलमों में बाँटा जाता है। आठ कॉलम वाले रूप-विन्यास (फार्मेट) को अखबार में अच्छा माना जाता है। पत्रिकाओं में प्रायः दो या तीन कॉलम का प्रयोग होता है। टेबलाइट आकार की पत्र-पत्रिकाएँ सामान्यतः पाँच कॉलमों में बँटी होती है। कॉलमों की चौड़ाई समाचार-पत्र, पत्रिका के आकार पर तय की जाती है। रूप-विन्यास के लिए निम्न बिन्दुओं को ध्यान में रखा जाना चाहिए—

1. पूरा पृष्ठ बहुत ही सन्तुलित ढंग से सुन्दर सेटिंग और छपाई के साथ प्रस्तुत किया जाए।
2. पाठक को पठन सामग्री सरस और रोचक लगे।
3. यथासम्भव हर पृष्ठ पर पाठक को आकर्षित करने के लिए चित्र, आरेख आदि दिया जाए।
4. किसी भी पृष्ठ का समाचार या उसके प्रस्तुतीकरण का तरीका ऐसा न हो कि पाठक को बोझिल लगे।

समाचार-पत्र, पत्रिकाओं में पृष्ठ-विन्यास एक निर्धारित नीति के अनुसार होता है। पृष्ठों का विन्यास आमतौर पर नियत होता है। प्रत्येक पत्र-पत्रिका की अपनी एक नीति होती है जो सामान्यतः पत्रकारिता के स्वरूप के अनुसार निर्मित होती है। पृष्ठ-विन्यास को लेकर जो नीति पत्र-पत्रिका अपनाती है, प्रायः उसी का पालन किया जाता है। सामान्यतः प्रत्येक समाचार-पत्र की पृष्ठ संख्या निर्धारित होती है और यह भी सुनिश्चित किया जाता है कि किस पृष्ठ पर कौन-सा सामाचार प्रकाशित होगा। जैसे नागपुर से निकलनेवाले 'दैनिक भास्कर' के 18 पृष्ठों का विन्यास इस तरह निर्धारित है—पहला पृष्ठ प्रमुख राष्ट्रीय, अन्तरराष्ट्रीय और महत्त्वपूर्ण प्रादेशिक समाचारों पर केन्द्रित होता है। साथ ही 'न्यूज ब्रीफ' के रूप में कुछ प्रमुख खबरें संक्षेप में रहती हैं। दूसरे पृष्ठ पर देश-विदेश, तीसरे पर राष्ट्रीय महत्त्व के समाचार होते हैं। चौथा पृष्ठ सम्पादकीय पृष्ठ होता है जिसे अभिव्यक्ति नाम दिया गया है। पाँचवें पृष्ठ पर प्रमुख प्रादेशिक समाचार, छठवें पर क्लासीफाइड विज्ञापन और विविध समाचार, सातवें पृष्ठ पर 'डीबी स्टार' के रूप में महानगर के साथ आधे पृष्ठ पर पुनः राष्ट्रीय-अन्तरराष्ट्रीय खबरें होती हैं। आठवाँ पृष्ठ 'ग्लैमर' के रूप में फिल्म जगत पर केन्द्रित होता है, तो नौवाँ पृष्ठ व्यापार जगत की सूचनाओं पर। दसवाँ पृष्ठ मिश्रित पृष्ठ होता है, जिसमें देश-दुनिया के साथ विज्ञापन होते हैं। ग्यारहवें पृष्ठ पर खेल जगत की खबरें होती हैं तो बारहवाँ पृष्ठ मिली-जुली

खबरों पर आधारित होता है। 'नागपुर भास्कर' के नाम से चार पृष्ठ आम तौर पर दिए जाते हैं। तेरह से अठारह तक के इन पृष्ठों पर स्थानीय खबरों के साथ महानगर की गतिविधियाँ और महानगर के आस-पास की खबरें दी जाती हैं। धर्म, अध्यात्म, संस्कृति आदि भी इन्हीं पृष्ठों में होते हैं। इस तरह समाचार-पत्र का पूरा पृष्ठ-विन्यास सुनियोजित और निर्धारित होता है। समाचार उनके महत्त्व के अनुसार सम्बन्धित पृष्ठों पर स्थान पाते हैं।

पत्रकारिता से सम्बन्धित लेखन

पत्रकारिता से सम्बन्धित लेखन के कई आयाम होते हैं। इसमें प्रमुख है—सम्पादकीय लेखन, फीचर, लेख, साक्षात्कार, खोजी समाचार आदि। ये सभी विषय अलग-अलग भी होते हैं और अन्त:सम्बद्ध भी। इनके लिए कुशल, अनुभवी और लेखन-कला में प्रवीण व्यक्तियों की अपेक्षा होती है।

सम्पादकीय लेखन

सम्पादकीय लेखन का कार्य बहुत ही महत्त्वपूर्ण होता है। इसके लिए व्यक्ति को विषय और भाषा-शैली दोनों की पर्याप्त जानकारी होनी चाहिए। सम्पादकीय प्राय: सभी पत्र-पत्रिकाओं में छपता है। सम्पादकीय पृष्ठ अखबारों में अलग से होता है। इस पृष्ठ पर सम्पादकीय के साथ कुछ महत्त्वपूर्ण लेख, टिप्पणियाँ भी छपती हैं जो कि समसामयिक विषयों से सम्बद्ध होती हैं।

सम्पादकीय न सिर्फ सम्पादक की प्रतिष्ठा का, उसकी कार्यकुशलता और अनुभव का प्रतीक माना जाता है बल्कि समाचार-पत्र की प्रतिष्ठा और उसकी भूमिका का भी संकेतक माना जाता है। सम्पादकीय पढ़कर कभी-कभी जनमत तैयार होता है। आजादी के पहले हमारे देश में समाचार-पत्रों, पत्रिकाओं में सम्पादकीय के द्वारा जनमानस में राष्ट्रीय भावना उद्वेलित की जाती थी। लोग सम्पादकीय पढ़कर देश-प्रेम की भावना से ओत-प्रोत हो उठते थे। देश-दुनिया की तमाम क्रान्तियों, सामाजिक परिवर्तनों में सम्पादकीय लेखन ने उत्प्रेरक और मार्गदर्शक की भूमिका निभाई है।

सम्पादकीय को समाचार-पत्र की आवाज माना जाता है। सम्पादकीय के जरिये अखबार का दृष्टिकोण व्यक्त होता है। प्राय: समसामयिक समस्या, घटनाक्रम, मुद्दे के प्रति समाचार-पत्र की राय सम्पादकीय में व्यक्त होती है। सम्पादक इसके माध्यम से अपने पाठकों की राय को प्रभावित और जनमत बनाने का भी कार्य करता है। सम्पादकीय किसी व्यक्ति विशेष का विचार नहीं होता, इसलिए उसे किसी के नाम से नहीं छापा जाता। सम्पादकीय लेखन का

दायित्व समाचार-पत्र के सम्पादक, उप-सम्पादक का होता है। कोई बाहरी व्यक्ति सम्पादकीय नहीं लिखता है।

सम्पादकीय का विषय वैविध्यपूर्ण होता है। अधिकतर समसामयिक मुद्दों पर ही सम्पादकीय लिखे जाते हैं। सम्पादकीय के द्वारा समाचार-पत्र अपना दृष्टिकोण और जनमत भी जनता के समक्ष रखते हैं। कभी-कभी सम्पादकीय में मात्र तथ्यात्मक जानकारी दी जाती है और कभी-कभी उसमें घटना या मुद्दों का गहन विश्लेषण किया जाता है। कभी-कभी सम्पादकीय हास्य और व्यंग्य के माध्यम से अपने पाठकों को मनोरंजक जानकारी भी देता है। सम्पादकीय तथ्यपूर्ण और सारगर्भित हो, इसका विशेष ध्यान रखा जाता है। यही नहीं, सम्पादकीय प्रेरक और उद्बोधक भी होना चाहिए। उसमें शिक्षा भी होती है और प्रेरणा की क्षमता भी, इसीलिए यह माना जाता है कि श्रेष्ठ सम्पादकीय वही होते हैं जिनमें ज्ञानवर्धन के साथ-साथ प्रेरणा की क्षमता भी विद्यमान हो।

सम्पादकीय लेखन की वैसे कोई विशिष्ट शैली या आकार नहीं होता है। अपने विवेक के अनुसार सम्पादक, अपने सहयोगियों से परामर्श करके विश्लेषण, व्याख्या या मूल्यांकन द्वारा तर्कपूर्ण शैली अपनाकर विषय को रोचक और प्रभावी ढंग से प्रस्तुत करता है। एक मत के अनुसार "बेहतर सम्पादकीय वास्तव में वही कहलाता है जो आलोचना भी करे, व्याख्या भी करे और अन्ततः जिसे पढ़कर पाठक निश्चित रूप से प्रेरित हो जाए। यह भी सही है कि सम्पादकीय मात्र आलोचनापरक ही नहीं होता, वह प्रशंसा के भावों से भी मुखर होता है। इस तरह वह पाठकों के लिए उत्साहवर्द्धक, कर्तव्यबोधक, सुझावात्मक, आन्दोलनात्मक, समसामयिक एवं पथ-प्रदर्शक सिद्ध होता है।"

बहुधा सम्पादकीय समसामयिक घटनाओं, मुद्दों पर लिखे जाते हैं। उनमें समाज, राजनीति, अर्थनीति, शिक्षा, संस्कृति, अपराध जैसे विषय को लिया जाता है। सम्पादकीय का विषय और उसकी प्रस्तुति कभी-कभी इतनी महत्त्वपूर्ण होती है कि वह अपने समय का दस्तावेज बन जाता है। बड़े समाचार-पत्रों में अनुभवी सम्पादक इसीलिए रखे जाते हैं कि वे अपनी लेखनी से जनमानस में पत्र के प्रति एक सकारात्मक दृष्टिकोण पैदा करें। कहना न होगा कि कुछ अखबार मात्र अपने सम्पादकीय के कारण ही चर्चित होते हैं।

वैसे, सम्पादकीय के अन्तर्गत पूरा-का-पूरा सम्पादकीय पृष्ठ ही आता है। सम्पादक से यह अपेक्षा होती है कि वह इस पृष्ठ की सामग्री का चयन बड़ी ही गम्भीरता और विद्वता से करे। यह पृष्ठ अखबारों की आत्मा कहा जाता है। इसमें अखबारी कतरने नहीं होती बल्कि देश और समाज को दिशा देने, लोगों को प्रेरणा देने, सोचने-समझने की दिशा देने का दायित्व होता है। इसीलिए इस पृष्ठ को अखबार का पथ-प्रदर्शक माना जाता है। इस पृष्ठ पर सम्पादकीय के साथ तीन

या चार महत्त्वपूर्ण लेख होते हैं। यह वास्तव में विचार पृष्ठ होता है। इसे पढ़कर पाठक की बौद्धिक क्षुधा की तृप्ति होती है।

फीचर

समाचार को सुरुचिपूर्ण, लालित्यपूर्ण अर्थात मनोहारी ढंग से प्रस्तुत करना ही फीचर है। फीचर से न सिर्फ जानकारी मिलती है बल्कि स्वस्थ मनोरंजन भी होता है। वास्तव में फीचर में तथ्यों और भावनाओं की रोचक अभिव्यक्ति होती है। ऐसा माना जाता है कि संवेदना के स्तर पर पाठक से जुड़ने का फीचर एकमात्र विकल्प है। फीचर से घटना-प्रसंग में जीवन्तता आ जाती है। फीचर ऐसा होता है कि कभी-कभी वेदना और टीस के क्षणों में भी वह आनन्द की अनुभूति देता है। वरिष्ठ पत्रकार डॉ. वेदप्रताप वैदिक के अनुसार, "मिसाल के तौर पर अगर देश के फकीरों की समस्या पर लेख लिखना चाहें तो किताबें पढ़कर, आँकड़े इकट्ठे कर सकते हैं और लिख सकते हैं लेकिन यदि फीचर के माध्यम से गम और दर्द की कहानी सुनाना चाहते हैं तो उसके पास बैठना होगा, उसकी कहानी सुननी पड़ेगी और उसके दुख का अनुभव करना पड़ेगा। फीचर का महत्त्व इसी में है कि वह किसी बात को थोड़े से शब्दों में रोचकता के साथ कहे।" डॉ. अरुण कुमार भगत के शब्दों में "फीचर से घटना प्रसंग में जीवन्तता आती है। संवेदना के स्तर पर पाठक से जुड़ने का फीचर एकमात्र सशक्त विकल्प है।"

फीचर और समाचार दोनों घटनाओं और तथ्यों पर आधारित होते हैं परन्तु दोनों में अन्तर यह होता है कि जहाँ समाचार घटना-व्यापार की जानकारी मात्र देता है, वहाँ फीचर पाठकों को वही जानकारी कुछ इस तरह से देता है कि वह उसके मन-मस्तिष्क पर बोझ भी न डाले और उसे सोचने-विचारने के लिए प्रेरित भी करे। जिज्ञासा, सहानुभूति, आनन्द और कुतूहल का संचार पाठकों को कराना ही फीचर का धर्म माना जाता है। इसीलिए फीचर को परिभाषित ही इस रूप में करते हैं—"रोचक विषय की मनोरम और विस्तृत प्रस्तुति ही फीचर है।"

समाचार और फीचर के बीच अन्तर होता है। फीचर एक सुव्यवस्थित, सृजनात्मक और आत्मनिष्ठ लेखन है जिसका उद्देश्य पाठकों को सूचना देने, शिक्षित करने के साथ मुख्य रूप से उसका मनोरंजन करना होता है। फीचर समाचार की भाँति पाठक को तात्कालिक घटनाक्रम से अवगत नहीं कराता।

फीचर विषय के अनुसार कई प्रकार के होते हैं यथा—समाचार फीचर, सांस्कृतिक फीचर, फोटोफीचर, घटनाश्रित फीचर, व्यक्तिपरक फीचर, विज्ञान विषयक फीचर आदि। फीचर का सम्बन्ध समाचार-पत्रों से है इसलिए इसकी परिधि बहुत व्यापक है। इसके अन्तर्गत जीवन-जगत से जुड़े सभी पक्ष आ सकते

हैं। कहा जा सकता है कि जिस प्रकार समाचारों में विविधता होती है, उसी प्रकार फीचर भी वैविध्यपूर्व होते हैं। कोई भी प्रसंग, घटना, स्थल आदि जो भी जीवन और जगत से जुड़ा हुआ पक्ष है वह फीचर का विषय हो सकता है बशर्तें उसमें समसामयिकता का पुट विद्यमान हो अर्थात वह हमारे समसामयिक जीवन को प्रभावित करने में कारगर हो। प्रो. हरिमोहन ने फीचर के विषय क्षेत्र के आधार पर छह वर्ग बताए हैं—

1. **सामाजिक-सांस्कृतिक फीचर**— इसमें सामाजिक रीति-रिवाज, पर्व-त्योहार, कला, रहन-सहन, तीर्थ स्थल, सांस्कृतिक धरोहर आदि शामिल किए जाते हैं।
2. **घटनापरक फीचर**— इसमें घटना प्रधान यथा आन्दोलन, युद्ध, दुर्घटना, अकाल, बाढ़ आदि से सम्बन्धित विषय आते हैं।
3. **प्राकृतिक फीचर**— इसमें प्राकृतिक स्थलों की सुषमा, स्थलों की विशेषता आदि से सम्बन्धित विषय आते हैं।
4. **साहित्यिक फीचर**— इसके अन्तर्गत साहित्यिक कार्यक्रमों, साहित्यिक उपलब्धियों, साहित्यकारों आदि से सम्बद्ध विषय आते हैं।
5. **राजनीतिक फीचर**— इसमें राजनीतिक घटनाओं, विचारों, राजनीति से सम्बन्धित विषय आते हैं।
6. **प्रकीर्ण फीचर**— उपरोक्त विषयों के अलावा जो भी अन्य विषय फीचर लेखन के हो सकते हैं, वे इसके अन्तर्गत रखे जा सकते हैं।

फीचर की यह विशेषता होती है कि वह साहित्य की भाँति एक ऐसी सर्जनात्मक विधा है जो घटना-प्रसंगों के पीछे छुपी संवेदना को उभार कर न सिर्फ कौतूहल और लालित्य पैदा करता है बल्कि पाठ को आनन्द के साथ दिशा-दृष्टि भी प्रदान करता है। इसीलिए कहा जाता है कि समाचार से सिर्फ सूचना मिलती है, ज्ञानवर्धन होता है जबकि फीचर से ज्ञानवर्धन के साथ आनन्द और प्रेरणा भी मिलती है। अच्छा फीचर अपनी कलात्मकता से पाठक के मनोमस्तिष्क को झकझोर देता है।

फीचर लेखन के लिए यूँ तो कोई बना-बनाया नियम नहीं है किन्तु निम्नलिखित बातों को ध्यान में रखकर अच्छा फीचर लिखा जा सकता है। यथा—

- फीचर लेखक को सबसे पहले विषय चयन करना चाहिए। विषय ऐसा हो जिसका सीधा सरोकार लोकमानस से हो, जिसमें लोकमानस को प्रभावित करने की क्षमता हो। अर्थात विषय आकर्षक होना चाहिए।
- विषय निर्धारण के बाद उससे सम्बद्ध सामग्री का संकलन करना चाहिए। सामग्री का संकलन प्राथमिक स्रोतों से ही करना चाहिए, इससे फीचर में जीवन्तता आ जाती है, द्वितीयक स्रोतों से प्राप्त सामग्री के आधार पर

रचित फीचर में प्रामाणिकता और प्रभावोत्पादकता उतनी नहीं आ पाती। इसलिए सामग्री संकलन के लिए लेखक को विषय से सम्बन्धित स्थान, प्रसंग, व्यक्ति समूह, समुदाय आदि तक स्वयं जाना चाहिए और लोगों से चर्चा-परिचर्चा करके तथ्य संकलित करना चाहिए।

- फीचर की भाषा सहज, सरल और शैली कथात्मक होनी चाहिए। फीचर की भाषा में रोचकता होनी चाहिए, सपाटबयानी नहीं। इसमें शब्दों की कोई सीमा नहीं होती। पत्र-पत्रिकाओं की नीति के अनुसार छोटे या बड़े फीचर लिखे जाते हैं। साधारणतः 250 शब्दों से लेकर 2000 शब्दों तक के फीचर छपते हैं।
- फीचर के साथ फोटो, रेखांकन, ग्राफिक्स आदि प्रभावोत्पादकता लाने के लिए जरूरी माना जाता है।

हल्के-फुल्के विषयों से लेकर गम्भीर विषयों और मुद्दों पर फीचर लिखे जा सकते हैं। उदाहरण के लिए अपने यहाँ विद्यालय या कक्षा पर एक परिचयात्मक फीचर लिखने से लेकर उसके दीक्षान्त समारोह या शैक्षणिक यात्रा पर फीचर लिख सकते हैं। वास्तव में फीचर लेखन घटनाक्रम अर्थात तथ्यों के संयोजन का एक तरह का ट्रीटमेंट है जिसे विषय या मुद्दे के अनुसार प्रस्तुत किया जाता है। इस तरह फीचर तथ्यों, सूचनाओं और विचारों पर आधारित कथात्मक विवरण और विश्लेषण होता है।

वैसे फीचर लेखन का कोई एक ढाँचा या फार्मूला नहीं होता है लेकिन उसकी कोई-न-कोई थीम होनी चाहिए। उसी के अनुरूप सभी प्रासंगिक सूचनाएँ तथ्य और विचार गुँथे होने चाहिए। जैसे अगर आप किसी जाने-माने व्यक्ति पर एक फीचर लिखना चाहते हैं तो उसकी शुरुआत किसी ऐसी घटना के उल्लेख से कर सकते है जिसने उनके जीवन की दिशा ही बदल दी हो या उनकी किसी बहुत महत्त्वपूर्ण उपलब्धि से कर सकते हैं।

जहाँ तक रचना-प्रक्रिया का प्रश्न है, फीचर को तीन स्तरों पर बाँटकर चलना चाहिए—प्रारम्भ, मध्य और अन्त। प्रारम्भ अर्थात फीचर की शुरुआत रोचक ढंग से करनी चाहिए। फीचर भी एक पत्रकारीय लेखन है अतः समाचार की भाँति इसकी भी शुरुआत एक रोचक इंट्रो से करनी चाहिए। फीचर का आमुख विषयानुरूप आकर्षक और प्रेरक होना चाहिए जिससे पाठक उसे पूरा पढ़ने के लिए मजबूर हो जाए और अन्त प्रेरणास्पद होना चाहिए।

लेख

किसी विषय पर गहन अध्ययन-विश्लेषण से किया गया लेखन लेख कहलाता है। यह विचार प्रधान होता है। लेख में प्रामाणिक जानकारी को सरल, सुबोध भाषा में

प्रस्तुत किया जाता है। इससे पाठकों को विवेच्य विषय के बारे में तर्कसंगत तरीके से सोचने-विचारने की सामग्री दी जाती है। लेख विचार प्रधान होते हैं, इसलिए इनसे पाठकों की वैचारिक खुराक की पूर्ति होती है। लेख पाठक में वैचारिक द्वन्द्व पैदा करता है, उसे अपना मत बनाने के लिए प्रेरित करता है। मुद्दों को तर्कसंगत ढंग से उठाकर कुशल लेखक जनता की अदालत में उस पर विचार करने के लिए प्रस्तुत करता है। लेख, सारगर्भित तथ्यात्मक और निष्पक्षतापूर्ण हो, यह जरूरी होता है अन्यथा उनसे गलत सन्देश जाता है। लेख का उद्देश्य एकपक्षीय नहीं होना चाहिए परन्तु एक ही विषय पर पक्ष और विपक्ष दोनों धरातलों पर लेख लिखे जा सकते हैं। समाचार-पत्र में लेख सम्पादकीय पृष्ठ पर छपते हैं। अतः इन्हें भी समाचार-पत्र की निष्ठा, निष्पक्षता, प्रतिबद्धता का संकेतक माना जा सकता है। लेख के लिए यह जरूरी है कि भाषा-शैली सरल, सहज और रोचक हो, पांडित्य-प्रदर्शन कदापि नहीं होना चाहिए वरना अच्छे विचार और अच्छी सामग्री अरुचिकर हो जाती है।

लेख विशेष रिपोर्ट और फीचर से अलग होते हैं। इसमें लेखक के विचारों को प्रमुखता दी जाती है। लेखक तथ्यों और सूचनाओं के विश्लेषण और अपने तर्कों के माध्यम से राय व्यक्त करता है। वैसे तो लेख लेखन की कोई एक निश्चित शैली नहीं होती। यह लेखक की अपनी अभिरुचि पर निर्भर करता है किन्तु यह ध्यान रखना होता है कि उसका आदि, मध्य और अन्त हो। लेख की शुरुआत विषय के समसामयिक प्रसंग या घटनाक्रम के विवरण जोड़कर करते हुए फिर उससे जुड़े अन्य पहलुओं को सामने लाना चाहिए। इससे प्रभावोत्पादकता बढ़ जाती है।

साक्षात्कार/भेंटवार्ता

साक्षात्कार का अर्थ है बातचीत या भेंटवार्ता। साक्षात्कार भी समाचार-पत्रों का एक प्रमुख आयाम है। इससे समाचार को तथ्यात्मक और अधिक प्रामाणिक बनाने में सुविधा होती है। किसी घटना-प्रसंग या सामाजिक-राष्ट्रीय मुद्दों पर नेताओं, अधिकारियों, समाज-सेवकों से बातचीत ही साक्षात्कार कहलाता है। साक्षात्कारकर्ता और साक्षात्कार देनेवाले दोनों को इसके लिए विशेष तैयारी करनी पड़ती है। डॉ. वेद प्रताप वैदिक के मतानुसार, "वास्तविक भेंटवार्ता के लिए जितनी तैयारी भेंट देनेवाले को करनी पड़ती है उससे कम तैयारी भेंटकर्ता को नहीं करनी होती। यदि आप किसी नेता से साक्षात्कार करने जा रहे हैं, तो पहले आपको उसके हाल के वक्तव्यों आदि पर गहरी दृष्टि डालनी होगी। जिन विषयों पर आपको साक्षात्कार करना है उनका ज्ञान आपको होना आवश्यक है।"

कुशल साक्षात्कार के द्वारा किसी घटना या मुद्दे पर 'क्या' और 'कैसे' की गहरी जानकारी मिलती है। कुशल साक्षात्कारकर्ता पूरी तैयारी के साथ बातचीत

करता है, और उसकी कोशिश यह होती है कि जो सामनेवाला नहीं बताना चाहता, उसको भी उससे उगलवा ले। साक्षात्कार भी दो प्रकार का होता है—

(1) किसी खास सन्दर्भ में विशेष बातचीत।

(2) किसी समाचार के सन्दर्भ में उसकी आधिकारिक पुष्टि।

साक्षात्कार प्रायः दो तरीके से लिए जाते हैं—

(1) प्रश्नोत्तर शैली

(2) कथन-शैली।

समाचार-पत्रों में प्रायः कथन-शैली का प्रयोग किया जाता है। इससे समाचार की विश्वसनीयता और प्रामाणिकता बढ़ने में मदद मिलती है।

खोजी समाचार

खोजी पत्रकारिता समाचार-पत्रों का वह अंग है जिसमें सत्यनिष्ठ, साहसी और जागरूक संवाददाताओं द्वारा सामाजिक, राजनीतिक, आर्थिक किसी भी विषय की बुराई अथवा उस पक्ष को उद्घाटित किया जाता है, जो कि राष्ट्रहित, समाजहित में नहीं होते हैं। खोजी पत्रकारिता सनसनीखेज घटनाओं का ठोस सबूतों, अभिलेखों और प्रमाणों के आधार पर तार्किक विश्लेषण करती है। खोजी पत्रकारिता समाज में उत्पन्न बुराई यथा भ्रष्टाचार, कदाचार आदि को रोकने के लिए कृत संकल्पित होती है। आजकल खोजी पत्रकारिता का महत्त्व अधिक बढ़ गया है क्योंकि समाज में गुप्त कारनामे अधिक होने लगे हैं।

खोजी समाचार के लिए आजकल प्रत्येक समाचार-पत्र में अलग से खोजी संवाददाता रखे जाते हैं जिनकी निगाह हमेशा समाज और शासन के उस बिन्दु पर होती है जहाँ अन्याय, अत्याचार, कुशासन होता है। ये संवाददाता कभी-कभी अपनी जान की बाजी लगाकर ऐसी खबरों को उद्घाटित करते हैं जिनसे राष्ट्रीय अस्मिता का सवाल जुड़ा होता है। एक मत के अनुसार, "खोजी पत्रकारिता का काम उघाड़ना है, जहाँ पर्दा डालने की बात आती है, वहाँ कोई रहस्य छिपाने का एक प्रयास होता है, जहाँ द्वार बन्द करने का कर्म सामने आता है वहाँ भीतर कुछ गड़बड़ी की हलचल सुनाई देती है, जहाँ वस्तुओं को दबाया जाता है वहाँ रहस्य का सूत्र गाँठ बन जाता है। इन सब गाँठों को खोलना, रहस्यों से पर्दा उठाना और बन्द दरवाजों की देहरी को पार कर जाना ही खोजी पत्रकारिता का मूल कर्म है।"

खोजी पत्रकारिता एक चुनौतीपूर्ण कार्य है। इसमें अत्यन्त साहस की जरूरत होती है। इसमें वही पत्रकार सफल होता है, जिसमें कवि की कल्पना, कलाकार की सृजनात्मकता और मशीन की गति हो। खोजी पत्रकार को अपनी आत्मा की आवाज और मनुष्य की व्यक्तिगत प्रतिष्ठा तथा राष्ट्र का एक जिम्मेदार नागरिक

होने की भावना के साथ कार्य करना चाहिए। खोजी समाचार उस पत्रकार की पूरी निष्ठा और बुद्धि का प्रमाण होता है। उस समाचार को तैयार करने में वह जितनी प्रामाणिक और तथ्यात्मक सामग्री प्रस्तुत कर सकता है, वह उतना ही सफल पत्रकार माना जाता है।

मुद्रण कला

मुद्रण द्वारा शाब्दिक प्रतीकों के माध्यम से विचारों की अभिव्यक्ति होती है। मुद्रण कला का जन्म सर्वप्रथम चीन में हुआ। सन् 650 ई. में भगवान बुद्ध की मूर्ति छापने के लिए इस कला का उपयोग किया गया। मुद्रण के लिए नागरी टाईप 1577 में सर्वप्रथम यूरोप में बनाया गया और 1675 में इसमें पहली किताब 'चाइना इलेस्ट्रेटा' छपी। भारत में नागरी टाईप के जन्मदाता श्री पंचानन कर्मकार माने जाते हैं।

मुद्रण एक कला है। अच्छा मुद्रण पाठक को आकर्षित करता है। इसकी प्रक्रिया के निम्नलिखित चरण होते हैं : (1) टाईप, (2) कम्पोज, (3) छपाई (4) मेकअप। इन प्रक्रियाओं को अपनाकर कुशल सम्पादक अपने समाचार-पत्र को आकर्षक बनाता है। अच्छी मुद्रण कला का परिचय पाठक को समाचार की मुख्य हेडिंग देखने से ही हो जाता है। इसके लिए पहले प्रकाशनीय सामग्री का टाईप तैयार किया जाता है जो कि लकड़ी या धातु से बना अक्षर होता है, उसके बाद उस सामग्री को लाइन व पृष्ठ तैयार करने के लिए कम्पोज किया जाता है। आजकल तकनीक के विकास के कारण कम्प्यूटर द्वारा शब्द-संयोजन अधिक आकर्षक और प्रभावी तरीके से किया जाता है। यह मुद्रण का एक महत्त्वपूर्ण चरण होता है और सम्पादक, सह-सम्पादक की कुशलता पर निर्भर करता है क्योंकि कम्पोज करनेवाले को निर्देश इन्हीं से मिलता है। उसके बाद मैटर छपाई के लिए प्रेस में जाता है। छपाई में कलर आदि का विशेष ध्यान रखना होता है।

इतना ही नहीं, कौन-सी सामग्री किस रूप में दी जानी है, कौन मोटे अक्षरों में, कौन छोटे अक्षरों में, पतले अक्षरों में, कौन ब्लॉक में आदि की भी प्रक्रिया से गुजरना पड़ता है। इसे पत्रकारिता की भाषा में 'मेकअप' करना कहते हैं। इसमें सम्पादक और उसके सहयोगी अखबार के पूरे पृष्ठों पर दृष्टि डालते हैं और समाचार की प्रकृति और महत्त्व के अनुसार उसका स्थान, साईज और कलर आदि निर्धारित करते हैं। आजकल कम्प्यूटर से मुद्रण कार्य की सेटिंग वगैरह कम्प्यूटर स्क्रीन पर ही हो जाता है। इससे कार्यकुशलता बढ़ी है, समय की बचत भी हुई है।

प्रूफ शोधन

प्रूफ शोधन का पत्रकारिता में महत्त्वपूर्ण स्थान होता है। प्रूफ संशोधक का कार्य बड़ा ही पेचीदा और श्रमसाध्य होता है। इसके लिए भाषा पर अच्छी पकड़ अनिवार्य आवश्यकता होती है। शुद्ध मुद्रण पत्र-पत्रिका की प्रतिष्ठा बढ़ाता है, समाचार व सम्पादक की गरिमा बढ़ाता है। इसलिए कम्पोज की गई सामग्री का प्रूफ पठन अथवा प्रूफ शोधन कराया जाता है। इसके लिए प्रूफ रीडर की नियुक्ति होती है।

प्रूफ रीडर वह व्यक्ति होता है जो कम्पोज मैटर को मुख्य कॉपी से मिलाकर व्याकरण की त्रुटियों आदि छूटे हुए शब्दों का सुधार करवाता है। 'ऑक्सफोर्ड एडवांस लर्नर्स डिक्शनरी' के अनुसार "trial copy of printed material produced so that corrections may be made" तथा पत्रकारिता परिभाषा कोष में लिखा गया है—"समाचार-पत्र कार्यालय के प्रेस विभाग का वह व्यक्ति जो प्रूफ में कम्पोज सम्बन्धी अशुद्धियाँ ठीक करता है और उसका मिलान मूल पांडुलिपि से करता है, उसे प्रूफ रीडर कहा जाता है।" प्रूफ रीडर कॉपी होल्डर की मदद से अशुद्धियों को चिह्नित करता जाता है और दायें-बायें स्थान पर निर्देश देता जाता है। प्रूफ शोधन के उपरान्त अधिकांश त्रुटियाँ निकल जाती हैं जिससे प्रकाशित सामाग्री की विश्वसनीयता और प्रामाणिकता बढ़ जाती है। मुद्रण क्षेत्र में बिना प्रूफ शोधन के शुद्ध प्रकाशन प्राय:असम्भव होता है। इसलिए चाहे समाचार-पत्र हो या पत्रिकाएँ अथवा पुस्तकें, प्रूफ शोधन उसके प्रकाशन का एक जरूरी पक्ष है। हिन्दी में कई ऐसे स्वनामधन्य सम्पादक हुए है जिन्होंने प्रूफ पर बहुत बल दिया और इस माध्यम से उन्होंने शुद्ध लेखन और प्रकाशन को प्रोत्साहित किया। महावीर प्रसाद द्विवेदी, शिवपूजन सहाय, बाबू राव विष्णु पराड़कर, श्री रंजन सूरिदेव, गणेशशंकर विद्यार्थी, प्रभात जोशी आदि को उनके भाषा संस्कार के लिए याद किया जाता है।

आजकल कम्प्यूटर के कारण और कुछ समय की बचत के कारण यह धारणा बन गई है कि प्रूफ शोधक की कोई आवश्यकता नहीं है। यहाँ तक कि समाचार-पत्रों से प्राय: प्रूफ रीडर गायब हो गए हैं। प्रूफ रीडर का कार्य भी उप-सम्पादक को करना पड़ता है जो चलताऊ ढंग से प्रूफ देख लेता है, उस के प्रति कोई विशेष रुचि नहीं रखता। यही वजह है कि प्रूफ सम्बन्धी अशुद्धियाँ अच्छे-अच्छे समाचार-पत्रों में भी आम बात हो गई हैं। पेपरलेस एडिटिंग के इस दौर में हालाँकि टाइपिंग की उन्नत तकनीक होने के कारण अब उतनी गलतियाँ नहीं रहती किन्तु कम्प्यूटर टाइपिंग भी मानवीय कार्य होने के कारण पूरी तरह से त्रुटिहीन नहीं कहा जा सकता। अशुद्धियों के कारण अर्थ का अनर्थ होने का डर

रहता है, इसलिए यह जरूरी होता है कि प्रूफ ठीक से देखा जाए। उदाहरण के लिए 'हत्या के आरोप में नर्स बन्दी' के स्थान पर हत्या के आरोप में नसबन्दी' जैसी त्रुटियाँ भी छप जाती हैं।

प्रूफ वाचन की विधि

प्रूफ रीडर प्रूफ को दो भागों में विभाजित कर लेता है। दाहिने भाग की अशुद्धियों को दाहिनी ओर तथा बाईं ओर की अशुद्धियों के लिए बाईं ओर के भाग में आवश्यक संशोधन चिह्न लगाया जाता है। यह ध्यान रखा जाता है कि लगाए जानेवाले चिह्न साफ और स्पष्ट हों तथा पंक्ति के सीध में हों। एक पंक्ति में यदि एक से अधिक अशुद्धियाँ हों तो हाशिए पर क्रमानुसार शुद्ध अक्षरों को लिखा जाता है और उसके बीच पूर्ण विराम जैसे लकीर खींच दी जाती है। यदि अशुद्धियाँ बहुत ही अधिक हों तो उस शब्द अथवा पंक्ति को प्रूफ रीडर को पुनः लिख देना चाहिए। प्रूफ संशोधन सामान्यतः लाल स्याही वाली पेन से करना चाहिए जिससे कम्पोज करनेवाले को संशोधन स्पष्ट दिखे और समझ में आए। प्रूफ रीडर को यह ध्यान रखना चाहिए कि उसका कार्य प्रूफगत अशुद्धियों को दूर करना है न कि विषय की अशुद्धियाँ सुधारना। अतः यदि विषय सम्बन्धी कोई सुधार हो तो लेखक से राय ले लेनी चहिए। शब्द या वाक्य या विषयगत कोई भी बदलाव प्रूफ रीडर को नहीं करना चाहिए, यह सम्पादक का अधिकार है। हाँ, कम्प्यूटर पर ही प्रूफ देखनेवाले उप-सम्पादक या सह-सम्पादक अवश्य विषय और भाषा दोनों को सुधार सकते हैं।

प्रूफ शोधन की प्रक्रिया के निम्न चरण होते हैं—

1. **गेली प्रूफ :** यह पहला प्रूफ होता है, इसलिए अशुद्धियाँ अधिक रहती हैं। गेली प्रूफ करते समय मूल पाठ से मिलान किया जाता है। कॉपी होल्डर पांडुलिपि (मूल पाठ) को पढ़ता है और प्रूफ रीडर प्रूफ में आवश्यक संशोधन करता जाता है। चिह्न हिन्दी, अंग्रेजी आदि भाषाओं में एक ही प्रकार के होते हैं। प्रूफ वाचक को इन चिह्नों के सम्बन्ध में जानकारी होनी चाहिए।
2. **मेकअप प्रूफ :** गेली प्रूफ के बाद मेकअप प्रूफ किया जाता है।
3. **पेजप्रूफ :** मेकअप प्रूफ के बाद प्रत्येक पृष्ठ का प्रूफ निकाला जाता है। इसे प्रथम प्रूफ या पेज प्रूफ कहते हैं। पुस्तक आदि के प्रकाशन में दो-तीन बार पेज प्रूफ निकाला जाता है।
4. **फर्माप्रूफ :** पेजप्रूफ के बाद छपनेवाले सभी पृष्ठों को सजाया जाता है। इसे फर्मा कहते हैं। पृष्ठों को फर्मा में कस देने के बाद एक प्रूफ और निकाला जाता है, इसे 'फर्माप्रूफ' कहते हैं।

कम्प्यूटर के कारण आजकल सारा काम मशीन पर ही होता है। प्रूफ रीडिंग भी कम्प्यूटर स्क्रीन पर ही होती है, इसे 'पेपरलेस एडीटिंग' कहा जाता है। यह कार्य प्रूफ रीडर की जगह अब उप-सम्पादक या सह-सम्पादक देखते हैं। कम्प्यूटर की पद्धति के अनुसार जो प्रूफ निकाला भी जाता है उसे डाटमेट्रिक्स प्रूफ, लेजर प्रूफ आदि के नाम से जाना जाता है।

प्रूफ शोधन सामान्यतया लाल स्याही की कलम से किया जाता है। प्रूफ शोधन करते समय वर्तनी की एकरूपता और प्रकाशन शैली पर विशेष ध्यान देना होता है। अच्छे प्रूफ रीडर में निम्नलिखित गुण होना आवश्यक होता है—

1. छपाई कला का सामान्य ज्ञान होना चाहिए।
2. भाषा की अच्छी जानकारी होनी चाहिए।
3. अक्षर-संयोजन की समझ होनी चाहिए।
4. प्रूफ शोधन की प्रक्रिया की जानकारी होनी चाहिए।

प्रूफ संशोधन में प्रयुक्त महत्त्वपूर्ण चिह्न

प्रूफ शोधन के कुछ महत्त्वपूर्ण चिह्न निम्न हैं—

Z — पैराग्राफ को मिलाएँ।
; — सेमीकॉलम लगाएँ।
- — हाइफन लगाएँ।
— — डैश लगाएँ।
— स्पेस दें।

पृष्ठ-सज्जा

साज-सज्जा मानव जीवन की नैसर्गिक प्रवृत्ति है। मानव अपनी कलात्मकता से अपने जीवन के सभी कार्यक्षेत्रों को सुन्दर बनाने की कोशिश करता है। साज-सज्जा से कोई भी वस्तु आकर्षक और रुचिकर हो जाती है।

पत्रकारिता के क्षेत्र में कलात्मकता बहुत जरूरी होती है। पत्रकारिता में लेआउट या पृष्ठ तैयार करना एक प्रकार की कला है। पाठक को अच्छी सामग्री ही नहीं चाहिए बल्कि अच्छी, सुन्दर प्रस्तुति भी चाहिए। समाचार को किस तरह, किस जगह, कैसे प्रस्तुत करना है कि वह प्रभावी और रोचक लगे, इसकी भी अपनी तकनीक होती है। यह एक प्रकार से स्थापत्य कला है जिसमें कुशल कलाकार अपनी कलात्मक सूझ-बूझ से समाचारों को प्रस्तुत करता है। पृष्ठ-सज्जा तैयार करनेवाले को सामाचार की समझ के साथ कलात्मक अभिरुचि सम्पन्न भी होना चाहिए तभी वह समाचार-पत्र और उसके पाठक के साथ न्याय कर सकता है। जितनी सुन्दर,

आकर्षक और सुनियोजित कलात्मक प्रस्तुति होगी, उतनी ही प्रभावोत्पादक और आकर्षक होगी। डॉ. हरिमोहन के अनुसार, "पृष्ठ-सज्जा किसी समाचार-पत्र, पत्रिका में महत्त्व के अनुसार समाचार एवं समाचारेत्तर सामग्री के स्थान निर्धारण, सम्बन्धित आकर्षक छायाचित्रों-रेखाचित्रों के संयोजन, रंग-योजना, समाचार-पत्र के आकार-प्रकार, पृष्ठ-निर्धारण आदि की प्रक्रिया को कहते हैं, जिसके कारण वह समाचार-पत्र, पत्रिका अपने आकर्षक समाचार के साथ पाठकों के हाथ में पहुँचता है।"

साज-सज्जा का यह तात्पर्य नहीं है कि समाचार-पत्र का प्रत्येक पृष्ठ पोस्टर बन जाए। इसका सीधा-सा अर्थ यह है कि किसी समाचार-पत्र, पत्रिका में सबसे महत्त्वपूर्ण होता है, समाचार। इसे कैसे, कहाँ, किस तरह से प्रस्तुत किया जाए कि पाठक को आकर्षक और रोचक लगे। आजकल वैसे भी इलेक्ट्रॉनिक मीडिया के कारण यह एक बड़ा संकट हो गया है कि समाचार-पत्र अपने अस्तित्व को कैसे सुरक्षित रखें। इस दौर में यह आवश्यक है कि समय के साथ समाचार-पत्र के पन्नों का कलेवर भी बदलता रहे, पाठकीय अभिरुचि और औत्सुक्य को ध्यान में रखते हुए उसे आकर्षक तरीके से प्रस्तुत किया जाए। कुशल पत्रकार/सम्पादक अपनी कलात्मक अभिरुचि और समाचार की प्रकृति के साथ न्याय करते हुए साज-सज्जा को लेकर प्रयोग करते रहते हैं। क्योंकि पत्रकारिता जगत में यह मान्य धारणा है कि "समाचार-पत्र का यह पहला कर्तव्य है कि वह सुन्दर दिखे, दूसरा यह कि सच बोले।" पृष्ठ-सज्जा के बारे में डेविड वेनराइट ने कहा है—"The skill of page makeup lies in putting the greatest amount of information into the page to produce variety without confusion."

पृष्ठ-सज्जा के दो मूलभूत सिद्धान्त हैं—पहला यह कि किन समाचारों को उभारना है अर्थात किन पर अधिक ध्यान देना है और दूसरा यह कि समग्र पृष्ठ में एक सन्तुलन हो। इसके लिए समाचार सम्पादक या पृष्ठ तैयार करनेवाले को समाचार की समझ और महत्त्व के साथ शीर्षक और प्वाइंट का भलीभाँति ज्ञान होना जरूरी है। समाचार का नियोजन चित्र, रंग, स्थान आदि सभी दृष्टि से इस भाँति होना चाहिए कि समग्र पृष्ठ में एक सन्तुलन हो क्योंकि साज-सज्जा का अर्थ समाचार-पत्र को आकर्षक बनाना है न कि पोस्टर। कुल मिलाकर समाचार, उसका शीर्षक, इंनसेट, फांट, रंग, चित्र विज्ञापन आदि सभी के स्थान का नियोजन उनके महत्त्व के आधार पर करना ही पृष्ठ-सज्जा है।

पृष्ठ-सज्जा पर समाचार-पत्र विशेष ध्यान देते हैं। समाचार, चित्र, ग्राफिक्स, नक्शे, हाइलाइट्स, बूलेट्स इत्यादि के आकार-प्रकार का निर्धारण और प्रस्तुत करने के तरीके पर इसमें विचार किया जाता है। कौन-सी सामग्री कहाँ सजाई, जमाई जाए, उसे किस प्रकार आकर्षक बनाया जाए, इसका निर्धारण लेआउट के अन्तर्गत

किया जाता है। वरिष्ठ पत्रकार श्री हर्षदेव ने अपनी पुस्तक 'उत्तर आधुनिक मीडिया तकनीक' में पृष्ठ-सज्जा के निम्न प्रकार बताए हैं—

— उर्ध्वाधर

— अनुप्रस्थ

— माड्यूलर

— आयताकार

समाचार-पत्र के रूप-विन्यास के आधार पर ही पृष्ठ-सज्जा तैयार किया जाता है। आजकल समाचार-पत्रों का लेआउट कम्प्यूटर पर ही तैयार होता है। पत्रों के पृष्ठ का मेकअप उसकी महत्ता, प्रकृति और सामग्री के आधार पर किया जाता है। हर पृष्ठ का अपना वैशिष्ट्य होता है, उसी के आधार पर लेआउट तैयार किया जाता है। प्रथम पृष्ठ, अन्तिम पृष्ठ और सम्पादकीय पृष्ठ का लेआउट तैयार करने में विशेष सावधानी बरतनी पड़ती है परन्तु पूरे पत्र में आद्यन्त एक सन्तुलन बना रहे, इसका भी ध्यान रखा जाता है। शीर्षक का आकार-प्रकार, चित्र आदि का सही सन्तुलन पत्र की लोकप्रियता बढ़ाता है। प्रेमनाथ चतुर्वेदी ने अपनी पुस्तक 'समाचार सम्पान' में पृष्ठ-सज्जा के बारे में बताया है—"समाचार पृष्ठ के बाईं ओर ऊपर की तरफ सबसे छोटे और बड़े आकार तथा महत्त्व के समाचार को दिया जाता है। उस स्थान पर बड़ा चित्र भी दे देते हैं। उक्त समाचार की तुलना में कम महत्त्व के मोटे शीर्षक वाले समाचार को दाहिनी तरफ लगाते हैं। इसका शीर्षक बाईं तरफ वाले शीर्षक से कुछ हलका होता है। आगे चलकर नीचे की तरफ कुछ हलके शीर्षक वाले दुकालमा-तिकालमा समाचारों को सजाया जाता है। इन बड़े समाचारों के अगल-बगल, नीचे-ऊपर छोटे एककॉलमा समाचार शोभा पाते हैं। पृष्ठ के निखार और समाचार के उभार के लिए बॉक्स और इनसेट को तैयार कराकर इधर-उधर लगाया जाता है। चित्र, बॉक्स और इनसेट को पृष्ठ पर सटाते समय यह ध्यान रखना जरूरी है कि वे किसी विज्ञापन के पड़ोस में न जा बैठें। विज्ञापन की नजदीकी उनकी लिखावट और महत्त्व को काफी घटा देती है। पृष्ठ पर बॉक्स या इनसेट को सटाते समय यह भी ध्यान रहे कि ये किसी मैटर के बीच में न आ जाएँ।

आजकल पृष्ठ-सज्जा को बहुत महत्त्व दिया जाता है। कम्प्यूटर और आधुनिक तकनीक की कृपा से समाचार-पत्र, पत्रिका पूरी तरह से रंगीन छपने लगे हैं। रंग का आकर्षण पाठकीय उत्सुकता की वृद्धि में सहायक होता है। पत्र-पत्रिकाएँ पाठक के चक्षु-संचलन को ध्यान में रखकर रंग-योजना पर विचार करती हैं। डॉ. अरुण कुमार भगत ने पृष्ठ-सज्जा के निम्नलिखित उद्देश्य बताए हैं—

1. रंग-योजना के द्वारा समाचार-पत्र में आकर्षण उत्पन्न करना।
2. समाचार के महत्त्व के अनुसार पृष्ठों पर उसे सजाना।

3. डॉट पॉइंट (डी.पी.आई.) के आलोक में पृष्ठ के सन्तुलन को बनाए रखना अर्थात पृष्ठ के आधा ऊपर और आधा नीचे का भाग सन्तुलित हो।
4. शीर्षक, उपशीर्षक, फ्लैग, कार्टून, चित्र, बुलेट, हाइलाईट्स इत्यादि के माध्यम से 'इंट्रो-प्वाईंट' को बढ़ाना ताकि समाचार की पठनीयता बढ़ सके।
5. समाचार-पत्र में जीवन्तता और सजीवता उत्पन्न करना।
6. समाचार-पत्र में एकरूपता और विषमता के द्वारा साम्य स्थापित करना।
7. अन्य प्रतिस्पर्धी समाचार-पत्र की तुलना में आकर्षण उत्पन्न करना।
8. पृष्ठ-सज्जा का विशेष 'ब्रांड' स्थापित कर लोकप्रियता हासिल करना।

आधुनिक तकनीकी विकास और भौतिक प्रगति ने मनुष्य की अभिरुचि में भी परिवर्तन ला दिया है। जहाँ पहले समाचार को एक के बाद एक क्रमवार सजाकर प्रस्तुत कर दिया जाता था, वहाँ आज इतने भर से काम नहीं चलता बल्कि उसे आकर्षक तरीके से फैलाया जाता है। पाठकीय औत्सुक्य जागृत करने के लिए समाचार को अब वर्गाकार की बजाय आयताकार रूप में प्रस्तुत किया जाता है जो देखने में अधिक आकर्षक लगता है। समाचार-पत्र के प्रत्येक पृष्ठ का लेआउट समाचार के महत्त्व के आधार पर तय किया जाता है। प्रत्येक पृष्ठ आकर्षक और रोचक बने, इसके लिए लेआउट तैयार करना और पत्र-पत्रिका की प्रकृति के अनुरूप प्रकाशित सामग्री को 'सेट' करना होता है।

लेआउट तैयार करने में कुछ व्यावहारिक दिक्कतें भी आती हैं। जैसे, बहुत बड़े समाचारों को एक ही स्थान पर छापना सम्भव नहीं हो पाता तो उसे तोड़कर अन्दर के किसी पृष्ठ पर भी देना पड़ता है। इसके लिए कोई नियम नहीं है कि कौन-सा समाचार किस प्रकार तोड़ा जाए और उसका शेषांश कहाँ रखा जाए। यह लेआउट तैयार करनेवाले को समाचार के महत्त्व और समाचार-पत्र की प्रकृति के आधार पर निर्धारित करना होता है। कुल मिलाकर लेआउट या पृष्ठ-सज्जा का कार्य पत्रकारिता का एक महत्त्वपूर्ण आयाम है। पत्र-पत्रिका को आकर्षक और प्रभावी बनाने में इसकी निःसन्देह उल्लेखनीय भूमिका होती है।

प्रमुख प्रेस कानून एवं आचार संहिता

प्रेस के उद्भव के साथ ही उसकी स्वतंत्रता और आचार संहिता पर सवाल उठने लगे थे। पत्रकारिता जिस महत उद्देश्य को लेकर शुरू हुई थी, उसमें सबसे बड़ी रुकावट शासन-व्यवस्था रही। सरकार और प्रेस में शुरू से ही संघर्ष की स्थिति

रही। भारत में प्रकाशित पहला पत्र 'हिक्कीज बंगाल गजट' ब्रिटिश हुकूमत के सुर से सुर न मिला सकने के कारण बन्द हो गया। हिक्की को भारत छोड़कर स्वदेश जाना पड़ा। उसके बाद का पत्रकारिता का इतिहास ऐसे सैकड़ों उदाहरणों से पटा पड़ा है, जब प्रेस सरकार की दमन नीति का शिकार हुआ है।

प्रेस के साथ शुरू से ही एक सवाल अभिव्यक्ति की स्वतंत्रता का जुड़ा रहा है। वास्तव में पत्रकारिता का उद्‌देश्य जन-जागरण, सामाजिक संस्कार, सत्य की खोज तथा लोक-कल्याण की भावना का प्रसार करना था परन्तु पत्रकार और सम्पादक अभिव्यक्ति की स्वतंत्रता के नाम पर कभी-कभी मात्र आलोचना पर उतर आते थे। उत्तरोत्तर यह प्रवृत्ति बढ़ती ही गई। अखबार किसी के ऊपर कीचड़ उछालने के साधन तक के रूप में प्रयुक्त होने लगे। इसीलिए आचार संहिता की आवश्यकता महसूस की गई। स्वर्गीय गणेश शंकर विद्यार्थी ने पत्रकारिता का गुणधर्म बताते हुए कहा है, "पत्रकार कैसा हो, इस सम्बन्ध में दो राय है। एक तो यह कि उसे सत्य या असत्य, न्याय या अन्याय के झगड़े में नहीं पड़ना चाहिए। दूसरी राय यह है पत्रकार की समाज के प्रति बड़ी जिम्मेदारी है। वह अपने विवेक के अनुसार अपने पाठकों को ठीक मार्ग पर ले जाता है, वह जो लिखे, प्रमाण और परिणाम का विचार कर लिखे और अपनी गति-मति में सदैव शुद्ध और विवेकशील रहे। पैसा कमाना उसका ध्येय नहीं, लोक सेवा उसका ध्येय है। मैं अपने-आपको दूसरी राय के पक्ष में खड़ा पाता हूँ।"

भारत में जिस समय पत्रकारिता की शुरुआत हुई, उस समय अंग्रेजों का शासन था। अंग्रेजों ने प्रेस पर प्रतिबन्ध लगाने के लिए समय-समय पर मनमाने कानून बनाए। हिन्दी के कई सम्पादकों-प्रकाशकों को कारावास में डाल दिया गया, उन पर अर्थदंड लगाया गया। परन्तु पत्रकारिता का सूर्य अस्त नहीं हुआ।

लार्ड वेलेजली और जान एडम गवर्नर जनरल बनकर आए तो उन्होंने प्रेस सम्बन्धी कई कड़े कानून बनाए। वे प्रेस की स्वतंत्रता को कम्पनी के लिए संकट समझते थे, अतः अपने हित को सर्वोपरि रखते हुए उन्होंने प्रेस कानून बनाए। 1823 में घोषित प्रथम प्रेस अधिनियम में निम्न कानून थे—

1. पत्र प्रकाशन के लिए लाइसेंस लेना होगा।
2. सरकार अनुमति-पत्र को कभी भी खत्म करने का अधिकार रखती है।
3. कोई भी समाचार-पत्र जहाजों के आवागमन, वस्तुओं का मूल्य अथवा कोई भी व्यापारिक समाचार प्रकाशित नहीं करेगा।

इस तरह शुरू से ही प्रेस की स्वतंत्रता पर ताले लग गए। 1857 में जो प्रेस एक्ट आया, उसे गलाघोंट की संज्ञा दी गई। साम्राज्यवादी विचारधारा के लार्ड लिंटन जब 1876 में वायसराय बनकर आए तो उन्होंने प्रेस नियम में संशोधन किए। 1878 में वर्नाक्यूलर प्रेस अधिनियम लागू हुआ। इस समय तक समाचार-पत्र, पत्रिकाओं

की संख्या चार-पाँच सौ के आसपास हो गई थी। प्रेस जनमत का माध्यम बनते जा रहे थे, अतः सरकार ने उस पर नियंत्रण रखने के लिए सख्त कानून लागू किए। भारतीय राष्ट्रीय कांग्रेस की स्थापना के बाद भारतीय भाषाओं के समाचार-पत्रों को भी सम्बल मिला। उनके हक की आवाज उठने लगी। अखबार की स्वतंत्रता तथा अभिव्यक्ति की स्वतंत्रता की माँग उठने लगी। उसके बाद प्रेस प्रोटेक्शन बिल (1922), संकटकालीन अधिकार अधिनियम (1931) आदि लागू हुए। इस प्रकार कुल मिलाकर विदेशी शासन में प्रेस की स्वतंत्रता बाधित थी। सरकार ने अपने हित के लिए ऐसे कानूनों का प्रावधान कर रखा था जिनसे प्रेस मुक्त रूप से अपनी बात, जनता की बात न कर सके।

आजादी के बाद स्थिति में परिवर्तन आया। न्यायमूर्ति गुमानमल लोढ़ा ने प्रजातंत्र में प्रेस की स्वतंत्रता की भूमिका पर कहा "प्रेस की स्वतंत्रता हमारी लोकतांत्रिक व्यवस्था का ही अंग है और जिस प्रकार लोकतंत्र में व्यक्ति की स्वतंत्रता का विशिष्ट महत्त्व है उसी प्रकार प्रेस की स्वतंत्रता का भी महत्त्व है तथा उस पर विधि का, कानून का संरक्षण-नियंत्रण भी है।"

भारतीय संविधान में प्रेस के बारे में स्वतंत्र विचार किया गया। उसे लोकतंत्र का चौथा स्तम्भ मानते हुए संविधान के 'भारतीय पेनल कोड' में कुछ विशेष अधिकार दिए गए हैं।

विभिन्न धाराओं में भारतीय दंड संहिता के अधीन प्रेस पर नियंत्रण रखने के लिए प्रावधान किए गए हैं, जिससे इसका मनमाना प्रयोग या दुरुपयोग न हो। स्वतंत्र भारत में भारतीय श्रमजीवी पत्रकार संघ की माँग पर 1952 में भारत सरकार ने प्रथम प्रेस आयोग का गठन किया, जिसे देश में प्रेस की दशा-दिशा पर विचार करने का दायित्व सौंपा गया। इस आयोग के अध्यक्ष थे न्यायमूर्ति जी. एस. राजाध्यक्ष। प्रथम प्रेस आयोग ने अपनी रिपोर्ट में निम्नलिखित सिफारिशें कीं :

1. सम्पादकीय स्वतंत्रता की रक्षा, समाचारों के प्रस्तुतीकरण में वस्तुनिष्ठता के विकास को प्रोत्साहित करने तथा बाह्य दबावों से उनकी रक्षा करने के लिए भारत में प्रेस परिषद की स्थापना की जाए।
2. प्रेस रजिस्ट्रार की नियुक्ति की जाए।
3. विज्ञापनों के लिए आचार संहिता बनाने की दृष्टि से विज्ञापन परिषद बनाई जाए।
4. समाचार समितियों पर सरकारी नियंत्रण न हो।
5. पत्रकारों के लिए आचार संहिता का गठन किया जाए।

1978 में द्वितीय प्रेस आयोग की स्थापना की गई। इस आयोग के अध्यक्ष न्यायमूर्ति श्री पी. के. गोस्वामी थे परन्तु 1980 में सरकार बदलने पर इस आयोग ने इस्तीफा दे दिया, तो न्यायमूर्ति के.के. मैथ्यू की अध्यक्षता में 1980 में इसका

पुनर्गठन हुआ। इस आयोग का उद्देश्य प्रेस को और अधिक स्वतंत्र और जवाबदार बनाना था। इस आयोग की मुख्य सिफारिशें निम्न हैं—

1. प्रेस की भूमिका।
2. संविधान और कानून पर पुनर्विचार हो।
3. प्रेस परिषद की स्थापना हो।
4. भारतीय प्रेस में विदेशी धन के निवेश पर विचार हो।
5. पृष्ठानुसार मूल्य निर्धारित किया जाए।
6. पत्र सूचना कार्यालय का पुनर्गठन हो।
7. समाचार समितियों को अधिक सक्षम बनाया जाए।
8. पत्रकारों के मौलिक अधिकारों, आवास आदि की सुविधाएँ मुहैया कराई जाएँ।

इसके बाद भी सरकार और प्रेस में संघर्ष चलता रहा है। प्रेस स्वतंत्रता और सुविधा के नाम पर लड़ते रहे हैं। सरकार ने इस दिशा में कई संशोधन भी किए और प्रेस को अधिक मजबूत बनाने की दिशा में कई महत्त्वपूर्ण फैसले लिए। सूचना एवं प्रसारण मंत्रालय ने 'प्रसार भारती बोर्ड' की स्थापना कर प्रेस से जुड़े कई मुद्दों पर नये सिरे से विचार किया।

प्रेस कानूनों के साथ-साथ प्रेस के लिए आचार संहिता भी निर्धारित की जाती रही है, पत्रकारों के कर्तव्यों और दायित्वों पर भी प्रकाश डाला जाता रहा है। संयुक्त राष्ट्र संघ ने अपनी आचार संहिता में कहा है

— पत्रकारिता जनमत के निर्माण के लिए एक प्राथमिक उपकरण है। इसलिए पत्रकारों का यह कर्तव्य है कि वह इसे एक ट्रस्ट या दायित्व समझें और जनहित की सेवा तथा रक्षा के लिए हमेशा तैयार रहें।

— अपने कर्तव्य का पालन करते समय पत्रकार मूलभूत मानव और सामाजिक अधिकारों को उचित महत्त्व दें।

— समाचारों तथा तथ्यों के ईमानदारी से संग्रह करने और प्रकाशन करने की स्वाधीनता तथा उचित टिप्पणी और आलोचना करने का अधिकार ऐसे सिद्धान्त हैं जिन्हें प्रत्येक पत्रकार को हमेशा सुरक्षित रखना चाहिए।

— यह पत्रकारिता के नियम के विपरीत है कि समाचार-पत्रों में निजी व्यक्तियों के जीवन सम्बन्धी अफवाहों या गपशप को प्रचारित किया जाए।

इसी आधार पर पत्रकारिता के उद्देश्य और पत्रकारों के दायित्व सभी देशों में निर्धारित किए गए हैं। भारतीय राष्ट्रीय पत्रकार संघ ने अपना दायित्व स्पष्ट करते हुए पत्रकारों के लिए कुछ आचार संहिताएँ निर्धारित की हैं, जो इस प्रकार हैं—

1. हम किसी भी कीमत पर तथ्यों को संकलित करने, प्रकाशित करने तथा निष्पक्ष टिप्पणी या आलोचना के अधिकार की रक्षा करेंगे।

2. मानवीय मौलिक अधिकारों तथा जनहित की रक्षा का हम प्रयत्न करेंगे।
3. व्यक्तिगत स्वार्थों के लिए हम अपने पद के द्वारा न तो किसी का शोषण करेंगे और न ही स्वयं का शोषण होने देंगे।
4. हम विश्वास का सम्मान करेंगे तथा वृत्तीय गोपनीयता की रक्षा करेंगे।
5. हम जानबूझकर किसी व्यक्ति के व्यक्तिगत अधिकारों तथा भावनाओं का अतिक्रमण नहीं करेंगे।
6. व्यावसायिक दायित्व के निर्वाह में हम किसी भी प्रकार का दबाव स्वीकार नहीं करेंगे।
7. हम समाचारों की रिपोर्ट तथा उनका विश्लेषण करते समय ईमानदारी बरतने का प्रयास करेंगे।

6

जनसंचार माध्यम : इलेक्ट्रॉनिक मीडिया

मीडिया जनसंचार के उस आयाम से जुड़ा है जो इलेक्ट्रॉनिक प्रगति का नतीजा है। इलेक्ट्रॉनिक मीडिया ने सूचना संचार को त्वरित तो बनाया ही है मनोरंजक और प्रभावोत्पादक भी बनाया है। आज इलेक्ट्रॉनिक सेट रेडियो, टेलीविजन, मोबाइल, लेपटॉप आदि हमारे ड्राइंग रूम में दुनिया-भर की ताजातरीन आँखों-देखी खबरें हमें दे रहे हैं। सूचना क्रान्ति के दौर में जनसंचार के अनेक परम्परागत माध्यम जहाँ पिछड़ गए हैं वहीं अनेक नये जन-माध्यम सामने आए हैं। प्रिंट मीडिया की शिथिलता और गतिहीनता ने ऐसे माध्यमों के आविष्कार को बल दिया है जिनसे संचार त्वरित और सर्व व्यापक हो सके। पहले श्रव्य माध्यम, फिर दृश्य-श्रव्य माध्यम ने संचार को जन-जन तक पहुँचाने में महती भूमिका निभाई। तकनीकी आधारों पर विकसित इन माध्यमों ने वैज्ञानिक प्रगति के चलते सूचना को सर्वजन सुलभ बना दिया है। आकाशीय उपग्रहों ने संचार तंत्र की पहुँच दूर-दराज के अंचलों तक करने में उल्लेखनीय योगदान दिया है। इलेक्ट्रॉनिक मीडिया की प्रकृति के आधार पर इसे दो वर्गों में बाँटा जाता है :

1. श्रव्य मीडिया : रेडियो, टेप रिकार्डर आदि।
2. श्रव्य-दृश्य मीडिया : टेलीविजन, फिल्म, वीडियो आदि।

श्रव्य मीडिया : रेडियो

श्रव्य मीडिया अर्थात आकाशवाणी का इतिहास बहुत पुराना नहीं है। वास्तव में रेडियो की कहानी 1815 ई. में शुरू हुई। जब 'मार्सकोड' में इटली के एक इंजीनियर ने रेडियो टेलीग्राफी के जरिये पहला सन्देश प्रसारित किया परन्तु रेडियो पर मनुष्य की आवाज पहली बार 1906 में सुनी गई। भारत में रेडियो प्रसारण की शुरुआत 1926 में हुई। जब देश स्वतंत्र हुआ तब भारत सरकार ने 1957 में 'आकाशवाणी' का गठन किया। अंग्रेजी में इसे 'आल इंडिया रेडियो' कहते हैं। विज्ञान की प्रगति के साथ रेडियो प्रसारण की स्थिति में भारत में ही नहीं, दुनिया-भर में आशातीत प्रगति हुई।

रेडियो समाचार : संकलन और लेखन

रेडियो समाचार लेखन के तीन चरण होते हैं—समाचार संकलन, चयन और लेखन। रेडियो पत्रकारिता में भी प्रिंट माध्यम की तरह एक पूरा समाचार प्रसारण तंत्र होता है। रेडियो समाचार संग्रह के लिए विभिन्न सम्वाददाताओं और एजेंसियों की मदद ली जाती है, जैसे—पी.टी.आई., यू.एन.आई, यूनीवार्ता, रायटर आदि प्रमुख समाचार एजेंसियाँ हैं। इसके अतिरिक्त आकाशवाणी के निजी संवाददाता भी होते हैं। अनुश्रवण एकांश अथवा मानीटरिंग यूनिट भी समाचार संकलन का एक प्रमुख स्रोत होता है। यह विदेशी प्रसारण माध्यमों से प्रसारित खबरों को सीधे एकत्र करता है। इसके अलावा पत्र-सूचना कार्यालय, जनसम्पर्क कार्यालय आदि से भी समाचार प्राप्त होते हैं।

रेडियो समाचारों के संकलन के बाद उनका चयन किया जाता है। चयन करते समय समाचार की महत्ता, लोकहित, राष्ट्रहित को दृष्टिगत रखा जाता है। यह समाचार, सम्पादक के विवेक और दृष्टि पर भी निर्भर करता है। समाचार की प्रामाणिकता और उसकी महत्ता की मूलवत्ता का परीक्षण करने के पश्चात आकाशवाणी का समाचार विभाग उसे प्रसारण की पद्धति के योग्य बनाता है। रेडियो समाचार लेखन के कुछ मूलभूत सिद्धान्त होते हैं, उन्हें ध्यान में रखना जरूरी होता है। डॉ. हरिमोहन के अनुसार "प्रसारण की दृष्टि से रेडियो समाचार लेखन का मूल सिद्धान्त है—बातचीत। जब हम समाचार सुनते हैं, तो एक तरह से किसी व्यक्ति से बातचीत करते हुए सुनते हैं। उनकी यह बातचीत हमसे एकतरफा बातचीत होती है।...अतः समाचार सुनानेवाले के लिए यह जरूरी होता है कि वह सीधी और सरल भाषा का प्रयोग करे। कम-से-कम शब्दों का प्रयोग करे।"

वैसे, समाचार लेखन के मूलभूत सिद्धान्त सभी माध्यमों के लिए एक से ही होते हैं, अर्थात छः ककारों को नहीं भूलना चाहिए, ये ही समाचार लेखन के वास्तविक आधार निर्धारित करते हैं, ये हैं—क्या, क्यों, कब, कहां, किसने और कैसे? पार्थसारथी समिति द्वारा निर्देशित सिद्धान्त इस सम्बन्ध में आज भी महत्त्वपूर्ण हैं। इस समिति ने जिन प्रमुख बिन्दुओं का उल्लेख किया है वे निम्न हैं—

1. घटना प्रधान समाचार दें। सभी विचार समाचार नहीं होते।
2. खबरों को सन्तुलित करके देना चाहिए। भाषा सरल होनी चाहिए।
3. श्रोता वर्ग का यह अधिकार है कि वह विभिन्न प्रकार का समाचार सुने। उसके इस अधिकार का सम्मान करें।
4. मान्यता प्राप्त माध्यमों से ही प्रसारण के लिए समाचारों का चयन करें।
5. समाचारों में प्रचारात्मक तत्त्व प्रवेश नहीं करने पाएँ।
6. अगर कोई अन्तरराज्यीय विवाद है तो जहाँ तक व्यावहारिक हो, सभी सम्बद्ध पक्षों के विचार प्रसारित करें।

7. यदि किसी समाचार के प्रसारण के लिए कोई समय निश्चित है तो उससे पहले वह समाचार प्रसारित न करें।
8. मौसम सम्बन्धी भविष्यवाणी मौसम विभाग अथवा अन्य प्रामाणिक स्रोतों से ही दें।

समाचार वाचन

रेडियो के लिए समाचार लेखन और सम्पादन जितना जिम्मेदारीपूर्ण होता है उतना ही वाचन भी। समाचार वाचक में कुछ मूलभूत गुण अपेक्षित होते हैं यथा—उसका उच्चारण सही और स्पष्ट हो, देश-विदेश की समसामयिक जानकारी हो, उसे तकनीकी भाषा का ज्ञान हो तथा मशीनों का प्राथमिक ज्ञान हो। समाचार वाचक को समाचार बुलेटिन को अच्छे ढंग से देख और समझ लेना चाहिए, उसकी भाषा, लय-ताल, उतार-चढ़ाव आदि विषय के अनुरूप आने चाहिएँ।

रेडियो लेखन के विभिन्न प्रकार

रेडियो प्रमुख श्रव्य माध्यम है। यह प्रसारण का एक प्रमुख आयाम माना जाता है। रेडियो से प्रसारित होनेवाले कार्यक्रम कई प्रकार के होते हैं। कार्यक्रम की प्रकृति के अनुरूप लेखन भी विभिन्न प्रकार के होते हैं। रेडियो लेखन को मूलतः तीन भागों में बाँटा जा सकता है—

वार्ता साहित्य

वार्ता को अंग्रेजी में 'टॉक' कहते हैं। वार्ता से सामान्य अर्थ है द्विपक्षीय बातचीत परन्तु रेडियो की वार्ता में ऐसा नहीं होता। रेडियो वार्ता एकपक्षीय होती है लेकिन एकपक्षीय होते हुए भी इसकी विशेषता यह होती है कि यह द्विपक्षीय लगता है। वक्ता इस तरह से अपनी बात रखता है, जैसे—वह श्रोता से संवाद कर रहा हो। अच्छी रेडियो वार्ता के लिए यह अनिवार्य शर्त होती है कि उसमें प्रकारान्तर से श्रोताओं की संवादी प्रवृत्तियों का भी प्रतिनिधित्व रहे अर्थात अच्छी रेडियो वार्ता के लिए यह जरूरी है कि वार्ताकार दो-चार वाक्यों के बाद ऐसा वाक्य अथवा ऐसा भाव व्यक्त करे जिससे यह स्पष्ट हो कि वह और श्रोता आमने-सामने हैं।

रेडियो वार्ता लेखन के लिए सबसे जरूरी है भाषा की जीवन्तता पर ध्यान देना। वार्ता की भाषा जितनी जीवन्त होगी, श्रोता की उसमें उतनी ही रुचि होगी। उसमें पंडिताऊ भाषा, बड़े-बड़े वाक्य आदि का उपयोग नहीं करना चाहिए। कहने का आशय यह है कि वार्ता के लिए भाषा की सादगी और कथ्य का सहज होना अत्यावश्यक है। इसके साथ ही लेखक को चाहिए कि जिसके लिए वार्ता लिख रहा है उस आयु एवं वर्ग का विशेष ध्यान रखे लेकिन उसके समक्ष सदैव जनसाधारण होना चाहिए। वार्ता अधिक तथ्यपरक न हो, इसका ध्यान रखना चाहिए।

उद्घोषणा

रेडियो में उद्घोषणा का विशेष महत्त्व होता है। आकाशवाणी के सभी कार्यक्रमों में उद्घोषक की भूमिका बड़ी ही महत्त्वपूर्ण मानी जाती है। कहते हैं कि जिस प्रकार पूजा के लिए धूप-दीप वातावरण निर्माण करता है, उसी प्रकार उद्घोषणा भी कार्यक्रम के लिए वातावरण बनाती है। उद्घोषणा वास्तव में कार्यक्रम का विज्ञापन होती है, उद्घोषक की भूमिका एक सेल्समैन की होती है जो अपनी वाक्पटुता से अपने कार्यक्रम के बारे में श्रोता या ग्राहक को आकर्षित करता है।

उद्घोषक का प्रमुख कार्य यह होता है कि वह श्रोता और रेडियो के मध्य सम्बन्ध सूत्र जोड़ता रहे। जैसे एक उदाहरण दृष्टव्य है :

"यह आकाशवाणी इन्दौर है। इस समय 7 बजकर दस मिनट हुए हैं। अब आप सुबोध रंजन से प्रादेशिक समाचार सुनिए।" उद्घोषक लेखक को निम्न तथ्यों की जानकारी होनी चाहिए।

1. कौन-सा केन्द्र है।
2. कौन-सा कार्यक्रम है।
3. क्या समय हुआ है।

उद्घोषणा कार्यक्रम के प्रारम्भ और अन्त दोनों समय होती है। अंग्रेजी में इसे 'ओपनिंग' और क्लोजिंग एनाउंसमेंट कहते हैं। अन्त की उद्घोषणा का उदाहरण देखें—

"अभी आप वार्ता सुन रहे थे। लेखक और प्रस्तुतकर्ता थे—रवि शंकर। यह कार्यक्रम आकाशवाणी के भोपाल केन्द्र से प्रसारित किया जा रहा था।"

उद्घोषणा मुख्य रूप से कार्यक्रम की सूचना होती है परन्तु यह सूचना इस रूप में दी जाती है कि श्रोता अपने रेडियो सेट की तरफ आकर्षित हो जाए और कार्यक्रम का बेसब्री से इन्तजार करने लगे। एक अच्छी उद्घोषणा में निम्न चीजें अवश्य होनी चाहिए :

— सूचना
— उत्सुकता
— रोचकता

उद्घोषणा लेखन के ये ही तीन आधारभूत गुण हैं। लेखक को अपनी भाषा में इन गुणों का सम्यक समावेश करना चाहिए। साथ ही यह भी जरूरी होता है कि भाषा में संक्षिप्तता और प्रांजलता हो। कुछ नमूने निम्न हैं—

"अभी आप ग्रामीण भाइयों का कार्यक्रम चौपाल सुन रहे थे। सात बजकर पाँच मिनट होने को हैं, अब कुछ ही क्षणों में अगला कार्यक्रम हम आकाशवाणी के रीवा केन्द्र से रिले करेंगे।

"अभी आप सन्तोष जैन का सुगम संगीत सुन रहे थे। रात के दस बजने को हैं। थोड़ी ही देर में आप संगीत का अखिल भारतीय कार्यक्रम विविध भारती से सुनेंगे। धन्यवाद।

रेडियो रिपोर्ताज

रिपोर्ताज साहित्य की एक विधा है। इसमें कहानी और रूपक दोनों के गुण होते हैं। कहानी की भाँति कथा, चरित्र, वातावरण आदि होता है तो रूपक की भाँति नाटकीयता और तथ्यपरकता। इसका कथातत्व जहाँ श्रोताओं को बाँधता है, वहीं नाटकीयता रोचकता पैदा करती है। तथ्यपरकता इसे वर्तमान से जोड़कर इतिहास का दस्तावेजी उद्घोष बना देती है। तथ्यों पर आधारित होने के कारण इसमें प्रामाणिकता भी होती है। यह एक तरह का रिपोर्ट भी होता है। अच्छे रिपोर्ताज का लक्षण है उसकी सहजता, सरलता और कुशल अभिव्यंजन क्षमता।

रेडियो रिपोर्ताज में फोटोग्राफी के भी गुण मिलते हैं। यह शब्द चित्र होता है। यह शब्द चित्र ऐसे भाव चित्र पैदा करता है कि श्रोता मंत्रमुग्ध हो जाता है।

रिपोर्ताज लेखन के लिए इसके अलावा भाषा की जानकारी, साथ ही विषय की सम्यक समझ होनी चाहिए। एक अच्छा रिपोर्ताज वास्तव में तथ्यों की भावुक कथा है, इसमें लेखक अपने भावों, विचारों, कलात्मकता और अपनी दूरदृष्टि सब-कुछ उड़ेल देता है।

रेडियो फीचर (रूपक)

रूपक को अंग्रेजी में फीचर कहते हैं। भारतीय काव्यशास्त्र में इसे नाटक का एक भेद माना जाता है। रेडियो की यह एक प्रमुख विधा है। रेडियो पर आलेख-रूपक, संगीत-रूपक, काव्य-रूपक आदि प्रसारित किए जाते हैं।

रूपक की विशेषता यह होती है कि यह तथ्याधारित होता है, नाटकीयता और सपाटबयानी दोनों का पुट इसमें पर्याप्त मात्रा में होता है। एक अच्छा रेडियो रूपक अपनी तथ्यपरकता से, तर्कों से श्रोता को बाँध देता है। रेडियो के आलेख रूपक के लिए सबसे आवश्यक है विषय का चुनाव। वैसे तो रूपक किसी भी विषय पर लिखा जा सकता है परन्तु जिस विषय का चयन किया जाए, उसके बारे में सम्यक जानकारी लेखक को होनी चाहिए।

भाषा का रूपक लेखन में विशेष महत्त्व होता है। भाषा में प्रांजलता, सरलता और प्रभावोत्पादकता का गुण होना आवश्यक है। साथ ही संगीत का समावेश रूपक को अभिक आकर्षक बना देता है। आलेख-रूपक के निम्न सात गुण माने जाते हैं—

1. स्पष्टता
2. सरलता
3. संक्षिप्तता
4. प्रसंगानुकूलता
5. तथ्यपरकता
6. रोचकता
7. प्रभावपूर्णता

संगीत-रूपक भी काफी लोकप्रिय है। इसमें संगीत और रूपक दोनों का आनन्द मिलता है। संगीत रूपक के लिए भावना प्रधान विषय का चयन अच्छा माना जाता

है। इसमें संगीत आधार का कार्य करता है, इसलिए लेखक को संगीत का अच्छा ज्ञाता होना चाहिए। इतना ही नहीं, कथा में वर्णित देश, काल और पात्र के अनुसार संगीत का संयोजन होना चाहिए। उदाहरण के लिए कथा वसन्त ऋतु की है, संध्या की बेला और उद्भ्रान्त युवती पात्र है। ऐसे में वसन्त ऋतु, संध्या समय और उद्भ्रान्त युवती के भावों पर आधारित रचना ही उचित होगी।

संगीत-रूपक की ही भाँति काव्य-रूपक भी होता है। अन्तर केवल इतना ही होता है कि इसमें संगीत की जगह काव्य की प्रधानता होती है परन्तु चूँकि काव्य लयात्मक होता है, अतः संगीत की उपस्थिति यहाँ भी दर्ज मिलती है। इसलिए कहते हैं कि एक अच्छा संगीत रूपक, काव्यरूपक हो सकता है तथा काव्य-रूपक, संगीत रूपक भी हो सकता है। डॉ. धर्मवीर भारती का 'अंधायुग' काव्य-रूपक का अच्छा उदाहरण है। काव्य रूपक में लेखक को काव्य के गुणों के साथ-साथ रूपक के गुणों यथा संवाद, कथा, वातावरण आदि का यथेष्ट प्रयोग करना चाहिए।

रेडियो नाटक

रेडियो नाटक श्रव्य माध्यम का नाटक माना जाता है। जो स्टूडियो से प्रसारित होकर नाटक प्रेमियों को घर बैठे आकाशवाणी द्वारा सुनाया जाता है। श्रव्य माध्यम ने इस नाट्य रूप को मंचन से उठाकर श्रव्य बनाया है। इसीलिए इसे प्रत्यक्ष के बन्धन से मुक्त नाटक कहा जाता है। रूप, रंग, दृश्यबन्ध, प्रकाश योजना आदि के बन्धनों से यह पूर्णतः मुक्त होता है।

कहना न होगा कि रेडियो ने जहाँ नाटक के क्षेत्र का विस्तार किया है। वहीं इसकी मंचीय प्रतिष्ठा पर भी प्रश्न चिह्न लगाया है परन्तु मंचों के घटते प्रभाव और उन पर बढ़ते खर्च को देखते हुए रेडियो जैसे माध्यम नाटक को जीवन्त रखने के लिए जरूरी हो गए हैं। मात्र श्रव्य एवं अदृश्य होने के कारण रेडियो नाटक श्रोताओं से कल्पना शक्ति की विशेष रूप से अपेक्षा रखता है। यह उन्हें इस ओर प्रेरित करता है कि वे जो सुन रहे हैं उसे अपने मन की आँखों से देखें। केवल ध्वनि का उपयोग होने के कारण रेडियो नाटक में बड़ी गतिशीलता होती है। इसमें देशकाल की मुक्त यात्रा ही नहीं की जा सकती बल्कि जीवन-सत्यों के क्षेत्र में एक छोर से दूसरे छोर तक स्वच्छन्द विचरण भी किया जा सकता है।

वास्तव में रेडियो नाटक अन्तर्मन का नाटक है क्योंकि यह मात्र अदृश्य विधान ही नहीं है बल्कि अभिव्यक्ति का आत्मीय माध्यम भी है। इसमें कोई दृश्य योजना नहीं होती। वक्ता और श्रोता के बीच दूरी मात्र वक्ता और माइक्रोफोन की दूरी होती है। डॉ. सिद्धान्त कुमार के अनुसार, "रेडियो नाटक एक संश्लिष्ट शब्दचित्र है, जो संवाद, संगीत, ध्वनि-प्रभाव और मौन के समन्वित सहयोग से इस प्रकार चित्रित होता है कि वह श्रोता के मानस पटल पर स्पष्ट चित्र की दृष्टि-सृष्टि कर सके, उसे प्रभावित कर सके।"

रेडियो नाटक आज एक उच्च कोटि की साहित्यिक विधा मानी जा रही है। यह आकाशवाणी का एक नया और शक्तिशाली माध्यम है। रेडियो नाटक लेखन के लिए इसकी प्रकृति और निर्मिति को समझना आवश्यक होता है। रेडियो नाटक के प्रधान अंग हैं :

1. कथा-वस्तु
2. संवाद
3. संगीत
4. ध्वनि-प्रभाव।

1. कथा-वस्तु

रेडियो नाटक के लिए सबसे पहले विषय पर विचार करना चाहिए। विषय सामाजिक, ऐतिहासिक, राजनीतिक, मनोरंजक कुछ भी हो सकता है। विषय का चुनाव लेखक को अपनी रुचि के अनुसार करना चाहिए। फिर उसके अनुरूप उसका एक शीर्षक चयन करना चाहिए।

2. संवाद

संवाद सामान्यतः बातचीत को कहते हैं, इसमें दो या दो से अधिक पात्रों के बीच बातचीत होती है। संवाद भावाभिव्यक्ति का सबसे सशक्त माध्यम होता है। अतः संवाद योजना पर विशेष ध्यान देना चाहिए। रेडियो नाटक श्रव्य माध्यम है अतः इसमें संवाद का विशेष महत्त्व होता है। संवाद के माध्यम से ही पूरी कहानी कही जाती है। संवाद के द्वारा ही वातावरण, उसकी रूपरेखा, वेषभूषा, कार्य-व्यापार आदि का चित्र प्रस्तुत किया जाता है। एक उदाहरण देखें :

सरला— तुलसीदास ने सही लिखा है, बिनु भय होय न प्रीत..............
शान्ता— मतलब?
सरला— इंटर का फाइनल गोल हो गया था।
शान्ता— तपस्या फली?
सरला— सेकेंड डिविजन में।
शान्ता— सरस्वती को भी ब्लॉक दे दिया।
सरला— हाँ, दीदी! और मजा यह है कि इस ब्लॉक से एक और देवता घपले में आ गए।
शान्ता— कौन?
सरला— बजरंग बली।

3. संगीत

रेडियो नाटक में संगीत भी प्रमुख माना जाता है। इसमें संगीत का व्यवहार दो रूपों में होता है—स्वतंत्र रूप में और संवादों की पृष्ठभूमि के रूप में। स्वतंत्र रूप में

नाटक शुरू होने और खत्म होने के समय संगीत बजाया जाता है, बीच में दृश्य परिवर्तन करते समय भी संगीत सुनाया जाता है। नाटक की प्रकृति के अनुसार संगीत का चयन किया जाता है। पृष्ठभूमि के रूप में संगीत नाटक की घटनाओं का वातावरण प्रस्तुत करता है। संगीत से संवादों को रागात्मक बनाने में मदद मिलती है। कार्य-व्यापार की व्यंजना भी संगीत के माध्यम से की जाती है।

4. ध्वनि-प्रभाव

ध्वनि-प्रभाव रेडियो नाटक का एक अत्यन्त प्रभावशाली पक्ष माना जाता है। ध्वनि-प्रभाव श्रोताओं को आकर्षित करता है। इसे अंग्रेजी में 'साउंड इफेक्ट' कहते हैं। रेडियो नाटक लेखक को ध्वनि-प्रभाव का जानकार होना जरूरी होता है, वह अपने नाटक में जिस प्रकार से ध्वनि-प्रभाव का उल्लेख करता है, उसी प्रकार से उसे प्रसारित करने में सहायता मिलती है। ध्वनि से चित्रमयता लाने की कोशिश की जाती है। चरित्रांकन में भी उपयुक्त ध्वनि-प्रभाव सहायक होता है।

रेडियो की भाषा

रेडियो श्रव्य माध्यम है। इस पर समाचार या कोई भी कार्यक्रम मात्र सुना जा सकता है। अतः स्वाभाविक है कि रेडियो की भाषा जिसे मौखिक भाषा कह सकते हैं, की प्रकृति प्रिंट माध्यम और श्रव्य माध्यमों की प्रकृति से भिन्न होती है। रेडियो प्रसारण में मौखिक भाषा प्रयुक्त होती है, जिसमें ध्वनि प्रधान होती है। इस भाषा को अशरीरी भाषा भी कहा गया है। इस भाषा में श्रोता को कल्पना लोक में ले जाने और मनश्चक्षुओं में बिम्ब निर्माण करने की क्षमता होती है। रेडियो में प्रयुक्त भाषा में तीन चीजें होती है—वाक्, ध्वनि-प्रभाव और मौन अथवा चुप्पी। रेडियो प्रसारण में इन तीनों का मिश्रित रूप भाषा की रचना करता है।

वाक् अर्थात वाणी, ध्वनि-प्रभाव और मौन ये तीनों रेडियो की भाषा (मौखिक भाषा) के आवश्यक उपादान माने जाते हैं। यद्यपि मात्र वाणी से सूचना संचार सम्भव होता है लेकिन ध्वनि-प्रभाव आवश्यक इसलिए होता है क्योंकि उससे उच्चरित शब्दों को सटीक रूप में प्रयुक्त करने में सुविधा होती है। भाषा ध्वनि-प्रभावों के जरिये अधिक सम्प्रेष्य बनती है। जहाँ श्रोता के समक्ष कोई दृश्य नहीं होता है मात्र शब्द होते हैं वहाँ ध्वनि प्रभाव ही बिम्ब निर्मित करते हैं, शब्द की अर्थवत्ता बतलाते हैं। इसी प्रकार मौन या खामोशी का भी रेडियो की भाषा में महत्त्वपूर्ण योग होता है। मौन भाषा के प्रसारण के दरम्यान श्रोता को प्रसारित सामग्री के साथ पूरी तरह से जुड़ने और अपनी कल्पना शक्ति को जागृत करने का मौका देते हैं। लगातार एक ही तरह की ध्वनियों का प्रवाह नीरसता पैदा करता है। इस प्रकार मौन लय पैदा करने और समग्र ध्वनि-संरचना में सन्तुलन पैदा करने में सहायक होता है।

दृश्य-श्रव्य माध्यम : दूरदर्शन

दूरदर्शन सम्प्रेषण का ऐसा माध्यम है जिसमें दृश्य एवं श्रव्य दोनों प्रकार का आनन्द लिया जा सकता है। दूरदर्शन टेलीविजन और फिल्म आज एक सशक्त माध्यम माना जाता है। ये इलेक्ट्रॉनिक प्रगति के परिणाम हैं। टी.वी. और फिल्म ज्ञानवर्धन के साथ-साथ मनोरंजन के साधन के रूप में अधिक चर्चित हुए हैं। जहाँ तक पत्रकारिता के सन्दर्भ में इन माध्यमों के उपयोग की बात है, फिल्म की अपेक्षा दूरदर्शन (टी.वी.) अधिक लोकप्रिय हुआ है। इसने पत्रकारिता में एक क्रान्ति ला दी है। सूचना-संचार का आज यह एक सशक्त माध्यम बन गया है, जो हमारे बेडरूमों में सीधे सारी दुनिया की खबरों को तुरन्त पहुँचा रहा है। कश्मीर में क्या हो रहा है? कानकुन सम्मेलन में भारत का रुख क्या रहा? संसद में क्या कार्यवाही चल रही है? कहाँ कौन-सी घटना हुई? सब आज सचित्र रूप में सीधे प्रसारित हो रहा है।

भारत में टी.वी. का विकास मात्र छह दशक पुराना है। इस अल्प समय में ही इसका जाल समूचे भारतवर्ष में फैल गया है। दूर-दराज के गाँवों तक आज टी.वी. की उपस्थिति दर्ज हो चुकी है। कहना न होगा कि यह हमारी जिन्दगी का एक हिस्सा हो चुका है। शिक्षित हो या अशिक्षित सभी के लिए यह सूचना और मनोरंजन का साधन बन चुका है।

भारत में प्रथम टी.वी. केन्द्र की स्थापना 15 सितम्बर, 1959 को हुई। इसकी शुरुआत यूनेस्को के सहयोग से एक जनमाध्यम के रूप में हुई। 1976 में दूरदर्शन को आकाशवाणी से अलग करके स्वतंत्र महानिदेशालय बनाया गया और इसकी कार्यक्षमता हेतु विभिन्न केन्द्र खोले गए। आज इसके कई निजी चैनल चल रहे हैं।

आज दूरदर्शन समाचार प्रसारण का एक प्रमुख माध्यम बन गया है। यह अधिकाधिक विश्वसनीय भी माना जाने लगा है। दूरदर्शन के समाचार, शिक्षित-अशिक्षित सभी वर्ग के लोगों द्वारा देखे-सुने जाते हैं और वे आमतौर पर अन्य माध्यमों की अपेक्षा अधिक तथ्यात्मक होते हैं, इसलिए इसकी विश्वसनीयता भी दिनोंदिन बढ़ती जा रही है।

दूरदर्शन के लिए समाचार लेखन

दूरदर्शन के लिए समाचार लेखन, सम्पादन और उसका प्रस्तुतीकरण एक चुनौती भरा कार्य माना जाता है। दूरदर्शन के लिए समाचार लेखन मात्र घटना या बयान का विवरण लिखना नहीं है, इसमें लेखक को श्रव्य और दृश्य माध्यमों की प्रकृति के अनुसार काम करना पड़ता है। यह वास्तव में एक अकेले व्यक्ति का कार्य नहीं है बल्कि एक टीमवर्क है। इसलिए इस लेखन में कई पहलू शामिल होते हैं। इस टीमवर्क के अंग हैं—निर्माता, निर्देशक, निर्माण सहायक, कैमरामैन, प्रस्तुतकर्ता, तकनीकी सहायक, सम्पादक, संवाददाता आदि।

दूरदर्शन के समाचार लेखन की कुछ प्रमुख विशेषताएँ निम्न हैं—

1. **घटनाक्रम :** टी.वी. या दूरदर्शन के समाचार लेखन में घटनाक्रम बहुत आवश्यक होता है। उदाहरण के लिए किसी कार्यक्रम के समाचार को ले सकते हैं। टी.वी. में उस कार्यक्रम का समाचार प्रसारित करते समय उसका क्रमवार विवरण यथावश्यक देना चाहिए। ऐसा नहीं हो सकता कि पहले कार्यक्रम में शामिल अतिथियों का भाषण दे दिया जाए और बाद में उद्घाटन का दृश्य दिखाया जाए।
2. **चित्रात्मकता :** दूरदर्शन दृश्य माध्यम है, अतः इसमें चित्रात्मक प्रस्तुति होती है। इसलिए शब्द ध्वनि के साथ-साथ चित्र भी दिखाने चाहिए। ऐसा माना जाता है कि शब्दों के बजाय चित्रों को ही अधिक बोलने का मौका दिया जाना चाहिए।
3. **संक्षिप्तता :** टेलीविजन के समाचार में चित्र बोलते हैं, अतः समाचार संक्षिप्त होने चाहिए। समाचार लेखक और सम्पादक को चित्रों को प्रधानता देते हुए शब्दों का कम-से-कम प्रयोग करना चाहिए।
4. **सम्भाषणशीलता :** श्रव्य-दृश्य माध्यम के नाते ध्वनि और चित्र का कलात्मक तालमेल होना जरूरी होता है। यहाँ ध्यान रखा जाता है कि सब कुछ समाचार वाचक ही न बोले बल्कि जिस कार्यक्रम का समाचार अंश दिखाया जाए, उसे भी सम्मिलित करें। जैसे किसी रैली या सम्मेलन के दृश्य के साथ उसके नेता के भाषण के कुछ अंश भी समाचार में शामिल होने चाहिए।
5. **रिपोर्ट :** रिपोर्ट भी दूरदर्शन के समाचार को प्रभावी ढंग से प्रस्तुत करने में सहायक होती है। इसमें किसी समाचार को उसकी पृष्ठभूमि के साथ दृश्य रूप में किसी संवाददाता अथवा किसी अन्य व्यक्ति के स्वर में प्रस्तुत किया जाता है। ऐसा करने से दर्शक को घटना की सीधी जानकारी मिलती है और वह अधिक सन्तुष्ट होता है।

इन बिन्दुओं के आधार पर दूरदर्शन का समाचार बुलेटिन तैयार किया जाता है। विभिन्न माध्यमों से संकलित किए गए समाचारों का समाचार सम्पादक निरीक्षण करता है, मूल्यांकन करता है और उन्हें उनके महत्त्व के अनुसार क्रमवार प्रस्तुति के योग्य बनाता है। समाचार सम्पादक के परामर्श के अनुसार चित्रों का सम्पादन करके उसी क्रम में उन्हें प्रस्तुत करने के लिए तैयार किया जाता है। दूरदर्शन से प्रसारण के लिए एक विशेष किस्म का इलेक्ट्रॉनिक स्लाइड प्रोजेक्टर उपयोग में लाया जाता है। समाचारों का क्रम और तद्नुसार चित्रों का क्रम निर्धारण करके सम्पादक समाचार वाचक को बुलेटिन दे देता है। समाचार सम्पादक समाचार बुलेटिन की चार कॉपी तैयार करता है। एक मैनेजर के पास रहती है, एक वाचक के पास, एक प्रोड्यूसर के पास और एक स्वयं उसके पास।

दूरदर्शन के समाचारों के चयन और लेखन में भी उन्हीं छह ककारों का प्रयोग करते हुए बुलेटिन तैयार की जाती है जो कि पत्रकारिता के अन्य माध्यमों के होते हैं। समाचारों के चयन के बिन्दु और लेखन के सिद्धान्त कमोवेश वही होते हैं जो कि आकाशवाणी के समाचार के होते हैं।

समाचार वाचन

दूरदर्शन पर समाचार वाचन, आकाशवाणी पर समाचार वाचन से भिन्न होता है, इसमें वाचक को स्क्रीन पर उपस्थित होना पड़ता है। अतः उसे विशेष सावधानी बरतनी पड़ती है। समाचार वाचक में निम्न गुण होने चाहिएः—

— भाषा का ज्ञान और उच्चारण की स्पष्टता।
— प्रभावपूर्ण वाणी और आत्मविश्वास।
— आकर्षक चेहरा और संयत व्यक्तित्व।

पटकथा लेखन

पटकथा, उपन्यास कहानी आदि की भाँति सृजनात्मक लेखन है परन्तु इनमें अन्तर यह है कि पटकथा लेखन पूरी तरह से व्यावसायिक होता है। पटकथा बाजार की माँग के मुताबिक दृश्य माध्यमों—टी.वी., सिनेमा की प्रकृति के अनुरूप लिखी जाती है जबकि उपन्यास, कहानी का लेखन बहुत कुछ स्वान्तः सुखाय होता है।

सवाल यह उठता है कि यह पटकथा लेखन क्या बला है? श्री मनोहर श्याम जोशी इसका बड़ा सन्तुलित जवाब देते हैं—"पटकथा कुछ और नहीं, कैमरे से फिल्माकर पर्दे पर दिखाए जाने के लिए लिखी हुई कथा है।" दृश्य माध्यम में एक तरह से पटकथा को छोड़कर बाकी सब यांत्रिक होता है। सिर्फ पटकथा ही लिखी जाती है, बाकी सब-कुछ यथा फिल्मांकन, ध्वनि-अंकन, सम्पादन आदि के काम में कलम की बड़ी सीमित भूमिका होती है। इसका तात्पर्य यह कदापि नहीं कि पटकथा दृश्य माध्यम की यंत्र प्रकृति से मुक्त है। वास्तव में अच्छे पटकथा लेखन के लिए यंत्रगति की जानकारी अनिवार्य है। श्री भगवतीचरण वर्मा ने अपने अनुभव के आधार पर कहा है, "चित्रालेख लेखक को चित्र-निर्माण का पूर्ण ज्ञान होना चाहिए और यह ज्ञान किसी स्टूडियो में काम करके ही प्राप्त किया जा सकता है।" फिल्म जगत की जानी-मानी हस्ती श्री दादा साहेब फाल्के का भी यही कहना है कि "यदि आपको सिर्फ सिने-कथा (पटकथा) ही लिखना हो तो वैसा आप फिल्म निर्माता कम्पनी में कई वर्षों तक रहने के बाद सभी कलाओं में प्रशिक्षण लेने के बाद ही कर सकेंगे और तभी आपके प्रयास विशेषकर फलदायक होंगे और उसी हालत में मूलकथा के तीन-चौथाई भाग को, लेखक के अनुसार आप पर्दे पर डाल पाएँगे।"

हिन्दी में पटकथा लेखन पर विशेष ध्यान नहीं दिया गया। पटकथा के बारे में न तो साहित्यकारों की कोई मुकम्मल सोच रही है और न फिल्मकारों की कोई सुनिश्चित धारणा। अपने यहाँ बिना पटकथा के जाने कितनी फिल्में बनती रहीं। ऐसा पाया गया है कि 1960 तक हिन्दी सिनेमा में पटकथा का कोई स्पष्ट अस्तित्व नहीं था। आश्चर्य की बात है कि 'कभी कभी' और 'दूसरा आदमी' जैसी फिल्मों की न तो पटकथा लिखी गई और न ही कोई कथा-सूत्र सृजित किया गया। आज स्थिति भिन्न है, आज पटकथा धारावाहिक, फिल्म आदि का महत्त्वपूर्ण अंग बन चुकी है। इसीलिए अब इसके शिक्षण-प्रशिक्षण की भी शुरुआत हुई है।

कहा जा चुका है कि पटकथा-लेखन एक रचनात्मक कार्य है। यह रचनात्मक प्रतिभा, कल्पना के साथ-साथ दृश्य माध्यमों की माकूल जानकारी की भी अपेक्षा रखती है। उदाहरण के लिए सिनेमा के पटकथा लेखक को यह जानना जरूरी है कि सिनेमा गति को प्रदर्शित करता है। जो चीज हमें आँखों से नहीं दिखाई देती सिनेमा वह भी दृश्यपटल पर ला देता है। सिनेमा में काल और समय की सीमा को लाँघने की क्षमता होती है। सिनेमा दृश्य विधा है, अतः इसमें यह जरूरी होता है कि अधिक-से-अधिक चीजें दृश्य पटल पर लाईं जाएँ। सही विवरणों, रंग तथा ध्वनि की प्रभावशाली प्रस्तुति के माध्यम से ही सिनेमा दर्शकों को आकर्षित करता है।

पटकथा निर्माण के तीन मुख्य पक्ष होते हैं—

- शॉट
- सीन
- सीक्वेंस

पटकथा लेखन की सबसे छोटी इकाई शॉट है, ठीक वैसे ही जैसे लेखन की सबसे छोटी इकाई शब्द या वाक्य है। जैसे वाक्यों को जोड़ने से पैराग्राफ बनता है वैसे ही शॉटों को जोड़ने से दृश्य बनता है। ये सीन (दृश्य) एक सीक्वेंस में होने चाहिए। इस प्रकार शॉट, सीन और सीक्वेंस के मिलने से पटकथा बनती है और इन सब का आधार एक कहानी होती है जो किसी एक आइडिया, प्लॉट या थीम पर टिकी होती है। वास्तव में कहानी को चलचित्र की भाषा में ढालने का कार्य ही पटकथा-लेखन है। इस प्रकार पटकथा लेखन का सामान्य अर्थ है—विभिन्न दृश्य विधानों को इस प्रकार जोड़ना कि एक कहानी उभरकर सामने आए। सीड फील्ड ने लिखा है—"What is a screenplay? A guide or outline for a movie? A blueprint? Diagram? A series of scenes told with dialouges and description? Images strung together on paper? A collection of ideas? The land-scape of a dream? What is a screenplay ? A screenplay is a story told with picture—"

इस तरह पटकथा लेखन का अपना एक तरीका होता है। अक्सर पटकथा लम्बे पन्नों पर लिखी जाती है जिसमें एक ओर सीन का विवरण होता है और दूसरी ओर संवाद, संगीत तथा इफेक्ट आदि का। पटकथा में सीन जैसे दिन/रात तथा हर शॉट के

स्पेशल इफेक्ट का जिक्र रहता है। इसमें भी एक कहानी की तरह आरम्भ, मध्य और अन्त होता है। आरम्भ में अर्थात पहले अंक में पात्रों को उनकी विशिष्ट मन:स्थिति और परिस्थिति में प्रस्तुत करके भूमिका बाँधी जाती है। इसे सेटअप कहते हैं। दूसरे अंक को 'कन्फ्रंटेशन' कहते हैं। कहानी का यह सबसे बड़ा हिस्सा होता है। इसके अन्त में किसी संकट का आभास दे दिया जाता है जिसका समाधान तीसरे अंक में होता है और उसी के साथ कथा खत्म हो जाती है। इन तीनों अंकों को जोड़ने का काम कथानक बिन्दु करता है। श्री मनोहर श्याम जोशी इसे आवश्यक मानते हुए कहते हैं, "तो पटकथा लिखते समय आपको अपनी कथा को तीन अंकों वाले ढाँचे में ढालना होता हुए है। अच्छा, जब आप कथा लिखने बैठते हैं तब इतना ही काफी होता है कि आपको यह पता हो कि वह कहाँ से और कैसे शुरू होती है और कहाँ से और कैसे खत्म होती है? लेकिन पटकथा लिखते समय दो और बातें बिलकुल स्पष्ट और सुनिश्चित होनी चाहिए—पहले अंक से दूसरे अंक में संक्रमण का बिन्दु और दूसरे अंक से तीसरे अंक में संक्रमण का बिन्दु। एक अंक से दूसरे अंक की ओर ले जानेवाली इस तरह की घटना को 'प्लाट प्वाइंट' यानि कथानक बिन्दु कहा जाता है।"

फिल्मों में 'प्लाट प्वाइंट' का विशेष महत्त्व होता है। यही कथानक को क्लाइमेक्स की ओर ले जाता है।

सब बातों का निचोड़ यह है कि पटकथा लेखन की एक सुनिश्चित प्रक्रिया होती है। स्टेप-दर-स्टेप उन सभी से गुजरकर ही एक मुकम्मल पटकथा तैयार होती है। पटकथा टी.वी. के धारावाहिक की हो या सिनेमा के फिल्म की, प्रक्रिया लगभग समान होती है, अन्तर मोटे तौर पर इतना ही होता है कि दूरदर्शन पर पर्दा छोटा होता है अत: बहुत कुछ संवाद के द्वारा सिर्फ आवाज के माध्यम से बताया जाता है, दूसरे उसमें समय पर्याप्त होता है जबकि फिल्म की अवधि सीमित होती है और पर्दा बड़ा होता है इसलिए कथा को अधिकतर दृश्य रूप में लाना जरूरी होता है। पटकथा लेखन के प्रमुख बिन्दु निम्न हैं—

1. विचार (Idea)

पटकथा लेखन का प्रथम बिन्दु है विचार। जैसे किसी भी प्रकार के लेखन के पीछे विचार मुख्य होता है। पटकथा लेखन के लिए भी सबसे पहले कोई विचार मुख्य होना चाहिए। आइडिया ही वास्तव में पटकथा का ताना-बाना बुनता है। आइडिया के अनुसार ही कहानी की थीम बनती है।

2. कथासार (Story Outline)

यह कान्सेप्ट नोट से भिन्न होता है। जहाँ कान्सेप्ट नोट में विचार, उसके उद्देश्य और सार्थकता की चर्चा होती है, वहाँ कथासार में संक्षेप में पूरी कहानी ही लिखी

जाती है। कथासार को फिल्म के लिए तीन अंकों वाले ढाँचे में ढालना होता है, तो दूरदर्शन-धारावाहिक के लिए उसे एपिसोड के मुताबिक लिखना होता है।

3. कथा निरूपण (Treatment)

दूरदर्शन के लिए धारावाहिक लेखन में यह अधिक महत्त्वपूर्ण होता है क्योंकि वहाँ हर एपिसोड के लिए कथा लिखनी होती है। यह दृश्यानुसार लिखी जाती है। जबकि फिल्मों में जहाँ समयावधि कम होती है और लगभग सभी कहानियाँ एक-दूसरे से मिलती-जुलती हैं, वहाँ ट्रीटमेंट बहुत उपयोगी होता है क्योंकि उसी से वातावरण और स्पेशल इफेक्टस, हाइलाइट्स आदि से उसे विशिष्ट बनाया जाता है।

4. चरित्र-चित्रण

पटकथा लेखक के लिए यह भी जरूरी होता है कि उसे अलग-अलग चरित्रों की पहचान हो और उनके चित्रण का गुर सीखे। श्री मनोहरश्याम जोशी कहते हैं कि "पटकथा लेखक के लिए जरूरी है कि वह अपने पात्रों को उतनी ही अच्छी तरह जाने जितनी अच्छी तरह कोई व्यक्ति अपने अन्तरंग मित्र को पहचानता है। उसे न सिर्फ यह मालूम होना चाहिए कि पात्र क्या-क्या करता/कहता है बल्कि यह भी क्यों कहता-करता है।"

5. नाटकीयता

पटकथा में नाटकीयता का भी होना जरूरी है। 'क्लाइमेक्स' तभी पैदा होता है जब पात्रों के द्वन्द्व-प्रतिद्वन्द्व से कथा आगे बढ़ती है। इसीलिए नाटकीयता लाने के लिए स्टोरी में दो परस्पर विरुद्ध प्रकृति वाले पात्रों की रचना की जाती है।

6. संवाद

संवाद योजना का पटकथा में उल्लेखनीय स्थान होता है। यद्यपि संवाद के लिए उतना 'स्पेस' फीचर फिल्म में नहीं होता है, जितना कि टी.वी. के धारावाहिक की पटकथा में होता है परन्तु अच्छा संवाद दोनों में अनिवार्य होता है।

संवाद लेखन

फिल्म, टेलीविजन आदि में संवाद की अहम भूमिका होती है। संवाद लेखन एक कला है। दूरदर्शन या फिल्मों का संवाद उपन्यास, कहानी आदि साहित्यिक विधाओं के संवाद से भिन्न होता है। यहाँ संवाद पात्र को व्याख्यायित नहीं करता बल्कि संवाद की नाटकीयता पात्र के बारे में, दृश्य के बारे में बताती है। आमतौर पर यह देखा जाता है कि कहानी, पटकथा और संवाद तीनों अलग-अलग व्यक्ति लिखते हैं। इसका कारण यह है कि दृश्य-निर्माण की प्रकृति से हर कोई परिचित नहीं होता, हो भी तो उसमें पारंगत नहीं होता। ऐसा माना जाता है कि फिल्मों की अपेक्षा टेलीविजन का संवाद लेखन अधिक चुनौतीपूर्ण होता है। मनोहर श्याम जोशी, राही मासूम रज़ा

आदि ने फिल्म और धारावाहिक दोनों के लिए संवाद लिखे लेकिन अधिक लोकप्रिय ये अपने धारावाहिकों के लिए लिखे संवाद से हुए। इसी प्रकार फिल्मी दुनिया के लिए मशहूर जोड़ी सलीम-जावेद फिल्मों में अपने संवाद के लिए जाने जाते हैं।

संवाद लेखन में निम्न बिन्दुओं पर लेखक को विशेष ध्यान देना चाहिए—

1. संवाद पात्रानुकूल हों। संवाद पटकथा की माँग के अनुरूप लिखा हो। संवाद लेखक को यह भलीभाँति जान लेना चाहिए कि वह संवाद किसके लिए लिख रहा है अर्थात पटकथा की पात्र योजना के अनुरूप ही संवाद होने चाहिए। फिल्मों में ऐसा देखा गया है कि कुछ स्टार अपने संवादों की वजह से बहुत पसन्द किए गए जैसे अमिताभ बच्चन का यह डायलॉग "मैं आज भी फेंके हुए पैसे नहीं उठाता।" इसी प्रकार राजकुमार का "जिनके घर खुद शीशे के होते हैं, वे दूसरों के घरों पर पत्थर नहीं फेंका करते, चिनाय सेठ।" धारावाहिक संवाद लेखक श्री मनोहर श्याम जोशी के 'कक्काजी कहिन' धारावाहिक की संवाद-योजना इस विधा का एक श्रेष्ठ उदाहरण है, देखें—
   इन्द्रप्रकाश : कक्काजी आपकी कमेटी अपनी रिपोर्ट कब तक दे देगी?
   कक्काजी : हमने तो रिपोर्ट आते ही दे दी थी।
   रिपोर्टर : आपने उसमें क्या सुझाव दिए हैं?
   कक्काजी : हम सुझाव दिए हैं कि देसी खेलन के बढ़ावा दिए के वास्ते एक ठो इपेक्स बडी (Apex Body) सेंटर में बनाई जाए।"
2. संवाद में नाटकीयता का गुण हो। यहाँ सीधी-सपाट भाषा में कुछ कहा जाए तो वह प्रभावकारी नहीं होगा। दृश्य माध्यम में अच्छा संवाद वह माना जाता है जो वह उद्घाटित करे जो कि आपके चरित्र में नजर नहीं आ रहा हो।
3. संवाद वर्णनात्मक नहीं होने चाहिए। यहाँ शब्दों की फिजूलखर्ची से बचना चाहिए। संवाद कम-से-कम शब्दों में और पूरी तरह चुस्त-दुरुस्त होना चाहिए। उसमें स्वाभाविकता होनी चाहिए।
4. संवाद लेखन में भाषा का विशेष ध्यान रखना चाहिए। लेखक को चाहिए कि वह लिखने के पहले यह सुनिश्चित कर ले कि वह किसके लिए संवाद लिख रहा है, आयु, वर्ग, देश काल, वातावरण आदि का ध्यान रखे बिना संवाद लेखन बेतुका हो जाएगा। उदाहरण के लिए अगर धारावाहिक या फिल्म में कोई दृश्य या घटना या समूची कहानी बिहार अथवा उ.प्र. से सम्बन्धित है तो वहाँ की बोली का इस्तेमाल पात्रानुसार होना चाहिए। इसी प्रकार यदि मुम्बई के लोगों से सम्बन्धित है तो मुम्बइया हिन्दी का प्रयोग होना चाहिए। ऐसी स्थिति में लेखक को भाषा की शुद्धता का हिमायती नहीं होना चाहिए। उदाहरण के लिए श्री मनोहरश्याम जोशी का 'मुँगेरीलाल के हसीन सपने' का यह संवाद देखें—

मुँगेरीलाल : यस, पी, ई, यल, थल।

मधु : तुम्हारा बोली मेरी समझ में नहीं आता। मैं शार्ट हैंड पढ़ दूँगी, तुम टाइप कर दो। जल्दी हो जाएगा, प्लीज।

मुँगेरीलाल : मिस मल्कानी, आप हमरा काम तो करती नहीं। हम कहे थे सौ-पचास रुपया दिलवा दीजिए।

मधु : बत्रा, इस बिचारे को दे दो ना रुपया। इसका सास-ससुर बहुत बढ़ा दिया है खर्चा।

बत्रा : है नहीं, बाईं गॉड। जिमीन खरीद ली न मुक्ता बिहार में।

5. संवाद कुछ पात्रों को विशिष्ट पहचान भी देते हैं। वे उनके लिए तकिया कलाम हो जाते हैं। बार-बार वे उनका इस्तेमाल करते हैं। इससे रोचकता भी आ जाती है।
6. इसके अलावा संवाद लेखन में यह भी विशेष तौर पर ध्यान रखना चाहिए कि संवाद निरा यथार्थ के दृश्य दिखानेवाले न हों, बल्कि यथार्थ का भ्रम पैदा करनेवाले हों।

दृश्य-श्रव्य माध्यमों की भाषा

दृश्य-श्रव्य माध्यमों की भाषा अन्य भाषाओं के प्रसारण की भाषा से काफी भिन्न होती है। हम देखते हैं कि हमारे टी.वी. और फिल्मों में जो हिन्दी प्रयुक्त होती है वह बिलकुल अलग किस्म की है। दूरदर्शन की भाषा के बारे में डॉ. कृष्णकुमार रत्तु के निष्कर्ष तर्कसंगत हैं। वे कहते हैं, "दूरदर्शन की हिन्दी में...भाषा प्रयुक्ति के ज्यादातर अंग्रेजी व आँचलिक शब्दों का प्रयोग रहता है।" इस भाषा को हम आमतौर पर खिचड़ी भाषा अर्थात मिश्रभाषा की संज्ञा दे सकते हैं। डॉ. रत्तु का यह कथन सच लगता है कि "भाषा के व्याकरणीय चौखटे में भले यह भाषा कहीं भी न टिकती हो परन्तु आज सच्चाई यह है कि आम बोलचाल और कामकाज की भाषा वह हिन्दी भाषा है जो इन दिनों टेलीविजन स्क्रीन से प्रेषित हो रही है अथवा जिसका टेलीविजन द्वारा प्रसारण हो रहा है।"

संचार माध्यमों की भाषा ही सम्प्रेषण की जान होती है, अतः भाषा का प्रयोग इसमें बहुत सावधानी से करना होता है। टेलीविजन में भाषा पक्ष सर्वाधिक महत्त्वपूर्ण होता है। टेलीविजन ही नहीं, फिल्मों में भी भाषा की ही सारी करामात होती है।

दूरदर्शन में भाषा के प्रयोग में उन सभी बातों को ध्यान में रखना होता है जिनका प्रयोग आकाशवाणी की भाषा में करना पड़ता है, जैसे—प्रांजलता, स्पष्टता, शुद्धता, लयात्मकता आदि। इसके अतिरिक्त दूरदर्शन की भाषा की विशेषता यह होती है कि यह चित्रात्मक होती है।

7

सूचना प्रौद्योगिकी और न्यू मीडिया

सूचना और संचार की नवीन तकनीक जिसके माध्यम से सूचना त्वरित गति से व्यापक समुदाय तक पहुँचती है वह सूचना प्रौद्योगिकी कहलाती है। इसका सम्बन्ध वैज्ञानिक तकनीकी के ऐसे साधनों और संसाधनों से है जो सूचना को प्रभावी ढंग से सम्प्रेष्य बनाते हैं। इसका क्षेत्र बड़ा व्यापक है, इसके अन्तर्गत सूचना एकत्रीकरण/संग्रह, भंडार व प्रोसेसिंग (निर्मिति) प्रसार और प्रयोग सब कुछ समाहित है। कम्प्यूटर तकनीकी के माध्यम से डिजिटल संचार सम्भव हुआ है। वास्तव में यह सूचना और तकनीक का ऐसा संयोजन है जिसने मानव जीवन के क्रियाकलाप को बहुत प्रभावित किया है। बड़े-बड़े उद्योग-धन्धों के संचालन, कम्पनियों के प्रबन्धन, शासकीय-गैरशासकीय तंत्र के संचालन, सूचना के विश्वव्यापी प्रसारण से लेकर जीवन की रोजमर्रा की जरूरतों तक इसका संजाल फैला हुआ है। कम्प्यूटर और मोबइल इसके ऐसे संयंत्र हैं जो आज हर क्षेत्र में प्रत्येक व्यक्ति के हाथ में खिलौने की तरह मौजूद हैं। इन यंत्रों के द्वारा दुनिया मुट्ठी में सिमट गई है। सूचना प्रौद्योगिकी के प्रभाव से आज 'लोकल' और 'ग्लोबल' की दूरी मिट गई है। परिणामस्वरूप दूर-दराज के अंचलों की गतिविधियाँ तक चन्द सेकंड में 'ग्लोबल' खबरें बन जाती हैं। इससे मानवीय ज्ञान का भंडार समृद्ध हुआ है, शासन-प्रशासन से लेकर उद्योग-धन्धों तक के कामकाज सुगम हो गए हैं। आज घर बैठे व्यक्ति किसी भी काम को मनचाहे तरीके से कम्प्यूटर, मोबाइल के माध्यम से कर सकता है। सॉफ्टवेयर और हार्डवेयर के सहारे चलनेवाला यह संचार तंत्र अपनी उन्नत तकनीक के जरिये नित्यप्रति मानव जीवन के कामकाज को प्रभावित कर रहा है।

कम्प्यूटर

कम्प्यूटर आधुनिक वैज्ञानिक प्रगति की देन है। कम्प्यूटर का प्रयोग आज ज्ञान-विज्ञान के समस्त क्षेत्रों में किया जाता है। कम्प्यूटर का सर्वप्रथम आविष्कार आज से पाँच हजार वर्ष पूर्व बेबोलोन में हुआ, माना जाता है।

कम्प्यूटर एक यंत्र है। अनुवाद कार्य में भी इसकी मदद ली जाती है। कार्य को अत्यन्त कम समय में सम्पन्न करने के कारण कम्प्यूटर आज लगभग समस्त क्षेत्रों में प्रयुक्त हो रहा है। दूसरे इससे गलतियों की सम्भावनाएँ भी नगण्य होती हैं, ऐसा माना जाता है। कम्प्यूटर गणित की प्रक्रिया के आधार पर कार्य करता है। यह एक ऐसा यंत्र है जो डिजिटल पद्धति पर कार्य करता है। सूचना के आदान-प्रदान ही नहीं बल्कि सूचना संवर्धन में भी यह त्वरित गति से कार्य करता है। वास्तव में मानव बुद्धि से निर्मित यह एक ऐसी मशीन है जो यांत्रिक बुद्धि से किसी भी कार्य को बहुत ही कम समय में और यथाशक्य शुद्धता के साथ करने में सक्षम है। इसमें पाँच प्रमुख भाग होते हैं—

1. *मेमोरी अर्थात स्मरण यंत्र :* इसमें सभी प्रकार की सूचनाएँ दी जाती हैं। इसी के आधार पर कम्प्यूटर कार्य करता है।
2. *कंट्रोल यूनिट :* इसका कार्य नियंत्रण का है।
3. *अंकगणित :* इसमें गणना प्रक्रिया होती है।
4. *इनपुट :* यह कम्प्यूटर की ज्ञानेन्द्रिय कही जाती है, जो सभी सूचनाओं को भेजने का कार्य करती है 'की बोर्ड' इसका एक महत्त्वपूर्ण उपकरण है।
5. *आउटपुट :* इसे कम्प्यूटर का मस्तिष्क कहा जाता है। यहीं पर सारे प्रोग्राम प्रोसेस होकर कम्प्यूटर से स्क्रीन पर दिखाई देते हैं।

इसके साथ ही कम्प्यूटर की मशीन को समझने के लिए यह भी जानना आवश्यक है कि यह यंत्र कैसे कार्य करता है, इसकी कार्य प्रणाली कैसे नियंत्रित होती है? आज इतने अत्याधुनिक कम्प्यूटर आ गए हैं कि समस्त मानवीय कार्य बड़े ही आसानी से हो जाते हैं। इसे अत्याधुनिक बनाने में कम्प्यूटर के दो आविष्कारों का महत्त्वपूर्ण योगदान है। ये हैं—हार्डवेयर और सॉफ्टवेयर। जिन उपकरणों और कलपुर्जों का उपयोग कम्प्यूटर के अन्दर किया जाता है, उन्हें हार्डवेयर कहते हैं और उसमें भरे जानेवाले प्रोग्रोमों की भाषाएँ सॉफ्टवेयर के अन्तर्गत आती हैं।

कम्प्यूटर की अपनी विशिष्ट भाषा होती है, जिसे मशीनी भाषा कहा जाता है। इस मशीनी भाषा में विशेष योगदान अमेरिका ने सातवें दशक में एक विशेष भाषा 'बेसिक' के निर्माण के द्वारा दिया। यह बेसिक कई भाषाओं को सीखने और प्रयोग करने में उपयोगी साबित हुआ। शुरू में चूँकि कम्प्यूटर का आविष्कार पश्चिमी देशों में हुआ, इसीलिए इसकी भाषा अंग्रेजी थी परन्तु जैसे-जैसे दुनिया के अन्य भागों में इसका प्रसार होता गया, वैसे-वैसे इसकी भाषा का भी विस्तार हो गया। आज इस पर हिन्दी में बड़ी ही कुशलतापूर्वक कार्य किया जा सकता है। इस दिशा में बिड़ला इंस्टिट्यूट ऑफ साइंस, पिलानी का महत्त्वपूर्ण योगदान है। उसने कम्प्यूटर 'सिद्धार्थ' नाम से द्विभाषा व्यवस्था ईजाद की। इसी प्रकार कानपुर आई.आई.टी. ने भी हिन्दी सॉफ्टवेयर तैयार किया। सी.डेक. पूणे ने लिपि विकास में महत्त्वपूर्ण

योगदान दिया। आज कम्प्यूटर का इस्तेमाल लगभग सभी प्रमुख भारतीय भाषाओं में सुलभ हो गया है। इस प्रकार आज कम्प्यूटर सभी भारतीय भाषाओं में कार्य करने का एक प्रधान यंत्र बन गया है।

इंटरनेट

इंटरनेट सूचना-संचार का एक त्वरित माध्यम है जिसके द्वारा कुछ ही क्षणों में व्यक्ति दुनिया-भर की सैर कर सकता है। सूचना और ज्ञान के इस भंडार से थल और काल की दूरियाँ मिट गई हैं। दुनिया के किसी भी स्थान पर बैठकर किसी भी कोने की जानकारी इसके द्वारा हासिल की जा सकती है। श्री सुधीश पचौरी के अनुसार "इंटरनेट शब्द और सूचना को इलेक्ट्रॉनिक चरित्र दे देता है। इसमें आकर सूचना तेज गति वाली, भूमंडलीय और प्रत्यक्षतः आर्थिक हो जाती है।"

वस्तुतः इंटरनेट की शुरुआत 1969 में अमेरिकी रक्षा विभाग द्वारा उनके चार कम्प्यूटरों को आपस में जोड़कर सन्देश प्रसारण हेतु हुई। उस समय इसे 'अर्पानेट' नाम दिया गया था। जैसे-जैसे लोग इसकी उपयोगिता से परिचित हुए, वैसे-वैसे इसका विकास होता गया। आज सिर्फ कुछ कम्प्यूटर नहीं, बल्कि दुनिया के अनेक देशों के कम्प्यूटर जाल इससे जुड़े हुए हैं। वास्तव में इंटरनेट दुनिया-भर के लाखों-करोड़ों कम्प्यूटरों को एकसूत्र में पिरोने से बना महाजाल है। ये कम्प्यूटर टेलीफोन लाइनों के माध्यम से आपस में जुड़कर सूचना का आदान-प्रदान करते हैं। इसकी भाषा 'प्रोटोकॉल' कहलाती है।

भारत में इंटरनेट सेवा की शुरुआत 1995 में भारत संचार निगम लिमिटेड (बी.एस.एन.एल.) द्वारा हुई। शुरू में यह सेवा केवल देश के चार महानगरों दिल्ली, मुम्बई, कोलकाता और चेन्नई तक सीमित थी, बाद में बैंगलोर और पुणे में भी इसका विस्तार हुआ। यह शुरुआत बड़ी तेजी से ही पूरे देश में महाजाल के रूप में फैल गई। इंटरनेट की बढ़ती लोकप्रियता और उपयोगिता के चलते इसके उपभोक्ताओं की संख्या बड़ी तेजी से बढ़ी। मात्र 700 उपभोक्ताओं से शुरू हुई यह सेवा वर्तमान में लाखों उपभोक्ताओं तक पहुँच चुकी है। भारत सरकार ने ऑपरेशन फ्लड नाम से इसके प्रचार-प्रसार की योजना बनाई है जिसका लक्ष्य प्रति दस उपभोक्ता के बीच एक लाइन उपलब्ध कराना है।

इंटरनेट एक ऐसा माध्यम है जिसमें ज्ञान-विज्ञान के समस्त क्षेत्रों को पाया जा सकता है। इसने सम्प्रेषण को सुगम ही नहीं बनाया है बल्कि मनुष्य संसार को बहुत नजदीक ला दिया है। इंटरनेट पर आप दुनिया के किसी भी कोने में बैठकर दूसरे हिस्से में घटित किसी भी विषय की त्वरित जानकारी प्राप्त कर सकते हैं। इंटरनेट पर संचार के सभी माध्यम उपलब्ध हैं। समाचार-पत्र, रेडियो, सिनेमा,

पुस्तक, विभिन्न चैनलों पर प्रसारित जानकारियों को कुछ ही क्षण में सार्वदेशिक बनाया जा सकता है। यह एक अन्तर क्रियात्मक माध्यम है अर्थात इसमें उपयोग करता मूकदर्शक नहीं रहता। इंटरनेट के जरिये हम मीडिया समागम यानी कंवर्जेंस के युग में पहुँच गए हैं। इसने दुनिया को विश्वग्राम में तब्दील कर दिया है। इंटरनेट ने नित नये विकास के द्वार खोल दिए है। यद्यपि इसकी अपनी कुछ खामियाँ भी हैं। यथा इसमें अच्छा-बुरा सब कुछ बेरोकटोक उपलब्ध है। इस पर बहुत सी ऐसी सामग्री भी उपलब्ध है जो किशोर उम्र के बच्चों पर प्रतिकूल प्रभाव डालती है। इंटरनेट के दुरूपयोग से अनेक प्रकार के आपराधिक, असामाजिक कृत्यों को भी अंजाम दिया जा सकता है क्योंकि यह एक ऐसा खुला माध्यम है जिस पर कोई सेंसरशिप लागू नहीं होती।

इंटरनेट का क्षेत्र बड़ा व्यापक है। इसके अन्तर्गत ज्ञान-विज्ञान और व्यवहार के समस्त क्षेत्र आ जाते हैं यथा, शिक्षा, व्यापार, बैंकिंग, मनोरंजन, खेलकूद, पत्रकारिता आदि-आदि।

जहाँ तक इंटरनेट के उपयोग की बात है, आज मुख्यतः चार प्रकार से इसका उपयोग किया जा रहा है।

1. सन्देश के आदान-प्रदान में।
2. दस्तावेजों फाइलों के आदान-प्रदान में।
3. दुनिया के किसी भी कोने से जानकारी प्राप्त करने में।
4. विशेष विषयों पर त्वरित और विशिष्ट जानकारी प्राप्त करने में।

इंटरनेट के विविध प्रयोग

इंटरनेट पर उपलब्ध सेवाओं से सूचना संचार का ढाँचा ही बदल गया है। इंटरनेट मात्र सन्देश के आदान-प्रदान तक सीमित नहीं है बल्कि सूचनाओं, जानकारियों को एकत्र रखने और बिलकुल अपडेट जानकारी प्राप्त करने का एक महत्त्वपूर्ण साधन बन चुका है। इंटरनेट ने पत्रकारिता जगत में क्रान्ति ला दी है। इंटरनेट के माध्यम से आज दुनिया की महत्त्वपूर्ण खबरें ऑनलाइन तत्काल उपलब्ध हो जाती हैं, जो प्रिंट मीडिया के लिए कच्चे माल के तौर पर इस्तेमाल होती हैं। कहने का आशय यह कि समाचार संकलन और लेखन जो कि प्रिंट मीडिया का मूलाधार है, आज इंटरनेट के जरिये आसानी से किया जा सकता है।

ई-मेल

सन्देशों के आदान-प्रदान के लिए इस्तेमाल की जानेवाली तकनीक ई-मेल के नाम से जानी जाती है। यह नेट की सबसे लोकप्रिय सेवा है। इसके द्वारा तुरन्त किसी

भी व्यक्ति को सन्देश भेजा जा सकता है। यह सेवा डाकखाने जैसी एक व्यवस्था पर कार्य करती है। डाकखाने की भाँति इसमें भी भेजनेवाले और पानेवाला का अपना एक ई-मेल पता होता है। सन्देश भेजनेवाले को अपना सन्देश कम्प्यूटर में दर्ज कर पानेवाले के पते पर एक निश्चित 'कमांड' द्वारा पोस्ट करना होता है। इसके जरिये सन्देश वहाँ पहुँचता है जहाँ ई-मेल छाँटने और आगे भेजने का कार्य किया जाता है। इसे 'ई-मेल सर्विस प्रोवाईडर' या 'कम्प्यूटर सर्वर' कहते हैं। यहाँ से भेजा गया सन्देश पानेवाले के पते पर जाता है वहाँ उसके 'ई-मेल बॉक्स' में इकट्ठा हो जाता है। यह बॉक्स डाकखाने के 'पोस्ट बॉक्स' जैसा होता है। जब कम्प्यूटर मालिक अपना ई-मेल चेक करता है तो उसे ई-मेल बॉक्स पर क्लिक करना पड़ता है। क्लिक करने से उसके कम्प्यूटर के पर्दे पर सारे सन्देश आ जाते हैं, फिर वह जिन्हें चाहता है उन्हें 'सेव' कर लेता है अन्यथा 'डीलिट' कर देता है। कम्प्यूटर से जुड़े प्रिंटर से वह मनचाहे सन्देश की प्रिंट भी निकाल सकता है। ई-मेल के माध्यम से केवल लिखित सन्देश ही नहीं बल्कि चित्र (फोटोग्राफ्स) आदि भी भेजे जा सकते हैं।

ई-मेल भेजने का कुछ नियम भी होता है। उपभोक्ता को उसका पालन करना चाहिए। जैसे पूरे सन्देश को अंग्रेजी के बड़े अक्षरों (कैपिटल लेटर) में नहीं भेजना चाहिए। इंटरनेट पर इसे शोभनीय नहीं माना जाता। इसी प्रकार सन्देश में विभिन्न प्रकार की भावनाओं जैसे मुस्कुराना, हँसना, आँख मारना आदि के लिए 'कोड' होते हैं, उनका उपयोग करना चाहिए। इसके अलावा सन्देश संक्षिप्त हो, इसका विशेष ध्यान रखना चाहिए।

टेलीनेट

यह इंटरनेट की एक महत्त्वपूर्ण सेवा है। इसके द्वारा कोई भी व्यक्ति दुनिया के किसी भी कोने में स्थित सदस्य के कम्प्यूटर तक पहुँचकर उसके कम्प्यूटर में उपलब्ध सॉफ्टवेयर व इंटरनेट सेवाओं का उपयोग कर सकता है। तकनीकी भाषा में इसे 'रिमोट लॉग-इन' कहा जाता है। लाइब्रेरियों से सूचनाएँ एकत्र करने और पुस्तक देखने में यह सेवा विशेष उपयोगी है। इतना ही नहीं, इसके द्वारा आप दुनिया के किसी भी कोने में बैठे अपने मेजबान से बात भी कर सकते हैं, कम्प्यूटर गेम भी खेल सकते हैं।

वर्ल्ड वाइड वेब

आज 'वर्ल्ड वाइड वेब' इंटरनेट की सबसे लोकप्रिय सेवा है। इसे (www) डब्लूडब्लूडब्लू के नाम से जाना जाता है। इसकी परिकल्पना 'यूरोपियन लेबोरेटरी फार पार्टिकल फिजिक्स' के वैज्ञानिकों ने की थी। इसका उद्देश्य इंटरनेट पर किसी

एक विषय की जानकारी, किसी संस्थान या व्यक्ति का परिचय अथवा पत्र-पत्रिका की सामग्री, उपलब्ध कराना है। इसके लिए उपभोक्ता या संस्थान द्वारा अपने बारे में जानकारी (संक्षिप्त रूप में) एक विशेष फार्मेट में ढाल कर प्रस्तुत किया जाता है। इस प्रस्तुति को 'होमपेज' कहते हैं। आजकल कई संस्थानों, संगठनों, व्यक्तियों के 'होमपेज' इंटरनेट पर उपलब्ध हैं। कम्प्यूटर की भाषा में इसे 'ऑनलाइन' उपलब्ध होना कहा जाता है। आज कई समाचार-पत्र, पत्रिकाएँ तक ऑनलाइन उपलब्ध हैं। लगभग सभी सरकारी-गैरसरकारी संगठन ही नहीं बल्कि तमाम व्यक्तियों के बारे में जानकारी भी 'ऑनलाइन' उपलब्ध है।

मल्टीमीडिया

मल्टीमीडिया अत्याधुनिक इलेक्ट्रॉनिक प्रगति का सूचक है। इसमें मीडिया के कई अत्याधुनिक पक्ष जुड़े होते हैं, जो जनसंचार के साधन का काम करते हैं। मल्टीमीडिया सूचना प्रौद्योगिकी, जो कि सूचना और प्रौद्योगिकी का समुच्चय है, का परिणाम माना जाता है। आधुनिक संचार प्रणाली में मल्टीमीडिया का उपयोग हो रहा है। मल्टीमीडिया सम्प्रेषण के विभिन्न माध्यमों का संयोजन कर सूचना को अत्यधिक प्रभावी ढंग से व्यक्त करता है। यह प्रकाशन, दूरसंचार, खेल, मनोरंजन, इंजीनियरिंग आदि क्षेत्रों में अधिक प्रभावी है।

वेब पत्रकारिता

इंटरनेट पर उपलब्ध पत्रकारिता को 'वेब पत्रकारिता' या 'ऑनलाइन' पत्रकारिता कहते हैं। इलेक्ट्रॉनिक मीडिया पहले सी.डी. रोम पत्रिका या फैक्स के जरिये समाचार प्रसारित करता था। लेकिन इंटरनेट के आविष्कार ने इसमें आमूलचूल परिवर्तन ला दिया। आज हालत यह है कि कई समाचार-पत्र और पत्रिकाएँ ऑनलाइन उपलब्ध हैं। इंटरनेट पर उन्हें पढ़ा जा सकता है। भारत में इंटरनेट इस्तेमाल करनेवालों की संख्या लगातार बढ़ रही है, इसलिए इनका उपयोग सीमित है परन्तु दुनिया के अन्य देशों विशेषकर, विकसित देशों में इसे काफी लोकप्रियता मिली है। आज भारत में करीब सभी प्रमुख समाचार-पत्र जिनमें नई दुनिया, टाइम्स ऑफ इंडिया, इंडियन एक्सप्रेस, दैनिक जागरण, हिन्दी मिलाप, दैनिक भास्कर, डेक्कन हेराल्ड, दैनिक जागरण, इंडिया टूडे आदि ऑनलाइन उपलब्ध हैं।

ग्लोबल जनतंत्र की जो अवधारणा समूची दुनिया को करीब ला रही है उसमें अखबारों और पत्रिकाओं को भी अपनी भूमिका निर्धारित करने के लिए इंटरनेट पर जाना जरूरी हो गया है। इंटरनेट पर जाकर ही आज की तारीख में ग्लोबल हुआ जा सकता है। वेब पत्रकारिता के कई फायदे भी हैं—जैसे प्रिंट मीडिया के

समाचार-पत्रों की भूमिका एकतरफा होती है यानी केवल सूचना देने की, जबकि ऑनलाइन पत्रकारिता सूचना के साथ-साथ पाठकों के साथ पारस्परिक क्रिया का माध्यम भी है। इसलिए इसका नेट संस्करण की बजाय इंटरएक्टिव संस्करण नाम अधिक पसन्द किया जाता है। इसका एक फायदा यह है कि व्यक्ति अपडेट खबरें और मनचाही खबरें देख सकता है, पूरे पन्ने पलटने की जरूरत उसे नहीं पड़ती और न ही केवल चैनलों के विज्ञापनों को उसे झेलना पड़ता है।

न्यू मीडिया : सोशल मीडिया के विविध रूप

वाट्सएप

वाट्सएप एक प्रकार का त्वरित सन्देश भेजने और प्राप्त करने का एप है। इसे 2009 में याहू (Yahoo) कम्पनी के दो कर्मचारियों ब्रायन ऐक्टन और जेन कूम ने मिलकर बनाया। यह सामाजिक माध्यम (सोशल मीडिया) पर इस्तेमाल होनेवाला एक ऐसा एप है जिसमें सन्देश के साथ आवाज, फोटो, चित्र और जीपीएस प्रणाली के द्वारा अपना पता भी भेजा जा सकता है। आज यह दुनिया का सबसे अधिक डाउनलोड किया जानेवाला एप बन चुका है। 2014 में इसे फेसबुक कम्पनी ने खरीद लिया। फेसबुक के संस्थापक मार्क जुकरबर्ग ने इसे 19 बिलियन अमेरिकी डालर में खरीदा। वर्तमान में वाट्सएप का मुख्यालय कैलिफोर्निया में स्थित है। यह एक ऐसा सन्देश प्रेषित करनेवाला एप (मैसेजिंग एप) है जो इंटरनेट की सहायता से काम करता है। यह पारम्परिक सन्देश (SMS) प्रणाली की तुलना में अधिक आकर्षक और उपयोगी है। बच्चे से लेकर बड़े तक आसानी से इसका उपयोग कर सकते हैं। आज दुनिया-भर में सबसे तेज, सुरक्षित और सस्ते सन्देश वाहक के रूप में इसका उपयोग किया जा रहा है। इसका इस्तेमाल टेक्स्ट, वॉइस और वीडियो चैट के लिए कर सकते हैं। यह बिलकुल फ्री मैसेजिंग एप्लीकेशन है। फेसबुक, ट्विटर, मैसेंजर आदि एप के मुकाबले वाट्सएप अधिक लोकप्रिय और आसान है। यह एक ऐसा एप है जिसे निरक्षर व्यक्ति भी आसानी से चला सकता है।

विशेषताएँ

— वास्तव में वाट्सएप की शुरुआत लिखित सन्देश (Text Messaging) के लिए ही हुई थी। यह सन्देश मोबाइल सेट पर उपलब्ध किसी भी भाषा में दिया जा सकता है। इसके लिए केवल इंटरनेट सुविधा की आवश्यकता होती है। वाट्सएप पर सन्देश का प्रसारण निःशुल्क होता है।

— वाट्सएप के जरिये समूह बनाकर वार्तालाप किया जा सकता है। एक व्यक्ति एक साथ अनेक व्यक्तियों के साथ संवाद कर सकता है। एक समूह की सीमा लगभग 256 सदस्य की होती है। इसके माध्यम से केवल लिखित सन्देश ही नहीं, फोटो, वीडियो आदि भी भेजे जा सकते हैं। इसमें सुविधा होती है कि समूह निर्माता समूह का कोई नाम भी दे सकता है।

— वाट्सएप वेब के माध्यम से वाट्सएप की सूचना/सामग्री को पयोगकर्ता कम्प्यूटर डेस्कटॉप, लैपटॉप, टैबलेट्स आदि पर भी देख-पढ़-सुन सकता है।

— वाट्सएप के माध्यम से ऑनलाइन वार्तालाप हो सकता है। वाट्सएप पर सामान्य संवाद और वीडियो संवाद दोनों किया जा सकता है। इसके लिए मोबाइल सेट पर इंटरनेट सुविधा का होना आवश्यक है।

— एक विशेषता यह भी है कि इस पर ऐसी सुविधा उपलब्ध है जिसका इस्तेमाल कर व्यक्ति अपने सन्देश, वीडियो सामग्री आदि को सुरक्षित रख सकता है और केवल वही व्यक्ति उसे देख,पढ़ सकता है जिसे प्रेषक चाहता है।

— वाट्सएप आदान-प्रदान का एक ऐसा माध्यम है जिस पर अनेक पृष्ठों (लगभग 100 एमबी) तक के कागजात भी पीडीएफ, स्लाइड, स्प्रेडशीट्स के रूप में भेजे जा सकते हैं।

— इसकी एक विशेषता यह भी है कि इसके लिए आपको बार-बार पासवर्ड और उपभोक्ता आईडी आदि डालने की जरूरत नहीं पड़ती है। एक बार मोबाइल सेट पर डाउनलोड कर लेने के बाद यह इंटरनेट की सहायता से चलने लगता है। पासवर्ड आदि याद रखने की जरूरत नहीं पड़ती है।

— यह एक बहुत ही सुरक्षित और भरोसेमन्द एप है क्योंकि इसमें ऐसी सुविधा दी गई है कि प्रेषक की बात, सन्देश सामग्री को केवल वही देख-सुन-पढ़ सकता है जिसे प्रेषित किया गया है, कोई दूसरा व्यक्ति उसे देख नहीं सकता, यहाँ तक की वाट्सएप कम्पनी भी नहीं। अत: यहाँ गोपनीयता और सुरक्षा की गारंटी होती है। इसे अंग्रेजी में end to end subscription feature कहते हैं।

— वाट्सएप की सहायता से आप किसी भी लोकेशन को ढूँढ़ सकते हैं, साझा कर सकते हैं। अपना प्रोफाइल फोटो, वॉलपेपर, थीम, लोगो, घोषवाक्य/पंचलाइन आदि सेट कर सकते हैं।

फेसबुक

आज के जमाने में दुनिया सिमटती जा रही है, भौगोलिक दूरियाँ आज मायने नहीं रखती। इसका तात्पर्य यह नहीं है कि दुनिया-भर की चौहद्दियाँ टूट गई हैं याकि दुनिया एक जगह पर आकर सिमट गई बल्कि यह है कि सूचना क्रान्ति के माध्यम से दुनिया भावनात्मक स्तर पर, वैचारिक आदान-प्रदान के स्तर पर एक-दूसरे के बहुत पास आ गई है। कई ऐसे (एप्लीकेशंस) मानव निर्मित यंत्र विकसित हो गए हैं जिन्होंने दुनिया की दूरियों को चन्द सेकंडों में सीमित कर दिया है। सामाजिक माध्यम (सोशल मीडिया) एक ऐसा ही मंच है जहाँ सभी को जुड़ने की पूरी आजादी है। इंटरनेट के माध्यम से आज सोशल मीडिया पर पूरी दुनिया एक मंच पर उपस्थित नजर आती है।

आज के सर्वाधिक चर्चित और लोकप्रिय सोशल मीडिया प्लेटफॉर्म में प्रमुख है फेसबुक। यह एक ऐसी बहुलोकप्रिय सोशल नेटवर्किंग साइट है जिससे अनेक लोग एक साथ जुड़े हुए हैं। इसने दुनिया के बीच की भौगोलिक दूरी को समाप्त कर दिया है। मनुष्य एक ही जगह से पूरी दुनिया के सम्पर्क में आ गया है। केवल बातचीत और सन्देश का आदान-प्रदान ही नहीं, बल्कि आमने-सामने बैठकर बोलने-बतियाने का आनन्द भी इससे मिलता है। इसके माध्यम से पल-पल की खबर चाहे वह अच्छी हो या बुरी हम साझा कर सकते हैं। आज फेसबुक पर जीवन से जुड़े हर छोटे-बड़े घटनाक्रम की खबर मौजूद है। न्यूज रिपोर्ट के साथ शॉपिंग, कुकिंग, वीडियो गेम आदि सब कुछ यहाँ उपलब्ध है।

फेसबुक के आविष्कारक हैं मार्क जुकरबर्ग। इन्होंने अपने साथियों एडुआर्डो सवेरिन,डीउस्टिन मोसकोवीट्ज, एंड्रयू मककोल्लम और प्रिस ह्यूज के साथ मिलकर दुनिया को एक ऐसा एप्लीकेशन दिया जिसे आज सोशल मीडिया साइट्स पर सबसे अधिक पसन्द किया जाता है। बताया जाता है कि इन मित्रों ने जो कि हार्वर्ड यूनिवर्सिटी के छात्र थे, आपस में एक-दूसरे के साथ सूचना, फोटो आदि साझा करने के लिए और नये लोगों से जुड़ने के लिए 2004 में एक ऐसी ऑनलाइन वेबसाइट तैयार की जिसे the facebook.com नाम दिया। इसकी लोकप्रियता बड़ी तेजी से बढ़ती गई। पहले इसका प्रयोग अमेरिका के कुछ विश्वविद्यालयों तक सीमित था। 2005 में एक समझौते के तहत अमेरिका और ब्रिटेन के सभी विश्वविद्यालयों में इसका प्रसार शुरू हुआ। धीरे-धीरे इसकी लोकप्रियता बढ़ती चली गई। 2007 में माइक्रोसॉफ्ट ने इसे खरीद लिया। 2009 से इसका पूरी दुनिया में व्यापक प्रसार शुरू हुआ। इसके जरिये सामान्य सन्देश से लेकर फोटो, वीडियो, मनोरंजक सामग्री, साहित्यिक रचनाएँ, खानपान, पढ़ाई-लिखाई, दुकानदारी/मार्केटिंग, गोष्ठी, सेमिनार आदि दुनिया-भर की चीजें साझा की जा सकती हैं।

इसमें कोई भी व्यक्ति जिसकी उम्र 13 साल से अधिक हो पंजीयन करके सदस्य बन सकता है। यह बिलकुल नि:शुल्क है। इसके लिए सिर्फ आपके मोबाइल सेट पर इंटरनेट की सुविधा उपलब्ध होनी चाहिए। एक बार इस पर सदस्य बन जाने के बाद आप अनेक लोगों, परिचित-अपरिचित को अपनी मित्रता सूची में जोड़ सकते हैं और उन सबसे संवाद स्थापित कर सकते हैं। फेसबुक आज अनेक भाषाओं में काम करता है। इसे मोबाइल के अलावा कम्प्यूटर, लैपटॉप, टेबलेट्स आदि पर चलाया जा सकता है। इसमें पंजीयन के बाद उपभोक्ता अपना प्रोफाइल/परिचय-वृत्त बना सकता है, जिसमें अपनी जरूरी जानकारियाँ साझा कर सकता है, जैसे—नाम, पता, व्यवसाय, शिक्षा, संस्थान, थीम, सुविचार आदि।

फेसबुक को आम बोलचाल की भाषा में 'सोशल नेटवर्किंग वेबसाइट' कहा जाता है। यह एक ऐसा माध्यम है जिससे आप अपने बहुत पुराने जान-पहचान के लोगों तक पहुँच सकते हैं बशर्ते वे फेसबुक से जुड़े हों। साथ ही अनेक ऐसे नये मित्र बना सकते हैं जिन्हें आपने न देखा हो, न सुना हो। तमाम लोगों से जुड़कर आप अपनी एक बड़ी मित्र मंडली बना सकते हैं जिनसे जुड़कर, संवाद कर आपको अच्छा लगे। अपनी भावनाएँ, विचार, गतिविधियाँ मित्रों के साथ साझा करने का यह एक अनूठा माध्यम है। इसके माध्यम से आप फोटो, सन्देश, वीडियो, अन्य लिंक, समाचार, रचनात्मक क्रियाकलाप अर्थात दैनन्दिन जीवन से जुड़ी वे समस्त जानकारियाँ साझा कर सकते हैं जिन्हें आप अपने मित्रों या दुनिया को बताना चाहते हैं। एक खुला मंच होने के कारण यहाँ अच्छे और बुरे दोनों तरह की जानकारियाँ उपलब्ध होती हैं। इसलिए यह सलाह दी जाती है कि सोशल साइट पर आते समय आत्मनियंत्रण में रहें, केवल वही जानकारियाँ देखें- सुनें-ग्रहण करें जो आपके काम की हैं, बेवजह की गन्दी चीजों, अफवाह फैलानेवाली खबरों आदि से दूर रहना चाहिए।

विशेषताएँ

— फेसबुक की एक विशेषता यह है कि यह आपकी पुरानी पोस्ट की हुई यादों को सहेज कर रखता है और गाहे-बगाहे याद भी दिलाता रहता है। आप स्वयं या आपकी मित्रता सूची के सदस्य भी आपकी यादों के साझीदार बन सकते हैं।

— फेसबुक पर आप किसी भी जानकारी को देख-पढ़-सुन सकते हैं। उस पर अपनी प्रतिक्रिया दे सकते हैं।

— समूह में कई लोगों से एक साथ संवाद स्थापित कर सकते हैं। अपनी जानकारियाँ साझा कर सकते हैं। समूह पब्लिक और प्राइवेट दो वर्गों में

बाँटा गया है। पब्लिक में सभी जुड़ सकते हैं, प्राइवेट में केवल वही जुड़ सकते हैं जिन्हें जुड़ने के लिए आमंत्रण (Invite) भेजा गया हो।

— इसके माध्यम से किसी घटनाक्रम, दृश्य को साझा किया जा सकता है। फेसबुक लाइव के माध्यम से आप ऑनलाइन जुड़े सभी लोगों तक पहुँच सकते हैं और किसी भी कार्यक्रम, प्रसंग, अवसर की लाइव कवरेज प्रस्तुत कर सकते हैं।

— 2014 में फेसबुक ने एक ऐसी सुविधा प्रदान की है जिसमें उपभोक्ता अपनी लोकेशन और स्टेटस जोड़ सकता है। साथ ही उस समय की फोटो भी अपलोड कर सकता है जो यादगार के रूप में हमेशा उसके फेसबुक पेज पर सुरक्षित रहती है।

ब्लॉग

यह एक ऐसा सोशल मीडिया प्लेटफॉर्म है जिस पर सूचनाएँ, सन्देश, क्रियाकलाप आदि की जानकारी साझा की जाती है। इसे पोस्ट करनेवाले, लिखनेवाले को 'ब्लॉगर' कहते हैं और इस वेबसाइट को 'ब्लॉग' कहा जाता है। यहाँ कोई भी व्यक्ति अपनी रुचि के आधार पर किसी भी विषय पर लिख सकता है। ब्लॉग दो शब्दों से बना है वेब + लॉग, जिसमें वेब का मतलब है इंटरनेट और लॉग का मतलब है रिकॉर्ड अर्थात वेब रिकॉर्ड या ऑनलाइन रिकॉर्ड। इसका उद्देश्य अपनी बात, सूचना, जानकारी साझा करना है। वैसे तो इसका उपयोग यूजर अपनी जानकारी, गतिविधि आदि के लिए करता है किन्तु यदि इस पर दी जानेवाली जानकारी अधिक लोगों द्वारा पसन्द की जाती है तो ब्लॉगर को इसकी कीमत भी मिलती है। ऑनलाइन व्यवसाय करने का यह एक बढ़िया माध्यम भी है। यह एक ऐसा जरिया है जिस पर सूचनाओं, विचारों का प्रसार कर पैसा कमाया जा सकता है। इस तरह इसे व्यक्तिगत और व्यावसायिक दोनों उद्देश्य से बनाया गया है। इसके लिए आवश्यक है कि ब्लॉगिंग करनेवाले को इंटरनेट चलाना आना चाहिए, कीवर्ड रिसर्च करना आना चाहिए, SEO तकनीक का ज्ञान होना चाहिए। इसके लिए लैपटॉप, स्मार्टफोन इंटरनेट सुविधा के साथ होना जरूरी है। इसके अलावा आपका ब्लॉग गूगल सर्च इंजन में भी उपलब्ध होना चाहिए।

ब्लॉग के प्रकार

ब्लॉग के कई प्रकार होते हैं, जैसे—पर्सनल अर्थात व्यक्तिगत ब्लॉग, व्यावसायिक ब्लॉग, इवेंट ब्लॉग, टॉपिक ब्लॉग, मल्टीटॉपिक ब्लॉग, रिवर्स ब्लॉग, एफिलिएट ब्लॉग आदि।

— व्यक्तिगत (पर्सनल) ब्लॉग में व्यक्ति अपने अनुभव, विचारों को साझा करता है।

— व्यावसायिक ब्लॉग में व्यावसायिक प्रतिष्ठान अपने व्यवसाय-व्यापार, उत्पाद, सेवाओं से सम्बन्धित जानकारियाँ साझा करते हैं। इसे एक तरह से कम्पनी के विज्ञापन का ऑनलाइन तरीका कहा जा सकता है। यहाँ कम्पनी का पूरा पता, सर्विस, उत्पाद की विस्तृत जानकारी दी जाती है।

— इवेंट ब्लॉग किसी खास मौके को ध्यान में रखकर लिखे जाते हैं, जैसे—त्योहारों के अवसर पर या किसी बड़े आयोजन आदि के समय। वैसे, इसका उद्देश्य भी व्यावसायिक ही होता है।

— ब्लॉग किसी एक टॉपिक या मल्टी टॉपिक पर भी आधारित होते हैं। अगर किसी एक टॉपिक जैसे स्वास्थ्य को लेकर ब्लॉग है तो उस पर अधिकतर पोस्ट उसी से सम्बन्धित ही मिलेगी अर्थात इस तरह के ब्लॉग पर विषय केन्द्रित जानकारी साझा की जाती है। अपनी रुचि और आवश्यकता के हिसाब से लोग इस तरह का ब्लॉग बनाते हैं। इंटरटेनमेंट, शिक्षा, राजनीति, खेलकूद आदि किसी भी विषय क्षेत्र से सम्बन्धित ब्लॉग हो सकता है। जब एक से अधिक क्षेत्र की जानकारी ब्लॉग पर उपलब्ध हो तो उसे मल्टी टॉपिक ब्लॉग कहा जाता है। इस प्रकार के ब्लॉग में उपयोगकर्ता अपनी इच्छा के अनुसार कुछ भी पोस्ट कर सकता है।

— रिवर्स ब्लॉक में एक साथ कई लोग जुड़कर काम करते हैं। इसमें गेस्ट पोस्ट को स्वीकार किया जाता है अर्थात यहाँ यह सुविधा होती है कि यदि कोई सूचना, विचार, लेख सामग्री रिवर्स ब्लॉग में पोस्ट करना चाहते हैं तो उसे संचालित करनेवाले से सम्पर्क कर उस सामग्री को ब्लॉग में प्रकाशित करवाया जा सकता है।

— एफिलिएट ब्लॉग पर व्यावसायिक गतिविधियाँ संचालित होती हैं। इस पर कम्पनियाँ अपने सर्विस, उत्पाद आदि की जानकारी प्रकाशित करवाती हैं। इसके लिए वे प्रकाशित करनेवाले ब्लॉगर को कमीशन देती हैं।

ट्विटर

ट्विटर भी फेसबुक की तरह एक सोशल मीडिया (सामाजिक माध्यम) प्लेटफॉर्म है जिस पर उपयोगकर्ता सूचना, सन्देश, विचार, मनोरंजन आदि को प्रकट कर सकता है। अन्य सोशल मीडिया एप्लीकेशन्स की तुलना में यहाँ स्थान की एक निश्चित सीमा होती है। महज 280 शब्दों (कैरेक्टर) में आपको अपनी अभिव्यक्ति की आजादी ट्विटर प्रदान करता है। अर्थात बहुत संक्षेप में यहाँ लिखा जा सकता

है। किन्तु जब एलन मस्क में इसे खरीदा तो उन्होंने इसकी शब्द सीमा को बढ़ाकर 10000 शब्द तक कर दिया अर्थात अब ट्विटर पर लम्बे-चौड़े लेख, निबन्ध आदि तक लिखे जा सकते हैं। इसकी एक बड़ी विशेषता यह होती है कि इसे कोई भी देख सकता है क्योंकि आमतौर पर यह पब्लिक प्रोफाइल होता है। इसे 'माइक्रोब्लॉगिंग साइट' भी कहा कहा जाता है। ट्विटर पर किसी के विचार, सन्देश को पढ़ने, देखनेवाला अनुयायी (फॉलोवर) कहलाता है। प्रायः फालोवर ट्वीट करनेवाले के विचारों, भावों, सूचनाओं पर अपनी प्रतिक्रिया व्यक्त करता है। इस तरह यह लोगों के बीच संवाद और संचार का एक प्रभावी, सरल और त्वरित माध्यम है, जो इंटरनेट की सहायता से पूरी दुनिया में सूचना-संचार को 'लोकल' से 'ग्लोबल' बनाता है।

ट्विटर का आविष्कार जैक डोरजे, नोह ग्लास, बिज स्टोन और एवन विलियम्स ने मार्च 2006 में किया था। कहा जाता है कि मूलतः यह आइडिया जैक डोरजे का था, जो लोगों के बीच आपसी संवाद का एक ऐसा सेतु बनाना चाहता था जहाँ लोग जीवन और जगत से जुड़े किसी भी पक्ष पर अपनी राय, जानकारी साझा कर सकें। पहले इसका नाम 'Twitch' था, जो बाद में ट्विटर (Twitter) हो गया। ऑक्सफोर्ड डिक्शनरी में इसके बारे में बताया गया है—to talk quickly in a high excited voice, especially about something that is not very important अर्थात ट्विटर वह टूल्स है जिस पर विशेष रुप से किसी ऐसी चीज के बारे में बहुत उत्तेजित स्वर में फटाफट बात की जाती है, जो बहुत महत्त्वपूर्ण नहीं होती। एक कोश में ट्विटर के बारे में यह कहा गया है कि 'ट्विटर या चिर्विर एक मुक्त सामाजिक संजाल व सूक्ष्म चिट्ठीकारी सेवा है जो अपने उपयोगकर्ता को अपनी अद्यतन जानकारियाँ जिन्हें ट्विट्स या चिर्विर वाक्य कहते हैं, एक-दूसरे को भेजने और पढ़ने की सुविधा देता है।'

ट्विटर को इन शब्दों में परिभाषित किया जाता है—Short brust of inconsequential information and chirps from birds अर्थात पक्षियों का चहचहाना। इसका मुख्यालय कैलिफोर्निया में स्थित है।

महत्त्वपूर्ण बातें

— 2017 के पूर्व तक ट्विटर पर शब्द सीमा 140 थी, बाद में जिसे बढ़ाकर 280 शब्द कर दिया गया था। 2023 में ट्विटर के नये मालिक एलन मस्क ने इसकी सीमा बढ़ाकर 10000 शब्द कर दिया है।

— यहाँ रिट्वीट (Retweet) अथवा दूसरे के विचारों को ट्वीट करने की छूट होती है।

— ट्विटर हैंडल मतलब उपयोगकर्ता का नाम। उपयोगकर्ता अपनी आईडी के जरिये ट्वीट करता है।

— हैशटैग (Hastag) एक ऐसा खोजी सांकेतिक चिह्न (#) होता है जिसकी मदद से उपयोगकर्ता किसी भी विषय से सम्बन्धित ट्वीट को ढूँढ़ सकता है, हैशटैग पर क्लिक करके सभी ट्विट्स को एक साथ देख सकता है, ऐसे लोगों के ट्वीट को भी जिन्हें वह फॉलो नहीं करता है। हैशटैग का प्रयोग ट्वीट में किसी विषय को रेखांकित (Specify) करने के लिए किया जाता है।

8

विज्ञापन कला

विज्ञापन : अर्थ व परिभाषा

विज्ञापन जनसम्पर्क का एक प्रभावी माध्यम है। अंग्रेजी में इसे 'एडवरटाइजमेंट' शब्द से जाना जाता है जिसका कोशीय अर्थ है—'To make something generally or publically known.' अर्थात किसी वस्तु के बारे में जानकारी देना। सामान्यत: इसका सम्बन्ध व्यवसाय से है। व्यापारिक दृष्टि से उत्पादों के विक्रय के लिए विज्ञापन का सहारा लिया जाता है। विज्ञापन से न सिर्फ नये उत्पादों को बाजार मिलता है बल्कि वर्षों से प्रचलित उत्पादों के बाजार में इजाफा भी होता है। इसलिए व्यवसाय प्रबन्धन में विज्ञापन का महत्त्वपूर्ण स्थान माना जाता है।

विज्ञापन वास्तव में विक्रय कला का एक अनिवार्य घटक है। उत्पादों के 'विशिष्ट विक्रय विचारों' (Unique selling proposition) को व्यापक प्रचार-प्रसार के द्वारा ही जनसामान्य तक पहुँचाया जा सकता है। इसे विद्वानों ने अपने-अपने ढंग से परिभाषित किया है। सी.एल. बोसिंग के अनुसार, "विज्ञापन को वस्तु या सेवा की माँग उत्पन्न करने की कला कह सकते हैं।" जबकि श्री दंगल झाल्टे के मतानुसार, "विज्ञापन जनसम्पर्क का ऐसा शक्तिशाली साधन है जिसके माध्यम से उत्पादित वस्तु के बारे में प्रभावी सूचना द्वारा उपभोक्ता के मन में विश्वास पैदा कर उसके क्रय हेतु उन्हें व्यापक पैमाने पर प्रेरित किया जाता है।" एक अन्य परिभाषा जिसे 1932 में 'एडवरटाइजिंग' नामक पत्रिका ने श्रेष्ठ करार दिया था, उसके अनुसार "किसी विचार, सेवा या वस्तु के सम्बन्ध में इस प्रकार से सूचनाएँ फैलाना ही विज्ञापन है जो विज्ञापक की इच्छा के अनुसार काम करने के लिए प्रेरित करे।" जबकि डॉ. चुनावाला के अनुसार, "An advertisement is a form of persuasive communication with the public."

उपरोक्त परिभाषाओं के आधार पर निष्कर्षत: यह कहा जा सकता है कि विज्ञापन एक ऐसी कला है जिसके द्वारा वस्तुओं या सेवाओं की उपयोगिता से लोगों को परिचित कराकर उन्हें उस वस्तु या सेवा का उपयोग करने के लिए प्रेरित

किया जाता है। इस प्रकार व्यापार-व्यवसाय की दृष्टि से जनसम्पर्क का यह एक प्रभावी माध्यम है।

विज्ञापन के प्रकार

बाजार की माँग, उद्देश्य और प्रकृति के अनुरूप विज्ञापन का विभाजन किया जाता है। वस्तुओं, सेवाओं आदि में गुणात्मक परिवर्तन हमेशा आता रहता है, उसे आमजन तक पहुँचाने में विज्ञापन महत्त्वपूर्ण भूमिका निभाते हैं। मोटे तौर पर विज्ञापन को इस प्रकार वर्गीकृत किया जा सकता है :

1. उत्पाद या वस्तुओं के विज्ञापन (Product Advertisement)
2. सेवाओं के विज्ञापन (Service Advertisement)
3. सांस्थानिक विज्ञापन (Institutional Advertisement)
4. वित्तीय विज्ञापन (Financial Advertisement)
5. लोक सेवा सम्बन्धी विज्ञापन (Public Relation Advertisement)

वस्तुओं के विज्ञापन (Product Advertisement)

वस्तुओं के विज्ञापन से तात्पर्य है—वस्तुओं की बिक्री बढ़ानेवाले विज्ञापन। इस विज्ञापन में वस्तु के गुण, मूल्य आदि की जानकारी देते हुए उपभोक्ता को इन्हें खरीदने हेतु प्रेरित और आकर्षित किया जाता है। इस प्रकार के विज्ञापन वस्तुओं से आमजन का परिचय तो कराते ही हैं, आमजन को इस हेतु प्रेरित भी करते हैं कि वह इसे अपने जीवन का अंग बनाए। ये विज्ञापन इस प्रकार प्रदर्शित किए जाते हैं, जैसे—वे जीवन के अभिन्न अंग हों।

किसी भी वस्तु की बिक्री निर्भर करती है प्रथमत: उसके प्रचार पर। वस्तु का प्रचार जितना अधिक होगा, उतने ही अधिक लोग उससे परिचित होंगे और फिर उतनी ही सम्भावना उसके विक्रय की बनेगी। इसीलिए व्यवसाय में विज्ञापन का महत्त्वपूर्ण स्थान होता है। बाजार में किसी वस्तु की पहचान या साख बनाने के लिए और इस प्रकार बिक्री को बढ़ावा देने के लिए उस वस्तु या ब्रांड के बारे में जानकारी दी जाती है। लोगों को आकर्षित करने के लिए वस्तुओं के विज्ञापन की एक सुनियोजित प्रक्रिया अपनाई जाती है जिसमें वस्तु की गुणवत्ता, उसकी आकर्षक और वस्तु अनुरूप टिकाऊ पैकेजिंग, ट्रेडमार्क आदि शामिल होते हैं। बाजार की प्रतिस्पर्धा में टिकने के लिए विज्ञापनकर्ता अपने उत्पाद की अन्य उत्पादों से विशिष्टता पर भी जोर देता है। उदाहरण के लिए विभिन्न प्रकार के 'साबुनों' का विज्ञापन देखा जा सकता है। किसी विज्ञापन में इसे 'सुन्दरता का राज' बताया जाता है तो किसी में 'दिन-भर तरोताजा रखने का माध्यम' और किसी में 'तन्दुरूस्ती का राज'।

बाजार में वस्तु की भागीदारी सुनिश्चित करने के लिए चरणबद्ध तरीके से विज्ञापन किया जाता है। सामान्यत: वस्तुओं के विज्ञापन के निम्न दो चरण होते हैं :

1. सूचनाप्रद विज्ञापन (Informative Advertisement)
2. अनुनेय विज्ञापन (Persuasive Advertisement)

1. सूचनाप्रद विज्ञापन

सूचनाप्रद विज्ञापन, विज्ञापन का प्रारम्भिक स्तर होता है। सूचना-संचार के द्वारा ही नये उत्पादों से लोगों को परिचित कराया जाता है। इस प्रकार के विज्ञापन का लक्ष्य लोगों को उत्पाद विशेष के प्रति जागरूक बनाना तथा उन्हें उस वस्तु को अपनाने के लिए प्रेरित और उत्साहित करना होता है। जैसे टेलीविजन, मोटरकार, वाशिंग मशीन आदि के विज्ञापन।

2. अनुनेय विज्ञापन

इस प्रकार के विज्ञापन के द्वारा लोगों को उत्पाद विशेष के गुण और मूल्य से परिचित कराना और उन्हें उसको क्रय करने के लिए उत्प्रेरित करना होता है।

वस्तु की प्रकृति के आधार पर वस्तुओं के विज्ञापन को दो भागों में वर्गीकृत किया जाता है :

1. दैनन्दिन उपयोग की वस्तु (Advertisement of Consumer Products)
2. औद्योगिक उत्पाद (Advertisement of Industrial Products)

वस्तु, उत्पाद या सेवा की प्रकृति के आधार पर विज्ञापन के भेद किए जा सकते हैं। कुछ प्रमुख प्रकार निम्नानुसार हैं—

सेवाओं के विज्ञापन (Service Advertisement)

सेवाओं के विज्ञापन से तात्पर्य है किसी व्यापार विशेष के क्षेत्र में प्रदान की जानेवाली सुविधाओं अथवा सुविधाजनक सेवा से। उदाहरण के लिए बैंकिंग सेवा और तकनीकी क्षेत्र या ऑटोमोबाइल आदि की सेवाओं को लिया जा सकता है। इस प्रकार के विज्ञापन का लक्ष्य अपनी त्वरित और सुविधाजनक, सन्तोषजनक सेवा का विज्ञापन कर बाजार में अपनी बिक्री बढ़ाना होता है। इस प्रकार के विज्ञापन में किसी कम्पनी विशेष या कार्यक्षेत्र विशेष में कार्यरत फर्म की सेवाओं का उल्लेख होता है। आज के मशीनी-युग में जहाँ आदमी के पास समय की कमी है, समय पैसे से अधिक मूल्यवान होता जा रहा है, वहाँ अच्छी सेवा की माँग दिन-प्रतिदिन बढ़ती जा रही है। डोर-टू-डोर सर्विस, त्वरित सेवा, टेलीफोनिक सेवा, सुपर बाजार की ऑल-इन-वन सेवाएँ, बैंकिंग क्षेत्र की ए.टी.एम. कार्ड, डिबेंचर कार्ड जैसी सेवाएँ आदि के विज्ञापन इसके अन्तर्गत आते हैं।

बाजार में जिस प्रकार प्रतिस्पर्धा बढ़ती जा रही है, लांड्री से लेकर एयरलाइंस तक के क्षेत्र में जिस प्रकार पूँजी निवेश हो रहा है, उसी अनुपात में सेवाओं पर भी ध्यान दिया जाने लगा है। अच्छी सेवा देने के बावजूद विज्ञापन के अभाव में बाजार में अच्छे ग्रुप अपनी जगह नहीं बना पाते। इसीलिए इन दिनों चाहें लांड्री हो या हेयर कटिंग सैलून अथवा ब्यूटी पार्लर या दवाई, किराने तथा मोटर-गाड़ी सुधारने के केन्द्र, सभी विभिन्न विज्ञापन माध्यमों के जरिये उत्तम सेवा का आश्वासन देते हैं, वादा करते हैं। इस प्रकार के विज्ञापनों में सिर्फ त्वरित सर्विस की गारंटी नहीं दी जाती बल्कि बाजार की प्रतिस्पर्धा को देखते हुए प्रतिस्पर्धी मूल्य भी विज्ञापित किए जाते हैं। इतना ही नहीं, उस क्षेत्र की अन्य संस्थाओं के मुकाबले उचित मूल्य और बेहतर सेवा का वादा भी किया जाता है। एयरलाइंस की सेवाओं के विज्ञापन बैंकिंग सेक्टर के विज्ञापन तथा होटल्स आदि के विज्ञापनों में विशेषतः इस पर जोर दिया जाता है। 'A home away from home' और 'All time money' जैसी सेवाएँ सेवा संस्थान का मार्केट बनाने में सहायक होती हैं।

सांस्थानिक विज्ञापन (Institutional Advertisement)

इस प्रकार के विज्ञापनों का लक्ष्य वस्तु या सेवा की बजाय कम्पनी अथवा फर्म की प्रतिष्ठा बढ़ाना और उसके पक्ष में जनसामान्य का सकारात्मक दृष्टिकोण बनाना होता है।

इन विज्ञापनों के द्वारा कम्पनी अपनी विशिष्ट सेवाओं का उल्लेख करती है। जनसेवा को अपनी परम्परा बताते हुए अपनी सामाजिक, सांस्कृतिक, राष्ट्रीय जिम्मेदारियों, अपनी नीतियों और गतिविधियों का हवाला देकर ग्राहकों को अपनी ओर आकर्षित करती है। इस प्रकार के विज्ञापन के जरिये संस्थान लोगों में अपने प्रति जागरूकता बढ़ाते हैं। ये विज्ञापन स्टॉकधारकों, कर्मचारियों और सरकार को सम्बोधित होते हैं। इस प्रकार के विज्ञापन के माध्यम से कम्पनी अप्रत्यक्ष रूप से अपने उत्पादों की बिक्री को बढ़ावा देती है।

सांस्थानिक विज्ञापन के प्रमुख उद्देश्य निम्न हैं—

1. कम्पनी के बारे में जानकारी देने के लिए।
2. कम्पनी के उत्पादों, सेवाओं की जानकारी देने के लिए।
3. कम्पनी या फर्म की उल्लेखनीय उपलब्धियों के प्रसार के लिए।
4. सामाजिक-सांस्कृतिक प्रतिबद्धता दर्शाने के लिए।
5. देश के आर्थिक विकास में कम्पनी की भूमिका का उल्लेख करने के लिए।

वित्तीय विज्ञापन (Financial Advertisement)

वित्तीय विज्ञापन का प्रचलन उदारीकरण के दौर में अधिक बढ़ा है। बैंक, जीवन बीमा, सहकारी संस्थाएँ, बड़े-बड़े औद्योगिक प्रतिष्ठान सभी अपनी सेवाओं और

उत्पादों के अलावा लोगों को विनिवेश के लिए भी प्रोत्साहित करते हैं। सभी बड़ी कम्पनियां, फर्में अपने शेयर अथवा डिबेंचर आदि जारी कर लोगों की अधिक-से-अधिक पूँजी अपने संस्थान में लगाने का प्रयास कर रही हैं।

पूँजी बाजार में वित्तीय समर्थन पाने के लिए ये कम्पनियाँ अपनी उपलब्धियों, सेवाओं और आय-व्यय का लेखा-जोखा विज्ञापित कर लोगों को पूँजी निवेश के लिए प्रोत्साहित करती है। रिलायंस पेट्रोकेमिकल्स का 'खजाना', मैंग्लोर रिफाइनरी का 'पेट्रो गोल्ड' आदि इसी प्रकार के विज्ञापन हैं।

वित्तीय विज्ञापन अपेक्षाकृत लम्बे होते हैं। इनमें निम्न बिन्दुओं को शामिल किया जाता है :

— परियोजना के प्रमुख बिन्दु
— इश्यू की पर्याप्त जानकारी
— शेयर बाजार मूल्य/दर
— निवेशकों को सुरक्षित पूँजी निवेश की गारंटी
— कम्पनी और उसका पता आदि।

सामान्यतः ये विज्ञापन दैनिक समाचार-पत्रों और आर्थिक समाचार-पत्र, पत्रिकाओं में दिए जाते हैं। इन विज्ञापनों में अकल्पनीय वादे न किए जाएँ और पूँजी-निवेश सुरक्षित हो, इसके लिए भारत सरकार ने प्रतिभूति और विनिमय बोर्ड (SEBI) का गठन किया है। बोर्ड के दिशा-निर्देशों के अनुसार ही वित्तीय विज्ञापन दिए जाते हैं।

लोक सेवा सम्बन्धी विज्ञापन (Public Relation Advertisement)

लोक सेवा सम्बन्धी विज्ञापन में विज्ञापनदाता और विज्ञापनकर्ता का लक्ष्य व्यावसायिक कम, सामाजिक अधिक होता है। इस प्रकार के विज्ञापनों में व्यापारिक संस्थाएँ अथवा सरकारें जन सामान्य के प्रति अपनी जिम्मेदारियों का प्रचार कर देश के विकास में सामाजिक स्तर पर योगदान देती हैं। इस प्रकार के विज्ञापनों का मुख्य लक्ष्य जन सामान्य में जागरूकता लाना होता है। जैसे जन-स्वास्थ्य, साक्षरता, कैंसर रोग का उपचार, नेत्रहीन के लिए आँख दान करना, परिवार नियोजन को बढ़ावा देना, पर्यावरण-विकास में योगदान, अनाथों के लिए आवास, वृद्धों के लिए दान आदि योजनाओं का विज्ञापन सरकारी-गैरसरकारी संस्थाएँ करती हैं।

ये विज्ञापन पाठक/श्रोता को समाज और राष्ट्र के प्रति दायित्व का बोध कराते हैं, उसे अच्छा नागरिक बनने के लिए प्रेरित करते हैं। हमारे सामाजिक और राष्ट्रीय दायित्वों का बोध कराकर ये विज्ञापन देश के उन्नयन में महत्त्वपूर्ण भूमिका निभाते हैं।

विज्ञापन के माध्यम

विज्ञापन का प्रचार-प्रसार जिन माध्यमों के द्वारा किया जाता है उन्हें विज्ञापन के माध्यम कहते हैं। पत्र-पत्रिकाएँ, रेडियो, दूरदर्शन, सिनेमा, पोस्टर, होर्डिंग्स, मोबाइल आदि का विज्ञापन के विभिन्न माध्यमों के रूप में प्रयोग किया जाता है। विज्ञापन के इन विभिन्न माध्यमों को इस प्रकार वर्गीकृत किया जाता है—

1. प्रिंट मीडिया (Print Media)
2. इलेक्ट्रॉनिक मीडिया (Electronic Media)
3. बाह्य माध्यम (Outdoor Media)

प्रिंट मीडिया (Print Media)

प्रिंट मीडिया से तात्पर्य प्रेस माध्यम से है। समाचार-पत्र, पत्रिकाएँ इसके प्रमुख अंग हैं। भारत ही नहीं, दुनिया में प्रेस माध्यम विज्ञापन का एक सर्वाधिक सशक्त माध्यम माना जाता है क्योंकि इस दुनिया की अधिकतर आबादी अखबार अवश्य पढ़ती है। जैसे-जैसे साक्षरता बढ़ती जा रही है वैसे-वैसे समाचार-पत्रों की संख्या बढ़ती जा रही है। भारत में 1981 की जनगणना के मुताबिक 36.2 प्रतिशत लोग साक्षर थे, जबकि आज यह आँकड़ा सत्तर प्रतिशत पार कर चुका है।

प्रेस विज्ञापन का अत्यन्त प्रभावी और सर्वजन सुलभ माध्यम है, इसलिए इसे विज्ञापन का सबसे अधिक प्रचलित, लोकप्रिय एवं महत्त्वपूर्ण साधन माना जाता है। इसका प्रसार राष्ट्रीय ही नहीं, अन्तरराष्ट्रीय स्तर तक होता है। समाचार-पत्रों में प्रकाशित विज्ञापनों को उनकी प्रकृति के अनुसार तीन रूपों में विभाजित किया जाता है :

— राष्ट्रीय विज्ञापन (National Advertisement)
— वर्गीकृत विज्ञापन (Classified Advertisement)
— समाचार विज्ञापन (News Advertisement)

समाचार-पत्र : समाचार-पत्र प्रिंट मीडिया का सबसे बड़ा घटक है। समाचार-पत्रों में प्रायः सभी तरह के विज्ञापन दिए जाते हैं। समाचार-पत्रों के विज्ञापन सस्ते और सर्वजन सुलभ होते हैं।

लाभ

1. समाचार-पत्रों की प्रसारण क्षमता, किन्हीं अन्य माध्यमों की अपेक्षा अधिक होती है। समाचार-पत्र हमारे दैनन्दिन जीवन के अंग बन गए हैं। रोज सुबह चाय के साथ अखबार से ही शुरू होती है। अतः इसमें प्रकाशित विज्ञापन आसानी से जनसामान्य तक पहुँच जाते हैं। इस प्रकार सन्देश अधिक-से-अधिक लोगों तक आसानी से पहुँच जाता है।

2. समाचार-पत्रों में प्रकाशित विज्ञापनों की लागत कम आती है।
3. समाचार-पत्रों में विज्ञापन अन्य माध्यमों की अपेक्षा आसानी से तुरन्त छप जाता है और एक ही विज्ञापन को बार-बार प्रकाशित करने की सुविधा होती है।
4. समाचार-पत्रों के विशेषांकों में प्रकाशित करने की सुविधा होती है।

हानि

समाचार-पत्रों के विज्ञापन के कुछ दोष भी होते हैं यथा—

1. समाचार-पत्रों का पेपर हल्के स्तर का होता है अतः उसमें विज्ञापन आकर्षक रूप में नहीं दिए जा सकते। यद्यपि आजकल रंगीन पृष्ठों पर विज्ञापन खूब आने लगे हैं, परन्तु छपाई सामान्य स्तर की ही होती है।
2. समाचार-पत्र दैनिक होते हैं अतः रोजमर्रा के अंग हो जाते हैं। इसलिए उनके विज्ञापनों पर उतना ध्यान नहीं दिया जाता।
3. अखबार केवल शिक्षित वर्ग तक ही सीमित होते हैं।

पत्रिकाएँ

समाचार-पत्रों की भाँति पत्रिकाएँ भी प्रेस विज्ञापन का एक माध्यम हैं। पत्रिकाओं में दिया जानेवाला विज्ञापन आकर्षक होता है। पत्रिकाओं की गुणवत्ता और प्रकृति तथा पाठक की रुचि के आधार पर इन्हें दो वर्गों में विभाजित किया जाता है—सामान्य पत्रिकाएँ और विशिष्ट पत्रिकाएँ। सामान्य पत्रिकाओं से तात्पर्य जनसामान्य द्वारा पढ़े जाने से है। ये पत्रिकाएँ सामान्य विषयों पर केन्द्रित होती हैं, जैसे—इंडिया टुडे, आउटलुक, साप्ताहिक हिन्दुस्तान आदि।

जबकि विशिष्ट पत्रिकाएँ वे होती हैं जिनका एक विशेष पाठक वर्ग होता है, जैसे—महिला, बच्चे, साहित्यकार, वैज्ञानिक, व्यापारी आदि। यह विशिष्ट वर्ग अपने क्षेत्र से सम्बन्धित पत्रिकाओं में अधिक रुचि लेता है। औरतों की पत्रिकाएँ, बच्चों की पत्रिकाएँ, व्यापार से सम्बन्धित पत्रिकाएँ, साहित्यिक पत्रिकाएँ, फिल्मी पत्रिकाएँ आदि अपना एक विशेष पाठक वर्ग रखती हैं। अतः इस वर्ग विशेष को प्रभावित करने के लिए इनमें विज्ञापन देना अधिक उपयुक्त माना जाता है। उदाहरण के लिए घर-गृहस्थी और सौन्दर्य प्रसाधन से सम्बन्धित विज्ञापन अधिकतर औरतों की पत्रिकाओं में दिए जाते हैं, व्यापारिक प्रतिष्ठानों, सामानों से सम्बन्धित विज्ञापन व्यापारिक पत्रिकाओं में दिए जाते हैं।

पत्रिकाओं में विज्ञापन प्रकाशित करने के कुछ लाभ हैं तो कुछ दोष भी हैं यथा—

लाभ

1. समाचार-पत्रों की तुलना में पत्रिकाएँ अधिक लोगों द्वारा पढ़ी जाती हैं। इसलिए इनके माध्यम से एक बहुत बड़े वर्ग तक आसानी से सन्देश पहुँचाया जा सकता है।
2. पत्रिकाएँ लम्बे समय तक घरों, कार्यालयों और पुस्तकालयों में रहती हैं।
3. पत्रिकाएँ राष्ट्रीय-अन्तरराष्ट्रीय स्तर की होती हैं, अतः उनके द्वारा प्रचार ज्यादा प्रभावी होता है।
4. पत्रिकाओं में विज्ञापन देने का सबसे बड़ा लाभ यह है कि पाठक की प्रकृति के अनुकूल उसका चयन किया जा सकता है, उसकी रुचि के अनुकूल बनाया जा सकता है।

दोष

1. पत्रिकाएँ अपेक्षाकृत महँगी होती हैं।
2. पत्रिकाओं के प्रकाशन की एक निश्चित समयावधि होती है। इसीलिए विज्ञापन एक निश्चित समय पर ही प्रकाशित होते हैं।
3. पत्रों की भाँति पत्रिकाओं का पाठक भी शिक्षित वर्ग ही होता है।
4. पत्रिकाओं में दिए जानेवाले विज्ञापनों को जब चाहे बदलना सम्भव नहीं होता।

इलेक्ट्रॉनिक मीडिया (Electronic Media)

इलेक्ट्रॉनिक मीडिया विज्ञापन का एक सशक्त माध्यम है। इलेक्ट्रॉनिक मीडिया के अन्तर्गत आकाशवाणी, दूरदर्शन, मल्टीमीडिया, वीडियो, सिनेमा, मोबाइल आदि आते हैं। इस माध्यम की पहुँच आज लगभग पूरे देश में है। टी.वी. और रेडियो वहाँ तक भी पहुँच रहे हैं जहाँ तक कि प्रिंट मीडिया नहीं पहुँच पा रहा है। इसमें भी सूचना क्रान्ति के नये दूत मोबाइल ने तो पूरी दुनिया को मुट्ठी में समेट लिया है। एक स्पर्श और क्लिक मात्र से देश/दुनिया की अद्यतन जानकारी मोबाइल पर उपलब्ध है। इलेक्ट्रॉनिक मीडिया के प्रमुख अंग और नफे-नुकसान निम्न हैं—

रेडियो

रेडियो प्रसारण का एक जनसुलभ माध्यम है। इसकी पहुँच दूर-दराज के गाँवों तक है। भारत सरकार ने लगभग पूरे देश में आकाशवाणी केन्द्र स्थापित किए हैं। रेडियो के माध्यम से दिए जानेवाले विज्ञापन अधिक प्रभावी माने जाते हैं। रेडियो पर विज्ञापन कार्यक्रमों के बीच-बीच में भी दिए जाते हैं और प्रायोजित कार्यक्रम के जरिये भी। प्रायोजित कार्यक्रम से तात्पर्य यह है कि कई कार्यक्रम उत्पादक वर्ग द्वारा प्रायोजित

किए जाते हैं, इनका लक्ष्य उस कार्यक्रम के प्रसारण के साथ अपने उत्पाद का विज्ञापन करना होता है। जैसे एच.एम.वी. के सितारे, बीनाका गीतमाला, रेडियो मिर्ची आदि।

अपने देश में रेडियो से विज्ञापन की शुरुआत 1967 में हुई। दूरदर्शन और चैनलों की भरमार के बावजूद रेडियो आज भी एक लोकप्रिय माध्यम बना हुआ है। रेडियो से विज्ञापन के लाभ-हानि इस प्रकार हैं—

लाभ

1. रेडियो में स्थानीय और राष्ट्रीय दोनों स्तर पर कार्यक्रम प्रसारित किए जाते हैं। अतः विज्ञापन की प्रकृति और माँग के अनुसार स्थानीय या राष्ट्रीय स्तर पर प्रसारित किया जा सकता है।
2. रेडियो से विज्ञापन में यह सुविधा है कि कुछ अन्तराल के बाद विज्ञापन का बार-बार प्रसारण किया जा सकता है।
3. रेडियो से प्रसारित किए जानेवाले विज्ञापनों को इस प्रकार रोचक बनाया जाता है कि श्रोता को नीरसता का अहसास ही नहीं होता।
4. रेडियो विज्ञापन की महत्त्वपूर्ण विशेषता यह है कि वह बुद्धू बक्से की तरह नहीं होता। रेडियो से विज्ञापन सुनते समय हमारा मनमानस स्वतंत्र होता है।

हानि

1. रेडियो से विज्ञापन का समय निर्धारित होता है जो कि बहुत ही कम होता है।
2. रेडियो विज्ञापन, प्रसार भारती बोर्ड के अधीन होते हैं अर्थात उनका चयन और समय वही निर्धारित करती है।
3. विविध भारती के विज्ञापन अधिक लोकप्रिय होते हैं, लेकिन इसका क्षेत्र सीमित होता है। दूसरे विविध भारती के बहुत कम कार्यक्रम क्षेत्रीय भाषाओं में प्रसारित किए जाते हैं, इसलिए स्थानीय लोग इससे प्रभावित होते हैं।
4. रेडियो एक श्रव्य माध्यम है, अतः यह जरूरी होता है कि विज्ञापन बार-बार प्रसारित किया जाता रहे, नहीं तो श्रोता भूल जाएँगे।

टेलीविजन (दूरदर्शन)

टेलीविजन दृश्य-श्रव्य माध्यम है। दृश्य और श्रव्य दोनों की वजह से यह मनोरंजन ही नहीं, ज्ञानार्जन का भी एक अच्छा साधन माना जाता है। यह विज्ञापन का एक जनसुलभ माध्यम है। टेलीविजन से प्रसारित किया जानेवाला विज्ञापन अधिक प्रभावी होता है क्योंकि इसमें दर्शक को विज्ञापित वस्तु के उपयोग की भी जानकारी दी जाती है। साथ ही उसके सुखद परिणामों को भी तत्काल दर्शाया जाता है।

दूरदर्शन से विज्ञापन के कई लाभ हैं, तो कुछ दोष भी हैं, जो इस प्रकार हैं—

लाभ

1. टेलीविजन विज्ञापन सर्वाधिक सशक्त माध्यम माना जाता है, क्योंकि टेलीविजन देखनेवालों की संख्या सर्वाधिक है।
2. टेलीविजन के माध्यम से शिक्षित-अशिक्षित, अमीर-ग़रीब सभी वर्गों तक सन्देश पहुँचाया जा सकता है।
3. टेलीविजन पर विज्ञापन प्रायोजित कार्यक्रमों के साथ काफी पसन्द किए जाते हैं।
4. इसमें चलचित्र विज्ञापनों को भी दिखाया जा सकता है।

हानियाँ

1. टेलीविजन विज्ञापन की सबसे बड़ी समस्या है इसकी कीमत। टेलीविजन विज्ञापन देना बहुत महँगा होता है।
2. व्यावसायिक विज्ञापनों को देखना श्रोता पसन्द नहीं करते क्योंकि उसे देख-देख कर वे उबने लगते हैं।
3. इसमें प्रसारित होनेवाले विज्ञापन सूचना एवं प्रसारण मंत्रालय के द्वारा तय किए जाते हैं और उसके लिए महीनों पहले समय निर्धारित करवाना पड़ता है।
4. दूरदर्शन से प्रसारित होनेवाले विज्ञापन दर्शक को कुछ सोचने का मौका नहीं देते, एक के बाद एक उनका अविरल क्रम चलता रहता है।

फिल्म (सिनेमा)

फिल्म भी एक जनसुलभ माध्यम माना जाता है। फिल्म दिखाने की व्यवस्था आजकल गाँवों तक हो चुकी है। सिनेमाघर छोटे-छोटे स्थानों पर भी खुल गए हैं। सिनेमा में विज्ञापन दो तरह से दिया जाता है एक शुरू में अथवा ब्रेक में रंगीन स्लाइडों द्वारा और दूसरा छोटी फिल्मों द्वारा। छोटी फिल्मों द्वारा विज्ञापन देना महँगा, किन्तु अधिक प्रभावकारी होता है। इसमें विज्ञापित वस्तु के गुण, उपयोग आदि को रोचक तरीके से प्रदर्शित किया जाता है। सिनेमा के विस्तार और इसके प्रति लोगों के आकर्षण के कारण यह माध्यम आज प्रभावकारी माना जाता है।

लाभ

1. सिनेमा से विज्ञापन अधिक लाभदायक इसलिए होता है क्योंकि सिनेमा के दर्शक पूरी रुचि के साथ कार्यक्रम देखते हैं।
2. फिल्मों के द्वारा शिक्षित-अशिक्षित, ग्रामीण-शहरी सभी को सम्प्रेषित किया जा सकता है।

3. सिनेमा से विज्ञापन करना अपेक्षाकृत सस्ता भी पड़ता है।
4. सिनेमा का दर्शक मनोरंजन के लिए सिनेमाघर जाता है, अत: उस समय उसके पास विज्ञापन देखने का भी समय होता है।

हानि

1. विज्ञापन अधिक लम्बे होने पर दर्शक उबने लगते हैं।
2. विज्ञापन की फिल्में एक साथ कई-कई बार प्रदर्शित की जाती हैं, इससे किसी एक के बारे में दर्शक को ध्यान देने का मौका नहीं मिलता, इसलिए इसका क्षणिक प्रभाव पड़ता है।
3. फिल्मों के बीच दर्शक विज्ञापन पसन्द नहीं करते।

न्यू मीडिया

न्यू मीडिया अर्थात मोबइल, टेब, कम्प्यूटर आदि पर विद्यमान सोशल मीडिया (सामाजिक माध्यम) के विविध रूपों को विज्ञापन का एक सशक्त और सर्वसुलभ माध्यम माना जाता है। सूचना क्रान्ति का वाहक न्यू मीडिया आज हर हाथ में मौजूद है। इसके उपभोक्ता अपनी रुचि और प्रकृति के अनुसार प्रतिदिन लगभग पाँच-छह घंटे स्क्रीन पर मौजूद रहते हैं जो विभिन्न आयु, वर्ग के होते हैं। इस पर विज्ञापन स्लाइड्स बनाकर, छोटी-छोटी वीडियो क्लिपिंग द्वारा बड़े ही प्रभावी रूप से दिया जा सकता है। जनसुलभ माध्यम होने के नाते आज इस पर बहुत बल दिया जा रहा है। इसका एक कारण यह भी है कि यहाँ कम लागत में प्रभावी और परिवर्तनशील, जिसमें कभी भी संशोधन किया जा सकता है, विज्ञापन आसानी से दिया जा सकता है।

बाह्य माध्यम (Outdoor Media)

बाह्य माध्यम भी विज्ञापन का एक महत्त्वपूर्ण आयाम है। बाह्य माध्यम से किए जानेवाले विज्ञापन का उद्देश्य उपभोक्ताओं से प्रत्यक्ष सम्बन्ध बनाना होता है। बाह्य माध्यम जैसा कि नाम से स्पष्ट ज्ञात होता है विज्ञापन का ऐसा माध्यम है जो खुले स्थानों यथा सड़कों, पार्कों, मैदानों आदि के किनारे किया जाता है। बाह्य माध्यम से विज्ञापन करने के अनेक तरीके होते हैं, जैसे—पोस्टर, होर्डिंग्स, आकाशीय विज्ञापन, बैनर्स, स्टीकर्स आदि। इनके अलावा रेलों और बसों का प्रयोग भी इसके लिए होता है। क्योंकि ये आवागमन के सर्वाधिक जनसुलभ लोकप्रिय माध्यम हैं।

विज्ञापन का यह एक अति प्राचीन माध्यम है। ऐसा माना जाता है कि जब मुद्रण कला का विकास नहीं हुआ था और विज्ञापन के आधुनिक साधन भी उपलब्ध नहीं थे, तभी से इंग्लैंड आदि विकसित देशों में घर के बाहर बोर्ड लगाने की प्रथा प्रचलित थी। वहाँ के व्यवसायी घर के बाहर अथवा दुकान के बाहर बोर्ड लगाकर

अपने व्यापार का प्रचार करते थे। चूँकि ये विज्ञापन घर के बाहर प्रदर्शित किए जाते थे इसलिए इन्हें 'आउटडोर' विज्ञापन कहा जाने लगा।

प्रमुख बाह्य माध्यमों का संक्षिप्त परिचय निम्न है—

पोस्टर

पोस्टर बाह्य माध्यम का सर्वाधिक प्रचलित तरीका है। पोस्टर कागज पर छपे हुए विज्ञापन होते हैं जिन्हें दीवारों, रेलों, बसों आदि पर चिपकाया जाता है। भारत में फिल्मों के विज्ञापन में इनका अधिक इस्तेमाल होता है। इनके निर्माण और प्रदर्शन में यह ध्यान रखना होता है कि ये आकर्षक रंगों और बड़े अक्षरों में छपे होने चाहिएँ तथा इनका प्रदर्शन सार्वजनिक स्थानों पर होना चाहिए।

पोस्टर माध्यम से किया जानेवाला विज्ञापन अधिक प्रभावी और लाभदायक होता है क्योंकि यह सार्वजनिक स्थानों पर किया जाता है और इसकी लागत बहुत कम आती है। सार्वजनिक स्थानों पर होने के कारण इनका सन्देश आसानी से सभी वर्ग के लोगों तक पहुँच जाता है परन्तु इस माध्यम के साथ मुश्किल यह होती है कि यह स्थायी नहीं होता। हवा, पानी आदि से क्षतिग्रस्त हो जाता है। दूसरे इसका प्रदर्शन सीमित क्षेत्र में ही किया जा सकता है।

होर्डिंग्स

होर्डिंग्स एक आकर्षक माध्यम होता है। प्रमुख चौराहों, रेलवे स्टेशनों आदि के पास होर्डिंग्स लगाए जाते हैं। ये काफी बड़े-बड़े बोर्ड होते हैं, जिन पर मोटे-मोटे अक्षरों में आकर्षक ढंग से विज्ञापन लिखा होता है, साथ ही चित्र आदि भी बने होते हैं।

इस प्रकार का विज्ञापन सार्वजनिक स्थानों पर लगाया जाता है, इसलिए अधिक-से-अधिक लोगों की दृष्टि इस पर पड़ती है। इसकी बनावट आकर्षक होती है। यह बहुत खर्चीला भी नहीं होता है। खुले स्थानों पर लगे होने के कारण हवा, पानी आदि से यह जल्दी क्षतिग्रस्त हो जाता है और इसे एक सीमित क्षेत्र में ही लगाया जा सकता है।

परिवहन के माध्यम

यातायात के प्रमुख साधनों यथा बस, रेल, जहाज, मोटरकार आदि भी विज्ञापन के प्रभावी माध्यम माने जाते हैं। इन पर पोस्टर चिपकाकर अथवा छोटे बोर्ड लगाकर विज्ञापन किया जाता है। नगरों में बसों को आकर्षक रंगों से रँगकर उन पर विभिन्न उत्पादों के सन्देश और उत्पाद की विशेषता लिखी जाती है, इनमें ठंडे पेय, कपड़े आदि का विज्ञापन प्रमुख होता है। रेलों और बसों के अन्दर भी ऐसा विज्ञापन किया जाता है।

यह विज्ञापन का एक सस्ता और जनसुलभ माध्यम है। आकर्षक रंगों में होने के कारण ये विज्ञापन अधिक लुभावने होते हैं परन्तु इस प्रकार के विज्ञापन पर्यावरण की दृष्टि से अच्छे नहीं माने जाते हैं।

आकाशीय विज्ञान

कुछ वस्तुओं के विज्ञापन आकाश में गुब्बारे, पैराशूट आदि के माध्यम से भी किए जाते हैं। तमाम बड़ी-बड़ी कम्पनियाँ गुब्बारे आदि के माध्यम से विज्ञापन कर लोगों का ध्यानाकर्षित करती हैं। यह विज्ञापन का एक आकर्षक माध्यम होता है।

बैनर्स

होर्डिंग्स की ही तरह बैनर्स भी विज्ञापन के प्रभावी माध्यम माने जाते हैं। बैनरों पर कम्पनियों के उत्पाद का नाम और उपयोग आदि की जानकारी दी जाती है। बैनर्स कपड़ों पर या कार्ड शीट्स पर आकर्षक रंगों में लिखे जाते हैं। बैनर से विज्ञापन भी अपेक्षाकृत सस्ता होता है। सार्वजनिक स्थानों पर इसका प्रदर्शन होता है इसलिए सन्देश सम्प्रेषण का एक उत्तम माध्यम होता है परन्तु इसके साथ भी दिक्कत यह होती है कि हवा, पानी आदि से यह जल्दी ही खराब हो जाता है और एक सीमित क्षेत्र तक ही इसे लगाया जा सकता है।

प्रदर्शनी, मेला आदि

प्रदर्शनी, मेला, व्यावसायिक प्रदर्शन आदि भी विज्ञापन का एक प्रचलित माध्यम होता है। इनके माध्यम से उत्पादकों और विक्रेताओं को अपने सामान के बारे में लोगों को आमने-सामने बताने का मौका मिलता है। कुछ प्रदर्शनियों और मेलों में विक्रय सेल भी होता है, जो आकर्षक छूट के साथ बिक्री करता है। बाजार की प्रतिस्पर्द्धा में अपने माल की खपत और भागीदारी सुनिश्चित करने के लिए छोटे-बड़े सभी उद्योग इस प्रकार के विज्ञापन का रास्ता अपनाते हैं।

विज्ञापन लेखन

विज्ञापन प्रसार-प्रचार का एक जनसुलभ माध्यम है। आकाशवाणी, दूरदर्शन, समाचार-पत्र, न्यू मीडिया आदि के द्वारा विज्ञापन दिए जाते हैं। इन माध्यमों से दिए जानेवाले विज्ञापनों को कलात्मक बनाने के लिए विज्ञापन लेखन के कुछ महत्त्वपूर्ण घटकों से परिचित होना आवश्यक है। यथा—

1. शीर्ष पंक्ति (Head Line)
2. अनुपूरक शीर्ष पंक्ति (Sub headline)

3. विषय-वस्तु (Body of the copy)

4. विज्ञापनकर्ता का व्यापारिक चिह्न (Logo)

5. घोष वाक्य (Slogan)

चूँकि विज्ञापन लेखन एक कला भी है और विज्ञान भी और विज्ञापन ही उत्पादों को बाजार में प्रवेश दिलाने, उपभोक्ताओं तक पहुँचाने का प्रथम माध्यम है, इसलिए विज्ञापन लेखन का कार्य बड़ा ही महत्त्वपूर्ण माना जाता है। विज्ञापन कॉपी लेखक को बड़ी सूझ-बूझ का परिचय देना होता है, उससे यह अपेक्षा होती है कि वह उपरोक्त बिन्दुओं का जानकार और व्यापार की नब्ज पकड़नेवाला हो। साथ ही, जनसम्पर्क के माध्यमों पर निर्भर रहने के कारण उसे जनरुचि का भी बोध रखनेवाला होना चाहिए।

आकाशवाणी के लिए विज्ञापन लेखन

आकाशवाणी जनसंचार का श्रव्य माध्यम है। श्रव्य माध्यम होने के कारण ऐसे विज्ञापन में सारा दारोमदार शब्दों के उच्चारण पर होता है। वाक्य कर्णप्रिय और बोधगम्य हों, आकाशवाणी विज्ञापन लेखक की यह पहली प्रतिज्ञा होनी चाहिए। शब्दों के उच्चारण में इतनी सरलता और स्वाभाविकता और माधुर्य होना चाहिए कि श्रोता अभिभूत हो जाए।

आकाशवाणी से प्रसारित होनेवाले विज्ञापनों की अवधि बहुत ही कम होती है अतः लेखन के सभी अवयवों का इस तरह से संयोजन होना चाहिए कि एक प्रभावी ढंग से निर्धारित समय में उन्हें प्रस्तुत किया जा सके। विज्ञापनकर्ता कम्पनियों के प्रायोजित कार्यक्रम के विज्ञापन अधिक लोकप्रिय होते हैं क्योंकि वे मनोरंजक कार्यक्रमों से जुड़े होते हैं। जैसे बीनाका गीतमाला, एच.एम.बी. के सितारे आदि प्रायोजित कार्यक्रम।

रेडियो विज्ञापन में शब्द, संगीत और ध्वनि यंत्रों का प्रयोग किया जाता है। इन तीनों का संयोजन इस प्रकार से करना होता है कि सुननेवाले के दिमाग में विज्ञापित वस्तु का अविस्मरणीय प्रभाव पड़े। रेडियो विज्ञापन के कई स्वरूप होते हैं यथा ज्ञानप्रद विज्ञापन, मनोरंजक, संगीतात्मक, सीधी बिक्री, नाटकीय आदि।

ज्ञानप्रद विज्ञापन में किसी उत्पाद के प्रति आकर्षण पैदा करने के लिए सम्बोधन को भावनात्मक की बजाय अधिक तर्कयुक्त बनाने पर जोर दिया जाता है। विज्ञापन को इस तरह से प्रस्तुत किया जाता है कि श्रोता खुद विज्ञापन में किए गए वायदे की प्रामाणिकता को परख सके।

मनोरंजक और संगीतयुक्त विज्ञापन श्रोताओं को लुभाते हैं, तो सीधी बिक्री वाले विज्ञापन उत्पाद की विशेषताओं पर श्रोताओं का सीधे ध्यानाकर्षित करते हैं। कुछ विज्ञापन बड़े ही नाटकीय अन्दाज में प्रस्तुत किए जाते हैं।

आकाशवाणी के लिए विज्ञापन लेखन करनेवाले व्यक्ति को उत्पाद की प्रकृति के अनुरूप सम्प्रेषित सन्देश और श्रोताओं के आयु, वर्ग आदि का ध्यान रखना चाहिए। इतना ही नहीं, कार्यक्रम का समय, आकाशवाणी स्टेशन आदि के बारे में भी सम्यक जानकारी रखनी चाहिए।

दूरदर्शन के लिए विज्ञापन लेखन

आकाशवाणी की भाँति दूरदर्शन भी मनोरंजन और सूचना का एक प्रमुख साधन है। आकाशवाणी की अपेक्षा दूरदर्शन का माध्यम विज्ञापन के लिए इसलिए ज्यादा उपयोगी होता है क्योंकि जहाँ आकाशवाणी में सिर्फ श्रव्य माध्यम का प्रयोग किया जाता है वहाँ दूरदर्शन में श्रव्य के साथ दृश्य रूप में भी उन्हें प्रस्तुत किया जाता है।

दूरदर्शन के विज्ञापन लेखन में भी विशेषतः तीन बिन्दुओं पर जोर दिया जाता है ये हैं—शब्द, संगीत और ध्वनि व्यवस्था। दृश्य-श्रव्य होने की वजह से दूरदर्शन से किया जानेवाला विज्ञापन दर्शक को विज्ञापित वस्तु की विशेषताओं से परिचय ही नहीं कराता, बल्कि उनका पर्दे पर प्रयोग दिखलाकर दर्शक को उसके प्रायोगिक परिणामों की भी जानकारी देता है। इसलिए टी.वी. के विज्ञापन में प्रदर्शन (Demonstration) प्रारूप अधिक महत्त्वपूर्ण होता है। दूरदर्शन विज्ञापन लेखन के लिए निम्न बिन्दुओं पर ध्यान देना चाहिए—

1. शीर्ष पंक्ति अत्यन्त संक्षिप्त, किन्तु प्रभावशाली हो।
2. विज्ञापन में प्रसिद्ध हस्तियों या कलाकारों का प्रयोग कर उनके द्वारा घोष वाक्य को आकर्षक अन्दाज में प्रस्तुत किया जाना चाहिए जैसे लक्स के विज्ञापन में 'जूही की खूबसूरती का राज'—'लक्स और क्या।' इसी प्रकार पामोलिव का विज्ञापन—'पामोलिव दा जवाब नहीं'—कपिल देव।
3. यू.एस.पी. (Unique Selling Proposition) : विशिष्ट विक्रय विचार उत्पाद की गुणवत्ता, प्रकृति और दर्शक वर्ग को ध्यान में रखते हुए प्रस्तुत करना चाहिए।
4. दूरदर्शन के विज्ञापन में चित्र और संगीत की अहम भूमिका होती है, इनके संयोजन पर विशेष ध्यान देना चाहिए।

समाचार-पत्र, पत्रिका के लिए विज्ञापन लेखन

प्रिंट मीडिया के लिए विज्ञापन लेखन ब्राडकास्ट मीडिया की अपेक्षा आसान होता है परन्तु विज्ञापन के आधारभूत अंगों पर सभी प्रकार के विज्ञापनों में विचार करना चाहिए यथा शीर्ष पंक्ति, उपशीर्ष पंक्ति, वस्तु, मुख्य घोष वाक्य आदि। प्रिंट मीडिया में इनका महत्त्व इसलिए अधिक होता है क्योंकि यहाँ ध्वनि और संगीत का प्रयोग नहीं हो पाता, केवल शब्दों के द्वारा सारा आकर्षण पैदा करना

होता है। इसलिए शीर्ष पंक्ति, घोष वाक्य, विषय-वस्तु आदि की रचना पर विशेष ध्यान रखना पड़ता है।

शीर्ष पंक्ति समाचार-पत्रों, पत्रिकाओं के विज्ञापन का प्राण होती है। शीर्ष पंक्ति ही पाठक को विज्ञापन पढ़ने को प्रेरित करती है। शीर्ष पंक्ति को कई तरह से लिखा जा सकता है, जैसे—प्रश्न के रूप में, समाचार के रूप में, निर्देश या आदेश के रूप में, निवेदन या अभ्यर्थना के रूप में आदि। शीर्ष पंक्ति से ही उत्पाद की मूल्यवत्ता प्रदर्शित होती है।

शीर्ष पंक्ति के साथ ही उप शीर्ष पंक्ति पर भी विशेष ध्यान देना चाहिए। उपशीर्ष पंक्ति पाठक को शीर्ष पंक्ति में बतलाए गए विचार के बारे में अधिक जानकारी देती है। जैसे—

शीर्ष पंक्ति—(पैर कटे हुए व्यक्ति का चित्र)

यह आप के साथ भी हो सकता है।

उपशीर्ष पंक्ति—दुर्घटना से बचिए, वाहन धीरे चलाइ,।

विज्ञापन की विषय-वस्तु में विवेक और भावना दोनों का प्रयोग करते हुए पाठक को उत्पाद की अधिक जानकारी दी जाती है। अन्त में अन्तिम विचार के रूप में कोई पंक्ति अवश्य होनी चाहिए, वह पंक्ति ऐसी हो जो पाठक को प्रेरित करे। जैसे—'आज ही खरीदें', 'त्यौहार पर विशेष छूट' आदि।

बाह्य माध्यम के लिए विज्ञापन लेखन

बाह्य विज्ञापन, अन्य माध्यमों की तरह विज्ञापन का एक पूरक माध्यम है। इसका प्रभाव अच्छा पड़े, इसके लिए कुछ महत्त्वपूर्ण बिन्दुओं पर ध्यान देना आवश्यक होता है—

1. सन्देश संक्षिप्त किन्तु प्रभावशाली हो। शब्द छोटे सामान्य हों। लिखने में बड़े अक्षरों का ही प्रयोग हो।
2. रंगों का चयन सावधानीपूर्वक होना चाहिए। परस्पर विरोधी रंगों के प्रयोग से शब्द अधिक ध्यानाकर्षित करते हैं।
3. स्लोगन का प्रयोग यदि हो, तो सन्दर्भ और प्रकृति के अनुरूप होना चाहिए।
4. विशेष महत्त्वपूर्ण बिन्दुओं या सन्देश को अधिक प्रभावी बनाने के लिए उसे रंगीन बॉक्स में लिखना चाहिए।
5. चित्र आदि दिए जाएँ तो स्पष्ट होने चाहिए, रंग संयोजन का विशेष ध्यान रखना चाहिए।

9

अनुवाद : सिद्धान्त और व्यवहार

अनुवाद : अर्थ और परिभाषा

अनुवाद शब्द का प्रयोग अंग्रेजी के 'Translation' के पर्याय रूप में किया जाता है। इस शब्द के प्रयोग की परम्परा भारतीय और पाश्चात्य दोनों भाषाओं में रही है। भारतीय और पाश्चात्य दोनों भाषाओं में प्राप्त इसके व्युत्पत्तिमूलक अर्थ इस प्रकार हैं—

1. भारतीय साहित्य में अनुवाद शब्द की व्युत्पत्ति 'वद्' धातु से मानी जाती है जिसका अर्थ है बोलना या कहना। 'वद्' धातु से ही 'वाद' की व्युत्पत्ति मानी जाती है जिसका अर्थ है कहने की क्रिया। 'वाद' शब्द में 'अनु' उपसर्ग, जिसका अर्थ है बाद में या पीछे, जुड़ने से 'अनुवाद' शब्द बना है। इस प्रकार 'अनुवाद' का शाब्दिक अर्थ है—किसी कथन को पुनः कहना या बोलना अर्थात पुनः कथन।
2. पाश्चात्य साहित्य में इसके पर्याय रूप में प्रयुक्त शब्द 'Translation' की व्युत्पत्ति दो शब्दों 'Trans' और 'Lation' से हुई है। 'Trans' का अर्थ है 'पार' और 'Lation' का अर्थ है 'ले जाना'। इस प्रकार 'Translation' का अर्थ हुआ एक बिन्दु से दूसरे स्थान-बिन्दु की ओर ले जाना अर्थात 'पारवहन'। वहाँ स्रोत भाषा और लक्ष्य भाषा की संकल्पना भी इसी आधार पर की गई है। पश्चिमी विचारक मानते रहे हैं कि अनुवाद एक भाषा पाठ से दूसरी भाषा पाठ में ले जाने की प्रक्रिया है।

अनुवाद के इन दोनों व्युत्पत्ति मूलों से यह स्पष्ट होता है कि, 'अनुवाद' वस्तुतः एक भाषा पाठ के अर्थ को दूसरी भाषा में प्रस्तुत करने की प्रक्रिया है। दूसरे शब्दों में इसे अर्थ की पुनरावृत्ति या अर्थ का भाषान्तरण भी कहा जा सकता है। इस प्रकार हम देखते हैं कि, अनुवाद की संकल्पना इसके भारतीय व्युत्पत्तिमूलक अर्थ के अधिक नजदीक है। डॉ. भोलानाथ तिवारी के अनुसार, "अनुवाद मूलतः पुनःकथन या किसी के कहे जाने के बाद का कथन है और आज के प्रयोग में भी

वह किसी कथन का पुन:कथन ही है—एक भाषा में किसी के द्वारा कही गई बात का किसी दूसरी भाषा में पुन:कथन।"

व्युत्पत्ति की दृष्टि से अनुवाद वह प्रक्रिया है जिसके माध्यम से एक भाषा में व्यक्त विचार को अन्य भाषा में प्रस्तुत किया जाता है। अर्थात यह दो भाषाओं के बीच का व्यापार है। विद्वानों ने अपने-अपने ढंग से इसकी परिभाषा इस प्रकार दी है—

1. न्यूमार्क महोदय के अनुसार, "अनुवाद एक ऐसा शिल्प है जिसमें एक भाषा में व्यक्त सन्देश के स्थान पर दूसरी भाषा में उसी सन्देश को प्रस्तुत करने का प्रयास किया जाता है।"
2. नाइडा प्रसिद्ध भाषाविद, अनुवाद सिद्धान्तकार माने जाते हैं, उनके अनुसार, "अनुवाद का तात्पर्य है स्रोत भाषा में व्यक्त सन्देश के लिए लक्ष्य भाषा में निकटतम समतुल्य सन्देश को प्रस्तुत करना। यह समतुल्यता पहले तो अर्थ के स्तर पर होती है फिर शैली के स्तर पर।" (Translation consists in producing the receptor language the closest natural equivalent to the massage of the source language, first in meaning and secondly in style.)
3. केटफोर्ड के अनुसार, "अनुवाद एक भाषा की मूल पाठ सामग्री का दूसरी भाषा में समानार्थक मूलपाठ सामग्री में स्थानापन्न है।" (The replacement of textual material in one language by equivalent textual material in another language.)
4. भारतीय भाषाविद डॉ. भोलानाथ तिवारी के मतानुसार, "भाषा ध्वन्यात्मक प्रतीकों की व्यवस्था है और अनुवाद है इन्हीं प्रतीकों का प्रतिस्थापन अर्थात एक भाषा के प्रतीकों के स्थान पर दूसरी भाषा के निकटतम (कथनत: और कथ्यत:) समतुल्य और सहज प्रतीकों का प्रयोग।"
5. डॉ. सुरेश कुमार के अनुसार, "एक भाषा के विशिष्ट भाषा भेद के विशिष्ट पाठ को दूसरी भाषा में इस प्रकार प्रस्तुत करना अनुवाद है, जिसमें वह मूल के भाषिक अर्थ, प्रयोग के वैशिष्ट्य में निष्पन्न अर्थ, प्रयुक्ति और शैली की विशेषता, विषय-वस्तु तथा सम्बद्ध सांस्कृतिक वैशिष्ट्य को यथासम्भव संरक्षित रखते हुए दूसरी भाषा के पाठक को स्वाभाविक रूप से ग्राह्य प्रतीत हो।"
6. डार्टेस्ट के अनुसार, "अनुवाद अनुप्रयुक्त भाषा विज्ञान की ऐसी शाखा है, जो प्रतिमानित प्रतीकों के एक समूह से दूसरे समूह में अर्थ का अन्तरण करती है।" "Transalation is that branch of applied science of

language which is especially concerned with the problem or the fact of the transference of meaning from one set of patterned symbols into another set of patterned symbols."

7. पटनायक के अनुसार, "अनुवाद वह प्रक्रिया है, जिसके द्वारा सार्थक अनुभव को एक भाषा समुदायों से दूसरे भाषा समुदाय में सम्प्रेषित किया जाता है।"
8. रीतारानी पालीवाल के अनुसार, "स्रोत भाषा में व्यक्त प्रतीक व्यवस्था को लक्ष्य भाषा की सहज प्रतीक व्यवस्था में रूपान्तरित करने का कार्य अनुवाद है।"
9. फोरस्टेन के अनुसार—"Translation is the transference of the content of a text from one language into another, bearing in mind that we cannot always dissociate the content from the form."

इन भाषाविदों की परिभाषाओं से जो तथ्य ध्वनित होता है, वह यह है—

— अनुवाद दो भाषाओं के बीच होनेवाला व्यापार है।
— अनुवाद भिन्न भाषिक प्रतीकों का प्रतिस्थापन है।
— यह प्रक्रिया कथनतः और कथ्यतः निकटतम समतुल्यता के आधार पर होती है।

उपरोक्त निष्कर्षों के आधार पर यह कहा जा सकता है कि, भाषा एक प्रतीक व्यवस्था है और अनुवाद इस प्रतीक व्यवस्था का अन्य भाषा (लक्ष्य भाषा) की प्रतीक व्यवस्था में इस प्रकार किया जानेवाला अन्तरण व्यापार है, जिसमें कि अनुवादक को कुछ जोड़ने या छोड़ने की गुंजाइश न हो, यदि हो तो उनमें निकटतम समतुल्यता हो।

कहा जाता है कि अनुवाद न केवल दो भाषाओं के बीच का क्रिया-व्यापार होता है बल्कि दो संस्कृतियों के मध्य सेतु होता है। कल्पना कीजिए अगर अनुवाद नहीं होता तो क्या दुनिया-भर का मानव समुदाय इतना निकट आ पाता? शायद नहीं क्योंकि भाषा के अलावा दूसरा कोई इतना सशक्त माध्यम आज तक मानव सभ्यता के समक्ष नहीं है, जो उसके भावों-विचारों के सम्प्रेषण का इतना मजबूत और विश्वसनीय आधार कहा जा सके। निश्चय ही भाषा मानव जाति की सबसे महत्त्वपूर्ण उपलब्धि है और सामुदायिक वृत्ति का विकास उसकी आकुलता का द्योतक। इसी अकुलाहट ने अनुवाद को जन्म दिया होगा। मनुष्य की सामाजिकता की भावना से दो भाषा-भाषियों में सम्पर्क बढ़ा होगा। मानव सभ्यता के वर्तमान स्वरूप को देखकर यह सहज ही अनुमान लगाया जा सकता है कि, यदि अनुवाद अर्थात भाषिक सेतु का ऐसा माध्यम समाज के पास नहीं होता तो मानव सभ्यता विकास के इस सोपान तक नहीं पहुँच सकती थी।

आज भूमंडलीकरण, वैश्वीकरण के नाते दुनिया जिस तरह विश्व ग्राम में तब्दील हो गई है, उसमें अनुवाद की केन्द्रीय भूमिका है। भाषिक वैविध्य के बीच मानवीय कार्य-व्यवहार को परस्पर पूरक रूप में प्रस्तुत करने का कार्य अनुवाद द्वारा ही सम्भव हो पा रहा है। आज अनुवाद की अनिवार्यता न सिर्फ दो भाषा-भाषी लोगों, समाजों, राष्ट्रों के सामाजिक, राजनीतिक, व्यापारिक, सांस्कृतिक, सामरिक सम्बन्धों को बनाने के लिए है बल्कि उनकी सभ्यताओं, संस्कृतियों और सामाजिक वैशिष्ट्य को बनाए-बचाए रखने में भी है। अगर भाषा संवाद में रुकावट नहीं बनती है तो इसका श्रेय अनुवाद को जाता है। अनुवाद के माध्यम से ही दुनिया-भर की भाषाएँ और समस्त मानव-प्रजाति एक-दूसरे से संवाद करने की स्थिति में है।

अनुवाद की परम्परा

अनुवाद की एक सुदीर्घ परम्परा पाई जाती है। भारतीय और पाश्चात्य दोनों ही भाषाओं में अनुवाद की समृद्ध परम्परा रही है। इसका कारण यह रहा है कि दुनिया की मानव-प्रजाति का क्रिया-व्यापार विभिन्न भाषाओं में निष्पन्न होता रहा है। भाषायी वैविध्य के कारण सम्प्रेषण की समस्या से हमारे पूर्वज भी जूझते रहे होंगे, ऐसा मानना गलत नहीं होगा। आज जो भी प्रमाण रूप में लिखित सामग्री प्राचीन साहित्य की मिलती है उससे यह स्पष्ट होता है कि अनुवाद जैसी किसी चीज की अवधारणा पहले भी रही है। वैसे लिखित रूप में अनुवाद परम्परा का आरम्भिक बिन्दु ईसा से तीन हजार वर्ष पूर्व प्राचीन मिस्र के राज्य में पाए गए द्विभाषिक शिलालेख को माना जाता है।

यह मानने में संकोच नहीं होना चाहिए कि पश्चिम में अनुवाद की परम्परा अधिक प्रगत रही है। बैवेल की मीनार की कहानी इस सम्बन्ध में प्रसिद्ध ही है। ऐसा माना जाता है कि भाषा का लिखित रूप लगभग साढ़े छह हजार वर्ष पुराना है। अतः अनुवाद का लिखित रूप भी इतना ही पुराना माना जा सकता है। अनुवाद की यह परम्परा पत्थर पर बने शिलालेखों, ताम्रपत्रों से गुजरते हुए आज कागज पर अंकित रूप में उपलब्ध है।

निश्चित रूप से अनुवाद की परम्परा का श्रीगणेश सम्प्रेषण के लिए हुआ होगा और चूँकि पहले मानव के लगभग समस्त क्रियाकलाप धार्मिक अनुशासनों से बँधे-जुड़े होते थे, अतः अनुवाद के बारे में भी ऐसा कहा जा सकता है कि धर्मशास्त्रियों के प्रचार-प्रसार के उद्देश्य से ही इसका जन्म हुआ होगा। मिस्र का प्रसिद्ध रोसेटा का शिलालेख अनुवाद का प्राचीनतम प्रमाण माना जाता है। तीन भाषाओं—चित्रलिपि, डेमोटिक तथा यूनानी में अंकित यह शिलालेख 2200 वर्ष पुराना है, ऐसा अनुमान लगाया जाता है।

जैसे-जैसे मानव सभ्यता का विकास होता गया, मनुष्य भौगोलिक-जलवायुपरक सीमाओं पर विजय पाता गया, उसका दायरा बढ़ता गया। विभिन्न समुदायों में मैत्री, युद्ध, व्यापार, धर्म-प्रसार आदि होने लगे। इसमें भाषा सेतु के रूप में प्रयुक्त होने लगी। एक मानव समुदाय जब दूसरे समुदाय के करीब आया तो सम्प्रेषण के माध्यम के रूप में भाषा का विकास तो हुआ ही, भाषानुवाद की भी परम्परा बनती गई। ईसा के तीन सौ वर्ष पूर्व रोमन लोगों के ग्रीक लोगों के सम्पर्क में आने पर ग्रीक साहित्य का लैटिन में अनुवाद हुआ। इसी प्रकार इस्लाम के साथ सम्पर्क होने पर यूरोपीय भाषाओं में अरबी से अनुवाद हुआ। अनुवाद की इस परम्परा में सर्वाधिक अनुवाद बाइबिल के हुए। आज भी बाइबिल विश्व की सबसे अधिक भाषाओं में अनुदित कृति है। मध्यकाल और आधुनिक काल में इसमें उत्तरोत्तर वृद्धि हुई।

यह मानी हुई बात है कि चूँकि भाषा का स्वरूप प्रारम्भिक दौर में मौखिक था, अतः अनुवाद की शुरुआत भी मौखिक रूप से ही हुई होगी। बाद में लिपि के प्रयोग के साथ लिखित प्रक्रिया प्रारम्भ हुई होगी। जो अनुमान लगाए गए हैं उनके अनुसार ईसा से लगभग तीन हजार वर्ष पूर्व असीरिया का सैरगोन अपने साम्राज्य में प्रचार-प्रसार के लिए राजकीय घोषणाएँ-उपलब्धियाँ विभिन्न भाषाओं में प्रचारित कराता था। मूल असीरियन भाषा में लिखित सामग्री का विभिन्न भाषाओं में अनुवाद कराया जाता था। दूसरा विचार है बेवीलोन नगर के शासक हम्मूरवी का, जो अपने बहुभाषी साम्राज्य में सूचनाओं के प्रचार के लिए अनुवाद के प्रयोग पर बल देता था। यह घटना लगभग इक्कीस सौ वर्ष ईसवी पूर्व की मानी जाती है परन्तु ये सिर्फ मान्यताएँ हैं, इनका कोई भी पुष्ट प्रमाण नहीं मिलता। डॉ. भोलानाथ तिवारी ने प्रारम्भिक परम्परा का सविस्तार उल्लेख करते हुए बताया है, "विश्व का प्रचीनतम अनुवाद दूसरी सदी ई.पू. का है जो रोजेटा प्रस्तर (Rosetta Stone) पर है। इसमें मिश्र की दो प्राचीन लिपियों हीरोग्लाइफिक और देमान्तिक में वहाँ की संस्कृति और इतिहास सम्बन्धी उल्लेख मिलते हैं। साथ ही उसका यूनानी भाषा में अनुवाद भी है।"

यूनान में अनुवाद

पश्चिम में अनुवाद की व्यवस्थित परम्परा की शुरुआत मिस्त्र में हुई, इसमें कोई दो मत नहीं है। ऐसा माना जाता है कि बाइबिल (Old Testament) हिब्रू भाषा में लिखा गया, जिसका यूनानी भाषा में तर्जुमा किया गया। ऐसा कहा जाता है कि बहत्तर अनुवादकों ने इसे बहत्तर दिनों में अनुदित किया था। धार्मिक ग्रन्थ होने के कारण इसके भावानुवाद और शब्दानुवाद दोनों खूब हुए। आज भी यह दुनिया की सबसे अधिक अनुदित रचना मानी जाती है। यूनानियों के बाद इस क्षेत्र में रोम का महत्त्वपूर्ण योगदान रहा है, वहाँ भी ईसाई धर्म के प्रचार के लिए बाइबिल के खूब

अनुवाद हुए। रोम में अनुवादकों ने इस दिशा में भी विचार किया कि अनुवाद की समस्याएँ क्या हैं और उनका समाधान क्या हो सकता है? इस तरह रोमवासियों ने अनुवाद की आवश्यकता और महत्त्व पर गम्भीरता से विचार किया। उन्होंने धर्मग्रन्थ के साथ अन्य कृतियों का भी लैटिन में अनुवाद किया।

अरब में अनुवाद

अरब में भी इस दिशा में महत्त्वपूर्ण प्रयास हुए। उन्होंने यूनानी और भारतीय कृतियों का अनुवाद किया। अरबी अनुवादकों ने विषय और भाषा दोनों पर गहराई से विचार किया है। उनकी ज्ञान-विज्ञान में गहरी रुचि थी, यहाँ तक कि दूसरी भाषाओं और संस्कृतियों में भी उनकी गहरी दिलचस्पी थी। इसलिए उन्होंने दुनिया के तमाम श्रेष्ठ साहित्य का अनुवाद किया। भारत से उनका नजदीकी सम्बन्ध था। यहाँ के साहित्य का उन्होंने अपनी भाषा में खूब अनुवाद किया। महाभारत, पंचतंत्र, अर्थशास्त्र की कृतियों, चिकित्सा सम्बन्धी ग्रन्थों तथा नीति कथाओं का अरबी भाषा में खूब अनुवाद हुआ। ऐसा माना जाता है कि अरबी अनुवाद के माध्यम से ही भारतीय ज्ञान-विज्ञान व संस्कृति का प्रसार यूरोप-यूनान तक हुआ।

जर्मनी और फ्रांस में अनुवाद

सोलहवीं सदी तक लैटिन भाषा का प्रसार कम होता जा रहा था। जाहिर है विभिन्न देसी भाषाओं के उभार से अनुवाद की आवश्यकता और प्रबल होती गई। फ्रांसीसी, डच, चेक, जर्मन, अंग्रेजी आदि भाषाओं में अनुवाद होने लगे। इन भाषाओं में बाइबिल के अनुवाद काफी प्रचलित रहे। जर्मनी के मार्टिन लूथर इस दौर के सबसे महत्त्वपूर्ण व्यक्ति माने जाते हैं, जिनके कार्यों का व्यापक प्रभाव पड़ा। लूथर का अनुवाद काफी लोकप्रिय हुआ। उन्होंने अनुवाद में बोधगम्यता पर बल दिया, मूलनिष्ठता पर उनका विशेष आग्रह नहीं था। उनका स्पष्ट मानना था, "बाइबिल के अनुवाद का अर्थ है लक्ष्य भाषा-भाषी तक बाइबिल की बातों को पहुँचा देना। यदि अनुवाद ऐसा नहीं कर सका तो उनका होना-न-होना बराबर है।" उनके अनुसार धर्मग्रन्थों के अनुवाद में चर्च के लोगों का निर्णय ही अन्तिम होना चाहिए और अनुवादक को उन्हीं का अनुसरण करना चाहिए।

16वीं शताब्दी में ही स्पैनिश भाषा में कैसिओदोरें-दे-रीना (Casio-derode Reina) नामक भाषाविद ने बाइबिल का अनुवाद किया। उसका अनुवाद बहुत श्रेष्ठ माना गया, जिसका प्रभाव आगे के अनुवादकों पर भी पड़ा। इन अनुवादों का मुख्य विषय यद्यपि बाइबिल ही था किन्तु इन्होंने अनुवाद की प्रक्रिया और पद्धति पर भी गम्भीरता से विचार किया और अनुवाद कैसा होना चाहिए? इसे दृष्टिगत रखते हुए प्रभावी अनुवाद प्रस्तुत किए।

इंग्लैंड में अनुवाद

यद्यपि इंग्लैंड में अनुवाद की शुरुआत 9वीं सदी से ही मानी जाती है किन्तु 15-16वीं सदी तक अंग्रेजी में अनुवाद की व्यवस्थित परम्परा बन सकी। जॉन विक्लिक ने अंग्रेजी में बाइबिल का पहला अनुवाद किया। यूनानी, जर्मनी, लैटिन के आधार पर अंग्रेजी में बाइबिल के कई अनुवाद हुए। इसके साथ ही होमर के इलियड का भी अनुवाद उस दौर में किया गया। इंग्लैंड के राजा जेम्स प्रथम ने 1604 में 47 अनुवादकों को बाइबिल का अनुवाद करने हेतु नियुक्त किया। जिन्होंने बाइबिल का अधिकृत संस्करण (Edward Fitzgerald, 1611) का अनुवाद किया। यह एक श्रेष्ठ अनुवाद माना जाता है, यद्यपि कई विद्वान इसके महत्त्व को स्वीकार नहीं करते। उन्होंने इसे चर्च की गरिमा के अनुकूल नहीं माना। बाइबिल के प्रसिद्ध अनुवादक ब्राउटन ने इसे चर्च के ऊपर आक्रमण तक कहा था।

आगे चलकर 18वीं सदी में अंग्रेजी में कई महत्त्वपूर्ण अनुवादक हुए जिन्होंने अनेक साहित्यिक, सांस्कृतिक और ऐतिहासिक कृतियों का अनुवाद किया। एलेक्जेंडर पोप, जॉन बेस्ले, जार्ज कैम्पबेल का नाम आदर के साथ लिया जाता है। पोप ने होमर के इलियड और ओडेसी का अनुवाद प्रकाशित कराया। उनके अनुवादों में मूलनिष्ठता दिखती है। इन अनुवादकों ने अनुवाद में मूल को महत्त्व देते हुए भी सरल प्रवाह पर बल दिया। इन्होंने अनुवाद को मौलिक लेखन जैसा कर्म माना। 19वीं सदी में मैथ्यू अर्नाल्ड प्रसिद्ध अनुवादक हुए, उन्होंने अनुवाद में मूल की रक्षा के साथ इस पर बल दिया कि अनुवाद मौलिक सृजन जैसा लगना चाहिए। इसी दौर के प्रसिद्ध अनुवादक हैं एडवर्ड फिट्टजेराल्ड (Edward Fitzgerald), जिन्होंने उमर खैयाम की रूबाइयों का अनुवाद किया। वे मूलतः कवि थे। उन्होंने अपनी सृजनात्मक प्रतिभा से खैयाम की रूबाइयों का सुन्दर भावानुवाद किया।

भारत में अनुवाद

भारतीय वाङ्मय में अनुवाद की परम्परा अतिप्राचीन है। यह मानी हुई बात है कि साहित्य, ज्योतिष, गणित, दर्शन आदि में भारत काफी आगे था। यहाँ शिक्षा की मौखिक परम्परा थी। गुरु जो कहते थे शिष्य उसे दुहराते थे। वेदों और उपनिषदों में ऐसी संकल्पना रही है, इसके प्रमाण उपलब्ध हैं। पद, पाठ, निरुक्ति, भाष्य, छाया, टीका, भाषानुवाद आदि के रूप में अनुवाद की परम्परा भारतीय साहित्य में रही है जो आधुनिक युग में और अधिक स्पष्ट और व्यापक हुई। इतना ही नहीं, भारतीय परम्परा में 'अनुवाद' का जो अर्थ लगाया गया है वह आज भी अनुवाद की अवधारणा को स्पष्ट करने में अधिक समर्थ है, ऐसा भोलानाथ तिवारी प्रभृत भाषाविदों का मानना भी है।

यद्यपि भारत में अनुवाद की वैसी परम्परा नहीं मिलती जैसी पश्चिम में तथापि यह तो माना जा सकता है कि भारतीय अनुवाद विद्या से अनभिज्ञ नहीं थे। दुनिया की अन्य भाषाओं के साथ भारतीयों का सम्पर्क भी अवश्य हुआ होगा और उनकी विशेषताओं को ग्रहण भी किया गया होगा किन्तु अपनी सृजनात्मक प्रतिभा से उसे मौलिक रूप से प्रस्तुत करने की प्रवृत्ति के कारण प्राय: अनुवाद जैसा कुछ नहीं मिलता—भारतीय भाषाविदों का यह प्रबल तर्क है। संस्कृत काल में भाषाओं के अनेक रूपों का प्रयोग और उनमें साधिकार लेखन यह प्रमाणित करता है कि भारतीय विद्वानों में एकाधिक भाषाओं में अपने को अभिव्यक्त करने की चेष्टा मिलती है या कि आवश्यकतानुसार उन्होंने एकाधिक भाषाओं में अपने विचार व्यक्त किए हैं। वैदिक छन्दों का लौकिक संस्कृत में पाया जाना एवं कालिदास, भास, श्रीहर्ष, अश्वघोष, मुद्राराक्षस आदि की लेखनी में एकाधिक प्राकृतों और संस्कृत का प्रयोग इसका प्रमाण है कि वे अपनी बात कई रूपों में प्रस्तुत करते थे। पालि-प्राकृत और अपभ्रंश में मौलिक लेखन का अधिक्य है। इन भाषाओं में जो रचा गया, उसका कई भाषाओं में अनुवाद हुआ। इन भाषाओं पर एक-दूसरे का प्रभाव स्पष्ट दिखाई पड़ता है।

प्राचीनकाल के पूर्व से ही हिन्दी में अनुवाद की व्यवस्थित परम्परा मिलती है। प्राचीन हिन्दी साहित्य, मध्यकालीन भक्ति साहित्य इसका सपुष्ट प्रमाण है जहाँ धार्मिक साहित्य ही नहीं, लोक-साहित्य और शिष्ट साहित्य के भी अनुवाद मिलते हैं। कबीर आदि संतों के यहाँ नाथों-सिद्धों का प्रभाव ही नहीं, उनकी वाणी का रूपान्तरण भी मिलता है। तुलसी आदि भक्त कवियों के यहाँ भी वैदिक काल से चली आ रही धारणाओं से लेकर नाना पुराण निगमागम सम्मति का छायाभास स्पष्ट परिलक्षित होता है। कहीं-कहीं तो शब्दानुवाद और भावानुवाद भी मिलते हैं। हिन्दी काव्यशास्त्र में रीतिकाल से ही संस्कृत काव्य शास्त्रीय चिन्तन का अनुवाद किया जाता रहा है।

आधुनिक काल में हिन्दी में बहुतायत अनुवाद मिलते हैं। नाटक, काव्य, उपन्यास, कहानी, निबन्ध, आलोचना प्राय: सभी विधाओं में हिन्दी साहित्य में खूब अनुवाद हुए हैं।

साहित्येत्तर अनुवाद हिन्दी में बहुत हुए। ज्ञान के अनेक अनुशासनों की कई महत्त्वपूर्ण कृतियाँ हिन्दी में अनुदित हुई। गणित, विज्ञान, समाजशास्त्र, राजनीतिशास्त्र, इतिहास, भूगोल आदि अनेकानेक विषयों का महत्त्वपूर्ण साहित्य हिन्दी में अनुदित रूप से उपलब्ध है।

स्वाधीनता के बाद भारतीय संविधान लागू हुआ, जिसमें हिन्दी और अंग्रेजी को संघ की राजभाषा का दर्जा दिया गया है और अष्टम अनुसूची के अनुसार प्रादेशिक भाषाओं को भी उन राज्यों की राजभाषा माना गया है। इस भाषायी वैविध्य के कारण समूचे संघीय शासन को व्यवस्थापिका, कार्यपालिका, न्यायपालिका ही नहीं,

पत्रकारिता भी अनुवाद के भरोसे ही समूचे राष्ट्र में संवाद करती हैं। संवैधानिक रूप से भारतीय गणराज्य की समस्त कार्य-व्यवस्था द्विभाषीय है, अर्थात अनुवाद के माध्यम से समस्त कार्यवाही दो भाषाओं में करना संवैधानिक अनिवार्यता है। इससे आज अनुवाद की महत्ता स्वयंसिद्ध है।

अनुवाद का महत्त्व

अनुवाद की परिभाषा और परम्परा को जानने के बाद प्रश्न उठता है कि अनुवाद का महत्त्व क्या है? और यह किसलिए किया जाता है? अनुवाद की परिभाषा में स्रोत और लक्ष्य भाषा की संकल्पना की गई है और इसी के सहारे सन्देश सम्प्रेषण का इसे एक जरिया माना गया है। अनुवाद की परम्परा-भारतीय और पाश्चात्य दोनों का दिग्दर्शन करें तो यह तथ्य स्वत: ध्वनित होता है कि मानव सभ्यता के विकास के साथ-साथ सम्प्रेषण के माध्यम रूप में अनुवाद की संकल्पना आकार लेती गई और धीरे-धीरे वह मौखिक और मानसिक स्तर से चलकर कागज पर अंकित हुई।

आज संसार भर में पाँच हजार से अधिक भाषाओं और बोलियों का प्रयोग हो रहा है। इनके बीच वैचारिक, सर्जनात्मक और प्रकार्यात्मक तालमेल स्थापित करने के लिए एकमात्र माध्यम अनुवाद ही है क्योंकि मनुष्य के भाषा बोध की एक सीमा होती है परन्तु ज्ञान की कोई सीमा नहीं होती और भाषा, ज्ञानार्जन में बाधक न बने, इसलिए अनुवाद अपरिहार्य है। यह भी कहने की आवश्यकता नहीं कि, अनुवाद समस्त मानव जाति को जोड़ने का एक माध्यम है क्योंकि अनुवाद का सम्बन्ध भाषा से है और भाषा मनुष्य के समस्त क्रियाकलापों को सम्पादित करने का अनिवार्य अंग है। बिना भाषा के ज्ञान का कोई भी आयाम, सभ्यता के विकास की कोई भी पहल प्रचलित नहीं हो सकती। सामाजिक, सांस्कृतिक, राजनीतिक, व्यापारिक आदान-प्रदान में भाषा की महत्त्वपूर्ण और जरूरी भूमिका होती है।

इतना ही नहीं, मानवीय प्रतिभा नैसर्गिक रूप से सर्जनात्मक है। उसकी सर्जनात्मकता उसे निरन्तर विशिष्ट करने के लिए प्रेरित करती रहती है। वह जो कुछ नया, जो कुछ विशिष्ट अपने आस-पास देखता है, उसे अपनी भाषा में लाना चाहता है। उसकी मनोचेतना उसे, उसके भाषा-भाषी समाज में लाने की तरफ प्रेरित करती है। इस सृजनात्मक प्रेरणा के कारण ही प्राचीन काल से ही अनुवाद की परम्परा चलती रही है और शायद जब तक भाषा व्यापार चलता रहेगा, तब तक इसकी प्रासंगिकता बनी रहेगी।

आधुनिक युग में जहाँ ज्ञान-विज्ञान की नवीन खोजों-उपलब्धियों से विकास के नये-नये आयाम सामने आए हैं, वहीं अनुवाद की आवश्यकता भी पहले से कहीं अधिक महसूस की जाने लगी है। विश्वग्राम की अवधारणा से सूचना का विस्फोट

हुआ है। यह अवधारणा सूचना संचार पर ही केन्द्रित है और संचार का सर्वाधिक सशक्त माध्यम भाषा है। अत: अनुवाद की भूमिका भी इसीलिए आज पहले से कहीं अधिक महत्त्वपूर्ण हो गई है।

अनुवाद के महत्त्व को सविस्तार इन बिन्दुओं के आधार पर समझा जा सकता है—

1. सामाजिक-सांस्कृतिक-राष्ट्रीय एकता में
2. साहित्यिक आदान-प्रदान में
3. व्यवसाय में
4. जनसंचार में
5. प्रशासन एवं विधि में
6. शिक्षा एवं ज्ञान-विज्ञान के प्रसार-प्रचार में

सामाजिक, सांस्कृतिक, राष्ट्रीय एकता में

अनुवाद विभिन्नता में एकता स्थापित करने की एक महत्त्वपूर्ण कड़ी है। अनुवाद के माध्यम से भाषायी विविधिता की खाई को तो पाटा ही जा सकता है, सामाजिक-सांस्कृतिक एकता को भी बढ़ावा दिया जा सकता है। क्योंकि भाषा समस्त मानवीय क्रियाकलापों के निष्पादन का न सिर्फ माध्यम होती है अपितु सामाजिक-सांस्कृतिक धरोहरों को सुरक्षित रखने और युगों-युगों तक संवर्धित करने का माध्यम भी होती है। हर भाषा की अपनी पहचान उसके सामाजिक-सांस्कृतिक राष्ट्रीय सन्दर्भों से जुड़ी होती है। अनुवाद के माध्यम से वैभिन्यता को न सिर्फ जाना-समझा जाता है, बल्कि राष्ट्रीय एकात्मता को भी बल प्रदान किया जाता है।

भाषा विभिन्न भाषा-भाषी समुदायों के बीच संवाद का, सम्पर्क का माध्यम है और यह कार्य अनुवाद के द्वारा ही सम्भव होता है। डॉ. सुरेश कुमार के अनुसार, "लोकतंत्र में सब लोगों का प्रशासन में समान रूप से भाग लेने का अधिकार तभी सार्थक हो सकता है जब उनके साथ उनकी भाषा के माध्यम से सम्पर्क किया जाए। इससे बहुभाषिकता की स्थिति पैदा होती है और उसके संरक्षण की प्रक्रिया में अनुवाद कार्य का आश्रय लेना अनिवार्य हो जाता है।"

कहा जा चुका है कि अनुवाद से सामाजिक-सांस्कृतिक एकता को सम्बल मिलता है। भारत की संस्कृति सामासिक संस्कृति रही है। इस संस्कृति में समन्वय की विराट क्षमता देखने को मिलती है। भारतीय संस्कृति की सामासिक अस्मिता को अक्षुण्ण रखने और प्रगत बनाने में अनुवाद ने महत्त्वपूर्ण योगदान दिया है।

यह भी कि संस्कृति समाज के परिचालन का अभिन्न अंग है। हमारी सांस्कृतिक एकता, सामाजिक एकता की धुरी रही है। धर्म और दर्शनों में पाई जानेवाली अभूतपूर्व एकता इसका पुष्ट प्रमाण है। भारत जैसे विभिन्न धर्मों, सम्प्रदायों, भाषाओं की विविधता वाले राष्ट्र में एकता लाने में भाषा की भूमिका यह राष्ट्र कई बार देख

चुका है। वर्तमान में देश की उन्नति के लिए सम्पर्क के साधन के रूप में भाषा प्रमुख रूप से सहयोग दे रही है और इसमें अनुवाद निःसन्देह महत्त्वपूर्ण भूमिका अदा कर रहा है।

साहित्यिक आदान-प्रदान में

साहित्य राष्ट्र व समाज की विशिष्टताओं को सुरक्षित रखने का माध्यम है, सम्प्रेषित करने का जरिया है। साहित्य के अनुशीलन से हम विभिन्न समाजों के क्रियाकलापों से परिचित होते हैं, उनकी विशिष्टताओं को आत्मसात करते हैं, इस प्रकार यह क्रम अनवरत चलता रहता है।

भारतीय साहित्य के निर्माण में अनगिनत भाषा-भाषियों ने योगदान दिया है। वैदिक काल से लेकर अब तक भाषा ने साहित्य को राष्ट्रीय विरासत के रूप में सुरक्षित रखा है। अनुवाद की साहित्य निधि को समझने-पहचानने में महत्त्वपूर्ण भूमिका रही है। अनुवाद के कारण ही आज हम समग्र भारतीय साहित्य के वैविध्य को समझने में सक्षम हैं। अनुवाद के कारण ही कबीर, सूर, तुलसी, कम्बन, नरसी मेहता, शंकर देव, शरतचन्द्र, प्रेमचन्द्र, मीरा, अंडाल, कालिदास, वाल्मीकि, भारतेन्दु, इकबाल, दिनकर, हरि नारायण आप्टे आदि से आज समस्त देशवासी परिचित हैं। अनुवाद के कारण ही दक्षिण और उत्तर का फासला कम हुआ है, एक-दूसरे की विशिष्टता से परिचय सम्भव हो सका है।

व्यवसाय में

व्यवसाय में अनुवाद का महत्त्व स्वतः प्रमाणित है। कोई भी व्यापार बिना सम्प्रेषण के माध्यम को अपनाए सम्भव नहीं होता। व्यापार अन्तर्भाषायी होता है इसलिए अनुवाद उसके लिए बहुत जरूरी होता है। उदाहरण के लिए डाबर के उत्पादनों के लेबल भारत की सभी प्रमुख भाषाओं में दिए होते हैं, यह मात्र इसीलिए जिससे कि समस्त भाषा-भाषी उपभोक्ता उसे आसानी से समझ सकें और इस तरह बाजार में उसकी बिक्री बढ़ सके।

इतना ही नहीं, सभी प्रकार के राष्ट्रीय-बहुराष्ट्रीय उद्योग-धन्धों के विकास में भी अनुवाद की महत्त्वपूर्ण भूमिका होती है। तकनीकी और औद्योगिक विकास में अनुवाद बहुत जरूरी होता है।

जनसंचार माध्यम में

जनसंचार के माध्यमों प्रिंट मीडिया और इलेक्ट्रॉनिक मीडिया दोनों में अनुवाद की महत्त्वपूर्ण भूमिका होती है। सूचना-संसार के इस युग में सूचना मनुष्य का मौलिक

अधिकार बन गया है। सूचना समय पर और उस भाषा में सम्प्रेषित की जाए जिससे ग्रहीता परिचित हो, बहुत आवश्यक होता है। समाचार अथवा सूचनाएँ देश-विदेश के विभिन्न भागों से वहाँ की भाषाओं में एकत्रित की जाती हैं, अत: उन्हें सर्वजन सम्प्रेष्य बनाने के लिए अनुवाद का सहारा लिया जाता है। इस प्रकार अनुवाद के माध्यम से व्यक्ति दुनिया के किसी भी कोने में बैठकर पूरी दुनिया की खबर रख सकता है।

समाचार के अलावा विज्ञापन, निविदा, सन्देश आदि को भी कई भाषाओं में प्रस्तुत करना आवश्यक होता है।

प्रशासन एवं विधि में

प्रत्येक राष्ट्र की अपनी एक कामकाज की भाषा होती है जिसे प्रशासनिक या आधिकारिक भाषा कहा जाता है। प्रशासनिक कामकाज में उस राष्ट्र की राजभाषा ही प्रयुक्त होती है। विविध मंत्रालयों, कार्यालयों, विभागों आदि से सम्बन्धित समस्त साहित्य में एकरूपता लाने के लिए और पूरे देश में उसे समान रूप से लागू करने के लिए राजभाषा का प्रयोग होता है।

भारत में आजादी के बाद राजभाषा का गौरव हिन्दी को प्राप्त हुआ। इसके पूर्व अंग्रेजी राजकाज की भाषा थी। चूँकि भारत बहुभाषा-भाषी राष्ट्र है और भाषायी विभिन्नता बहुत ही अधिक है, कहीं-कहीं वैमनस्यता की हद तक है, इसीलिए अपने देश में राजभाषा हिन्दी के साथ अंग्रेजी को भी सहभाषा के रूप में लागू किया गया। दो भाषाओं के कारण इस राष्ट्र का समस्त सरकारी कामकाज दोनों भाषाओं में अनुदित होता है। इस प्रकार प्रशासन में अनुवाद का महत्त्व स्वयं सिद्ध है।

विधि की अपनी अलग शब्दावली और कार्यप्रणाली होती है। प्रशासनिक भाषा हिन्दी को ही वहाँ भी अपनाया जाता है परन्तु उसकी शब्दावली विशिष्ट होती है। विधि साहित्य भी पूरे राष्ट्र में समान रूप में लागू हो—यह हमारी संवैधानिक प्रतिबद्धता है। इसलिए अनुवाद के माध्यम से न सिर्फ हिन्दी-अंग्रेजी या अंग्रेजी-हिन्दी में समस्त सामग्री तैयार की जाती है, कार्यवाही की जाती है बल्कि क्षेत्रीय भाषाओं में भी यथासम्भव उसे अनुदित करने का प्रयास किया जाता है।

शिक्षा एवं ज्ञान-विज्ञान के प्रसार में

शिक्षा के प्रचार-प्रसार में भी अनुवाद की उपयोगिता अतुलनीय है। विभिन्न भाषा-भाषियों को ज्ञान के पर्याप्त और समान अवसर मिलें, यह बहुत जरूरी होता है। ज्ञान-विज्ञान के क्षेत्र में हो रहे परिवर्तनों और उपलब्धियों से परिचित कराने के लिए अनुवाद को माध्यम बनाया जाता है। अपने देश में द्विभाषा-त्रिभाषा फार्मूला अपनाया जाता

है। अहिन्दी भाषी क्षेत्रों में हिन्दी, अंग्रेजी के अलावा क्षेत्रीय भाषाओं को भी पढ़ाया जाता है, अधिकतर स्कूली शिक्षा का माध्यम भी वही भाषाएँ होती हैं, अतः अनुवाद के द्वारा वहाँ भाषा-शिक्षण कराया जाता है।

अनुवाद : कला, शिल्प अथवा विज्ञान

भाषा एक प्रतीकात्मक व्यवस्था है और अनुवाद इस प्रतीक व्यवस्था का या तो एक भाषा से दूसरी भाषा में अन्तरण है या प्रतिस्थापन या दोनों। भाषाविद और अनुवादशास्त्री इस पर अलग-अलग राय रखते हैं। प्रकारान्तर से इस बात से सभी सहमत हैं कि अनुवाद दो भाषाओं अथवा प्रतीक व्यवस्थाओं के बीच सेतु का कार्य करता है।

यह तो ठीक है कि अनुवाद भाषिक प्रक्रिया है। अनुवाद की प्रकृति क्या है? उसका स्वरूप क्या है? अनुवाद कला है, शिल्प है कि विज्ञान? भाषाविद इस पर एकमत नहीं रखते। कुछ के अनुसार अनुवाद कला है क्योंकि वह भाषिक सृजन है, कुछ के अनुसार अनुवाद शिल्प है क्योंकि इसमें अभिव्यंजन शैली प्रधान है, तो कुछ के अनुसार यह विज्ञान है क्योंकि यह भाषावैज्ञानिक सन्दर्भों पर आधारित है। किसी निष्कर्ष पर पहुँचने के लिए कला, शिल्प और विज्ञान इन तीनों पर संक्षेपतः विचार कर लेना अपेक्षित है।

अनुवाद कला है—इस मत के माननेवालों का तर्क यह है कि अनुवाद एक तरह का सर्जनात्मक लेखन है। विशेषकर साहित्यकारों का तर्क यही है। वे मानते हैं कि जिस प्रकार अन्य सर्जनात्मक लेखन के लिए प्रतिभा और अन्तर्ज्ञान अपेक्षित होता है उसी प्रकार अनुवाद के लिए भी। कला में कलाकार अपनी वैयक्तिक विशिष्टता, वैयक्तिक प्रतिभा और सर्जनशीलता का परिचय देता है। अर्थात अन्य कला माध्यमों की भाँति आत्माभिव्यक्ति करता है परन्तु जैसा कि डॉ. भोलानाथ तिवारी जी कहते हैं, "अनुवादक अनुवाद में वैसी आत्माभिव्यक्ति नहीं करता जो कवि, मूर्तिकार आदि कलाकार अपनी कृति में करते हैं। इस प्रकार अनुवाद उस रूप में तो कला निश्चय ही नहीं है, जिस रूप में काव्य, चित्र, मूर्ति आदि है किन्तु अनुवादक का व्यक्तित्व इसमें अवश्य ही बड़ा प्रभावी होता है। इसीलिए एक ही मूल सामग्री के दो व्यक्तित्वों द्वारा किए गए अनुवाद प्रायः भिन्न होते हैं। इस तरह अनुवादक भी एक सीमा तक सर्जक है और काव्य आदि यदि सर्जना (Creation) है तो अनुवाद पुनः सर्जन (Recreation) है।" कहना न होगा कि इसीलिए अनुवाद को उस कोटि की कला नहीं माना जा सकता, जिस कोटि का काव्य आदि होता है। अनुवाद में सर्जनशीलता होती अवश्य है जो कि प्रतिभाजन्य होती है और अच्छे अनुवादकों में निश्चित रूप से इसकी अपेक्षा होती है।

अनुवाद को शिल्प माननेवालों का कहना है कि यह जन्मजात नहीं है बल्कि परिश्रम और प्रशिक्षण से प्राप्त किया गया कौशल है। कौशल अर्थात शिल्प ही अनुवाद का मूल है। अनुवाद को शिल्प इसलिए माना जाता है क्योंकि भाषा शिक्षण के द्वारा इसमें दक्षता हासिल की जा सकती है।

वैसे देखा जाए तो शिल्प भी एक प्रकार की कला ही है। कोई भी ऐसी कला नहीं है, जिसमें शिल्प की आवश्यकता न हो परन्तु दोनों में अन्तर भी है। कला में जिसे हम काव्य, चित्र, मूर्ति आदि कहते हैं, अभ्यास के साथ-साथ प्रतिभा अपेक्षित होती है परन्तु शिल्प अर्थात उपयोगी कला जैसे फर्नीचर बनाना, जूते बनाना, आभूषण बनाना आदि में वातावरण और अभ्यास की आवश्यकता होती है, इसके लिए प्रतिभा उतनी अपेक्षित नहीं होती। इस प्रकार अनुवाद को कुछ हद तक शिल्प भी कहा जा सकता है क्योंकि इसमें अभ्यास और शिक्षण की भूमिका प्रधान है।

अनुवाद अनुप्रयुक्त (Applied Linguistics) भाषा विज्ञान है। इसलिए भाषाविदों का मानना है कि अनुवाद विज्ञान है। विज्ञान का सामान्य अर्थ है किसी चीज का विशिष्ट ज्ञान। आधुनिक काल में इसका प्रयोग भौतिक विज्ञान, जीव-विज्ञान, वनस्पति विज्ञान, रसायन विज्ञान आदि तक ही सीमित हो गया है। विज्ञान में निर्वैयक्तिकता, सार्वभौमिकता और सार्वकालिकता अपेक्षित गुण है। राजनीति विज्ञान, भाषा विज्ञान, समाज विज्ञान आदि भी विज्ञान कहलाते हैं परन्तु उस अर्थ में नहीं, जिस अर्थ में भौतिकी या रसायन विज्ञान कहलाते हैं। जिस अर्थ में भाषा विज्ञान, विज्ञान है उस अर्थ में अनुवाद भी विज्ञान है, ऐसा कहना गलत न होगा।

भाषाविदों के अनुसार भाषा विज्ञान की भाँति अनुवाद भी विज्ञान है। प्रो. सुरेश कुमार के शब्दों में, "इसमें अनुवाद पर्यायों का निर्धारण भाषा बाह्य के यथार्थ के ज्ञान के माध्यम से प्राकल्पना तथा परीक्षण पुष्टि के द्वारा किया जाता है। यह ऐसी प्रक्रिया है जिसमें काफी सामान्यता होती है तथा भावी पर्यायों का पूर्वकथन भी किया जा सकता है क्योंकि वे अपरिवर्तनीय होते हैं। विज्ञान तथा प्रौद्योगिकीय विषयों के अनुवादों पर यह बात काफी सीमा तक लागू होती है। इन विषयों का स्वरूप अपनी प्रकृति से तथ्यात्मक तथा परीक्षणीय होता है, अतः इनका अनुवाद भी व्यवस्थित और रीति से होता है।"

डॉ. भोलानाथ तिवारी अनुवाद को प्रायोगिक भाषा विज्ञान के अन्तर्गत मानने के पक्षधर हैं। वे विज्ञान शब्द की बड़ी व्यापक परिभाषा मानते हैं। उनके अनुसार, "वस्तुतः किसी भी विषय से सम्बद्ध बातों के जितने अंश का व्यवस्थित वैज्ञानिक विवेचन किया जा सकता है, उतने अंश का वह अध्ययन विज्ञान की सीमा में आता है।" अनुवाद को वे इसी के अन्तर्गत रखते हुए कहते हैं, "तथा वास्तविक

अनुवाद करने के पूर्व की चिन्तन-प्रक्रिया तुलनात्मक या व्यतिरेकी भाषा-विज्ञान पर ही पूर्णत: आधृत है। तुलना के आधार पर ही स्रोत भाषा और लक्ष्य भाषा की ध्वनि, शब्द, रूप, वाक्य, अर्थ सम्बन्धी समानताएँ-असमानताएँ ज्ञात करते हैं और फिर असमानताओं की समस्या को सुलझाने के लिए कुछ अपवादों को छोड़कर प्राय: निश्चित नियमों का अनुसरण करते हैं। इस तरह वास्तविक अनुवाद करने की पूर्व-पीठिका जो अनुवादक के मस्तिष्क में चिन्तन के रूप में होती है, पूर्णत: वैज्ञानिक और व्यवस्थित प्रक्रिया है।" साथ ही वे यह भी कहते हैं कि "अनुवाद का यह विज्ञान पक्ष वास्तविक अनुवाद-क्रिया की पृष्ठभूमि में होता है, अनुवाद करने में नहीं।"

कहने का आशय यह है कि अनुवाद को पूर्णतया उस अर्थ में विज्ञान नहीं माना जा सकता जिस अर्थ में भौतिक शास्त्र को, रसायन शास्त्र को। इसका कारण यह है कि अनुवाद विज्ञान की शुष्क प्रक्रियानुसार नहीं होता है। पाठ के सन्दर्भ और प्रकृति के अनुसार उसमें भाव और लय का भी समावेश होता है। कलात्मक लालित्य भी होता है और शिल्पगत नूतनता भी। इसीलिए अनुवाद को विज्ञान भी माना गया है, शिल्प भी और कला भी।

अब प्रश्न उठता है कि अनुवाद कला, शिल्प और विज्ञान तीनों कैसे हैं? इसे इस निष्कर्ष से समझा जा सकता है—अनुवाद कला है—यह सर्जनात्मक तथा अनुसरणमूलक के मध्य अनुसर्जनात्मक कला है। अनुवाद कौशल है—यह संज्ञानात्मक कौशल है जो अभ्यासमूलक कौशल से विकसित होता है। अनुवाद विज्ञान है—प्रत्येक पाठ में एक ऐसा अंश होता है जो सन्दर्भ की परिवर्तनशीलता से प्रभावित नहीं होता, उसके अनुवाद पर्याय निश्चित होते हैं तथा उनका पूर्व कथन किया जा सकता है। अनुवाद प्रक्रिया के विभिन्न सोपानों के आधार पर डॉ. सुरेश कुमार इसे इस रूप में देखने का तर्क रखते हैं, "एक सीमा तक तथा कुछ शिथिल रूप में कहा जा सकता है कि अनुवाद प्रक्रिया का प्रथम सोपान विश्लेषण-बोधन विज्ञान है, दूसरा सोपान, संक्रमण-कौशल है तथा तीसरा सोपान, पुनर्गठन-अभिव्यक्ति कला है।"

अनुवाद : प्रक्रिया और प्रविधि

सामान्य रूप से अनुवाद एक भाषा पाठ को अन्य भाषा में इस प्रकार व्यक्त करना है कि मूलपाठ का कथ्य (सन्देश) लक्ष्य भाषा के पाठक तक उसी रूप में पहुँचाया जा सके। अनुवाद की इस प्रक्रिया की एक पद्धति होती है। अर्थात अनुवाद को एक पाठ से दूसरे पाठ में अन्तरित करने की कुछ प्रक्रिया होती है, कोई प्रविधि (टेकनीक) होती है। विद्वानों ने इस पर काफी गहन चिन्तन करते हुए कुछ समान बिन्दुओं

को केन्द्र में रखकर अपने विचार प्रस्तुत किए हैं। वे समान बिन्दु हैं—विश्लेषण, अन्तरण और पुनर्गठन। भाषाविदों ने इनके अलावा कुछ और पक्ष माने हैं, जिन्हें उनके मतों के अवलोकन से समझा जा सकता है।

नाइडा का प्रारूप

नाइडा अनुवाद प्रक्रिया का वैज्ञानिक अध्ययन करनेवाले प्रमुख भाषाविद हैं। उन्होंने स्रोत भाषा से लक्ष्य भाषा में भाषान्तरण की प्रक्रिया के तीन चरण माने हैं—विश्लेषण, अन्तरण और पुनर्गठन। नाइडा का मानना है कि यह प्रक्रिया एक सर्वथा वैज्ञानिक प्रक्रिया होती है। इसमें अनुवादक सर्वप्रथम मूलभाषा पाठ का विश्लेषण करता है और ऐसा करके अर्थ को समझता है अर्थात सन्देश को ग्रहण करता है फिर मानसिक रूप से उसका लक्ष्य भाषागत पर्याय चयन करता है अर्थात सन्देश को लक्ष्य भाषा में मानसिक रूप से अन्तरित करता है और अन्त में उसका लक्ष्य भाषा की प्रकृति के अनुसार पुनर्गठन करता है। उन्होंने निम्न आरेख द्वारा अपने मत को समझाया है

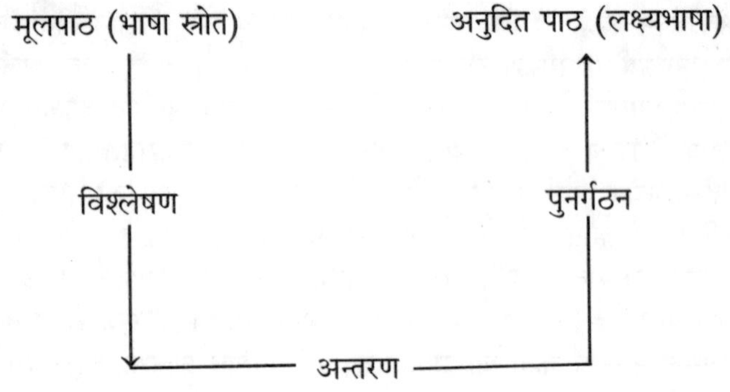

इस प्रकार हम देखते हैं कि नाइडा द्वारा प्रस्तावित प्रारूप में तीन बिन्दु आते हैं।

— प्रथम बिन्दु 'विश्लेषण' के अन्तर्गत स्रोत भाषा पाठ का अध्ययन और परिणामस्वरूप उसमें निहित सन्देश का ग्रहण प्रमुख होता है। विश्लेषण की प्रक्रिया में अनुवादक पाठ की व्याकरणिक संरचना जिसमें वाक्य, उपवाक्य, शब्द, पदबन्ध आदि आते हैं का विश्लेषण कर मूल पाठ के अर्थ को समझता है।

— द्वितीय बिन्दु 'अन्तरण' के अन्तर्गत वह विश्लेषण से प्राप्त अर्थ बोध को लक्ष्य भाषा में उसकी समान भाषिक इकाइयों में अन्तरित करता है अर्थात लक्ष्य भाषा की प्रकृति के अनुकूल उसका पुनर्विन्यास करता है। इसमें वह लक्ष्य भाषा में स्रोत भाषा के ऐसे शब्द पर्याय ढूँढ़ता है जो

मूल सन्देश को सम्प्रेषित करने में समर्थ हों। यह प्रक्रिया सममूल्यता के आधार पर होती है।

— तृतीय चरण 'पुनर्गठन' में लक्ष्य भाषा की अमूर्त प्रकृति मूर्त रूप लेती है। पुनर्गठन करते समय अनुवादक को यह ध्यान रखना होता है कि लक्ष्यभाषा की अभिव्यक्ति प्रणाली स्रोत भाषा के ही अनुकूल हो, जिससे मूल सन्देश लगभग यथावत अभिव्यक्त हो सके। नाइडा प्रारूप को निम्न उदाहरण से समझा जा सकता है।

मूल पाठ	No Admission (स्रोत भाषा)
विश्लेषण	Admission is not allowed
अन्तरण	प्रवेश की अनुमति नहीं है।
पुनर्गठन	(1) प्रवेश वर्जित है। (2) अन्दर आना मना है।

न्यूमार्क का प्रारूप

न्यूमार्क का अनुवाद प्रारूप भी काफी चर्चित रहा है। न्यूमार्क अनुवाद प्रक्रिया की दो दिशाएँ स्वीकार करते हैं—पहला अन्तरक्रमिक अनुवाद का और दूसरा अर्थबोधन और अभिव्यक्तिकरण का। इस प्रकार उनकी दृष्टि में मूलपाठ और अनुदित पाठ में दो तरह का सम्बन्ध होता है। परन्तु दूसरा वाला—अर्थबोधन और अभिव्यक्तिकरण का रास्ता उनका अधिक व्यापक और अर्थगर्भित है।

उनके प्रारूप का स्वरूप निम्न है :

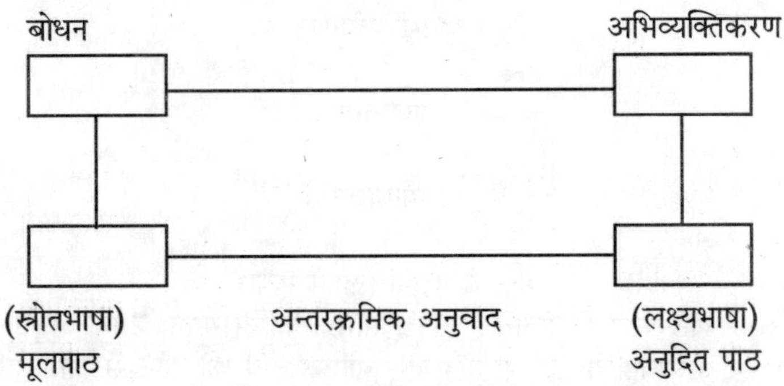

न्यूमार्क का यह प्रारूप भी भाषा विज्ञान की पीठिका पर आधारित है। जिस प्रकार पाठ विश्लेषण द्वारा नाइडा अर्थग्रहण की समस्या पर प्रकाश डालते हैं और पाठ के भाषावैज्ञानिक पक्षों का अध्ययन आवश्यक मानते हैं, उसी प्रकार न्यूमार्क बोधन के लिए भाषावैज्ञानिक पक्षों पर जाने की बात करते हैं। दोनों का ही लक्ष्य

मूलपाठ की भाषा का अर्थ (संकेत या सन्देश) उद्घाटित करना है। और फिर उसका पुन:सृजन करने के लिए भाषिक अभिव्यक्ति के उपकरणों की तलाश करना है। उपयुक्त भाषिक प्रतीकों द्वारा लक्ष्य भाषा पाठ में उस सन्देश को प्रस्तुत करते हैं। उदाहरण के लिए :

Judgement has been reserved	—	मूल पाठ (स्रोत भाषा)
Judgement will not be announced immediately	—	बोधन—
निर्णय अभी नहीं सुनाया जाएगा	—	अभिव्यक्ति
निर्णय बाद में सुनाया जाएगा	—	अनुदित पाठ (लक्ष्य भाषा)

अन्तरक्रमिक दृष्टि से इसका अनुवाद शब्द-प्रति-शब्द यह होगा—'निर्णय आरक्षित-सुरक्षित कर लिया गया है।' परन्तु यह वाक्य अर्थ सम्प्रेषण की दृष्टि से उपयुक्त नहीं माना जा सकता, इसीलिए बोधन-अभिव्यक्तिकरण की प्रक्रिया का सहारा लिया जाता है और इसका हिन्दी की प्रकृति के अनुकूल अर्थ यह माना जाता है—'निर्णय बाद में सुनाया जाएगा।'

डॉ. तिवारी का प्रारूप

भारतीय भाषाविद डॉ. भोलानाथ तिवारी अनुवाद प्रक्रिया का पाँच चरण मानते हैं। उनकी दृष्टि में सफल अनुवाद के लिए अनुवादक को इन पाँचों चरणों से गुजरना पड़ता है। ये पाँच चरण हैं—1. पाठ-पठन, 2. पाठ-विश्लेषण, 3. भाषान्तरण, 4. समायोजन, 5. मूल से तुलना। इसे इस क्रम में रखा जा सकता है :

पाठ-पठन (मूल भाषा)
|
पाठ-विश्लेषण
|
भाषान्तरण
|
समायोजन
|
मूल से तुलना (लक्ष्य भाषा)

— पाठ-पठन से तात्पर्य है अनुद्य सामग्री का अध्ययन। उनके अनुसार यह अध्ययन दो तरह से होता है—भाषिक अर्थ की दृष्टि से और वैषयिक अर्थ की दृष्टि से। यह इसलिए आवश्यक होता है क्योंकि कहीं-कहीं पाठ की भाषा बहुत कठिन होती है, उसे समझने के लिए कोश आदि की सहायता की जरूरत पड़ती है। कहीं-कहीं विषय की दुरूहता भी पाठ-पठन में कठिनाई पैदा करती है।

— पठन के अनन्तर पाठ का विश्लेषण करते हैं। विश्लेषण में मुख्य बल इस बात पर दिया जाता है कि कहाँ शब्द का अनुवाद करना है, कहाँ पदबन्ध का, कहाँ उपवाक्य, वाक्य आदि का। कभी-कभी प्रोक्ति के स्तर पर भी अनुवाद की आवश्यकता पड़ती है।

— भाषान्तरण : पाठ-विश्लेषण के आधार पर विभक्त स्रोत भाषा की इकाइयों का लक्ष्य भाषा की इकाइयों में अन्तरण करते हैं। यह अन्तरण तीन प्रकार का होता है।

1. शब्द-शब्द, वाक्य-वाक्य,
2. बड़ी इकाई से छोटी इकाई,
3. छोटी इकाई से बड़ी इकाई (जैसे पदबन्ध से उपवाक्य)

— समायोजन, यहाँ अन्तरित पाठ का लक्ष्य भाषा की दृष्टि से समायोजन होता है। इसमें यह ध्यान रखा जाता है कि भाषा सहज हो, स्रोत भाषा की छाया न हो तथा अर्थ स्पष्ट हो, प्रवाह हो आदि।

— मूल से तुलना: पाठ के समायोजन के उपरान्त अनुवादक को अनुदित पाठ का मूल पाठ से तुलना करके यह देख लेना होता है कि अनुवाद सही है या नहीं।

इस प्रकार अनुवाद प्रक्रिया के उपरोक्त प्रारूपों का अध्ययन करने के बाद निष्कर्ष रूप में कहा जा सकता है कि अनुवाद प्रक्रिया के मूलत: तीन सोपान होते हैं—अर्थ ग्रहण, अर्थांतरण और अर्थ सम्प्रेषण।

अनुवाद के प्रकार

प्रक्रिया और पाठ के आधार पर अनुवाद के कई भेद माने जाते हैं। अनुवाद के वर्गीकरण के अनेक आधार विद्वानों ने माने हैं। कुछ विद्वानों के मतों का उल्लेख यहाँ आवश्यक है—डॉ. भोलानाथ तिवारी के अनुसार "अनुवाद के प्रकारों के मुख्य चार आधार हैं : (क) गद्यत्व-पद्यत्व, (ख) साहित्यिक विधा, (ग) विषय, (घ) अनुवाद की प्रकृति। इनमें से प्रथम तीन अपेक्षाकृत बाह्याधार हैं तथा अन्तिम आन्तरिक, इसलिए यही अधिक सार्थक है।"

— डॉ. कैलाशचन्द्र भाटिया इस सम्बन्ध में पाश्चात्य भाषाविद नाइडा द्वारा दिए गए अनुवाद के प्रकारों को उपयुक्त मानते हैं, ये हैं—1. शाब्दिक अनुवाद, 2. भावानुवाद, 3. पर्यायों के आधार पर अनुवाद। डॉ. सुरेश कुमार इन दोनों के आधारों को और अधिक व्यापक आधार देते हुए इसे तीन शीर्षकों में वर्गीकृत करते हैं—1. भाषा केन्द्रित, 2. बाह्य भाषा, 3. मिश्रित। इनमें भाषा केन्द्रित आधार पर वर्गीकृत अनुवाद के प्रकारों को मुख्य तथा शेष को गौण माना जाता है।

कहना न होगा कि इन विद्वानों ने अनुवाद भेद के जो आधार माने हैं वे कहीं-न-कहीं एक-दूसरे से जुड़े हुए हैं। कहने का तात्पर्य यह है कि तत्त्वत: इनमें कोई अन्तर नहीं है और मेरे समझ से भाषा की प्रकृति के आधार पर अनुवाद के जो भेद किए जाते हैं उनमें कमोवेश सभी का समावेश हो जाता है। डॉ. भोलानाथ तिवारी ने प्रकृति के आधार पर मूलनिष्ठ और मूल मुक्त—दो मुख्य भेद मानते हुए अनुवाद के निम्न प्रकारों का उल्लेख किया है—1. शब्दानुवाद 2. भावानुवाद 3. छायानुवाद 4. सारानुवाद 5. व्याख्यानुवाद 6. आदर्श अनुवाद 7. रूपान्तरण 8. आशु-अनुवाद।

विषय की व्यापकता को समग्रता में समझने के लिए मुझे डॉ. तिवारी का यह आधार अधिक संगत लगता है। निम्न पाँच में ही इसे वर्गीकृत करना अधिक संगत होगा—1. शब्दानुवाद, 2. भावानुवाद, 3. छायानुवाद, 4. सारानुवाद, 5. आशुअनुवाद।

मूलनिष्ठ अनुवाद

अनुवाद को मूलानुवर्ती कहा जाता है। इसका तात्पर्य यह है कि अनुवाद मूल का अनुगमन करता है अर्थात मूल जैसा होता है। इसमें अनुवादक कथ्य और कथन दोनों को दृष्टिगत रखकर चलता है।

मूलमुक्त अनुवाद

मूलनिष्ठ में अनुवाद के साथ शर्त यह होती है कि मूल को लक्ष्य कर ठीक वैसा ही अनुवाद किया जाए, परन्तु मूलमुक्त में ऐसा नहीं होता। मूल कथ्य को लेते हुए भी यहाँ अनुवादक को काफी कुछ जोड़ने-छोड़ने की छूट रहती है। यह छूट भी कथ्य के धरातल पर नहीं होती बल्कि कथन-पद्धति के स्तर पर होती है। ऐसा इसलिए किया जाता है जिससे लक्ष्य भाषा के पाठक को लक्ष्य भाषा की प्रकृति के अनुरूप सामग्री उपलब्ध कराई जा सके। इसे मूलाधारित या मूलाधृत अनुवाद भी कहा जा सकता है।

डॉ. तिवारी ने इन्हीं दोनों के अन्तर्गत सभी प्रकार के अनुवाद माने हैं। जो निम्न हैं—

शब्दानुवाद

शब्दानुवाद या शाब्दिक अनुवाद में मूल के हर शब्द पर अनुवादक का ध्यान जाता है और वह सभी शब्दों का अनुवाद करने का प्रयास करता है। यहाँ यह माना जाता है कि अनुवाद करते समय अनुवादक मूलपाठ के किसी भी अंश को न तो छोड़े और न ही अपनी ओर से कुछ जोड़े। वैज्ञानिक साहित्य एवं सूचना

प्रधान साहित्य का ऐसा ही अनुवाद होता है। इसका प्रयोग एक से अधिक प्रकार के अनुवादों के लिए होता रहा है। अंग्रेजी में इसे लिटरल ट्रांसलेशन, वर्बल ट्रांसलेशन, वर्ड-फार-वर्ड ट्रांसलेशन आदि कहा जाता है। इस अनुवाद के तीन उपभेद बताए जाते हैं :

1. *शब्द-प्रति-शब्द अनुवाद*—इसमें हर शब्द का यथावत अनुवाद किया जाता है, जैसे—Where are you living कहाँ तुम रहते हो? My head is eating circle. मेरा सिर चक्कर खा रहा है।
   इस प्रकार के अनुवाद को 'मक्षिका स्थाने मक्षिका' की संज्ञा दी गई। है। ऐसा अनुवाद अबोधगम्य होता है, इसलिए हास्यास्पद लगता है। दूसरी बात यह है कि सभी प्रकार के पाठों का अनुवाद इस पद्धति से नहीं किया जा सकता, विशेषकर साहित्यिक-सांस्कृतिक सन्दर्भों के पाठ जिसमें लोकोक्तियों और मुहावरों का इस्तेमाल होता है।
2. इसमें शब्द-प्रति-शब्द नहीं रखते किन्तु मूलनिष्ठता को फिर भी ध्यान में रखना होता है। इस प्रकार का अनुवाद अखबारों में देखने को मिलता है, जहाँ मूल को प्रतिस्थापित करने का भाव होता है। जैसे—
   It is an interesting point — यह एक रोचक बिन्दु है।
   Don't pluck the flowers — फूल मत तोड़ो।
   इस प्रकार के अनुवाद बोधगम्य होते हुए भी आदर्श अनुवाद नहीं माने जाते क्योंकि इसमें वाक्य रचना लक्ष्य भाषा की प्रकृति के अनुकूल नहीं होती, स्रोत भाषा की छाया अधिक रहती है।
3. शब्दानुवाद के तीसरे रूप को आदर्श अनुवाद कहा जाता है। इस तरह के अनुवाद में मूल के प्रत्येक शब्द बल्कि प्रत्येक इकाई जैसे पद, पदबन्ध, मुहावरा, लोकोक्ति आदि का लक्ष्य भाषा में उपयुक्त पर्याय के आधार पर अनुवाद किया जाता है। कहने का आशय यह है कि मूल की किसी भी इकाई को न छोड़ते हुए उसका पर्याय लक्ष्य भाषा में खोजने का प्रयास किया जाता है। इतना ही नहीं, यह भी ध्यान रखना चाहिए कि न सिर्फ कुछ छोड़ने की इसमें कोई गुंजाइश नहीं होती बल्कि कुछ जोड़ने की भी छूट अनुवादक को नहीं होती। गणित, विज्ञान, विधि आदि के लिए इस प्रकार का अनुवाद अधिक सार्थक होता है। जैसे—
   — As provided in the presidential order reffered to in para 1 above (ऊपर अनुच्छेद-1 में निर्दिष्ट राष्ट्रपति के आदेश में किए गए प्रावधान के अनुसार।)

कहा जा चुका है कि शब्दानुवाद को सर्वथा सफल अनुवाद नहीं माना जाता क्योंकि यह सभी प्रकार के पाठों का अनुवाद करने में उपयुक्त नहीं होता। इससे अनुवाद अबोधगम्य हो जाता है। इसके कुछ प्रमुख दोष निम्न हैं—

(1) शब्दानुवाद सभी प्रकार के पाठों के अनुवाद में उपयुक्त नहीं होता, जैसे सर्जनात्मक साहित्य का अनुवाद। सर्जनात्मक साहित्य के अनुवाद में यह हास्यास्पद लगता है।

(2) इस प्रकार के अनुवाद में लक्ष्य भाषा की प्रकृति को अनदेखा किया जाता है, जिससे अनुवाद स्वाभाविक नहीं बन पाता।

(3) यह अनुवाद बहुत कुछ यंत्रवत् होता है इसलिए निष्प्राण-सा लगता है।

भावानुवाद

इस प्रकार के अनुवाद में कथ्य को अनुवाद का मूल विषय माना जाता है। कथ्य अर्थात भाव, सन्देश अर्थात अर्थ को ध्यान में रखकर अनुवादक लक्ष्य भाषा में उसका पर्याय रखता है। कहने का तात्पर्य यह है कि इस प्रकार के अनुवाद में पाठ की आत्मा को ध्यान में रखा जाता है। सर्जनात्मक साहित्य का अनुवाद इसी प्रकार का अनुवाद है। ऐसा अनुवादक सर्जनात्मक प्रतिभा सम्पन्न होता है। वह एक लेखक के भावों को पकड़कर दूसरी भाषा में उसे इस रूप में अभिव्यक्त करने का प्रयास करता है जिससे कि मूल का भाव पूर्णतया सुरक्षित रहे। मुहावरे और लोकोक्तियों का अनुवाद, सामाजिक-सांस्कृतिक सन्दर्भों का अनुवाद भी इसी के अन्तर्गत आता है। जैसे लोकोक्ति का एक उदाहरण देखें :

— A bad carpenter quarrels with his tools.

— नाच न जाने आँगन टेढ़ा।

काव्यानुवाद का एक उदाहरण श्री अज्ञेय द्वारा स्वयं की कविता का किया गया यह अनुवाद भी है :

मैंने देखा	I Saw.
एक बूँद सहसा	A dorp suddenly.
उछली सागर के झाग से	Fly form the scud of the sea.
रंगी गई क्षण भर	Flare for a second.
ढलते सूरज की आग से	Fire from the mellowing sun allign.

इस प्रकार के अनुवाद का दोष यह है कि अनुवाद अक्सर स्वतंत्र रचना जैसा प्रतीत होता है। इससे अनुवाद से मौलिक रचना सा आनन्द तो मिलता है परन्तु मूल रचना की शैली या अभिव्यक्ति सौन्दर्य का पता नहीं चल पाता।

छायानुवाद

छायानुवाद से तात्पर्य है ऐसा अनुवाद जो मूल पाठ की छाया मात्र हो। छायानुवाद में मूल कथ्य को लेकर लक्ष्य भाषा के सामाजिक-सांस्कृतिक परिवेश के अनुकूल उसको प्रस्तुत किया जाता है। डॉ. भोलानाथ तिवारी के अनुसार "छायानुवाद ऐसे अनुवाद को कहा जाना चाहिए जो शब्दानुवाद की तरह मूल के शब्दों का अनुसरण न करे, अपितु दोनों ही दृष्टियों से मूल से (शब्दतः, भावतः) मुक्त होकर अर्थात बिना मूल से विशेष बँधे उसकी छाया लेकर चले।" भारतेन्दु हरिश्चन्द्र द्वारा शेक्सपियर के 'मर्चेंट ऑफ वेनिस' का 'दुर्लभ बन्धु' नाम से किया गया अनुवाद इसी प्रकार का माना जाता है।

सारानुवाद

जैसा कि नाम से ही स्पष्ट ध्वनित होता है इसमें मूल पाठ के सार अंश का अनुवाद किया जाता है। बड़ी-बड़ी सरकारी रिपोर्टों और समाचारों का प्रायः सारानुवाद ही किया जाता है। इस प्रकार का अनुवाद करना कठिन अवश्य होता है परन्तु पाठक की दृष्टि से यह अधिक उपयुक्त माना जाता है क्योंकि इसमें संक्षिप्तता, सरलता और स्पष्टता होती है। सामान्यतः स्रोत भाषा सामग्री का पूर्ण अर्थ ग्रहण कर उसे एक-तिहाई या एक-चौथाई शब्दों में अनुदित करना सारानुवाद कहलाता है। सारानुवाद एक प्रकार का सम्पादन कार्य होता है जिसमें भाषा की लाक्षणिकता को महत्त्व न देकर उसकी सूक्ष्मता, सरलता और बोधगम्यता पर अधिक ध्यान दिया जाता है। इसमें मूल कथ्य का सम्प्रेषण मुख्य उद्देश्य होता है।

सारानुवाद का प्रयोग क्षेत्र बहुत व्यापक है। पत्र-पत्रिकाओं, रेडियो, टेलीविजन आदि के अतिरिक्त प्रशासनिक कार्यालयों, संसद आदि के साहित्य के अनुवाद में इसकी आवश्यकता महसूस की जाती है। आज के सूचना संचार के युग में मूल कथ्य का सम्प्रेषण ही अभिप्रेत होता है, भाषायी ताना-बाना गौण होता है। अतः सारानुवाद का महत्त्व स्वतः जाहिर होता है।

सारानुवाद की प्रक्रिया के चार चरण माने जा सकते हैं—पाठ का अर्थ ग्रहण करना, मूल कथ्य की पहचान, केन्द्रीय विचार या मुख्य विचार का चयन और उसका संक्षेपण करते हुए लक्ष्य भाषा की प्रकृति के अनुरूप उसकी पुनः प्रस्तुति। सारानुवाद एक तरह का सृजनात्मक लेखन है। इसमें यह आवश्यक होता है कि मूल कृति का सन्देश स्पष्ट आभासित हो। इतना ही नहीं, अर्थ और कथ्य अनुक्रम की दृष्टि से भी सारानुवाद मूल्य कथ्य के इतना निकट होना चाहिए कि वह मूल कृति का पर्याय लगे।

वार्तानुवाद या आशु अनुवाद

कभी-कभी जब दो भिन्न भाषा-भाषी एक-दूसरे से बात करने में असमर्थ होते हैं तो उनके मध्य ऐसे तीसरे व्यक्ति की जरूरत पड़ती है जो दोनों की भाषाओं का

जानकार हो। ऐसे व्यक्ति को दुभाषिया कहते हैं। इस प्रकार का अनुवादक दो व्यक्तियों के बीच के वार्तालाप को अनुदित कर उनके मध्य सम्प्रेषक की भूमिका निभाता है। इसलिए उसके कार्य को वार्तानुवाद की संज्ञा दी जाती है। इसे आशु अनुवाद भी कहते हैं। चूँकि इस प्रकार का अनुवादक तुरन्त बिना किसी कोशीय सहयोग के अनुवाद करता है, अतः उसे अत्यन्त व्यावहारिक, दोनों भाषाओं का अच्छा जानकार तथा सम्बद्ध विषय का ज्ञाता होना नितान्त आवश्यक होता है। यह कार्य बहुत ही जिम्मेदारी का है। इस प्रकार के अनुवाद में गलती के लिए कोई गुंजाइश नहीं होती। एक छोटी सी गलती दो व्यक्तियों ही नहीं, दो देशों के मध्य भी सम्बन्ध बिगाड़ सकती है।

अनुवाद : प्रयोग के विविध क्षेत्र

अनुवाद प्रयोग के विविध क्षेत्रों की अपनी विशिष्ट शब्दावली, वाक्य रचना प्रक्रिया और सन्दर्भगत विशिष्टता होती है। इनके आधार पर अनुवाद को वर्गीकृत किया जाता है। इनका अध्ययन प्रयोग के विविध क्षेत्रों पर दृष्टि डालते हुए करेंगे। अनुवाद प्रयोग के प्रमुख क्षेत्र निम्न हैं—

1. कार्यालयी अनुवाद
2. सर्जनात्मक साहित्य में अनुवाद
3. बैंकिंग साहित्य में अनुवाद
4. विधिक साहित्य में अनुवाद
5. जनसंचार में अनुवाद
6. वैज्ञानिक एवं तकनीकी साहित्य में अनुवाद
7. वाणिज्य में अनुवाद
8. विज्ञापन में अनुवाद।

कार्यालयी अनुवाद

कार्यालयी साहित्य को सरकारी साहित्य भी कहा जाता है। इसके अनुवाद को कार्यालयी अनुवाद कहा जाता है। इसके अन्तर्गत केन्द्र और राज्य सरकारों के समस्त प्रशासनिक साहित्य का अनुवाद आता है। कहने का आशय यह है कि इसमें वे समस्त सरकारी कागज-पत्र आते हैं जिनका व्यवहार सरकार के कार्यवृत्तों में होता है। जैसे प्रशासनिक कार्यों से सम्बद्ध साहित्य का अनुवाद।

भारत में कार्यालयी अनुवाद की आवश्यकता इसलिए अधिक है क्योंकि यहाँ पर दो भाषाओं को राजभाषा माना गया है। हिन्दी राजभाषा है तो अंग्रेजी उसकी सहायक राजभाषा है। इसलिए समस्त सरकारी कामकाज इन दोनों भाषाओं में करने

का प्रावधान संविधान में किया गया है। भारतीय संविधान के अनुच्छेद 343 (1) में संघ की राजभाषा देवनागरी में लिखित हिन्दी मानी गई है, परन्तु उसके साथ यह व्यवस्था दी गई है कि समस्त कामकाज हिन्दी और अंग्रेजी दोनों भाषाओं में तब तक होता रहेगा जब तक सभी अहिन्दी भाषी लोग इसे राजभाषा के रूप में स्वीकार नहीं करते। संविधान के इस अनुच्छेद के नियम का अनुपालन करने के लिए 1955 में राजभाषा आयोग की स्थापना की गई। इसी वर्ष राष्ट्रपति ने एक अधिसूचना जारी की जिसके अनुसार सरकारी प्रयोजनों के लिए अंग्रेजी भाषा के साथ हिन्दी के प्रयोग को प्राधिकृत किया गया। इसके अन्तर्गत निम्न क्षेत्रों को सन्दर्भित किया गया—

1. जनता के साथ पत्र-व्यवहार।
2. प्रशासनिक रिपोर्ट, सरकारी पत्रिकाएँ और संसद में प्रस्तुत की जानेवाली रिपोर्ट।
3. सरकारी संकल्प और विधायी अधिनियम।
4. जिन राज्य सरकारों ने हिन्दी को अपनी राजभाषा के रूप में अपना लिया है, उनके साथ पत्र-व्यवहार।
5. सन्धियाँ और करार।
6. अन्य देशों की सरकारों और उनके दूतों और अन्तरराष्ट्रीय संगठनों के साथ पत्र-व्यवहार।
7. राजनयिक और अन्तरराष्ट्रीय संगठनों में भारत के प्रतिनिधियों को जारी किए जानेवाले औपचारिक कागजात।

राष्ट्रपति ने 1960 में अपने एक आदेश में निर्देश दिया कि सरकार के सभी मंत्रालयों, विभागों, कार्यालयों आदि में प्रयुक्त होनेवाले सभी अधिनियमों, सांविधिक नियमों और गैर सांविधिक नियमों, फार्मों, रजिस्टरों तथा अन्य सभी प्रकार के कार्यविधि साहित्य का हिन्दी में अनुवाद किया जाए। कहना न होगा कि ऐसा इसलिए निर्देशित किया गया क्योंकि अंग्रेजीपरस्त लोग आजादी के बाद भी देश की सत्ता पर काबिज थे। अंग्रेजी में कामकाज उन्हें सुविधाजनक लगता था। परन्तु संविधान के प्रावधान के अनुरूप जल्दी ही समस्त कार्यालयी सरकारी कामकाज अंग्रेजी-हिन्दी दोनों भाषाओं में करना अनिवार्य बना दिया गया। इसका सन्तोषजनक परिणाम भी सामने आया। कई समितियों का गठन हुआ, गैर सरकारी स्तर पर भी प्रयास हुए और इस प्रकार हिन्दी में सारा कामकाज करने की प्रवृत्ति बलवती होती गई। सरकार ने कार्यालयों में काम करनेवालों को हिन्दी-अंग्रेजी दोनों भाषाओं का व्यावहारिक ज्ञान कराने के लिए अनेक कार्यशालाएँ भी आयोजित की। यह क्रम अनवरत आज भी जारी है। देश की भाषायी विविधता को ही देखते हुए 1971 में केन्द्र सरकार ने 'केन्द्रीय अनुवाद ब्यूरो' की स्थापना की। इस ब्यूरो ने कार्यालयी साहित्य के अनुवाद में महत्त्वपूर्ण योगदान दिया।

कार्यालयी साहित्य के अनुवाद को मुख्यत: दो भागों में वर्गीकृत किया जा सकता है। एक—कार्य विधि साहित्य, इसे स्थायी महत्त्व की सामग्री भी कहते हैं, जैसे—नियमावलियाँ, मैनुअल, फार्म, संहिताएँ आदि। दूसरा—वह साहित्य जिसका स्थायी महत्त्व नहीं होता, नियतकालिक होता है, जैसे—प्रशासनिक रिपोर्ट, प्रेस विज्ञप्ति, प्रेस-टिप्पणी, संकल्प, अधिसूचनाएँ, संसद के एक या दोनों सदनों में प्रस्तुत की जानेवाली सामग्री आदि।

कार्यालयी साहित्य सूचना प्रधान साहित्य होता है। अत: इसमें नियमों और निर्देशों का ध्यान रखना जरूरी होता है। इसकी भाषा-शैली सुनिश्चित होती है। पारिभाषिक शब्द और वाक्य संरचना तक नियत होते हैं इसलिए इसमें अनुवादक को विचलन की कोई गुंजाइश नहीं होती। सरकारी गैर-सरकारी प्रयासों से इस दिशा में महत्त्वपूर्ण प्रगति हुई है। 'मैनुअल ऑफ ऑफिस प्रोसिजर' का 'कार्यालय पद्धति' नाम से द्विभाषिक अनुवाद हो चुका है। केन्द्रीय मंत्रालयों और विभागों द्वारा भी इस सम्बन्ध में निर्देशिकाएँ प्रकाशित की गई हैं। कहने का तात्पर्य यह है कि कार्यालयी साहित्य का अनुवाद आज अधिक सुगम हो चुका है। विभिन्न मंत्रालयों, विभागों में हिन्दी अनुवादक, अधिकारी आदि इस कार्य को बखूबी अंजाम दे रहे हैं।

कार्यालयी साहित्य के अनुवाद की विशेषताएँ

अनुवाद की सामान्य विशेषताओं के अन्तर्गत असन्दिग्धता, स्पष्टता, सरलता, एकार्थता आदि को परिगणित किया जाता है। कार्यालयी साहित्य के अनुवाद की भी ये मूलभूत विशेषताएँ मानी जाती हैं। इसे डॉ. भोलानाथ तिवारी ने अधिक विस्तार के साथ समझाया है। 'कार्यालयी अनुवाद की समस्याएँ' शीर्षक अपनी पुस्तक में उन्होंने जिन प्रमुख बिन्दुओं की चर्चा की है, उनसे सिद्धान्तत: सभी सहमत हैं। अत: कुछ प्रमुख बिन्दु यहाँ उल्लेख्य हैं—

— *अभिधा का प्रयोग :* कार्यालयी हिन्दी में प्राय: अभिधा का ही प्रयोग उचित माना जाता है क्योंकि कार्यालयी साहित्य सूचना प्रधान साहित्य होता है, उसमें तथ्यात्मकता को महत्त्वपूर्ण माना जाता है न कि अभिव्यंजना शैली को। इसलिए कार्यालयी साहित्य में लक्षणा, व्यंजना का प्रयोग अशोभनीय होता है।

— *एकार्थता :* एकार्थता, कार्यालयी हिन्दी की एक मुख्य विशेषता है। अनेकार्थता को दोष माना जाता है। अनेकार्थता के प्रयोग से अर्थ के अनर्थ होने की सम्भावना रहती है।

— *असन्दिग्धता :* कार्यालयी हिन्दी तथ्यात्मक होती है, इसलिए इसमें पारदर्शिता की बहुत जरूरत होती है। असन्दिग्धता के लिए कोई गुंजाइश नहीं होती।

— *कार्यालयी-शैली :* कार्यालयी हिन्दी की एक विशेषता उसकी अपनी प्रतिपादन शैली भी होती है। विश्व की अन्य भाषाओं में कार्यालयी भाषा के स्तर पर यह शैली भेद नहीं हैं परन्तु हिन्दी में है।

— *निर्वैयक्तिकता :* कार्यालयी हिन्दी की एक विशेषता यह भी है कि इसमें कथन निर्वैयक्तिक होता है। हिन्दी की अन्य प्रयुक्तियों में कर्तृवाच्य की प्रधानता होती है परन्तु कार्यालयी रूप में कर्मवाच्य की प्रधानता होती है। इसमें कथन व्यक्ति साक्षेप न होकर व्यक्ति-निरपेक्ष होता है। उदाहरण के लिए—'सर्वसाधारण को सूचित किया जाता है' न कि 'मैं सर्वसाधारण को सूचित करता हूँ।'

कार्यालयी अनुवाद की समस्याएँ और समाधान

कार्यालयी साहित्य का अनुवाद जहाँ एक तरफ सरल है, वहीं दूसरी तरफ कठिन भी है। सरल इसलिए है क्योंकि यह सूचना प्रधान होता है, तथ्यात्मक होता है, अत: अभिधात्मक होता है। लक्षणा, व्यंजना का प्रयोग न होने के कारण इसमें सर्जनात्मक साहित्य (कहानी, कविता आदि) के स्तर पर आनेवाली कठिनाइयों का सामना नहीं करना पड़ता और कठिन इसलिए है क्योंकि इसकी अपनी एक विशिष्ट पारिभाषिक शब्दावली और शैली होती है। मोटे तौर पर कार्यालयी अनुवाद की मूलभूत समस्या पारिभाषिक शब्दावली और वाक्य-रचना की ही मानी जाती है। इन्हीं से जुड़ी हुई कुछ अन्य समस्याएँ भी हैं। यथा—

1. पारिभाषिक शब्दावली

कार्यालयी साहित्य के अनुवाद में प्रमुख समस्या है—पारिभाषिक शब्दावली। तमाम सरकारी प्रयासों के बावजूद अभी तक हिन्दी की पारिभाषिक शब्दावली इतनी समृद्ध नहीं हो पाई है कि समस्त अंग्रेजी साहित्य का हिन्दी अनुवाद किया जा सके, यही वजह कि कहीं-कहीं आज भी हमें मात्र लिप्यन्तरण से काम चलाना पड़ता है, जैसे—Engine, Issue आदि कई शब्द ऐसे हैं जिनके समानार्थी या समतुल्य शब्द आज तक हिन्दी में नहीं हैं।

इसी प्रकार पर्यायों की समस्या है। बहुत से अंग्रेजी शब्दों के पर्याय हिन्दी में सन्दिग्ध हैं। उदाहरण के लिए अंग्रेजी के Aggression और Attack के लिए हिन्दी में एक ही पर्याय है 'आक्रमण', जो कि उपयुक्त नहीं माना जा सकता क्योंकि अंग्रेजी के इन दोनों शब्दों में अर्थगत असमानता है। इसी प्रकार Conclusion और End को लिया जा सकता है। इसके लिए हिन्दी में 'अन्त' शब्द व्यवहृत होता है जो कि असमीचीन है, क्योंकि प्रयोग के स्तर पर दोनों शब्द अलग अर्थ रखते हैं 'द गेम इन्ड' होता है न कि 'द गेम कनक्लूड'। इसी प्रकार—Your's faithfully/

Your's Sincerily / Yours truly आदि को देखा जा सकता है। हिन्दी में इसके लिए 'भवदीय' तथा 'आपका' का प्रयोग होता है।

पारिभाषिक शब्दों के साथ एक समस्या यह भी है कि जो शब्द लिए गए हैं वे काफी दुरूह हैं, इसलिए अनुवाद में उससे क्लिष्टता और कभी-कभी अबोधगम्यता आ जाती है। जैसे 'admission' के लिए 'अभिस्वीकृति' 'caution money' के लिए 'अवधान द्रव्य', 'abolition' के लिए 'उत्सादन' 'train' के लिए 'लौहपथगामिनी' आदि।

पारिभाषिक शब्दावली के अनुवाद के साथ क्षेत्रीय असमानता भी एक प्रमुख समस्या है। ऐसा देखा गया है कि एक ही अंग्रेजी शब्द के लिए अलग-अलग प्रदेशों में अलग-अलग शब्दों का व्यवहार हो रहा है। उदाहरण के लिए 'Note' के लिए केन्द्र सरकार 'टिप्पणी' का प्रयोग करती है तो मध्य प्रदेश सरकार 'टीप' और 'टिप्पण' का। Additional के लिए केन्द्र में 'अपर' का व्यवहार होता है, उत्तर प्रदेश में 'अतिरिक्त' का। Voice Chancellor के लिए सामान्यत: 'कुलपति' शब्द का प्रयोग होता है परन्तु महाराष्ट्र में 'कुलगुरु' शब्द का प्रयोग होता है। इसी प्रकार Department, Section, Division के लिए भी अलग-अलग शब्द प्रयुक्त होते हैं। केन्द्र में इसके लिए 'विभाग' 'अनुभाग' और 'प्रभाग' शब्द इस्तेमाल होता है किन्तु मध्य प्रदेश में Division के लिए 'सम्भाग' और 'विभाग' का व्यवहार होता है।

एक अन्य समस्या पारिभाषिक शब्दावली के साथ यह भी है कि हिन्दी में अंग्रेजी के कुछ शब्दों के एकाधिक अर्थ मिलते हैं यथा dismiss, economy, confidential आदि। इन शब्दों के लिए हिन्दी में दो-दो, तीन-तीन शब्द मिलते हैं। अत: इनके अनुवाद में भी समस्या आती है।

इस प्रकार कार्यालयी अनुवाद में पारिभाषिक शब्दावली के साथ ये कुछ महत्त्वपूर्ण कठिनाइयाँ महसूस की जाती हैं। इनसे बचने का उचित समाधान क्या हो सकता है, दृढ़ता से तो नहीं कहा जा सकता परन्तु इतना अवश्य कहा जा सकता है कि लक्ष्य भाषा और स्रोत भाषा दोनों के सन्दर्भ और प्रकृति को दृष्टिगत रखते हुए ही अनुवाद करना अधिक सार्थक हो सकता है। जहाँ कहीं पारिभाषिक शब्द के समतुल्य या समानार्थी शब्द न प्राप्त हो सकें, वहाँ क्लिष्टता से बचने के लिए कोष्ठक में मूल शब्द को दिया जा सकता है। पर्यायों के चयन में अधिक सावधानी बरतने की आवश्यकता होती है।

2. संक्षेपों की समस्या

संक्षेपों की समस्या भी कार्यालयी अनुवाद में दृष्टिगत होती है। कभी-कभी अंग्रेजी में प्रयुक्त संक्षेप हिन्दी में उसी प्रकार नहीं प्रयुक्त होते और उनसे भ्रम भी बना रहता

है। अतः संक्षेपों के लिए निर्धारित अंग्रेजी शब्दों का हिन्दी की लिपि के अनुकूल परिवर्तन करना चाहिए, जैसे

AIR - All India Radio = आकाशवाणी - आ. वा.

NCERT-National Council of Educational Research and Training = राष्ट्रीय शैक्षिक अनुसन्धान और प्रशिक्षण परिषद—रा. शै. अ. प्र. प.

3. व्यक्ति नामों के अनुवाद की समस्या

अंग्रेजी से हिन्दी में व्यक्तियों के नामों के अनुवाद में भी समस्या आती है, क्योंकि अंग्रेजी में नामों को संक्षेप में लिखते समय मात्र प्रथमाक्षर का प्रयोग होता है उसके साथ वर्तनी सूचक अक्षरों का प्रयोग नहीं होता, इसलिए इसका अनुवाद भ्रामक हो सकता है। इसका कारण यह है कि हिन्दी में नामों के संक्षिप्त रूप को भी वर्तनी के साथ लिखा जाता है और यही उचित भी है। उदाहरण के लिए—

— के. एन. सिंह इससे निम्न नाम बन सकते हैं—काशीनाथ सिंह, केदारनाथ सिंह, कैलाशनाथ सिंह। इसीलिए हिन्दी में इससे बचना चाहिए और यदि संक्षिप्त लिखना हो तो इस रूप में लिखना चाहिए : का. ना. सिंह, के. ना. सिंह, कै. ना. सिंह।

4. पदनामों के अनुवाद की समस्या

पदनामों के अनुवाद भी कार्यालयी साहित्य के अनुवाद में समस्याएँ खड़ी करते हैं। इसका कारण यह है कि अंग्रेजी के कई शब्दों का हिन्दी में अलग-अलग अर्थों में प्रयोग होता है, जैसे—Director इस शब्द के लिए हिन्दी में 'निदेशक' और 'निर्देशक' दो शब्दों का प्रयोग मिलता है।

5. पत्रों की शैलीगत समस्या

कार्यालयी पत्रों की कुछ शैलीगत समस्याएँ भी होती हैं, ऐसी जगहों पर रूढ़िगत शैलियों को छोड़कर भाषा की प्रकृति के अनुकूल अनुवाद का रास्ता अपनाना चाहिए। जैसे—

1. With reference to your letter no. 525 dated 10th Aug. 2022, I am directed to say that…
   इसका अनुवाद सही रूप में यह होगा—
   आपके 10 अगस्त, 2022 के पत्र क्रमांक 525 के विषय में मुझे कहना है।...
2. A line in reply will be appriciated—
   उत्तर देकर अनुग्रहीत करें या उत्तर देने की कृपा करें।
   इसी प्रकार मसौदों में अंग्रेजी के बहुप्रयुक्त Undersigned के लिए 'अधोहस्ताक्षरी' शब्द की बजाय 'मुझे' लिखना अधिक संगत होता है। जैसे—

3. The undersigned is directed to say...
अधोहस्ताक्षरी को कहने का निर्देश हुआ है
इसकी जगह यह लिखना अधिक संगत है—
मुझे यह कहने का निर्देश हुआ है।...
इसी प्रकार टिप्पणी का अनुवाद करते समय भी हिन्दी की प्रकृति को ध्यान में रखना होता है और कुछ शब्दों को छोड़ना पड़ता है। जैसे—
— I am inclined to agree with him.
— मैं उससे सहमत हूँ।

सृजनात्मक साहित्य का अनुवाद

मनुष्य भाषा का व्यवहार दो प्रयोजनों से करता है—ज्ञान प्रसारण और ज्ञानार्जन तथा भाव सम्प्रेषण के लिए। विविध ज्ञान-विज्ञान, विधि-प्रशासन आदि का उद्देश्य ज्ञान का प्रसारण होता है। यह ज्ञान सूचना प्रधान होता है, इसलिए इसकी भाषा को तकनीकी भाषा कहा जाता है। दूसरी तरफ साहित्य का लक्ष्य भाव सम्प्रेषण करना तथा नैतिक शिक्षा देना होता है इसलिए साहित्य की भाषा तकनीकी भाषा की तरह मात्र अभिधा प्रधान नहीं होती है, उसमें लक्षणा, व्यंजना के साथ अलंकारों और मुहावरों आदि का इस्तेमाल किया जाता है। ज्ञान-विज्ञान के साहित्य का अनुवाद मानव के बौद्धिक विकास के लिए उपयोगी होता है तो साहित्य-काव्य आदि का अनुवाद उसकी अन्तर्वृत्तियों की समृद्धि एवं परिष्कार के लिए आवश्यक होता है।

साहित्यिक अनुवाद को कभी काव्यानुवाद के नाम से जाना जाता था क्योंकि अपने यहाँ काव्य का अर्थ समूचे वाङ्मय से लगाया जाता था। इसी को दृष्टिगत रखते हुए साहित्यदर्पणकार ने यह परिभाषा दी 'वाक्यं रसात्मकं काव्यं' परन्तु, आज काव्यानुवाद से तात्पर्य है कविता का अनुवाद। इसीलिए व्यापक स्तर पर 'सृजनात्मक साहित्य का अनुवाद' शब्द प्रयुक्त होता है जिसमें कविता, नाटक, कहानी आदि साहित्य की समस्त विधाओं का समावेश होता है।

काव्यानुवाद

काव्यानुवाद को शुरू से ही बहुत कठिन कार्य माना जाता रहा है और वास्तव में यह कठिन कार्य है भी परन्तु असम्भव नहीं है। विश्व में अब तक कई हजार कविताओं के अनुवाद हुए हैं और समस्त कालों में यह प्रक्रिया चलती रही है। डॉ. पूरनचन्द टंडन का यह कथन बड़ा सार्थक है कि "कविता के अनुवाद की परम्पराएँ वास्तव में संस्कृतियों के इतिहास से जुड़ी हैं। यही कारण है कि यह एक भाषा से दूसरी भाषा में रूपान्तरण मात्र नहीं है बल्कि एक संस्कृति को दूसरी संस्कृति में प्रस्तुत करना है।"

कविता की रचना-प्रक्रिया काफी जटिल होती है इसलिए काव्यानुवाद भी आसान नहीं होता। कविता का अनुवाद न केवल भाषानुवाद है और न भावानुवाद, वास्तव में कविता भाव और भाषा का समन्वित रूप है। दूसरे शब्दों में कथ्य और कथन पद्धति दोनों का सामंजस्य काव्य रूप का निर्माण करता है। चूँकि कथ्य और कथन पद्धति का सामंजस्य प्रत्येक भाषा में एक जैसा नहीं होता है, इसलिए काव्यानुवाद में बड़ी असुविधा होती है। प्रायः काव्यानुवाद में मूल प्रभाव का या वह प्रभाव उत्पन्न करनेवाले मूल काव्यतत्वों का कुछ अंश छूट जाता है और कुछ ऐसा अंश जुड़ जाता है जो मूल में नहीं होता। इस वजह से कभी-कभी कविता शब्दानुवाद होकर रह जाती है जिससे वह काव्यमय सरसता नहीं आ पाती। इस सन्दर्भ में महान अनुवादक फिट्जजेराल्ड का कथन विचारणीय है—"अनुवादक को अपनी रुचि के अनुसार मूल को फिर से ढालना चाहिए—भूसा भरे गिद्ध की अपेक्षा मैं जीवित गौरैया चाहूँगा।"

काव्य रचना की प्रक्रिया ही काफी जटिल मानी जाती है, अतः उसका अनुवाद भी स्वाभाविक रूप से जटिल होता है। अनुवादक को काव्यानुवाद करते समय विशेष सतर्क रहना पड़ता है। भाव और शब्द दोनों का सम्यक बोध रखनेवाला ही काव्यानुवाद कर सकता है। काव्यानुवाद में मूल शब्द-संरचना के साथ लक्ष्य भाषा के शब्द संयोजन का अर्थ और प्रभाव की दृष्टि से निकटतम होना ही अनुवाद कार्य की सफलता मानी जाती है। कहना न होगा कि इसलिए अनुवादक को स्रोत और लक्ष्य भाषा की सभी अर्थच्छायाओं की सूक्ष्म समझ अपेक्षित होती है।

यद्यपि कुछ विद्वान सैद्धान्तिक स्तर पर कविता के अनुवाद को अनुवाद मानने के पक्ष में नहीं हैं और यह दुरूह कार्य है भी परन्तु अच्छे अनुवादकों के प्रयास को खारिज नहीं किया जा सकता। कविता अपने सामाजिक-सांस्कृतिक सन्दर्भों की पहचान कराती है और ये सन्दर्भ कई बार कोशीय अर्थ से अनुदित नहीं किए जा सकते, यह तथ्य गलत नहीं है परन्तु भाषा और भाषायी सन्दर्भों के जानकार अनुवादक के लिए यह कठिनाई विशेष मायने नहीं रखती है। मोटे तौर पर काव्यानुवाद की जो समस्याएँ दृष्टिगत होती है वे निम्नवत हैं—

स्रोत भाषा और लक्ष्य भाषा की समस्या

कोई भी विषय-वस्तु सबसे पहले भाषा में अभिव्यक्त होती है। अनुवाद भाषान्तरण है, अतः इस भाषान्तरण व्यापार के लिए दोनों भाषाओं की सम्यक जानकारी होना नितान्त आवश्यक माना जाता है। कविता के सन्दर्भ में स्रोत और लक्ष्य भाषा का बोध एक प्रमुख समस्या मानी जाती है, क्योंकि कविता का अनुवाद कोशीय अर्थ अथवा पारिभाषिक अर्थ के आधार पर नहीं किया जा सकता। कविता को अधिकतर भावानुवाद माना जाता है, अतः स्वाभाविक रूप से उसमें ऐसे शब्दों का प्रयोग लक्ष्य भाषा में होना चाहिए, जो स्रोत भाषा में प्रयुक्त शब्द के भावों को सटीक अभिव्यक्त कर सकें।

प्रत्येक भाषा के शब्द की अपनी एक व्यवस्था होती है। वह जिस सामाजिक-सांस्कृतिक पृष्ठभूमि से जुड़ा होता है उसी के अनुरूप उसमें ध्वनि-प्रभाव और अर्थ बिम्ब निहित होता है, जिसका समस्त्रोतीय भाषाओं में तो प्रति शब्द सम्भव होता है परन्तु विषमस्त्रोतीय भाषाओं में नहीं। इस प्रकार हर भाषा के शब्द का अपना अर्थ-बिम्ब होता है, लक्ष्य भाषा में जिसकी खोज आसान नही होती है। जैसे भारत की 'गर्मी' और यूरोप की 'गर्मी', रूस का 'जाड़ा' और अरब का 'जाड़ा' भिन्न अर्थ रखते हैं।

छन्दों की समस्या

कविता के अनुवाद के सन्दर्भ में एक कठिनाई यह भी होती है कि उसका अनुवाद किस रूप में किया जाए। चूँकि कविता छन्दबद्ध होती है, अतः ऐसा माना जाता है कि उसे छन्दबद्ध ही होना चाहिए, परन्तु हर भाषा के छन्दों की प्रकृति भिन्न होती है, इसलिए इसका अनुवाद आसान नहीं होता।

उदाहरण के लिए उमर खैयाम की रूबाइयों के अंग्रेजी-हिन्दी में किए गए अनुवाद को देखा जा सकता है—

आमद सहेर निदा जे मय खान-ए-मा।
के रिंद खराबाती व दीवान-ए-मा।
बरखेज कि पुरकुनेम पैमाना जे मय।
जाँ पेश कि पुरकुनन्द पैमान-ए-मा।

—उमर खैयाम

Dreaming when Dawn's left hand was in the sky
I heard a voice within the tavem cry,
"Awake", my little ones, and fill the cup
Before life's liquor in its cup be dry"

—Fitzgerald

उषा ने ली अँगड़ाई हाथ
दिए जब नभ की ओर पसार,
स्वप्न में मदिरालय के बीच
सुनी तब मैंने एक पुकार—
"उठो, मेरे शिशु नादान,
बुझा लो पी-पी मदिरा भूख
नहीं तो तन-प्याली का शीघ्र
जायगी जीवन-मदिरा सूख।"

—बच्चन

डॉ. भोलानाथ तिवारी का मानना है, "काव्यानुवाद—जो किसी कविता का यथासम्भव निकटतम समतुल्य होता है, ठीक मूल ही नहीं होता। यह बात दूसरी है कि कभी तो वह मूल के काफी निकट पहुँच जाता है, कभी दूर रह जाता है और कभी काफी दूर। वैसे तो किसी भी रचना का अनुवाद सरल नहीं होता, किन्तु कविता का इसलिए और भी कठिन होता है कि कई बातों में कविता अन्य रचनाओं से अलग होती है, इनमें कुछ वे तत्त्व होते हैं, जो अन्य में नहीं होते और जिन्हें अनुवाद में ला पाना काफी कठिन होता है।"

कविता का अनुवाद प्रायः इसलिए आसान नहीं होता क्योंकि कविता के कथ्य को हू-ब-हू पकड़ना कई बार सम्भव नहीं हो पाता। यह भी सम्भव है कि अनुदित कथ्य पहले से भी अधिक प्रभावी बन जाए। इसलिए काव्यानुवाद में हमेशा यह गुंजाइश रहती है कि काव्य कथ्य या उसके प्रभाव विन्यास का कुछ अंश छूट जाए और कुछ नया उसमें जुड़ जाए। इसीलिए काव्यानुवादक से यह अपेक्षा होती है कि वह अपनी रुचि के अनुसार मूल को समझे-ढाले, जिससे कथ्य का भाव अधिकतम स्तर तक सुरक्षित रह सके। यह मानना होगा कि मूल रचना के साथ-साथ अनुवादकों की दृष्टि, रचनात्मक प्रतिभा, परिवेश, उसकी बोध शक्ति सभी का इसमें अभिनिवेश होना पड़ता है। भिन्न-भिन्न भाषाओं की अभिव्यक्ति शैलियों, प्रविधियों, पद्धतियों, शब्दों, वाक्यों, मुहावरें-कहावतों, मिथकों, अलंकारों, ध्वनियों को एक भाषा से दूसरी भाषा में रूपान्तरित करते समय दोनों भाषाओं की प्रकृति-परिवेश पर का विशेष ध्यान रखना पड़ता है। काव्यानुवादक को शब्द-साम्य, अर्थ-साम्य और ध्वनि-साम्य तीनों का ध्यान रखना होता है। जहाँ अनुवादक से इसमें चूक होती है, वहाँ सही अनुवाद नहीं हो पाता। अज्ञेय ने शैली की एक कविता का अनुवाद इस तरह किया है—

Many a green island needs must be
In the deep wide sea of misery
Or the mariner worn wan and
Never thus could voyage on.

कई हरे-भरे द्वीप अवश्य होंगे
व्यथा के गहरे और फैले सागर में
नहीं तो थका-हारा सामरिक
कभी ऐसे यात्रा करता न रह सकता।

ऐसे ही जान मिल्टन की एक कविता का हरिवंशराय बच्चन द्वारा किया गया अनुवाद काफी प्रभावी है। यह मूल से अधिक बेहतर लगता है। बच्चन ने मिल्टन

के कथ्य को बहुत गहराई से तो समझा ही है, उसे अपनी काव्य प्रतिभा से एक नया स्वरूप प्रदान कर दिया है—

Which shall I first be wail
The Bondage or last sight
Prison within prison,
Inseparably dark?

पहले किस पर अश्रु बहाएँ,
बन्दी या अन्धा होने पर,
बन्दीगृह के भीतर बन्दीगृह तेरा,
रखता है संयुक्त जिन्हें यह घना अँधेरा।

अलंकारों की समस्या

अलंकार भाषा के भूषण होते हैं। अलंकारों से शब्दार्थगत चमत्कार ही उत्पन्न नहीं होता बल्कि कथन-भंगिमा और सम्प्रेषणीयता भी प्रभावित होती है। भाषा की शक्ति होते हैं—अलंकार। इनकी विशिष्ट सामाजिक-सांस्कृतिक भूमिका होती है। उदाहरण के लिए, यमक अलंकार का अनुवाद आसान नहीं है। काव्य शैली में तो प्राय: असम्भव है। जैसे—

कनक कनक ते सौ गुनी मादकता अधिकाय

इसलिए ऐसी काव्य पंक्तियों का गद्यानुवाद ही करना होता है। क्योंकि 'सोना' और 'धतूरा' के अर्थ में 'कनक' का प्रयोग शायद ही किसी और भाषा में होता हो। ऐसे ही 'उल्लू' शब्द भी देखा जा सकता है। इस उपमान का अनुवाद भी सरल नहीं क्योंकि भिन्न भाषाओं में इसके भिन्न अर्थ हैं। जैसे, हिन्दी में 'उल्लू' मूर्खता का प्रतीक है, किन्तु अंग्रेजी में 'बुद्धिमान' का द्योतक। अत: इसका काव्य में अनुवाद करना हो तो 'उल्लू' को 'Owl' लिखना असंगत होगा।

काव्यानुवाद में छन्दों की भाँति अलंकारों का भी विशिष्ट प्रयोग होता है। काव्य भाषा बहुधा अलंकार प्रधान होती है और अलंकारों को एक भाषा से दूसरी भाषा में उसी प्रकार उतार पाना सम्भव नहीं होता हैं। अर्थालंकारों का अनुवाद तो कठिन होता ही है, शब्दालंकारों का तो असम्भव ही होता है। जैसे—

रहिमन पानी राखिए, बिनु पानी सब सून।
पानी गए न उबरे, मोती मानुस चून।

यहाँ पानी के तीन अर्थ हैं—चमक, इज्जत और पानी। जाहिर है इसके अनुवाद के लिए ऐसा ही शब्द होना चाहिए।

बिम्बों की समस्या

काव्य बिम्ब प्रधान होते हैं। काव्य भाषा का एक प्रधान गुण बिम्ब है। अत: बिम्बों का अनुवाद भी होना आवश्यक होता है। बिम्बों का अनुवाद आसान नहीं होता है। कविमानस के छायाचित्रों को उसी रूप में अनुदित करना प्राय: असम्भव होता है। बिम्बों के अनुवाद में सबसे बड़ी समस्या यह होती है कि उनमें एकार्थता की अपेक्षा नहीं की जा सकती। प्रत्येक भाषा में शब्द बिम्ब की अलग-अलग प्रकृति और अर्थ है। काव्यभाषा में प्रयुक्त होने पर ऐसे बिम्बात्मक शब्द बाधक बनते हैं, जिनका अर्थ प्रकृति-परिवेश के अनुसार भिन्न-भिन्न होता है। जैसे—रूस का 'जाड़ा' और अरब का 'जाड़ा' एक नहीं है। इसी प्रकार अंग्रेजी 'spring' शब्द का जो अर्थ है, वह हिन्दी के 'वसन्त' का समानार्थी या पर्याय नहीं हो सकता।

कुछ उदाहरण देखे जा सकते हैं :

मूल	अशुद्ध अनुवाद	सही अनुवाद
Beauty is truth, Truth is beauty- If winter comes, can spring be far behind.	सुन्दरता सत्य है, सत्य ही सुन्दरता है। यदि शीत ऋतु आती है, तो क्या वसन्त ऋतु नहीं आएगी?	सुन्दरता परम सत्य की अभिव्यक्ति है। सुख व दुख जीवन का शाश्वत क्रम है।

इसके अलावा विचारक इस बात पर भी एकमत नहीं हैं कि काव्यानुवाद गद्य में होना चाहिए कि पद्य में। इस पर परस्पर भिन्न मत हैं। कविता का छन्दानुवाद करना सरल नहीं होता है इसलिए कुछ लोग उसे सटीक नहीं मानते और गद्यानुवाद की वकालत करते हैं। इस सन्दर्भ में कुछ लोग क्षतिपूरक सिद्धान्त की बात भी करते हैं और यह तर्क देते हैं कि छन्दानुवाद करना उपयुक्त होता है। डॉ. भोलानाथ तिवारी की मान्यता है कि "कविता का अनुवाद पहले तो पद्य रूप में ही करने का प्रयास करें, यदि ठीक अनुवाद न हो पा रहा हो तो मुक्त छन्द में करें और यदि उसमें भी कठिनाई हो तब गद्य में अनुवाद करें।"

मुहावरों की समस्या

काव्यानुवाद में एक बड़ी समस्या है मुहावरों का अनुवाद। मुहावरे भाषा और संस्कृति की प्रकृति के अनुरूप बने होते हैं। वे भाषा की सर्जनात्मक शक्ति के द्योतक होते हैं। बहुत कम शब्दों में प्राय: बहुत बड़ी बातें मुहावरों के कलेवर में कही जाती हैं। मुहावरों से भाषा में प्रभावोत्पादकता बढ़ती है। भाषा में रोचकता आती है। मुहावरे देश-समाज की ऐतिहासिक पौराणिक कथाओं, मिथकीय धारणाओं, सांस्कृतिक विशिष्टताओं से सम्बद्ध होते है, इसलिए प्राय: एक भाषा से दूसरी भाषा में इन्हें उसी

अर्थ-छटा और प्रभाव क्षमता के साथ अनुदित करना सम्भव नहीं होता। भाषाओं के पारस्परिक संसर्ग से कुछेक मुहावरे तो एक भाषा से दूसरी भाषा में शब्द और अर्थ दोनों दृष्टि से रूपान्तरित हो जाते हैं, जैसे—

— ups and downs of life
— जीवन के उतार-चढ़ाव
— crocodile tears
— घड़ियाली आँसू
— to throw mud
— कीचड़ उछालना
— to keep in the dark
— अँधेरे में रखना
— To build castle in the air
— हवाई किले बनाना
— To blow one's own trumpet
— अपने मुँह मियाँ मिट्ठू बनना
— Birds of the Same feather
— एक ही थैली के चट्टे-बट्टे

हालाँकि शब्द और अर्थ की दृष्टि से समानता देखने की कोशिश सदैव होनी चाहिए। जहाँ शब्द और अर्थ की दृष्टि से ऐसी समानता नहीं मिलती, वहाँ विशेष सावधानी और समझदारी की अपेक्षा अनुवादक से होती है। अनेक मुहावरे ऐसे होते हैं जिनका अनुवाद असम्भव होता है। उनका रूपान्तरण भावार्थ के स्तर पर ही उपयुक्त होता है। विशेषकर सांस्कृतिक, पौराणिक, मिथकीय सन्दर्भों से जुड़े हुए मुहावरों का अनुवाद बहुत जटिल होता है। इनका भावानुवाद ही किया जाना चाहिए। मुहावरों का भावानुवाद करते समय लक्ष्य भाषा की मूल प्रकृति का ध्यान रखना चाहिए। उदाहरण—'Herculean effort' का अनुवाद करते समय 'हरक्यूलियन कार्य' कहना अनुपयुक्त होगा, हिन्दी की प्रकृति-संस्कृति के अनुसार इसे 'भगीरथ प्रयत्न' कहना उपयुक्त होगा।

लोकोक्तियों की समस्या

लोकोक्तियाँ भी मुहावरों की तरह विशिष्ट भाषिक अभिव्यक्तियाँ होती हैं। लोकोक्तियों की जड़ें भाषा की संस्कृति से जुड़ी होती हैं। इनका सम्बन्ध बोलियों से हुआ करता है। प्रत्येक भाषा की अनेक बोलियाँ होती हैं, उसके अनेक रूप होते हैं। लोकोक्तियों की रचना उन्हीं के परिवेश से होती है। इसीलिए कई बार कोई भाषा सीख लेने मात्र से उस भाषा की लोकोक्तियों की समझ और अनुवाद क्षमता

विकसित हो जाए, ऐसा सम्भव नहीं होता। इस सम्बन्ध में यह कथन ध्यान रखना चाहिए कि, "किसी भी भाषा के मातृभाषियों के जीवन को पूरी तरह जिए बिना उनकी परम्पराओं से परिचित हुए बिना, उनकी अनेक लोकोक्तियों को ठीक से नहीं समझा जा सकता।"

लोकोक्तियाँ हों या मुहावरें, वे किसी एक के द्वारा गढ़े हुए नहीं होते। उनका निर्माण सामूहिक अनुभव बोध का नतीजा होता है। इसीलिए लोकोक्तियों का स्वरूप भी एक-सा नहीं होता। प्रत्येक भाषा-भाषी समाज की अपनी धारणाएँ-मान्यताएँ उनसे जुड़ी होती हैं। हर भाषा की लोकोक्तियाँ विशिष्ट होती है, शब्द और अर्थ दोनों दृष्टि से। अतः शब्द के स्तर पर तो उनका अनुवाद प्रायः किया ही नहीं जा सकता पर अर्थ के स्तर पर भी यह आसान नहीं होता। इनके अनुवाद में एक बड़ी समस्या यह होती है कि कई बार लोकोक्ति और मुहावरे का अन्तर नहीं समझा जाता। दोनों की संरचना और प्रयोग भिन्न हैं। अनुवादक को यह ध्यान रखना चाहिए कि लोकोक्ति में एक पूर्ण सत्य या विचार होता है और उसकी एक स्वतंत्र सत्ता होती है, वह किसी वाक्य का अंश नहीं होती, जबकि मुहावरे की स्वतंत्र सत्ता नहीं होती, वह किसी-न-किसी वाक्य का अंश होता है। उदाहरण के लिए 'जाको राखे साइयाँ मार सके न कोय' एक लोकोक्ति है तथा 'ईद का चाँद', 'दाल न गलना', 'आँखों में धूल झोकना' मुहावरे हैं। लोकोक्तियाँ हों या मुहावरे, यह समाज की विशिष्ट सांस्कृतिक अभिव्यक्तियाँ होती हैं। कहा गया है कि उनकी लाक्षणिकता और व्यंजकता अपने में अर्थ-गर्भत्व की एक पूरी परम्परा को व्यंजित करती है। लोकानुभव की कसौटी पर पूरी तरह खरा उतरने के बाद ही कोई कथन लोकोक्ति बनता है। अर्थात लोकोक्तियों-मुहावरों में पूरा लोक जीवन रचा-बसा होता है। लोकानुभव से सृजित होने के कारण इनका अनुवाद बिना लोक को समझे असम्भव होता है।

लोकोक्तियों के अनुवाद में यह अपेक्षित होता है कि अनुवादक को सिर्फ स्रोत और लक्ष्य भाषा की समझ न हो, बल्कि दोनों भाषाओं की लोक बोलियों, संस्कृति, परम्परा, जीवनमूल्य की भी गहन जानकारी हो, जो प्रायः असम्भव होता है। इसीलिए इनका अनुवाद चुनौतीपूर्ण होता है। उदाहरण के लिए, 'करवा कुम्हार का, घी यजमान का, पंडित बोले स्वाहा' या 'दान की बछिया के दाँत नहीं देखे जाते' जैसी लोकोक्तियों की अपनी विशिष्ट अर्थ-छवि होती है। इनका अनुवाद बिना भाव को समझे असम्भवप्राय है। पर कुछ ऐसी भी लोकोक्तियाँ हो सकती हैं, जो अनेक भाषाओं में समान रूप से मिलती हों, इसलिए अनुवादक को समानार्थी लोकोक्तियों की खोज करनी चाहिए। जैसे—'Empty vessel makes more noise'—'अध जल गगरी छलकत जाए', 'Necessity is the mother of invention'—'आवश्यकता आविष्कार की जननी है', 'All well that ends well'—'अन्त भला तो सब भला'।

इसी प्रकार समान अर्थ-बिम्ब वाली लोकोक्तियों को भी तलाशना चाहिए। कई भाषाओं में समान अर्थ-बिम्ब वाली लोकोक्तियाँ मिलती हैं, जैसे—

— A bad carpenter quarrels with his tools.

— नाच न जाने आँगन टेढा

— Killing two birds with one stone

— एक पंथ दो काज

ये लोकोक्तियाँ भाव-साम्य की दृष्टि से एक-दूसरे की पूरक-सी लगती हैं। इसी तरह जहाँ शब्दानुवाद सम्भव नहीं हो, वहाँ भावानुवाद का सहारा लिया जाना चाहिए और यदि भावानुवाद भी सम्भव नहीं हो तो लक्ष्यभाषा में ऐसी लोकोक्ति गढ़नी चाहिए, जो अर्थ की दृष्टि से समान प्रभाव वाली हो। कुछ और लोकोक्ति के उदाहरण—

— अब पछताए होत क्या जब चिड़िया चुग गई खेत	— It is nosense crying over spilt milk
— एक तन्दुरूस्ती हजार न्यामत	— Health is Wealth
— एक और एक ग्यारह	— Union is strength
— अन्धों में काना राजा	— A figure among cyphers
— सिर्फ बातों से काम नहीं चलता	— Bare words buy no barley
— आँख का पानी उतर जाना	— To become shameless
— सिर पड़े का सौदा	— a matter with no alternative
— दाँत खट्टे करना	— to give a tought fight
— खुली छूट देना	— to give a blank cheque
— ऊँट के मुँह में जीरा	— a drop in the ocean
— हवाई किले बनाना	— to build castle in the air
— कोई कसर न रखना	— to leave no stone unturned
— दूसरे के काम में टाँग अड़ाना	— to pake one's nose in other's affiars

नाटक का अनुवाद

नाटकों के अनुवाद की समस्याएँ भी काव्यानुवाद की भाँति ही होती हैं। काव्यात्मक नाटकों में लगभग काव्यानुवाद की पद्धति का ही सहारा लेना पड़ता है। डॉ. प्रभाकर माचवे ने नाटकों के अनुवाद की समस्याओं के बारे में लिखा है, "नाटकों के अनुवाद की सफलता-असफलता पाठ्य तक सीमित नहीं है। अभिनेयता भी आवश्यक होती है। अतः नाटक के अनुवादक के लिए सबसे आवश्यक शर्त यह है कि उसे रंगमंच का ज्ञान होना चाहिए—मूल नाटक की परम्परा का तथा जिस काल की जिस भाषा में अनुवाद किया जा रहा है, उसकी मंच परम्परा का।"

नाटक की पठनीयता और अभिनेयता के आधार पर अनुवाद किया जाता है। मात्र पठनीय नाटकों के अनुवाद में विशेष समस्या नहीं आती परन्तु अभिनेय नाटकों के अनुवाद में कई समस्याएँ आती हैं। अनुवादक को भाषा अभिव्यंजना, भावाभिव्यंजना, रस आदि का सम्यक बोध होना चाहिए। नाटकों की भाषा ही उसका प्राण होती है। भाषा को उसी रूप में रखना अनुवादक की जवाबदेही होती है। विशेषकर संवादों की भाषा पर विशेष ध्यान देना होता है। अगर संवादों की विशेषताएँ अनुदित भाषा में न आ पाएँ तो अनुवाद अच्छा नहीं माना जाता, प्रभाव भी नहीं पड़ता। डॉ. कैलाश चन्द्र भाटिया इसे विशिष्ट मानते हुए कहते हैं, "संवादों के माध्यम से सब-कुछ कथानक, चरित्र, पात्रों का मानसिक अन्तर्द्वन्द्व, संघर्ष आदि सभी व्यक्त करना पड़ता है। अतएव भाषिकेत्तर स्वनिम प्रमुख हो जाते हैं।"

कथा साहित्य का अनुवाद

कथा साहित्य-उपन्यास, कहानी का अनुवाद अपेक्षाकृत सरल माना जाता है। इस विधा में प्रचुर मात्रा में अनुवाद हुए हैं। तालस्ताय, तुर्गनेव, प्रेमचन्द, टैगोर, जैनेन्द्र आदि के साहित्य का कई भाषाओं में अनुवाद हुआ है।

कथा साहित्य के अनुवाद में अनुवादक को विषय का अच्छा समझदार और भाषा का जानकार होना जरूरी होता है। इसमें देशकाल, संस्कृति-समाज आदि की विशिष्टताओं का ध्यान रखना आवश्यक होता है। कथा साहित्य के अनुवादक को सामाजिक-सांस्कृतिक पृष्ठभूमि का जानकार होना अधिक जरूरी होता है क्योंकि कथा किसी परिवेश की कहानी है। उस परिवेश की अपनी सामाजिक-सांस्कृतिक विशिष्टता होती है, अनुवादक से अपेक्षा होती है कि वह उसे उसी रूप में प्रस्तुत करे।

कथा साहित्य के अनुवाद में काव्यानुवाद की भाँति—'फार्म' पर अधिक बल नहीं दिया जाता, 'कंटेंट' मुख्य होता है। अनुवादक से अपेक्षा होती है कि वह 'कंटेंट'—कथ्य का अनुवाद बिना किसी क्षति के करे। उपन्यास कला और शिल्प-विधान का अच्छा ज्ञान अनुवादक को हो तो अनुवाद अच्छा बन पाता है।

वाणिज्य एवं बैंकिंग क्षेत्र में अनुवाद

भारत में आधुनिक बैंकिंग की शुरुआत ब्रिटिश शासकों के द्वारा हुई। यद्यपि भारत में वैदिककाल से विभिन्न मुद्राओं को बदलने और लोगों को ब्याज पर मुद्रा देने की प्रथा थी परन्तु आधुनिक रूप में इसकी शुरूआत का श्रेय अंग्रेजों को ही जाता है। स्वतंत्रता के पूर्व देश में स्टेट बैंक (इम्पीरियल बैंक) के अलावा अन्य कई बैंकों की शुरुआत हो गई थी लेकिन उनका कार्य क्षेत्र सीमित था।

बैंकों के राष्ट्रीयकरण के बाद न सिर्फ उनका दायरा बढ़ा बल्कि उनकी कार्य प्रणाली में भी सुधार हुआ। बैंकों का कामकाज बढ़ने और देश के विभिन्न क्षेत्रों में

उनकी शाखाएँ खुलने से क्षेत्रीय भाषाओं में कामकाज करने की आवश्यकता महसूस हुई। 19 जुलाई, 1969 को देश के 14 बड़े व्यापारिक बैंकों का राष्ट्रीयकरण किया गया। राष्ट्रीयकरण करने का मूल कारण यह था कि बैंकिंग क्षेत्र का फायदा आम जनता को मिले और देशवासी अपनी पूँजी का सुनियोजित उपयोग कर सकें तथा बैंकिंग प्रणाली को और अधिक सक्षम बनाया जा सके। जब बैंक आम आदमी तक पहुँचे, तब उन्हें कुछ तो लोगों की आवश्यकताओं के कारण, कुछ सरकारी नीतियों के कारण स्थानीय भाषाओं में काम करना अनिवार्य हो गया। बैंक जनता के लिए काम करते थे, इसलिए जनता की भाषा में कार्य करना ही इनके लिए उचित भी था और लाभकारी भी। यहीं से बैंकिंग अनुवाद की प्रक्रिया की शुरुआत हुई, ऐसा माना जा सकता है।

बैंकिंग साहित्य अधिकतर अंग्रेजी में या अंग्रेजी पद्धति पर निर्मित है। उसे अनुवाद के द्वारा राजभाषा और क्षेत्रीय भाषाओं में प्रस्तुत करने की कोशिशें चल रही हैं।

बैंकिंग साहित्य को दो भागों में बाँटकर उनका प्राथमिकता के आधार पर अनुवाद किया जाता है। इसे निम्न चार्ट से समझा जा सकता है

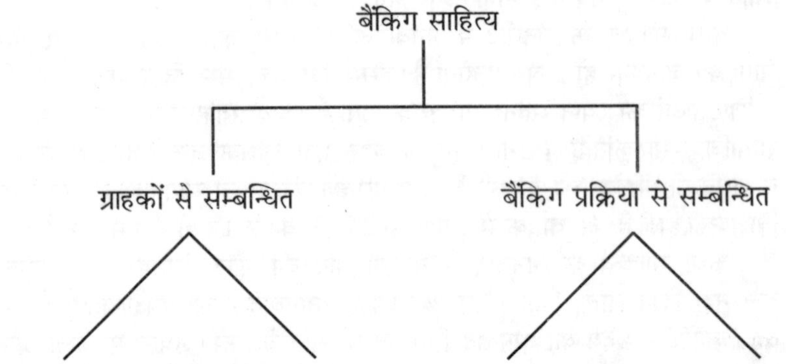

आजादी के बाद जब बैंकों का राष्ट्रीयकरण हुआ तो देश की संविधान सम्मत राजभाषा हिन्दी में कार्य करने पर विशेष जोर दिया गया। इसके लिए बैंकिंग से सम्बन्धित कई फैसले भी लिए गए जिससे राजभाषा के कार्यान्वयन को प्रभावी बनाने की दिशा में सार्थक प्रयास हुए। इसी को दृष्टिगत रखते हुए 1975 के आसपास बैंकों के प्रधान कार्यालयों और आँचलिक कार्यालयों में राजभाषा प्रभाग और राजभाषा कक्ष स्थापित किए गए। यह शुरुआत थी। इस दिशा में वास्तविक प्रगति 1980 के बाद दर्ज हुई।

सन् 1987-88 तक अधिकांश बैंकों के मंडल कार्यालयों में राजभाषा अनुभागों ने काम करना शुरू कर दिया। राजभाषा अधिकारी, अनुवादक, हिन्दी सहायक, आशुलिपिक आदि की नियुक्तियाँ की गई, जिससे हिन्दी में अनुवाद को बल मिला। कम्प्यूटर आने के बाद हिन्दी सॉफ्टवेयरों का इस्तेमाल करके इस कार्य को त्वरित बनाया गया।

हिन्दी के प्रयोग की आवश्यकता को देखते हुए बैंकों के प्रधान कार्यालयों में 'राजभाषा कार्यान्वयन समिति', और 'हिन्दी कार्यान्वयन समितियाँ' बनाई गईं परन्तु हिन्दी को सर्वत्र एकाएक लागू नहीं किया जा सकता था। विशेषकर अहिन्दीभाषी क्षेत्रों में अधिक कठिनाई थी। इसलिए क्षेत्रीय भाषाओं के साथ हिन्दी को लागू किया गया। इस प्रकार समस्त बैंकिंग साहित्य के अनुवाद की शुरुआत हुई।

अनुवाद में सबसे बड़ी समस्या थी पारिभाषिक शब्दावली की। इस दिशा में भारतीय रिजर्व बैंक ने सर्वप्रथम पदनाम शब्दावली का प्रकाशन कर शुरुआत की। शब्दावली चयन के साथ सबसे पहली प्राथमिकता इसे दी गई कि शब्दावली में एकरूपता हो। इसके लिए कुछ शब्द नये गढ़े गए, कुछ पहले से प्रयुक्त हो रहे शब्दों को लिया गया। ऐसे कई शब्द बैंकिंग में प्रयुक्त हुए जिनमें एकरूपता का अभाव है, उन्हें सन्दर्भ के अनुसार ही पहचाना जा सकता है। जैसे—

Credit-

To Credit an account	किसी खाते में रकम जमा करना।
To grant Credit facilities	उधार-सुविधाएँ प्रदान करना।
Credit worthiness	साख, उधार रकम लौटाने की क्षमता।

इसके अनुवाद में कठिनाई वहाँ आ जाती है, जहाँ अनुवादक विभिन्न अर्थों को सन्दर्भ के अनुसार प्रयुक्त नहीं कर पाता।

इसी प्रकार हिन्दी के 'बकाया' के लिए अंग्रेजी में तीन शब्द हैं—

'Arrears', Outstanding and Backlog, यहाँ यदि सन्दर्भ नहीं मालूम हो तो अनुवादक भारी त्रुटि कर सकता है।

— बैंकिंग शब्दावली के साथ एक समस्या यह भी है कि बैंकिंग में प्रयुक्त होनेवाले शब्द सामान्य व्यवहार से अलग अर्थ रखते हैं, अतः इसका भी बोध अनुवादक को होना आवश्यक होता है, वरना अनुवादक अर्थ का अनर्थ कर देगा, जैसे—

	बैंकिंग अर्थ	**सामान्य अर्थ**
Outstanding	देय, बकाया	उत्कृष्ट
Interest	ब्याज	रुचि
Bank	अधिकोष	किनारा
Settlement	भुगतान	समझौता
Chest	तिजोरी	छाती या सीना

बैंकिंग प्रक्रिया में अनुवाद को गति देने के लिए रिजर्व बैंक ने 'पदनाम शब्दावली' और 'कार्यालयी शब्दावली' कोश का प्रकाशन किया। यह प्रारम्भिक कदम था। इससे बैंकिंग क्षेत्र में हिन्दी के प्रयोग का मार्ग सुगम हो सका। ऐसे कुछ पदनाम और प्रशासकीय शब्दावलियाँ निम्न हैं—

पदनाम

Chief development Officer — मुख्य विकास अधिकारी
Deputy General Manager — उपमहाप्रबन्धक
Vigilance Officer — सतर्कता अधिकारी

प्रशासनिक शब्दावली

By virtue of Office — पद के नाते
Onward Transmission — आगे भेजने के लिए
With Retrospective effect — पूर्व प्रभाव सहित

आगे चलकर 1980 में 'बैंकिंग शब्दावली' का भी प्रकाशन किया गया, जिसमें वाणिज्य एवं अर्थशास्त्र की शब्दावली को आधार बनाया गया। इससे शब्दावली की समस्या काफी हद तक हल हो गई परन्तु शब्द बहुप्रचलित नहीं हो सके। कई शब्द बहुत ही कठिन हैं, इतने कि उनके प्रतिशब्द अंग्रेजी के शब्द उनकी अपेक्षा अधिक सरल और प्रचलित हैं।

बैंकिंग प्रयुक्तियाँ विशिष्ट होती हैं। उनके अनुवाद में भी कठिनाई आती हैं, क्योंकि बैंकिंग प्रक्रिया में प्रयुक्त होनेवाले बहुत से शब्द सामान्य रूप से एकदम भिन्न अर्थ रखते हैं, जैसे—

I request you to open an account in the books of the bank.
यहाँ पर तात्पर्य बैंक में 'खाता' खोलने से है न कि 'किताब' या पुस्तक से

Your reply is not convincing.
— आपका उत्तर सन्तोषप्रद नहीं है।

Please comply before due dates.
— कृपया नियत तिथि से पूर्व जानकारी भेजें/पूर्ति करें।

इसी प्रकार पत्रादि, दस्तावेज आदि के अनुवाद में भी व्यावहारिक दिक्कतें आती हैं। आज की स्थिति यह है कि लगभग समूचा बैंकिंग साहित्य ही अनुदित किया जा चुका है। फिर भी कार्य अंग्रेजी में हो रहा है। हिन्दी महज अनुवाद की भाषा होकर रह गई है, उसका व्यवहार आज भी सीमित है। व्यवहार में न आने की वजह से ही अनुवाद भी कठिन बना हुआ है। इस दिशा में निरन्तर प्रोत्साहन देने की आवश्यकता है।

वाणिज्य में अनुवाद

वाणिज्य व्यापार से सम्बन्धित साहित्य का अनुवाद भी बहुत महत्त्वपूर्ण माना जाता है। वाणिज्य के अन्तर्गत व्यापार-व्यवसाय के सभी क्षेत्र आ जाते हैं। आज व्यापार जिस गति से बढ़ रहा है, उसके नये-नये आयाम सामने आ रहे हैं, उन्हें देखते हुए अनुवाद का महत्त्व भी बढ़ रहा है। वाणिज्य सदियों से होता रहा है परन्तु वैश्वीकरण के इस दौर में उसमें जो परिवर्तन आया है, जो नये-नये क्षेत्र व्यापार के खुल रहे हैं, साथ ही व्यापार के समक्ष जो नई-नई चुनौतियाँ आ रही हैं, उन्हें देखते हुए यह कहा जा सकता है कि अनुवाद व्यापार में अहम भूमिका निभा सकता है।

वाणिज्य के अन्तर्गत जितने भी क्षेत्र आते हैं, उन सबकी अपनी विशिष्ट भाषिक प्रयुक्तियाँ होती हैं, जैसे—पर्यटन, बैंकिंग, विज्ञापन, उद्योग आदि। इन सभी क्षेत्रों में जो क्रिया-व्यापार होता है उसमें भाषा की अहम भूमिका होती है। भाषा, व्यापार में सम्प्रेषण का कार्य करती है। भाषा की जानकारी ही नहीं बल्कि एक भाषा की सामग्री का दूसरी भाषा में होना भी आज जरूरी हो गया है।

वाणिज्य सामग्री के अन्तर्गत मोटे तौर पर प्रचार सामग्री, विज्ञापन, पत्र-लाइसेंस, कोटा, परमिट आदि से सम्बन्धित सूचना सामग्री, उद्घोषणा, प्रशासनिक कार्यवाही से सम्बन्धित पत्राचार आदि आते हैं। इसमें भी विज्ञापन का विशेष महत्त्व होता है। इसे वाणिज्य का मुखड़ा माना जाता है। विज्ञापन न सिर्फ वस्तु का प्रचार करता है बल्कि वस्तु का विक्रय भी करता है। प्रभावी विज्ञापन का प्रभाव इतना तगड़ा होता है कि ग्राहक वस्तु प्राप्त करने के लिए दुकानदार के पास पहुँच जाता है।

कहा चुका है कि वाणिज्य की अपनी विशिष्ट शब्दावली होती है। उस शब्दावली की सरसता, रोचकता ग्राहक को प्रभावित करती है। कुछ शब्द निम्न हैं—

— आइए, सेवा का मौका दीजिए।

— आजमा के तो देखिए।

— एक बार हमें सेवा का मौका दीजिए, फिर देखिए कि...

यहाँ वाणिज्यिक अनुवाद का एक उदाहरण 'टोपाज ब्लेड' का देखा जा सकता है :

'Topaz' ends the imported myth

'टोपाज' ने खत्म किया विदेशी किस्सा

'Topaz Stainless'

'टोपाज स्टेनलेस'

The National blade with an international edge.

अन्तरराष्ट्रीय स्तर का राष्ट्रीय ब्लेड

जनसंचार माध्यमों में अनुवाद

पत्रकारिता राष्ट्र की एक धुरी होती है। यह सूचना प्रसारण का प्रमुख माध्यम है। भारत जैसे प्रजातांत्रिक देश में पत्रकारिता की भूमिका बहुत ही महत्त्वपूर्ण है। सूचना प्रौद्योगिकी के इस युग में जहाँ सूचना को मौलिक अधिकार मानकर नित नये आयाम उसके प्रसारण के खोजे जा रहे हैं, वहाँ अनुवाद की भूमिका स्वतः रेखांकित होती है।

अनुवाद की आवश्यकता पत्रकारिता में इसलिए पड़ती है क्योंकि पत्रकारिता के सभी माध्यम चाहे वे दृश्य हों या श्रव्य अथवा दृश्य-श्रव्य, उन्हें सूचना का आदान-प्रदान करने के लिए राष्ट्रीय स्तर पर बहु-भाषाओं के बीच सन्तुलन बनाना पड़ता है और अन्तरराष्ट्रीय स्तर पर ज्ञान-विज्ञान की नवीन उपलब्धियों से मानव समाज को अवगत कराना पड़ता है। अपने देश में भाषा के धरातल पर अद्भुत भिन्नता है, इस भिन्नता में एकता स्थापित करना, बहुत बड़ी चुनौती है। सारे देश में सूचना का सही और समय पर देश की उस भाषा में ही प्रसारण हो-जो कि स्थानीय भाषा हो—करना पत्रकारिता के दायित्व के अन्तर्गत आता है। इसी प्रकार अन्तरराष्ट्रीय खबरों को राष्ट्रीय भाषा में उपलब्ध कराना भी पत्रकारिता की जिम्मेदारी है।

कहने का आशय यह है कि विभिन्न भाषाओं में कार्य करने की क्षमता की अपेक्षा पत्रकारों से होती है। आज अंग्रेजी के व्यापक प्रचार-प्रसार से यह अनिवार्य हो गया है कि अंग्रेजी की अच्छी जानकारी पत्रकारों को अवश्य होनी चाहिए। अंग्रेजी का ज्ञान इसलिए भी जरूरी है क्योंकि अभी तक भाषायी पत्र 'प्रेस ट्रस्ट ऑफ इंडिया', 'यूनाइटेड न्यूज ऑफ इंडिया' जैसी अंग्रेजी समाचार एजेन्सियों पर निर्भर हैं। विदेशों से प्राप्त होनेवाली खबरें अंग्रेजी भाषा में प्राप्त होती हैं। देश में एक राष्ट्रभाषा न होने के कारण और भाषायी विविधता के कारण भी अंग्रेजी में अथवा क्षेत्रीय भाषाओं में खबरें उपलब्ध होती हैं जिन्हें हिन्दी अथवा क्षेत्रीय भाषाओं में अनुदित करके छापा जाता है।

लोकतंत्र का एक स्तम्भ होने के नाते समाचार-पत्रों की अहम भूमिका होती है। वैसे समाचार-पत्र मात्र सूचना प्रसारण के माध्यम ही नहीं हैं बल्कि उनसे ज्ञानवर्धक और मनोरंजक सामग्री के प्रसारण की भी अपेक्षा की जाती है। खेलकूद, रोजगार, विज्ञापन, घर-गृहस्थी आदि की जानकारी भी पत्र-पत्रिकाओं के माध्यम से दी जाती है। जिस प्रकार पत्रकारिता के विषय भिन्न-भिन्न होते हैं, उसी प्रकार भाषाएँ भी अलग-अलग होती हैं। प्रत्येक प्रकार की प्रकाशित या प्रसारित सामग्री की भाषा विशिष्ट होती है। विज्ञापन की भाषा, वाणिज्य की भाषा और खेलकूद की भाषा में पर्याप्त अन्तर होता है।

समाचार-पत्रों, पत्रिकाओं के संवाददाता को ही प्राथमिकता के स्तर पर यह कार्य करना पड़ता है, क्योंकि वह जिस भी भाषा में समाचार एकत्र करता है उसे

अपने पत्र-पत्रिका के अनुरूप बनाकर, उसकी भाषा में भेजता है, प्रकाशित करवाता है। इस कार्य में कई समस्याएँ आती हैं; जैसे—

1. पहली समस्या स्थान की और समाचार के महत्त्व की होती है। कई बार अनुवादक समाचार को बहुत ही छोटा कर देता है क्योंकि उतनी जगह उस समाचार विशेष के लिए पत्र-पत्रिकाओं में नहीं होती, ऐसा कई बार न चाहते हुए भी करना पड़ता है। कुछ समाचार विशिष्ट न होने के कारण संक्षेप में कर दिए जाते हैं। ऐसा करते समय अनुवादक को कई समस्याओं से दो-चार होना पड़ता है।
2. समय की भी अपनी एक समस्या होती है। समाचारों के सम्पादन में उसे अनुदित करने में कई बार समयाभाव एक समस्या होता है। कई महत्त्वपूर्ण समाचार देरी से मिलने पर और शब्दकोश आदि सन्दर्भ देखने की फुर्सत न होने के कारण कई बार अनुवादक-संवाददाता समाचार का भाव समझकर एकदम नये शब्दों का प्रयोग कर देता है जो मानक या अमानक रूप में जनता में चल भी पड़ते हैं। ऐसा करने के कभी-कभी भयंकर दुष्परिणाम भी भुगतने पड़ते हैं। कई शब्द गलत रूप में जनता में प्रचलित हो जाते हैं, कई शब्द सन्देश को प्रसारित करने में असमर्थ हो जाते हैं। ऐसे कुछ उदाहरण निम्नवत हैं, जिनमें इस तरह की गलतियाँ हुई हैं—

मूल	**अशुद्ध**	**शुद्ध अनुवाद**
Informal Visit	गैर रस्मी मुलाकात	औपचारिक भेंट
Flying Visit	हवाई जहाज से दौरा	तूफानी दौरा
The Magic Touch	हस्त कला का जादू	जादुई स्पर्श
Oil Seeds	तेल के बीज	तिलहन

3. पत्रकारिता में अनुवाद की एक अन्य महत्त्वपूर्ण समस्या भाषा-शैली की भी होती है। यह स्वाभाविक है कि विषय के अनुसार ही समाचारों की भाषा और शैली भी होनी चाहिए। परन्तु हिन्दी अखबारों में प्राय: सरल भाषा की माँग की जाती है, अत: पत्रकारों को समाचार अत्यन्त सरल भाषा में देने होते हैं। साथ ही सरल शैली भी होना आवश्यक होता है।
4. पत्रकारिता में शीर्षकीकरण समाचार सम्पादन का एक प्रमुख आयाम है। शीर्षकों, उपशीर्षकों के अनुवाद में अनुवादक को बड़ी कठिनाई होती है क्योंकि शीर्षक से कई बार कई प्रकार के अर्थ लगा लिए जाते हैं। शीर्षक उचित, रोचक और आकर्षक बनाना बहुत आवश्यक होता है। इसलिए मात्र भावानुवाद या शब्दानुवाद से कभी-कभी काम नहीं चलता, उनका छायानुवाद या पुन: सृजन करना पड़ता है। उदाहरण के

लिए निम्न अनुवाद देखे जा सकते हैं जो कि समाचार-पत्रों में प्रकाशित हुए हैं—

Welfarism: On the wane at last?
कल्याणकारी राज्य, किसका कल्याण
कल्याणकारिता : अवसान की ओर
Hindustan times - Six cops killed by T.N.V.men.
हिन्दुस्तान—त्रिपुरा में घात लगाकर 6 पुलिसकर्मियों की हत्या।
नवभारत टाइम्स—त्रिपुरा में छापामारों ने 6 की जान ली।

विज्ञापनों का अनुवाद

विज्ञापन के अनुवाद में शब्दों या वाक्यों का शब्दानुवाद या भावानुवाद नहीं किया जा सकता, इनके अनुवाद में विशेष कला की आवश्यकता होती है। विज्ञापन के अनुवाद में यह ध्यान रखना होता है कि मूल कथ्य को उसी लय, माधुर्य, रोचकता और विशिष्टता के साथ प्रस्तुत किया जाए। विज्ञापन के अनुवाद में मूल सन्देश को सम्प्रेषित करना ही लक्ष्य होता है।

विज्ञापन की अपनी एक विशिष्ट भाषा-शैली होती है, उसका लक्ष्य उपभोक्ता के मन-मस्तिष्क में विज्ञापित वस्तु की तसवीर अंकित कर देना होता है, जिससे कि वह उस वस्तु की तरफ आकर्षित हो। अत: विज्ञापन के अनुवाद में यही तथ्य मूल होता है। विज्ञापन का अनुवाद इसीलिए अन्य अनुवाद की अपेक्षा विशिष्ट माना जाता है। विज्ञापन के अनुवाद की समस्याओं को तीन वर्गों में विभक्त किया जा सकता है :

(i) विज्ञापन के उद्देश्य को लेकर
(ii) माध्यम को लेकर
(iii) विज्ञापन अनुवाद की विशेषताओं को आधार बनाकर।

1. विज्ञापन के उद्देश्य के अनुसार जब उसका अनुवाद किया जाता है तब इस उद्देश्य को बड़ी बारीकी से समझना होता है। उदाहरण के लिए 'पूमा प्लाई' के विज्ञापन Virtually Industructible का अनुवाद शाब्दिक रूप से 'वस्तुतः अविनाशी' है लेकिन विज्ञापन की दृष्टि से इसका सटीक अनुवाद होगा—'जीवन भर साथ निभाए।' इसी प्रकार ये विज्ञापन भी देखे जा सकते हैं—

Neighbour's envy Owner's Pride-ONIDA
पड़ोसियों की जले जान, आपकी बढ़े शान।

इसी प्रकार—

Made for each other.
'एक दूजे के लिए बने'

यह अनुवाद उतना सार्थक नहीं कहा जा सकता जितना कि 'जोड़ी अनोखी-मेल अनोखा।'

2. विज्ञापन के अनुवाद की एक समस्या विज्ञापन के माध्यम को लेकर भी है। अनुवादक को यह समझना आवश्यक होता है कि विज्ञापन किस माध्यम के लिए अनुदित हो रहा है। समाचार-पत्रों का विज्ञापन लिखित वाक्यों से पाठक को प्रभावित करने की कोशिश करता है, तो रेडियो का विज्ञापन अपनी मोहक आवाज से श्रोता को आकर्षित करता है और टेलीविजन पर विज्ञापन चित्र और आवाज दोनों के साथ 'एक्शन' से दर्शकों को प्रभावित करता है। जैसे मध्य प्रदेश पर्यटन के इस विज्ञापन को माध्यम के आधार पर तीन तरह से अनुदित किया जा सकता है—It's surprising for a lot of people like you.

   — 'आप भी मुग्ध चकित रह जाएँगे'—समाचार-पत्र
   — 'मध्य प्रदेश पधारिये, जिसका सौन्दर्य देखकर आप मुग्ध हो उठेंगे।' रेडियो
   — 'देखिये, आप सब कुछ भूल जाएँगे- टेलीविजन

3. अनुवाद की विशेषताओं के आधार पर अनुवाद करते समय अनुवादक को विशेष सावधानी बरतनी पड़ती है। इस अनुवाद में अनुवादक को भाषा प्रयोग के मामले में बहुत छूट होती है। कभी-कभी अनुवाद की भाषा को अधिक स्पष्ट करने के लिए अनुवादक को अपनी तरफ से कुछ छोड़ने-जोड़ने की पूरी छूट मिलती है, जैसे—

   More people use Godrej self spreading.
   दूसरे डाई एक तरफ, गोदरेज खुद-ब-खुद
   If you like, being watched.
   जिधर से गुजरें, पीछा करें नजरें।
   The great Indian Sprit.
   बुलन्द भारत की बुलन्द तसवीर।

वैज्ञानिक एवं तकनीकी क्षेत्र का अनुवाद

विज्ञान ने जीवन को आधुनिक बनाने में महत्त्वपूर्ण भूमिका अदा की है। विज्ञान की चहुँमुखी प्रगति ने मनुष्य की सफलता के नये द्वार खोले हैं। मनुष्य विज्ञान से अपरिचित रहा हो, ऐसी बात नहीं है परन्तु जिस अर्थ में आज हम विज्ञान की बात करते हैं और उसके चमत्कारों से हमारा साक्षात्कार होता है, वह बिलकुल नया न होते हुए भी उसके आयाम नये हैं—यह मानना पड़ेगा। यह ठीक है कि ज्योतिष, खगोलशास्त्र, मीमांसा, गणित आदि में वैज्ञानिक तथ्य समाहित हैं परन्तु जिस प्रकार

भौतिकी, रसायन, भूगर्भशास्त्र, जीव-वनस्पति विज्ञान, अन्तरिक्ष, विज्ञान, गणित से आज हमारा सरोकार है, वह निश्चित रूप से पहले से भिन्न न होते हुए भी विशिष्ट है।

ज्ञान-विज्ञान के बारे में भारत सदियों पूर्व जगत गुरु भले ही रहा हो परन्तु आज वह पश्चिमी वैज्ञानिक प्रगति के समक्ष पिछड़ गया है—यह भी हकीकत है। आधुनिक वैज्ञानिक आविष्कार अधिकतर पश्चिम की देन है, इसीलिए स्वभावतः उनकी भाषा-शैली भी पश्चिम की ही है या अंग्रेजी है। हमारे यहाँ विज्ञान का आधुनिक प्रचार-प्रसार उसी के भरोसे हुआ है। यही वजह है कि आज भी प्राथमिक व उच्चतर माध्यमिक स्तर पर ही नहीं, उच्च स्तर पर भी विज्ञान का विषय हमें हमारी भाषा में पूरी तरह सुलभ नहीं हो सका है।

आजादी के बाद विज्ञान के विषयों को मातृभाषा और राष्ट्रभाषा में प्रस्तुत करने की पुरजोर कोशिशें हुई। सरकारी स्तर पर, गैर सरकारी स्तर पर कई प्रयास किए गए परन्तु आज भी स्थिति बहुत स्पष्ट नहीं हो पाई है। अभी भी विज्ञान के विषय को राजभाषा हिन्दी में प्रस्तुत करने की कोशिशें जारी हैं। हिन्दी में थोड़ा बहुत सन्तोषजनक कार्य प्रकाश में आया है परन्तु अन्य भारतीय भाषाओं में स्थिति अभी भी चिन्ताजनक ही है।

भारत सरकार की नई राष्ट्रीय शिक्षा नीति 2020 में भारतीय भाषाओं-मातृभाषाओं को शिक्षा का माध्यम बनाने पर जोर दिया जा रहा है। विज्ञान आदि विषयों की पढ़ाई अभियांत्रिकी स्तर पर भी हिन्दी में उपलब्ध कराने का प्रयास किया जा रहा है। अतः सम्भव है आगे इस दिशा में अनुवाद की आवश्यकता पहले से कहीं अधिक हो। इतना ही नहीं, वैश्विक व राष्ट्रीय स्तर पर भाषायी सीमाओं को लाँघकर आपसी आवाजाही बढ़ाने के उद्देश्य से ज्ञान-विज्ञान के प्रगत केन्द्र स्थापित करने की माँग भी उठने लगी है, अनुवाद विश्वविद्यालय की स्थापना का प्रयत्न इसका एक उदाहरण है।

वैज्ञानिक साहित्य तथ्यात्मक होता है, सूचना प्रधान होता है। अतः उसके अनुवाद में सर्जनात्मक साहित्य की भाँति कथन शैली विशेष महत्त्व नहीं रखती। कहना न होगा कि वैज्ञानिक साहित्य का अनुवाद सर्जनात्मक साहित्य से अपेक्षाकृत सरल भी होता है। वैज्ञानिक साहित्य में शुद्ध साहित्यिक भाषा के विपरीत पारिभाषिक शब्दों का प्रयोग बहुलता से किया जाता है। इनके अर्थ निश्चित और असन्दिग्ध होते हैं। इसमें सूक्ष्मता और यथातथ्यता का विशेष ध्यान रखना होता है, इसलिए प्रायः जटिल वैज्ञानिक संकल्पनाएँ और उनकी अभिव्यंजना दुर्बोध हो जाती है।

वैज्ञानिक साहित्य के अनुवाद में सहजता और स्वाभाविकता सर्वथा अपेक्षित होती है। वाक्यों में परस्पर तारतम्यता होना चाहिए। उन्हें एक-दूसरे से बिलकुल असम्बद्ध नहीं होना चाहिए। कहने का आशय यह है कि वैज्ञानिक साहित्य के अनुवाद में स्निग्धता और प्रवाह अत्यावश्यक होता है।

समस्याएँ और समाधान

वैज्ञानिक साहित्य के अनुवाद की कतिपय प्रमुख समस्याएँ और उनका समाधान इस प्रकार है—वैज्ञानिक साहित्य के अनुवाद में प्राथमिक समस्या पारिभाषिक शब्दावली की है। डॉ. भोलानाथ तिवारी के मतानुसार—"विश्व में अंग्रेजी, रूसी, जर्मन, फ्रेंच आदि कई भाषाएँ ऐसी हैं, जिनमें पारिभाषिक शब्दों का अभाव प्रायः नहीं है। इसके मुख्य दो कारण हैं, एक तो इन भाषाओं के वैज्ञानिक ही विश्व में अग्रणी हैं, अतः प्रायः नई चीजें वे ही बनाते हैं, खोजते हैं तथा नई संकल्पनाओं को जन्म देते हैं और इन सबके लिए एक नये शब्द भी बनाते चलते हैं। दूसरे, इन भाषाओं में आधुनिक काल में वैज्ञानिक ग्रन्थ लेखन तथा अनुवाद की सुदीर्घ परम्परा हैं। इस तरह परम्परागत विज्ञान तथा आधुनिक आविष्कारों एवं खोजों के सन्दर्भ में ये भाषाएँ पारिभाषिक शब्दों की दृष्टि से सम्पन्न हैं और इसीलिए उनके यहाँ पारिभाषिक शब्दों की कोई समस्या नहीं है।" जबकि इसके ठीक विपरीत भारत या भारत जैसे विकासशील देश इस दिशा में काफी पीछे हैं। यहाँ वैज्ञानिक आविष्कार विकसित देशों से आयातित होकर आता है। अतः भाषा भी उसकी विदेशी होती है। उसे अपनी भाषा में प्रस्तुत करने के लिए आवश्यक पारिभाषिक शब्दावली का अभाव एक प्रमुख चुनौती है।

वैज्ञानिक साहित्य चूँकि तथ्यात्मक होता है, इसलिए उसमें पारिभाषिक शब्दों पर अधिक बल दिया जाता है। वैज्ञानिक साहित्य की पारिभाषिक शब्दावली निर्माण में वैज्ञानिक एवं तकनीकी शब्दावली आयोग द्वारा निर्दिष्ट नियमों को ध्यान में रखा जाता है। मोटे तौर पर यह कहा जा सकता है कि एकार्थता और असन्दिग्धता उसकी प्राथमिक शर्त होती है। इसके साथ ही उसे अति-व्याप्ति और अल्प-व्याप्ति दोषों से भी सर्वथा मुक्त होना चाहिए।

पारिभाषिक शब्दावली की समस्या से निपटने के लिए यह सुझाव दिया जाता है कि अनुवादक को या तो स्त्रोत भाषा के पारिभाषिक शब्द का अपनी भाषा की प्रकृति के अनुसार अनुकूलन कर लेना चाहिए या अन्तरराष्ट्रीय शब्दों को स्वीकार कर लेना चाहिए अथवा अपनी भाषा में नये शब्द बनाने चाहिए। वैज्ञानिक साहित्य के अनुवाद में अनुवादक से यह भी अपेक्षा होती है कि उसे भाषा के साथ-साथ विषय का भी सम्यक बोध हो। वैज्ञानिक साहित्य के अनुवाद में मात्र भाषा बोध से काम नहीं चलता, विषय का ज्ञान अनिवार्य माना जाता है। विषय का सम्यक ज्ञान न होने पर अनुवादक से त्रुटिपूर्ण अनुवाद होने की पूरी गुंजाइश रहती है। निम्नलिखित उदाहरण देखे जा सकते हैं जो कि विषय का सम्यक ज्ञान न होने से त्रुटिपूर्ण हो गए हैं—

— *अभियांत्रिकी से*

Enlarge, free hand, the patterns given below to three times of their size.

— नीचे दिए हुए रेखाचित्रों का तिगुने आकार में मुक्त हस्त परिवर्धन कीजिए। सही अनुवाद होगा—नीचे दिये गए रेखाचित्रों को तीन गुणा बड़े आकार में बनाएँ।

— *गणित से*

A finite point set has no limit points.

— परिमित समुच्चय में सीमा-बिन्दु नहीं होते।

सही अनुवाद होगा—परिमित समुच्चय के सीमा-बिन्दु नहीं होते।

स्पष्ट है कि वैज्ञानिक साहित्य के अनुवादक को विषय का ज्ञान होना आवश्यक है। इस समस्या के समाधान के लिए अनुवाद पुनरीक्षण का सहारा लिया जा सकता है, जिसमें विषय विशेषज्ञ से पुनरीक्षण करवाया जाता है। इसके अलावा उद्‌देश्य, स्थान आदि सम्बन्धी समस्याएँ भी हैं, जिनका निराकरण परिस्थिति के अनुसार स्वयं अनुवादक को करना पड़ता है।

भाषा-शैली की सरलता, स्पष्टता, असन्दिग्धता भी महत्त्वपूर्ण होती है। अनुवादक को इस पर ध्यान देना होता है। भाषा में सरलता और प्रांजलता लाने के लिए प्रसंगानुसार मुहावरों आदि का सावधानीपूर्वक प्रयोग किया जा सकता है। यद्यपि ऐसी छूट कम मिलती है क्योंकि वैज्ञानिक साहित्य अभिधा प्रधान होता है। इसी प्रकार प्रतीक चिह्नों को स्पष्ट रूप से रखना चाहिए।

विधि क्षेत्र में अनुवाद

भारतीय संविधान में हिन्दी को राजभाषा के रूप में स्वीकार किए जाने के बाद जन-व्यवहार के समस्त क्षेत्रों में हिन्दी को स्थापित करने की पहल शुरू हुई। कहना न होगा कि इसके पूर्व विधि ही नहीं, अपितु समस्त प्रशासनिक कार्य अंग्रेजी में ही होते थे। भारतीय संविधान के अनुच्छेद 343 में यह व्यवस्था की गई कि संघ की राजभाषा हिन्दी होगी और लिपि देवनागरी। परन्तु हिन्दी को विधि के क्षेत्र में तुरन्त लागू नहीं किया गया। इसके लिए 15 वर्ष की अवधि निर्धारित की गई। इसका कारण यह था कि स्वतंत्रता के पूर्व न्यायालयों में हिन्दी का प्रयोग नहीं होता था। उत्तर भारत में अंग्रेजी के साथ-साथ उर्दू को न्यायालय की भाषा बनाया गया था। इस कारण प्रयोग न होने से हिन्दी में विधिक शब्दावली का अभाव था। संविधान निर्माताओं ने इस अभाव को महसूस करते हुए संसद को यह अधिकार दिया कि वह न्यायालयों में हिन्दी लागू करने का प्रावधान करे।

सरकार ने संविधान के अनुसार इस कार्य के लिए 1955 में श्री बी. जी. खेर की अध्यक्षता में राजभाषा आयोग की स्थापना की। खेर आयोग ने अपनी सिफारिश में इस बात पर बल दिया कि केन्द्र और राज्य के सभी अधिनियमों का प्राधिकृत पाठ हिन्दी में ही होना चाहिए। उसने इस बात पर भी जोर दिया कि देश की सम्पूर्ण

'शब्द' ही ब्रह्म है।' यह उक्ति विधि के क्षेत्र में सर्वाधिक चरितार्थ होती विधि के अनुवादक को यह छूट नहीं होती कि वह किसी मूल शब्द के न पर अपनी भाषा के उपलब्ध पर्यायों में से किसी भी शब्द का प्रयोग कर क्योंकि विधि के अनुवाद में प्रयुक्त शब्दों में अतिव्याप्ति और अल्पव्याप्ति तों का परिणाम विशाल जनसमुदाय के जीवन के साथ जुड़ा होता है, अतः वादक की किंचित-सी छूट से उनका जीवन संकटमय हो सकता है। इसलिए ध के अनुवाद में विधि की मानक शब्दावली का ही प्रयोग अनिवार्य रूप होना चाहिए।

— विधि के अनुवाद में अनुवादक को एक सीमा में आबद्ध रहकर कार्य करना पड़ता है। उसे किसी शब्द के बार-बार प्रयोग की छूट होती है, शुद्धता उसके अनुवाद की पहली शर्त होती है। विधि प्रारूपण में यह ध्यान रखना अपरिहार्य है कि एक शब्द का एक ही अर्थ निकाला जाए और वह वही अर्थ परिभाषित करे जो प्रारूपकार का मन्तव्य हो।
— अनुवाद की अन्य विधाओं की भाँति विधि का अनुवाद सरल कार्य नहीं है। विधि साहित्य के अनुवाद में अनुवादक से भाषा के साथ-साथ विषय का भी सम्यक बोध रखना अपरिहार्य होता है।
— विधि के क्षेत्र में अनुवाद की अन्य प्रमुख समस्या प्रारूपण की है। यहाँ ध्यान रखना होता है कि एक शब्द के लिए एक ही पर्याय रखा जाए। शब्दार्थ, तथ्यपरक होने के कारण अभिधा में होने चाहिए, न कि लक्षणा या व्यंजना में।

वाद के उपकरण

क कार्य को सम्पन्न करने के लिए कुछ-न-कुछ उपकरणों की आवश्यकता ी है। अनुवाद के लिए भी कुछ उपकरणों की सहायता अनिवार्य होती है। ाद एक ऐसा कार्य है जो एक भाषा से दूसरी भाषा में किया जाता है, इस यी अन्तरण के लिए अनुवादक को दोनों भाषाओं की प्रकृति और परिवेश जानकार होना आवश्यक होता है परन्तु व्यक्ति अपनी सीमाओं के चलते कुछ हमेशा स्मरण नहीं रख पाता, उसके लिए कुछ सन्दर्भ कोश पलटने हैं। अनुवाद में भी ऐसा होता है। अनुवादक सर्वज्ञ नहीं होता, उसे अनुवाद समय कई विषयों की जानकारी की आवश्यकता पड़ती है, जैसे—शब्द, -शैली आदि। इसके लिए वह कोश, पारिभाषिक शब्दावली कोश, कम्प्यूटर का इस्तेमाल करता है।

विधियाँ एक ही भाषा-राजभाषा हिन्दी में होनी चाहिए। इसके लिए इस सुझाव दिए, जैसे—विधि के क्षेत्र में प्रयुक्त शब्दावली तैयार करने भाषाओं की शब्द सम्पदा का प्रयोग किया जाना चाहिए जिससे अखिल भारतीय हो सके। उसने यह भी राय दी कि विधि की श का कार्य सरकार के विधायी विभाग को सौंपा जाए। इनकी सिफारि (विधायी) आयोग की 1961 में स्थापना की गई। इस आयोग ने ही अनुवाद की नींव डाली। आयोग की देख-रेख में ही विधि शब्दा संस्करण प्रकाशित हुआ। इसके बाद विधायी विभाग ने इस कार्य इस दिशा में हिन्दी-भाषी राज्यों ने प्रयास शुरू किए और उसके प सामने आए।

शब्दावली ही किसी भी भाषा के प्रचार-प्रसार की आध और शब्दावली का अभाव ही सबसे बड़ी समस्या होता है। जैसे निर्माण की प्रक्रिया आगे बढ़ती गई, वैसे-वैसे विधि के क्षेत्र में प्रयोग भी बढ़ता गया। पारिभाषिक शब्दावली के निर्माण में हिन्दी के प्रचलित शब्द ही अपनाए गए, कहीं-कहीं संस्कृत के भी प्रयोग किया गया। इतना ही नहीं, अंग्रेजी, अरबी, फारसी शब्दों से परहेज न करते हुए उन्हें भी आवश्यकतानुरूप इस्ते जैसे अंग्रेजी के समन, वारंट, अरेस्ट, मजिस्ट्रेट, प्राइवेट, अपी फारसी के गबन, अर्जी, वसीयत, जमानत, कार्रवाई, इनकार अ कर लिए गए हैं।

विधि की भाषा में शब्द चयन अत्यन्त महत्त्वपूर्ण होता है। विशेष ध्यान रखना होता है। विधि साहित्य के अनुवाद पर भी लागू होते हैं, परन्तु विशिष्टता यह होती है कि विधि की प्रकृति चयन होता है। उदाहरण के लिए हम भारतीय दंड संहिता की 'हत्या' की परिभाषा को ले सकते हैं। इसमें 'अंग्रेजी' के 'कॉज 'मृत्युकारिता करना' किया गया है। सामान्यतः इस अनुवाद टिप्पणी कर सकता है। जबकि धारा 46 में मृत्यु की परिभाषा है—'मृत्यु' शब्द मानव की मृत्यु का द्योतक है। यह अंग्रेजी अनुवाद है। विधि शब्दावली में कुछ ऐसे भी शब्द देखें जाते अनुवाद लगते हैं। जैसे—

Fine	—	अर्थदंड, जुर्माना
Rape	—	बलात्कार, बलात संगम
Order	—	क्रम, आदेश
Civil	—	दीवानी, आदेश

अनुवाद में शब्द, नाम, संकल्पना, अभिव्यक्ति किसी भी स्तर पर समस्या आ सकती है। इस समस्या के निराकरण के लिए अनुवादक को द्विभाषी कोश, ज्ञानकोष, पर्यायकोश आदि देखने पड़ते हैं। अनुवाद के प्रमुख उपकरणों में निम्न को गिना जाता है :

— कोश
— पारिभाषिक शब्दावली
— कम्प्यूटर

कोश : शब्द कोश अनुवादक के लिए बहुत महत्त्वपूर्ण होते हैं। कई शब्द या संकल्पनाएँ ऐसी होती हैं जो समझ में नहीं आती हैं, इसके लिए द्विभाषी, बहुभाषी कोशों की सहायता ली जाती है। आवश्यकता के अनुसार शब्दकोश, परिभाषा कोश, पर्यायवाची, लोकोक्ति-मुहावरा कोश, शब्दावली आदि का प्रयोग किया जाता है। यहाँ कुछ कोशों का नाम दिया गया है जिनसे अनुवादक को सहायता मिलती है।

एकभाषा कोश

शब्द कोश : हिन्दी शब्द सागर, नागरी प्रचारिणी सभा, वाराणसी
मानक हिन्दी कोश : सं. रामचन्द्र वर्मा, इलाहाबाद
राष्ट्रभाषा कोश : सं. ब्रजकिशोर मिश्र, लखनऊ
वृहत् हिन्दी कोश : सं. कलिका प्रसाद श्रीवास्तव

पर्यायवाची कोश

वृहत् पर्यायवाची कोश : सं. भोलानाथ तिवारी
शब्द साधना : रामचन्द्र वर्मा

मुहावरा-लोकोक्ति कोश

हिन्दी मुहावरा कोश : भोलानाथ तिवारी
साहित्यिक मुहावरा कोश : हरिवंश राय शर्मा
मुहावरे और प्रयोग : गोविन्द दास

द्विभाषी कोश

शब्द कोश-अंग्रेजी हिन्दी कोश : फादर कामिल बुल्के
चैम्बर्स अंग्रेजी-हिन्दी कोश : डॉ. सुरेश अवस्थी, राजपाल एंड संस
अंग्रेजी-हिन्दी कोश : डॉ. हरदेव बाहरी, लोकभारती
हिन्दी-अंग्रेजी कोश : ब्रजमोहन तथा कपूर

पारिभाषिक कोश

वृहत् पारिभाषिक शब्द संग्रह : भारत सरकार (मानविकी)

वृहत् पारिभाषिक शब्द संग्रह : भारत सरकार (कृषि)

पारिभाषिक शब्दावली

प्रयोजनमूलक हिन्दी में पारिभाषिक शब्दावली का महत्त्वपूर्ण स्थान है। बगैर पारिभाषिक शब्दावली के हिन्दी की प्रयोजनीयता को ठीक-ठीक व्यक्त नहीं किया जा सकता। क्योंकि सामान्य कामकाजी भाषा, साहित्य की भाषा और सरकारी कामकाज की भाषा में काफी अन्तर होता है। सरकारी कामकाज के निष्पादन में पारिभाषिक शब्दों का विशेष महत्त्व होता है। यहाँ पारिभाषिक शब्दावली पर एक स्वतंत्र अध्याय दिया गया है, देखें।

कम्प्यूटर

कम्प्यूटर मशीनी अनुवाद के काम आता है। सूचना प्रौद्योगिकी के व्यापक प्रचार-प्रसार के फलस्वरूप कम्प्यूटर का भी अनुवाद में इस्तेमाल किया जा रहा है। कम्प्यूटर मशीन है, अत: इससे त्वरित अनुवाद किया जाता है। सर्वप्रथम 1954 में रूसी से अंग्रेजी में कम्प्यूटर अनुवाद से इसका श्रीगणेश हुआ।

आज कम्प्यूटर अनुवाद के क्षेत्र में एक प्रमुख उपकरण के तौर पर इस्तेमाल किया जा रहा है, क्योंकि ज्ञान-विज्ञान की समस्त जानकारी इन दिनों कम्प्यूटर के माध्यम से ही उपलब्ध हो रही है। इसके लिए कम्प्यूटर को काफी उन्नत बनाया गया है। कम्प्यूटर कोश अत्यन्त वैज्ञानिक आधार पर बनाए गए हैं। भारत में इस दिशा में महत्त्वपूर्ण कार्य किया जा रहा है। सी-डैक पूणे, आई.आई.टी, कानपुर आदि संस्थाएँ इस दिशा में कार्यरत हैं।

अनुवाद पुनरीक्षण एवं मूल्यांकन

पुनरीक्षण से तात्पर्य है—'पुन: + ईक्षण' अर्थात 'फिर से देखना'। अनुवाद के सन्दर्भ में इसका प्रयोग अनुवाद संशोधन के अर्थ में किया जाता है। अनुवाद एक व्यावहारिक कार्य है इसलिए स्वाभाविक रूप से इसमें त्रुटियाँ पाई ही जाती हैं।

अनुवाद दो भाषाओं के बीच का क्रिया व्यापार है। दोनों भाषाओं के बीच ऐसे कई स्तर होते हैं जिनसे अनुवादक का भलीभाँति परिचित होना आवश्यक होता है वरना अनुवाद में दोष आ ही जाता है। कभी-कभी कुशल अनुवादक से भी कुछ त्रुटियाँ हो जाती हैं। इन त्रुटियों को दूर करने के लिए और अनुवादक को गुण-दोष का बोध कराने के लिए भी, पुनरीक्षक की आवश्यकता होती है।

अनुवाद के विभिन्न पहलू होते हैं, स्रोत और लक्ष्य भाषा के विभिन्न स्तरों से होकर अनुवादक को गुजरना पड़ता है। ध्वनि, रूप, शब्द, पदबन्ध, उपवाक्य, वाक्य आदि संरचनागत इकाइयों के अलावा शैलीगत और सन्दर्भगत दोष भी अनुवाद में पाए जाते हैं। डॉ. भोलानाथ तिवारी ने अनुवाद पुनरीक्षण की प्रक्रिया को निम्नांकित आरेख से समझाया है :

पुनरीक्षक का दायित्व बड़ा ही गुरु-गम्भीर होता है। पुनरीक्षक से विषय और भाषा की गहन सूझ-बूझ की अपेक्षा होती है। इसलिए उसे विशेषज्ञ की संज्ञा दी जाती है। अनुवाद पुनरीक्षण की मुख्य विधियाँ निम्न हैं :

1. पुनर्नुवाद अर्थात पुनः अनुवाद

इसमें मूलभाषा पाठ के अनुवाद का स्रोत भाषा में पुनः अनुवाद किया जाता है। इसमें यह जरूरी होता है कि मूल अनुवादक और पुनर्नुवादक दोनों अलग-अलग व्यक्ति हों। फिर पुनर्नुवादित पाठ का मूलपाठ के साथ तुलना किया जाता है और इस प्रकार प्राप्त त्रुटियों को दूर किया जाता है। इस विधि से अनुवाद की शुद्धता और यथातथ्यता की जाँच कर अनुवाद की सफलता की जाँच की जाती है।

2. बोध परीक्षण

अनुदित पाठ के प्रतिपाद्य के बोधन की परीक्षा करके अनुवाद की शुद्धता को मापा जा सकता है। इसमें कुछ प्रश्न तैयार किए जाते हैं, यदि उन प्रश्नों का अनुवाद के पाठक वही उत्तर दें जो मूल पाठ के पाठक के हों, तो अनुवाद सफल माना जाता है।

3. अनुक्रिया परीक्षण

इसके अन्तर्गत सम्पूर्ण मूलपाठ या उसके कुछ अंशों का अनुवाद कर पाठकों से पाठन कराया जाता है और अनुक्रिया प्राप्त की जाती है। यहाँ पर यह ध्यान देने योग्य बात है कि अनुदित पाठ वही भूमिका निभाए जो कि मूलपाठ निभाता है। क्योंकि उत्तम अनुवाद वही है जो पाठक पर मूलपाठ के जैसा ही प्रभाव पैदा करे। पर इस अनुवाद परीक्षण की सीमा यह है कि इसके द्वारा अनुवाद शुद्धता की जाँच नहीं की जा सकती। यह अनुवादों का तुलनात्मक परीक्षण करने में ही अधिक उपयुक्त होता है।

4. क्लोज तकनीक

क्लोज तकनीक में परीक्षण का आधार इस प्रकार होता है—इसमें अनुदित पाठ का प्रत्येक पाँचवाँ, सातवाँ, नवाँ या इस प्रकार का कोई भी शब्द हटा दिया

जाता है और इस प्रकार अनुदित पाठ में लगभग पचास रिक्तियाँ बनाई जाती हैं। इसके बाद पाठक को यह निर्देश दिया जाता है कि वह जिस शब्द को अधिक उपयुक्त समझे उससे उस रिक्त स्थान की पूर्ति करे। उसके बाद उन पूर्तियों से मूल शब्दों का मिलान किया जाता है। ऐसा करके यह देखा जाता है कि पाठक के कितने अनुमान सही हैं। इस प्रकार सही अनुमानों की संख्या के आधार पर अनुवाद की जाँच की जाती है, जितने अधिक अनुमान सही होंगे, अनुवाद उतना ही अच्छा होगा। इस अनुवाद की कई सीमाएँ हैं। एक तो यह प्रक्रिया जटिल होती है, दूसरे इसके द्वारा अनुवाद कितना उत्तम है, इसका परीक्षण करना सम्भव नहीं हो पाता।

5. वाचन परीक्षण

वाचन के द्वारा भी अनुवाद का परीक्षण किया जाता है। वाचन परीक्षण में अनुवाद का वाचन ऊँचे स्वरों में अथवा सस्वर कराया जाता है और उस दौरान यह देखा जाता है कि वाचक (पाठक) कहाँ-कहाँ अटकता है या त्रुटियाँ करता है। उन बिन्दुओं की पहचान के द्वारा अनुवाद को सुधारा जाता है। यह परीक्षण प्रक्रिया व्यावहारिक रूप से सरल नहीं है।

उपर्युक्त विधियों की विवेचना के आधार पर यह कहा जा सकता है कि अनुवाद परीक्षण में ये विधियाँ सहायक होती हैं परन्तु सभी की अपनी कुछ-न-कुछ सीमाएँ भी हैं। इसलिए किसी विधि को आंशिक रूप से ही सही माना जा सकता है पूर्ण रूप में नहीं। अनुवाद पुनरीक्षक से कुछ विशेषताओं की अपेक्षा होती है।

पुनरीक्षक की विशेषताएँ

- ज्ञान की दृष्टि से अनुवादक और पुनरीक्षक दोनों को एक-दूसरे का पूरक होना चाहिए। अर्थात दोनों को मात्र भाषाओं का अच्छा जानकार नहीं होना चाहिए बल्कि विषय का भी ज्ञाता होना चाहिए।
- पुनरीक्षक की भूमिका सदैव तटस्थ संशोधक की होनी चाहिए, उसे अनुवाद पर अपनी शैली थोपने का प्रयत्न नहीं करना चाहिए।
- पुनरीक्षक का स्रोत भाषा और लक्ष्य भाषा दोनों पर समान अधिकार होना चाहिए।
- पुनरीक्षक, पुनरीक्षण की चाहे जो पद्धति अपनाए परन्तु उसका ध्यान सदैव इस बात पर होना चाहिए कि सन्देश सही रूप में सम्प्रेषित हो तथा उसमें मूल पाठ जैसा प्रवाह आद्यन्त विद्यमान रहे।

अनुवाद मूल्यांकन

अनुवाद पुनरीक्षण और मूल्यांकन दोनों एक-दूसरे से जुड़े हुए हैं। अन्तर केवल इतना ही है कि पुनरीक्षण में जहाँ अनुदित पाठ की जाँच के साथ सुधार, संशोधन एवं सम्पादन होता है वहाँ मूल्यांकन में केवल जाँच की जाती है। अनुवाद मूल्यांकन में समीक्षा की भाँति गुण-दोषों पर टिप्पणी की जाती है। इसमें मूल्यांकनकर्ता की मूल प्रतिबद्धता यह होती है कि वह पूरी निष्ठा के साथ यह जाँचे-परखे कि अनुदित पाठ मूल पाठ जैसा है या नहीं, अनुदित पाठ मूल पाठ के सन्देश को सम्प्रेषित करने में सक्षम है या नहीं।

अनुवाद मूल्यांकन में भी वही विधियाँ अपनाई जाती हैं जो कि पुनरीक्षण में अपनाई जाती हैं। इसकी विधि को समझने के लिए पुनरीक्षण की विधियाँ देखी जा सकती हैं। अतः इनके दोहराव से बचते हुए यहाँ मूल्यांकन के प्रमुख आयामों यथा—मूलनिष्ठता, पठनीयता, बोधगम्यता और प्रयोजन सिद्धता पर दृष्टि डालना अपेक्षित है।

मूलनिष्ठता—मूलनिष्ठता अनुवाद मूल्यांकन की प्राथमिक माँग होती है। मूल्यांकनकर्ता की यह कोशिश होती है कि अनुदित पाठ मूलपाठ के जैसा हो अर्थात मूलपाठ में व्यक्त भाव अनुदित पाठ में भी उसी रूप में व्यक्त हों।

पठनीयता—पठनीयता से तात्पर्य यह है कि अनुवाद, सहज, सरल और पठनीय हो। अनुवाद के पढ़ने में पाठक को मूल पाठ जैसा आनन्द आए। इसके लिए यह जरूरी है कि अनुवाद में प्रवाहशीलता आद्यन्त बनी रहे।

बोधगम्यता—बोधगम्यता अनुवाद मूल्यांकन की एक महत्त्वपूर्ण कसौटी है। अनुवाद बोधगम्य होगा तभी वह पठनीय और रोचक होगा। यदि अनुवाद में क्लिष्टता आ जाती है या किसी प्रकार की अबोधता आ जाती है तो अनुवाद त्रुटिपूर्ण माना जाता है। मूल्यांकनकर्ता की दृष्टि इसलिए इस पक्ष पर भी होती है कि अनुवाद कितना बोधगम्य है और इसकी परीक्षा वह अनुक्रिया के आधार पर आसानी से कर लेता है।

प्रयोजनसिद्धता—प्रयोजनसिद्धता भी अनुवाद मूल्यांकन का प्रमुख आयाम है। हर कार्य का कुछ-न-कुछ प्रयोजन होता है, कोई भी कार्य निष्प्रयोजन नहीं होता परन्तु जो कार्य जिस प्रयोजन से किया जाता है, वह उस दृष्टि से कितना सफल होता है, इसका परीक्षण और मूल्यांकन करके बतलाया जा सकता है। मूल्यांकनकर्ता की दृष्टि यहाँ इस तथ्य के अन्वेषण में होती है कि अनुदित पाठ में मूलपाठ का सन्देश किस हद तक और किस रूप में व्यक्त हुआ है और वह कितना सम्प्रेषणीय है। अर्थात वह अपने प्रयोजन में कितना सफल या असफल है? यदि पाठक अनुवाद पढ़कर मूल लेखक के भाव को समझ लेता है तो वह अनुवाद अपने प्रयोजन में सफल माना जाता है।

इस प्रकार अनुवाद मूल्यांकन के यह प्रमुख पक्ष हैं। अनुवाद का मूल्यांकनकर्ता इन्हीं पक्षों के परीक्षण के आधार पर अपना निष्कर्ष देता है।

अनुवाद मूल्यांकन का उद्देश्य

अनुवाद मूल्यांकन के निम्नलिखित उद्देश्य माने जा सकते हैं :

1. मूल्यांकन के द्वारा अनुदित पाठ के गुण-दोष का विवेचन कर अनुवाद कार्य के स्तर को सुधारा जा सकता है।
2. अनुवादकों के समक्ष गुण-दोष दर्शन के आधार पर सफल अनुवाद का आदर्श प्रस्तुत किया जा सकता है, जिससे वे सीख ले सकें।
3. तुलनात्मक मूल्यांकन के द्वारा विशिष्ट काल-खंडों और विशिष्ट कृतियों का अध्ययन किया जा सकता है और इस प्रकार अनुवाद सम्बन्धी विचारों को समझा जा सकता है।
4. अनुवाद मूल्यांकन अनुवाद शिक्षण की एक पद्धति भी है।